ナチ 本の略奪

わがインスピレーションの源、愛するアルヴァへ

目次

RETURNED
FROM RUSSIA

序章

昨春、わたしはベルリンからバーミンガムに向かう機上にいた。リュックサックのなかにオリーブ色の表紙の小判の本があり、わたしは時おりリュックを開けて、その本を入れたクッション付きの茶封筒がそこにあることを確かめた。七〇年以上を経て、その本は或る家族に――かつてその本を所有した男性の孫の手に、戻されようとしている。リヒャルト・コブラークというその本のかつてのもち主は、自分の蔵書票を丁寧に遊び紙に貼り、扉に自分の名前を書いていた。一九四四年末、アウシュヴィッツ行きの最後の汽車で、彼は妻とともにガス室へと送られた。リュックのなかの小判の本は特に価値のあるものではない。ベルリンの古本屋でたぶん二、三ユーロほどで買えるだろう。

だがその本を預かってからというもの、それをなくしはしまいかというい われのないパニックにわたしはたびたび襲われていた。リュックをタクシーに置き忘れるのではないか、盗られはしまいか、などなど。この本の価値は金銭ではなく、それにまつわる感傷なのだ。祖父の記憶が何ひとつない孫にとって、この本はリヒャルト・コブラークの現存するただひとつの形見であり、それゆえにその価値は計り知れない。これは一個人の蔵書のなかの一冊だが、いまだに発見されていない何百万冊のなかの一冊でもある。何百万冊もの本の背後には、何百万の失われた命がある。半世紀以上、それらの本は無視され沈黙を余儀なくされてきた。本の出所を知る者たちはしばしば所有者の痕跡を消去しようと、ラベルが貼られた箇所を破り捨て、献呈のことばを抹消し、図書館のカタログに虚偽の記入をおこなって、ゲシュタポやナチ党からの「贈物」を匿名の人間からの寄贈と書き換えた。

だが名前を変えられずに残った本も多かった。略奪があまりに広範囲に及んでいたこと、残存した本の来歴を調べようという意識が希薄であったことがその理由だろう。

ナチによる美術品略奪の話はこの二、三〇年多大な注目を集めてきた。わたし自身二〇〇九年にそれにかんする著述に着手し、第二次世界大戦中に消失したとされる、ストックホルムの近代美術館所蔵の一枚の絵——エミール・ノルデの『花畑』——の行方に焦点を当てた。オリーブ色の本と同じく、それはドイツ系ユダヤ人一家が所有していたが、一九三〇年代の終わりに姿を消した。わたしが着手した探索はのちに、ナチによる大規模な美術品の略奪とそれを取り戻すための七〇年に及ぶ闘争の叙述へと発展し、最終的には『略奪者たち——ナチに盗まれたヨーロッパ美術の至宝』として二〇一三年に刊行された。

イデオロギーと同時に強欲からおこなわれたこの略奪行為の細部に分け入るにつれて、盗まれたのは美術品や古美術品ばかりでなく、本もまた対象であったことがわかってきた。そのこと自体は驚くに当たらない。ナチの略奪組織は奪えるものをことごとく奪ったのだから。

まずわたしが驚愕したのは略奪の規模だった。大西洋沿岸から黒海に及ぶ略奪行為のなかで何千万冊もの本が姿を消した。だが注意を惹いたことは他にもあった。イデオロギーという点では、本は美術品よりもずっと重要だったという事実である。美術品はアドルフ・ヒトラーとヘルマン・ゲーリングをはじめとするナチの指導者に分配された。この場合美術品は、ナチが、廃墟となったヨーロッパに築こうとする新世界を誇示し、正当化し、彼らの考えでは、その美しく清潔な世界に栄誉を与えるためのものであった。

しかし本は別の目的に役立った。本が盗まれたのは栄誉のためではなく、強欲のためばかりでもなく、より不穏な理由からだった。ヨーロッパじゅうの図書館や古文書館から略奪をおこなったのは、第三帝国のもっとも主導的なナチの理論家たちであり、親衛隊トップのハインリヒ・ヒムラーや、党のイデオロギーの主導者アルフレート・ローゼンベルクが率いる複数の組織だった。史上最大の本の略奪は、戦時中に綿密に組織化され実行に移された。略奪のターゲットはナチのイデオロギーに敵対する者たち――ユダヤ人、共産主義者、フリーメイソン、カトリック、体制批判者、スラブ人などであった。この話は現在でもあまり知られておらず、その犯罪の大きな部分がいまだに解明されていない。わたしは略奪者たちの跡を辿って、何千マイルに達するヨーロッパの旅をすることにした。それは、幾分かは理解を深めるためだが、残存しているもの――そして失われたもの――を知るためでもあった。蔵書が四散したパリのエミグレ図書館からスタートし、起源が有史時代の始まりにまで遡るローマの失われた古代ユダヤ図書館、次にフリーメイソンの謎を追ってハーグへ、根絶やしにされたひとつの文明の破片を捜してテサロニキへ、さらにセファルディック（スペイン・ポルトガル）系ユダヤ人の図書館があるアムステルダムから、幾つかのイディッシュの蔵書を追ってヴィリニュスへ。略奪の痕跡はごく僅かだが、至る所にあった。人びとと彼らの蔵書が分散され、多くの場合破壊された跡が。

この本の大部分は、分散の話である。第二次世界大戦中に、四散して元の姿に戻れなくなった何千もの蔵書の話である。かつては個人のコレクションの一部をなしていた何百万冊もの本がいまだにヨーロッパじゅうの書棚に見られる。だがそれらの本は切り離されコンテクストを失っている。何世代かにわたって築かれ、共同体に、家族に、個人に、文化的言語的アイデンティティを賦与していたすばらしい蔵書の破片なのだ。それ自体としてかけがえのない蔵書であり、かつてそれを創出し、育てようとした人びとと共同体がその蔵書に反映されている。

同時に、これは自分たちの文化遺産を守るために、命を賭して戦いを挑み、時には命を落とした人びとの話でもある。その人びとは文芸文化の略奪が、自分たちから歴史と人間性と、最終的には記憶を奪う手段であることを知っていた。そのような人びとが必死に原稿を隠し、日記を土に埋め、一冊の愛読書を携えてアウシュヴィッツへの最後の旅に出たのだった。犠牲となった人びとのみならず、生き延びて世界に伝えようと自分たちの経験を書き留めた人びとのおかげで、われわれはあの恐ろしい出来ごとをたぐり寄せることができる。彼らは、沈黙のうちに葬ることが意図されていた事件をことばで表わした。ホロコーストを生き延びた最後の人びとが、老齢のために間もなく地上から消える。彼らが残したものによって、われわれが記憶し続けることができることを願うのみである。

この本を書く過程で実感したのは、記憶こそがもっとも重要であるということ、まさにそのために本の略奪がおこなわれたのだということだった。人びとからことばと語りを奪うことは彼らを牢獄に閉じこめることに他ならない。

本は美術作品と同じ意味では唯一無二ではない。だが本は、はるかに多数の人びとが理解しうる価値をもっている。現代でも本には霊的とも呼び得る象徴的な価値が宿っている。本の廃棄にはいまだに冒瀆的な感覚がつきまとう。焚書は文化の破壊と結びついた最も強力な象徴的行為である。一九三三年のナチによる焚書がとりわけ有名だが、象徴的意味を帯びた文書の廃棄は本の歴史と同じくらい古い。

人間と本との強い絆は、何千年にも及び、知識、感情、経験の普及に書きことばが無二の役割を果したことから生まれている。口承の慣習は徐々に書きことばに変わった。書かれたことばによってより多くの情報を蓄え、遠い過去へと遡ることができるようになった。満たされることのなかった渇望が満たされるようになった。従ってごく近年まで少数者の特権であった読み書きの能力は、魔法の力でもあった。知識を身につけた者は先祖たちと交信ができ、知識、権威、権力を獲得した。われわれと本との情緒的かつ霊的な絆は、本がどのように「語りかけてくるか」にかかっている。本は生者と死者を問わず、われわれを他の人びとに結びつける。

長いあいだ読むことから遠ざけられていたアメリカの奴隷たちは、白人の奴隷所有者が奴隷支配を正当化するために用いていた聖書を「話す本」と呼んでいた。奴隷たちが聖書を手に入れ、自分たちが受けている迫害を告発する拠りどころとしたとき、奴隷解放の扉がようやく開いた。聖書は抑圧と解放の両方の手段だった。今日でも、聖典の解釈が地球規模の紛争の中核にかかわっている。本は知識や感情を伝達するばかりか、権力の源なのである。

このような事実は、一九三三年ドイツで、ナチが嫌悪した作家たちの本が火に投じられ、悪名高い焚書の煙が立ち昇ったとき、煙幕によってぼやかされたきらいがあった。反知性的、文化破壊者というナチのイメージは根強く、根強い理由の幾分かはそれがわかりやすいからである。加えておそらくわれわれは、文芸や書かれたことばは本質的に善であると考えたいからである。

しかしナチでさえも、権力を獲得する最も強力な手段は、ことばを滅ぼすのではなく、ことばを所有しそれを支配することだと知っていた。本には或る種の力があり、ことばは武器となり得る。大砲の轟きが止んだあともことばは長く響き続ける。それはプロパガンダになるだけではなく、記憶というかたちの武器となる。ことばをもつ者は歴史の解釈に留まらず、歴史を書き残す力を手に入れるのだ。

第1章 世界を焼き尽くす炎

ベルリン

本が焼かれるところでは、やがて人が焼き殺される。
ハインリヒ・ハイネ、一八二〇

ベルリン。ベーベル広場の丸石で舗装された道に、右のことばを刻した赤錆び色のプレートが埋めこまれている。夏の観光客たちはベルリンの壮大な名所へと向かう途中で、ブランデンブルク門とムゼウムスインゼルのあいだに位置するこの広場を通る。ここは今でも緊張を象徴する場である。広場の一隅に、背中にイスラエルの国旗ダビデの星を巻きつけた、乱れた白髪の老女が立っている。ガザでまた戦闘が勃発した。別の隅には三〇人ほどが集まって反ユダヤ主義の風潮に抗議している。第二次世界大戦から七〇年を経た今、反ユダヤ主義はヨーロッパで再燃しているのだ。

ウンター・デン・リンデンの賑やかな大通りの向こう側には、フンボルト大学の門の前に架台が並び、トーマス・マン、クルト・トゥホルスキー、シュテファン・ツヴァイクなど、いずれも一九三三年五月、この場所で本を火中に投じられた作家たちの古本が二、三ユーロで売られている。架台の前には丸石の大きさの金属プレートが並び、それぞれに名前がある。マックス・バイアー、マリオン・ボイトラー、アリス・ヴィクトリア・ベルタ、かつてこの大学で学んだ人びとである。名前のあとに記された地名と没年がすべてを語っている。「マウトハウゼン 一九四一」「アウシュヴィッツ 一九四二」「テレージェンシュタット 一九四五」

冒頭のハイネのことばは、戯曲『アルマンゾル』のなかの一節だが、第二次大戦以降、それは、この地で起きた事件とそれに続く悲劇を鋭くも予見したものとみなされてきた。一九三三年五月一〇日、ベーベル広場（当時はオペラ広場と呼ばれていた）で史上最も有名な焚書の儀式がおこなわれた。それはナチによる全体主義的弾圧、文化への蛮行、容赦ないイデオロギー戦争を象徴する事件だった。本を焼く炎は同時に、文化の破壊とホロコーストとが本質的に繋がっていることを象徴的に表わしていた。

一九三三年の春に先駆けて、ナチはもうひとつの火を用いて——一九三三年二月の国会議事堂の火災を口実として利用することで——ドイツで勢力を拡張していた。火災は共産主義者たちの仕業で、ドイツは「ボルシェビキの陰謀」の脅威にさらされている、とナチは主張し、広範囲に及ぶテロの第一波を始動させ、共産主義者、社会民主主義者、ユダヤ人、対立する政治的立場の者たちを逮捕した。ナチ党の機関紙『フェルキッシャー・ベオバハター（民族的観察者）』はすでに何年ものあいだ、ユダヤ人、ボルシェビキ、平和主義者、国際主義的な文学者に抗議の声をあげていたが、今回も告発を煽り、ナチの権力掌握に助力した。

ナチは一九三三年以前から文化的イベントを妨害しており、「不快な」映画の上映から、「堕落した」芸術の展覧会に至るまで、ことごとく攻撃の対象となった。一九三〇年一〇月に、前年ノーベル賞を受賞したトーマス・マンは、ベルリンのベートーヴェン・ホールにおける公開朗読の場で、蔓延しつつある風潮を非難した。[1]ヨーゼフ・ゲッベルスは密かに通報を受けて、党の突撃隊から二〇名を送りこんでいた。褐色のシャツに黒のネクタイの彼らは、右派の知識人を含む聴衆のなかに紛れこんだ。マンの演説は聴衆のなかの幾つかのグループからは拍手で、妨害者たちからは野次で迎えられたが、ついには不穏な雰囲気となり、トーマス・マンは裏口から立ち去ることを余儀なくされた。

脅しはそれよりもさらに蔓延していた。マンの家族やアルノルト・ツヴァイク、テオドール・プリービエのような作家たちのもとには絶え間なく脅迫電話や手紙が届き、家は落書きで台無しにされることもあった。標的とされた作家たちは突撃隊員の監視下に置かれた。隊員は家の外で待伏せし、どこまでも尾行した。

好ましくない本のリストが作成された。一九三二年八月、ナチ党の機関紙は、党が権力の座についたあかつきに、活動を禁じられるべき作家のブラックリストを公表した。[2]それに先立って同紙は、ドイツ文学を「文化的ボルシェビズム」から守るべきであるという声明を掲載し、四二人のドイツ人大学教授がそれに署名していた。ナチが権力を掌握した一九三三年の冬、好ましくない文学への集中攻撃の場は、路上から国家機構へと移行した。一九三三年二月、パウル・フォン・ヒンデンブルク大統領が署名した「国民と国家の保護のための」法律は、出版物に制約を課すものだったが、同年春、表現の自由への制約がさらに強化された。最初に被害を受けたのは、共産主義と社会民主主義の新聞とその出版社だった。ヘルマン・ゲーリングが、マルクス主義的、ユダヤ的書籍およびポルノなど「汚らわしい本」との闘いを主導する任務を負った。

文学にたいするこのような攻撃がやがて五月の焚書へと続いてゆくのだが、実際にその火付け役となったのはナチではなく、ドイツに数ある学生連盟を統轄するドイツ学生協会だった。幾つかの学生連盟は一九二〇年代以来、ほぼ公然とナチを支持していた。戦間期にドイツの保守主義右翼の学生たちがおこなった焚書は、これが最初ではなかった。一九二二年には、何百人もの学生がベルリンのテンペルホーフ空港に集まって、「汚れた文学作品」を焼き、一九二〇年にはハンブルクの学生たちがベルサイユ条約——第一次世界大戦後にドイツが署名させられた降伏文書——の写しを焼いていた。

ナチによる文学への攻撃は、すでに保守主義右翼の学生団体がおこなっていた攻撃に合流したものだった。それらの学生たちにとって、焚書はマルチン・ルターと宗教改革まで遡る挑戦と抵抗というドイツ的伝統の再現であった。一九三三年四月、ドイツ学生協会はアドルフ・ヒトラーをルターに擬して、「非ドイツ的文学」を対象とした行動計画を公表した。ルターが宗教改革の最初に着手した九五条になぞらえて、学生たちは『フェルキッシャー・ベオバハター』に「非ドイツ的精神への挑戦」として一二の命題を発表した。

言語は民族の真の魂の発露である。よってドイツ文学は「浄化」され、外国の影響は排除されねばならない、と学生たちは主張した。ユダヤ人はドイツ語の最悪の敵であると彼らは宣言した。「ユダヤ人はユダヤ人独特の思考しかできない。彼がドイツ語で書くものは虚偽である。ドイツ語で書きながら、非ドイツ的思考をするドイツ人は裏切り者だ[3]」学生たちはすべての「ユダヤ文学」はヘブライ語で出版されるべきこと、「非ドイツ文学は公共図書館から一掃されるべきこと」を要求した。学生たちにとって大学は「ドイツ民族の伝統を守る砦」でなければならなかった。

彼らの声明は「非ドイツ的」文学を放逐する国家的運動の始まりだった。学生諸団体はドイツ学生協会の傘下に入り、焚書を企画するための「戦闘委員会」がドイツ全土で組織された。焚書は祝賀行事として公表することが定められた。委員会は広報に努め、演説者を届け出、焚く木材を集め、他の学生連盟や地元の党指導者の支援を求めるよう勧告された。これに反対する者たち、とくに反対する教師たちは脅迫された。戦闘委員会はポスターも貼ったが、そこには「今日は非ドイツの作家、明日は非ドイツの教授」というようなスローガンが掲げられていた。(4)

だが戦闘委員会の第一の仕事は、「汚れた」作品を集めることだった。学生たちは命じられて自分たちが所有する蔵書の「浄化」に着手し、次に公共図書館、地元の書店へとその範囲を拡大していったが、図書館も書店も多くは協力的だった。一九三三年春にはより全般的な見地から、本と著者のブラックリストの作成も開始された。ヴォルフガング・ヘルマンは司書として一九二〇年代からいち早く極右の学生団体にかかわっていたが、この数年間は「焼かれるべき」著作家のリストを作成していた。最初のリストに挙げられたのは僅か一二人だったが、それはすぐに一三一人に増え、さまざまなジャンルに分けられていた。リストにはトロツキーからレーニン、ベルトルト・ブレヒトなどの共産主義者、エーリヒ・マリア・レマルクのような平和主義者、ヴァルター・ベンヤミンのようなユダヤ人批評家、その他ワイマル共和国時代に頭角を現した文学者や知識人が含まれていた。

国家主義への批判者は勿論、ナチとは異なる歴史観をもつ歴史家たち――ことに第一次世界大戦、ソ連、ワイマル共和国などにかんする著作でナチと異なる見解を示した歴史家たち――もブラックリストに載せられた。ジークムント・フロイトやアルベルト・アインシュタインのように、その世界観をナチが真っ向から否定する思想家たちもリストに含まれた。両者とも「ユダヤ的学問」を推進したという理由で攻撃の対象となった。

自分の蔵書の「浄化」に加えて、学生たちは公共図書館や地元の書店に、「汚れた本」を放出するよう協力を求めた。多くの場合大学の学務担当事務局や教員は大学図書館の「浄化」に協力した。

　だが同時に戦闘委員会は、地元の警察や突撃隊隊員の支援のもと、暴力的な手段で直接本に手をくだした。五月初旬、焚書の二、三日前に、学生らは貸本屋と共産主義者の書籍取り扱い業者を襲った。貸本業者はことに保守勢力の憎悪の的であり、ヘルマンによれば、品行方正な普通の人びとのあいだに汚れたユダヤ的退廃的文学をまき散らす「文学的売春宿」だった。第一次世界大戦以後、図書館は頻繁に利用されるようになっていた。戦間期ドイツの経済不況とインフレのために、自分で本を買えるドイツ人の数は減少の一途を辿り、従来の図書館は増大する本の需要に対応できず、その結果一万五〇〇〇以上の小規模な貸本屋が出現した。そのような貸本屋は低価格で本を貸し、トーマス・マンのようなベストセラー作家の本を大量に仕入れた。こういう「庶民の図書館」はすぐに学生らの標的となった。その一方で突撃隊は個人の蒐書も襲った。そのような攻撃のなかでも広く知られたのは、ドイツ文筆家保護連盟が所有するベルリンの共同住宅への急襲だった。この組織はドイツの文筆家を保護するために、検閲やさまざまな形での文筆活動にたいする国家の介入に積極的に反対を唱えていた。その建物に住んでいた約五〇〇人の連盟会員のアパートは捜査され、破壊された。疑いをかけられた本は没収され、あるいはその場で破棄された。「社会主義的」な本をもっていた文筆家は拘留された。

　最も悪名高い襲撃は、焚書の数日前、約一〇〇人の学生が、ベルリンのティーアガルテンの性科学研究所を荒らした事件である。医学者のマグヌス・ヒルシェフェルトとアルトゥール・クロンフェルトによって創設されたこの研究所は、セクシャリティにかんする革新的研究をおこない、同時に女性、同性愛者、性同一性障害者の権利を擁護する運動を進めていた。学生らは三時間建物のなかで狼藉を働き、カーペットにペンキを流し、窓ガラスを割り、壁に落書きをし、絵画や陶器をはじめ家具調度を破壊した。彼らは本や研究所の記録文書、写真の一大コレクションを創設者ヒルシェフェルトの胸像とともにもち去った[5]。

これに先立って一九三二年には、多くのユダヤ人と共産主義者が、政治的風向きに危険を予知して、個人の蔵書を整理し、写真、住所録、手紙、日記などの処分を始めていた。共産党は党員たちに「危険文書」を持ち運ぶさい、いざとなればそれを呑みこむ覚悟をしているようにと通達を発していた。このようななかで何千という小規模の焚書がおこなわれ、人びとはストーブ、暖炉、裏庭で本を燃やした。本は燃えつきるまで時間がかかるので、これは思うほどたやすくはなかった。そのため多くの人が蔵書を森や川やさびれた街路に捨てた。匿名の小包にして実在しない住所宛てに送った者もいた[6]。

一九三三年以降、多くのドイツ人文筆家が自発的に、または強制されて亡命した。そのような何百人もの亡命者のなかにはトーマス・マンをはじめ、彼の兄のハインリヒ・マン、ベルトルト・ブレヒト、アルフレート・デブリン、アンナ・ゼーガース、エーリヒ・マリア・レマルクがいた。一九三九年までには、約二〇〇〇人の作家や詩人がナチ支配下のドイツとオーストリアからの退去を余儀なくされた。だがドイツに留まった者も多かった。特に政治色を帯びていない作家のなかにはのちに「国内での亡命」と呼ばれた状態に身を置き、ドイツの居場所に留まるものの作品の発表は控えた。さもなければ検閲委員会で許可されるたぐいの本——子ども向けの本、詩集、歴史小説など——を出版した。出版の条件として、ヨーゼフ・ゲッベルス率いる国民啓蒙・宣伝省の一部局、文学局（National Chamber of Literature）の会員であることが求められていたため、出版を阻止される場合もあった。

しかしナチの体制の一翼を担った文筆家たちもいた。一九三三年一〇月、ドイツの幾つかの新聞は「忠誠の誓い」という見出しのもとに、八八人のドイツの作家や詩人による声明を掲載した。声明は直接的には、その直前のドイツの国際連盟脱退を支持する内容だった。署名した著作家のなかにはヴァルター・ブルーム、ハンス・ヨーストト、アグネス・ミーゲルなどがいたが、彼らの文名の興隆は、彼らが忠誠を誓った体制の浮沈と密接にかかわっていたので、今ではあらかた忘れられている。

当時、ナチの掲げる国家社会主義を奉じる著作家には多大の報酬が待ち受けていた。それまでは彼らに閉ざされていたドイツで最も権威のある文学者団体、財団、協会などの地位が彼らに与えられるようになった。彼らはまた、体制が国の主要なブッククラブを支配下におさめると、新たな読者たちを獲得することができた。一九三三年にナチが運営するグーテンベルク図書協会には二万五〇〇〇人の会員がいたが、二、三年後にその数は三三万人に増加していた。そのようなブッククラブを通じて、ナチはゲーテやシラーから国家主義的、保守的、ナチ的著作家に至るまですべての読み物を何百万人の読者に効率よく届けることができた。

ゲッベルスの宣伝省はドイツ史上例のない――おそらく現代史全般にも類のない――文学的、政治的仕組みを創り出し、毎年五〇以上の文学賞を授与した。

一九三〇年代を通じて、宣伝省は、約二五〇〇の出版社と一万六〇〇〇の書籍販売店および古書店から成るドイツの書籍業界を完全に掌中に収めた[7]。最初の施策として、ユダヤ人を徐々に学術団体、文学団体、著作家団体、出版社、書籍販売、印刷業から排除し、本の世界から「ユダヤ人の影響」を除去した。ユダヤ人の出版業者、印刷業者、書籍販売者は「アーリア人化」された。つまりアーリア人の所有者が彼らにとって代わった。ユダヤ人が経営する出版社の幾つかは業界の大手だった。たとえばユリウス・シュプリンガーは、学術書の分野で世界最大の出版社だった。ユダヤ人排除の動きは一九三〇年代に一歩また一歩と進んだ。最初、ユダヤ人の会社の乗っ取りとユダヤ人の排除は、会社の価値の下落や、国際関係の途絶を招かぬよう慎重におこなわれた。ユダヤ人所有者は単に説得されて売却に同意していた。だが売却を拒否した場合には、政府は程度の差はあるものの強制、嫌がらせ、脅迫などの手段を用いた。出版社のアーリア人化は党と国家、実業家個人に巨額の金をもたらした。一九三六年以降、ユダヤ人の排除はニュルンベルク法により法的に定められた。

早くも一九三三年までには、国民に愛された作家の多くがすでにナチによって亡命を余儀なくされていたが、彼らの本の追放には長い時間がかかった。その過程は緩慢で、たとえばトーマス・マンの作品は、一九三六年に彼の市民権が剝奪されるまで版を重ねていた。出版社に特定の作家を放逐させ、新刊を出させないことはできても、古本市場の管理は困難で、ましてすでに家庭の本棚にある本はどうすることもできなかった。実際それらの本を一掃するのは不可能で、ブラックリストに載ったほとんどの作家の本は戦争中も――たとえこっそりと売買されたにしても――入手できた。ナチにとって最も効率的な方法は人びとの自己検閲、つまり自分たちの蔵書を浄化させることだった。

もうひとつの手段として、ナチは国民に新しい文学を提供した。一九三〇年代には約二万点の新刊書が毎年出版された。宣伝省が「教育上有益」と判断した本は、保証付きで大量に提供された。それまでは限られた読者にしか届いていなかった本が突如として大量に出回るようになった。一九三三年だけでも、ヒトラーの『わが闘争』の発行部数は八五万部だった。(8) ちなみに一九二五年の初版で売れたのは九〇〇〇部である。ヒトラーの最大の顧客はドイツ国家で、総計六〇〇万部を買いあげた。ナチ専属の出版社、フランツ＝エーアは、『わが闘争』の他にも、アルフレート・ローゼンベルクの『二〇世紀の神話』を出版し、やがては党の最も業績のよい会社へと成長した。

ライナー・マリア・リルケやヨハン・ヴォルフガング・フォン・ゲーテを始めとするドイツ古典文学は、ナチ・ドイツで重要な役割を与えられた。ナチのイデオロギーから近距離にあるひとつのジャンルは、アーリア民族を際立たせ、賞賛する散文と詩だった。賞賛はときには控え目に表現されていたが、ユダヤ人、スラブ人、ロマ族（一部のジプシー）、黒人、アジア人は殊更貶められて戯画化されていた。民族と個人的特徴を結びつけて強調し、たとえばユダヤ人は生来「貪欲で」「ずるくて」「信用できない」とされた。最も目的に叶った作品はハンス・グリムの『土地なき民』で、この小説のなかでグリムは、ドイツが第一次世界大戦に負けたのは「生きるための場所が狭すぎた」からだという問題提起をしている。ドイツが自らの潜在的能力を発揮するにはヨーロッパでもっと多くの土地と植民地が必要なのだと。この本はナチ体制下のドイツで五〇万部売れ、タイトルはナチのスローガンとして使われた。

＊　＊　＊　＊　＊

一九三三年五月一〇日の午後一一時、ベルリンの学生たちは、手に手に松明をもち、性科学研究所の創立者マグヌス・ヒルシェフェルトの胸像を、あたかも王座を追われた王の切断された首のように高く掲げて、オペラ広場に向かって行進した。後で胸像は研究所の本とともに火中に投じられた。同じ夜、ドイツの九〇の場所で焚書がおこなわれた。ドイツ学生協会はそれらの火が整然と互いに連動して燃え上がるよう、あらかじめ綿密な計画を作成していた。火はいずれも中心にある公共の場所で燃えあがり、多くの町では効果を高めるために強力なスポットライトが準備されていた。薪は数日前から組み立てられ、レーニンの写真やワイマル共和国の旗が添えられていた。ある場所ではブラックリストの本が、まるで処刑場に運ばれるように、牛の引く肥料運搬用の荷車で広場に運びこまれた。本が罪人のさらし台に釘付けにされる場合もあった。学部のフォーマルな制服を着て地元の学生連盟のバッジをつけた学生たちの行進には、同じく制服姿のヒトラー・ユーゲントの指導員、親衛隊、突撃隊および準軍事的グループである鉄兜団（シュタールヘルム）のメンバーが加わっていた。吹奏楽とナチの軍歌である「国家主義者の闘争歌」が演奏された。本がおごそかに火中に投じられるとき、用意されていた九つの「火の誓い」が唱えられた。罪人とされた作家の名前や彼らの罪状がそのなかに明記されていた。

学生、教師、学長、地元のナチ指導者らが群集にむかって演説をし、大群集を引き寄せた。ベルリンのオペラ広場に集まった群集は四万人に達したと思われる。他の都市には一万五〇〇〇人が参加したと報道された[9]。さらに多くの人びとが、ベルリンの現場からの中継放送をラジオで聴いた。そこで群集に呼びかけたのはゲッベルスだった。カメラ班もそこで一部始終を撮影し、それはほどなくドイツ全土の映画館で上映された。

宣伝省を開設して間もないゲッベルスは、密かに学生が率先して行動することを支援していた。とはいえ、ウルフガング・ヘルマンのブラックリストが公的な文化政策のなかに組み込まれるのはまだ先のことだった。ナチの党員のあいだでも今後採るべき文教政策にかんして意見の一致はなかった。党の或るグループは焚書が国外からの強い批判を浴びることを懸念していた。同時に、党のなかには一九三三年春、ドイツを席捲した右翼による大がかりな革命的熱狂が、自分たちの手に負えなくなるのではないかと、もっともな危惧を抱く者もいた。ゲッベルスさえ、公然と焚書の支持に踏み切るにはいくばくかの時間を要した。

焚書は、ドイツの図書館や書店の本格的、徹底的浄化というよりも、祭儀的ドラマだった。だがゲッベルスは、歴史的にも政治的にも、本を焼く炎がもつ象徴的意味を――それが新生ドイツにとって火の洗礼を意味することを――感じていた。火による浄化という古代からの儀礼は、ナチという新体制を魅惑した。ゲッベルスはベルリンの群集に向かってそれを訴えた。「この場所においてワイマル共和国の知的基盤は崩壊し、その瓦礫のなかから新たな精神が不死鳥のように、勝ち誇って舞いあがるのです[10]」

本はドイツ各地で夏になっても焼かれていた。ハンブルクやハイデルベルクのような都市では、組織だった焚書も数回おこなわれた。だが同時代の意見は焚書の重要性にかんして一致していなかった。ハインリヒ・ベル、ハンス・マイヤーなど多くのドイツの知識人は、焚書を非常に不愉快ではあるが、学生たちの馬鹿げた騒ぎにすぎないとして、軽くあしらった。焚書はいっときの革命気分であり、やがて新たな体制はそのようなものから「脱却する」というのが彼らの見解だった。

フロイトの簡潔なコメントは「本だけか？　昔なら本と一緒にわれわれも焼いただろうに」標的とされた他の著作家たちが政治的現実の急展開から受けた衝撃はそれに比してかなり大きかった。作家のシュテファン・ツヴァイクはのちに回顧録のなかで、「先見の明のある人間にとってさえ事態は予想を超えていた」と記した[11]。

国際的にも焚書への反応は分かれた。それを「馬鹿げている」「無意味」「児戯だ」と片づける人びともいたが、ヘレン・ケラー、雑誌『ニューズウィーク』、作家ルードヴィヒ・レヴィゾーンらは焚書が思想それ自体への野蛮な攻撃であるとみなした[12][13]。もっとも激しい反発はニューヨークに拠点を置く米国ユダヤ議会からのもので、彼らは焚書をナチの反ユダヤ主義とドイツ系ユダヤ人への迫害の表現だとみなした。アメリカ合衆国の幾つかの都市でデモ行進がおこなわれ、一九三三年五月一〇日にはニューヨークで約一〇万人がデモ行進に参加した。ニューヨークで最も大規模なデモのひとつだった。

焚書の視覚的インパクトとメディアによるその伝播は、当時すでに際立った印象を残したが、焼き尽くす炎がホロコーストと象徴的な関連をもっていたために、焚書は戦後期にさらなる潜在的影響力を発揮する。焚書はナチが最初でも最後でもなかったが、ドイツにおける焚書はやがては検閲と弾圧にかんして最もインパクトをもつ比喩となり、焚書がおこなわれるときは常に道義的警告であり続けている。アメリカでは、一九五〇年代に、アメリカの多くの図書館から「破壊的な」本が除去されたとき、それを主導したジョセフ・マッカーシー上院議員の反共産主義キャンペーンへの抗議として、ナチの焚書が引き合いに出された。

焚書は、ナチが「文化的野蛮人」であるという世評を確立した。一九三〇年代、四〇年代に、ナチズムによる国民の言語的、文化的、創造的活動の支配が進むと、焚書は知的価値の破壊を象徴するイメージとなった。だがそれは同時に、敵にたいしてナチが目指すものが物体の大量破壊に留まらず文化の破壊でもあることを示していた。

さらに重大なこととして、焚書の煙とそれがもたらした破壊が別の事実を隠蔽したことを言わねばならない。後世の人びとによる焚書の意味の解釈は、ナチ党員の解釈とさほど変わっていない。ナチにとって焚書は祭儀的行事であり、宣伝にとって有効なスペクタクルだった。焚書というイメージは、歴史の本が看過し利用しないでおくには、誘惑的で、効果的で、象徴的重みを帯び過ぎていた。だが焚書が文化の破壊の比喩として強いインパクトをもち過ぎた結果、もうひとつの、さらに不愉快な物語の影が薄くなった。ナチは本を滅ぼす以上のことをしたということ、彼らは同時に本を蒐集するという狂気にとりつかれていたという事実が、見逃されがちになった。

焚書の煙は徐々に薄れていったが、それと並行してナチの知的、イデオロギー的グループのなかでひとつの計画が形成されつつあった。その計画は敵対する者の知的、文化的、文学的絶滅ではなく、それよりはるかに恐ろしい意図をもっていた。一九三三年五月の焚書では全部を総計しても二、三万冊が焼かれたに過ぎなかったが、ナチが組織化した急襲では、はるかにそれを上回る数の本が、しばしば秘密裡に没収され略奪された。ベルリンの性科学研究所を学生らが荒らしたあと、突撃隊は一万冊を上回る研究所の蔵書を押収した。それが運ばれた先はオペラ広場ではなく突撃隊司令部だった。

共産主義者、社会民主主義者、自由主義者、同性愛者、ユダヤ人、ロマ族、スラブ人など彼らの敵の文学的、文化的遺産を絶滅させることによって、敵を破滅させるのがナチの狙いではなかった。ナチは本来的には、一般に言われていたような「文化的野蛮人」ではなく、反知性主義者でもなかった。そうではなくて彼らの意図は新たなかたちの知的人間を――己の価値観の基盤を自由主義やヒューマニズムではなく、国家や民族に置く知的人間を――創造することだった。

ナチは教授、研究者、著作家、司書を排除しなかった。むしろそれらの人材を集めて知的イデオロギー的兵士たちの軍隊を作ることを目指し、ペンや論文や本によって、その兵士たちがドイツと国家社会主義の敵たちに戦いを挑むことを期待していた。

一九三六年ミュンヘンに開設されたユダヤ人問題調査局は、ナチの反ユダヤ人政策の正当化を目標とした機関で、ナチの歴史家ヴァルター・フランクの国立新生ドイツ史研究所の一部局だった。この研究所の目的は、ドイツの

「科学」によって敵を滅ぼし、第三帝国を千年支えるような知的基盤を築くことによって、世界の支配という願望を正当化することだった。ナチの国家社会主義の原型であるローマ帝国が、軍隊と建築家だけではなく歴史家と詩人の国でもあったように、第三帝国も血と石だけではなくことばによって築かれるべき帝国であった。

この戦争では、本は被害を受ける物体であったが、それ以上に武器だった。ナチは戦場のみならず思想においても勝利することを願った。その勝利は墓地を超えて、大量殺戮、ホロコーストのあとにも、受け継がれるであろう。おのれの蛮行を消し去るためばかりでなく、それを正当化するために、敵の文学的、文化的遺産を破壊するのではなく、それを盗み所有し歪曲し、敵の蔵書、公文書、歴史、遺産、記憶を、敵を倒すために用いることによって、自分たちが支配者となることをナチは目論んだ。彼らの歴史を自分たちが書くことを。世界史上類をみない、大規模な本の略奪を始動させたのはその願望だった。

第2章

ベルリン市立図書館の亡霊たち

ベルリン

色褪せた辛子色の壁に左右を挟まれた、ひと気のない長い廊下を進んでゆく。壁のところどころに細いフレームに入った版画。病院や下位官庁などでよく見る平凡なものだ。廊下の先にある部屋は、そこから四方に延びているさらに何本かの辛子色の廊下の起点であるという他には、とくに用途のない部屋に見える。中世の町の中心部に似て、この建物は計画性のない迷宮のようだ。それにはわけがある。ベルリンの中心的図書館、ベーベル広場近くのベルリン中央州立図書館は、その前身であるベルリン市立図書館の廃墟あとに建てられている。シュプレー川の真ん中にある島にあった市立図書館の堂々とした建物は、戦争中爆撃を受けて事実上完全に破壊された。戦後ソ連占領地域に位置したその図書館は廃墟の内部で再建された。今日それは、新古典主義様式の壮麗なファサードと東独時代の貧弱な内装から成る統一のない建物で、周囲の近代的な地域と対照的である。

わたしを案内してくれるセバスチャン・フィンスターヴァルダーは、グレイに塗られたドアを幾つも通り過ぎると、或るドアの前で立ち止まり、鍵を取り出す。彼はこの図書館の研究員で三〇代、肩まで髪を伸ばし、鋲のついたベルトを締め、靴底はレモンイエロー、革手袋の指先は切り落としてある。クロイツベルクのナイトクラブから出て来たような感じである。彼はわたしに微笑みかけてドアを開き、芝居がかったしぐさで放置された蔵書のにおいを吸い込む。埃くさい空気、乾燥した革、黄色く変色した紙のにおい。部屋では本が増え続け、背表紙が擦り切れた本を詰め込んだ書棚が幾列も並ぶ。書棚のあいだの通路を抜けるときには、本をよけて体を斜めによじらなければならない。

「これでも今は整理ができているのです。初めて来たときには、至るところ本が山積みになっていました。床じゅう本で順序はまちまちでした。何十年も本はこれらの部屋にただ投げこまれ、全部で四万冊あって、調べるのに何か月もかかりました」彼は或る棚を見せてくれるが、そこにある本にはすべて白い紙がつけられ、数字が書きこまれている。

「これらは略奪されたと思われる本の一部です」フィンスターヴァルダーはそう言って、腕を挙げ部屋の反対側まで約二〇ヤード延びている棚を示す。

今日、中央州立図書館にある本のうちどれだけが略奪されたものであるか、だれも正確にはわかっていない。フィンスターヴァルダーは部屋から部屋へとわたしを案内する。どの部屋も同じように本がぎっしり収納されている。ドイツ最大の公共図書館であるこの巨大な建物の至るところに略奪された本がある。そのほとんどは、三〇〇万冊を超える一般の蔵書のなかに今でも埋没している。その上、数万冊がまだ見つかっていない。

わたしたちの眼前にある本は、表面は他の本と変わりがない。おとぎ話、小説、詩集。キノコの本、航空機の本、技術関係の本。歌の本、辞書、宗教の本。これらの本と普通の本との違いは、本を開いて最初の二、三頁を見なければわからない。

そこには赤や黒のインキで捺されたスタンプがある。あるいはいつの時点でか、本の所有者が貼った図入りの綺麗な蔵書票や、名前のみを記した簡素な蔵書票がある。蔵書票によって、その本が大きなコレクションの一部であることがしばしば判明する。時には献辞、署名、本の送り主からのメッセージが見つかる。イギリスの探検家ヘンリー・M・スタンリーの『暗黒のアフリカ』のドイツ語版に書かれた美しい筆記体のことばのように。

十三歳のお誕生日に、愛する息子ルディへ

ママより

一九三〇年一〇月二五日

フィンスターヴァルダーによれば、この本はおそらく一九一七年にベルリンで生まれたルディ・コエルゾーンのものだという。一九四二年八月一五日に、彼はリガに移送され、その三日後に殺された[1]。

その本の遊び紙にじっと目を当てれば、暗号めいた、だが手がかりになる文字が見分けられる。鉛筆で記入された*J*という文字。本のもち主とその運命を語るJudenbücher（ユダヤ人の本）を略した*J*だ。

フィンスターヴァルダーはわたしを彼のオフィスに連れてゆく。そこにはひと昔前のドイツのパンクバンドのメンバーのような年配の男性がいる。七月の暑さをものともせず、厚いフリースの上着で、ニットの帽子を被っている。名前はデトレフ・ボッケンカム。この図書館の司書で歴史的コレクションの専門家である。この図書館の後ろ暗い過去を掘り起こした最初の人でもある。今では少人数だが、献身的に図書館の複雑な背景を明らかにし、汚点を晴らそうとする研究者のチームができている。彼らは力を合わせて、略奪された何万冊もの本を蔵書のなかに突き止め、手作業で詳しく調べた。オフィスのひとつの壁ぞいに彼らの仕事の成果が並んでいる。ベニア板の棚の上に本が山積みにされ、それぞれの山に名前を書いた紙が付されている。リヒャルト・コブラーク、アーノ・ネーデル、フェルディナンド・ナスバウム、アデーレ・ライフェンベルク、名前はさらに続く。これらはボッケンカムとフィンスターヴァルダーの尽力によって所有者が明らかになった本である。

積まれた五冊の一番下にわたしに見覚えのあるアネウス・ショットという名前がある。彼はノルウェー人の弁護士で、一九四二年にスウェーデンに逃亡したレジスタンスの闘士だった。戦後ヴィドクン・クヴィスリングの起訴を実現させ、死刑判決を勝ち取った。これらの本がいつ、どのような仕方で略奪されたのか、ボッケンカムとフィンスターヴァルダーはまだ解明していない。だがおおよそのことは推測できる。本はショットの逃亡後、彼の家からゲシュタポかナチの他の組織によってもち出され、ドイツに送られたに違いない。それらの本が当時ショットの家にあった多数の蔵書の一部であったことはほぼ間違いない。蔵書はベルリンで分割され、そのなかの二冊がベルリン市立図書館に寄贈もしくは売却された。そうした略奪は特記すべきことではなく、この部屋の棚の本はヨーロッパ各地から——ナチが激しい略奪をおこなったあらゆる地域から——ここに辿り着いている。

美術品の横領とくらべて、本の略奪はほとんど注目されてこなかった。近年ようやく、本の問題がドイツで人びとの関心を惹き始めている。ベルリンの中央州立図書館は、ボッケンカムの努力によって、最初にこの問題を追及

ベルリンの中央州立図書館で、所有者が判明するのを待つ略奪本。今日、所有者の子孫を見つけるのは、しばしば時間のかかる複雑な作業である。

し始めた図書館のひとつである。二一世紀初頭、彼はこの図書館で発見された大量の蔵書票について論文を書いていた。所有者を示す蔵書票が図書館の蔵書から切り取られ、それはしばしば蔵書の一部を売却するさいにおこなわれていた。ボッケンカムは何百枚もの蔵書票にあるのがユダヤ人の名前と図案であることに気づき、どのような経緯によってそれらの本がこの図書館に来たのか、疑問を抱いた。同時に、(どう見ても)驚くべき出自をもつ本がぼつぼつ見つかるようになった。

二〇〇二年に彼は「トリーア、カール・マルクス・ハウス」というスタンプのある七五冊の本を探し出した。カール・マルクス・ハウスはドイツ社会民主党によってトリーアに設立された博物館である。社会民主党はすでに一九三三年に活動を禁止され、党員は投獄され、殺害され、あるいは亡命を余儀なくされた。ボッケンカムはそれらの本がおそらく社会民主党から略奪されたものだと考え、同様に出所が疑わしい本をさらに探し始めた。そのような本は蔵書の至るところにあった。図書館蔵書のなかで略奪によってそこにある本は、彼の最初の試算では一〇万冊という驚くべき数だった。しかもこれは控え目な数字であることがのちに判明した。

ボッケンカムはさらに自分の前任者たちが、本の出所に気づいていなかったわけではない、という不愉快な発見をした。気づいていないどころではなかった。前任者たちはそのような歴史を隠蔽し、抹消しようとしたのだった。多くの本の遊び紙は切り取られていた。所有者のラベルが司書の手でちぎり取られ、こすり取られた跡が残る本もあった。その上カタログを作るさい、本の出所はねつ造されるか、「所有者なし」として登録されていた。

「或る年配の司書と、この問題について話そうとしました。まだ元気で、進んで話そうという人でした。彼は幾つかのことは認めたが、全部ではなかった。秘密の大半は墓場までもってゆきました」とボッケンカムは言う。彼はグレイの紙の表紙の大きな帳簿を机上に置く。表紙に貼られた小さなラベルに「一九四四 − 一九四五年 Jagor」とある。

ボッケンカムが二〇〇五年に発見したこの帳簿は、図書館の隠蔽工作を明らかにした点で現在までで最も重要な証拠である。そこには戦争の最後の二年間に蔵書のカタログに記載された約二〇〇〇冊の書名がある。Jagor は一九世紀後半のドイツの民族学者で探検家のフェドール・ジャゴールを指しており、それゆえどの本にも *J* という文字があると言われていた。だがこれは正しい説明ではない。というのもこれらの本はフェドール・ジャゴール所有の本だったのではなく、*J* という文字は Jagor ではなく、*Judenbücher* の *J* なのだ。帳簿に899番として登録されている本はルディ・ヨエルゾーンの『暗黒のアフリカ』である。

二〇〇〇冊の本は略奪された大きなコレクションの一部であり、戦争中に図書館が入手したものであることが判明した。戦時中の図書館経営の詳しい記録が失われているにもかかわらず、そのコレクションをめぐってやりとりされた文書が幾つか残っている。一九四三年に図書館はベルリンの質商から、約四万冊の本を買った。その質商には移送されたユダヤ人が所有していた厖大な数の本が、ベルリンの彼らの家から没収されたあと、運びこまれていた。コレクションのなかで最も貴重な本は、全国指導者ローゼンベルク特捜隊、親衛隊、およびナチの諸機関に渡っていた。残りの本が売却のために質屋に運ばれたのだった。図書館は当初ベルリンの市役所に連絡を取り、「他所に移った」ユダヤ人の本のコレクションをただでくれるように要求したが、受け入れられなかった。本は第三帝国に帰属し、従って売却によって得る金は「ユダヤ人問題解決のために」使われるというのがその理由だったが、一九四三年の時点で「ユダヤ人問題の解決」ということばが暗示する内容はただひとつだった。没収されたユダヤ人の財産は或る種の自己金融による企画のように、ユダヤ人の移送、強制収容所、大量殺戮をまかなうために使われた。最終的に図書館はその本の購入のために四万五〇〇〇ライヒスマルクを支払わねばならなかった。

帳簿の最後の本は一九四五年四月二〇日に記帳されている。その同じ日に、赤軍はベルリン市中心部に向けてすさまじい砲撃を開始し、同時に幾つかの部隊がなだれこんだ。それはヒトラーへのメッセージであると同時に、ベルリンへの最後の攻撃の始まりだった。ヒトラーはその日、五六歳の誕生日を総統官邸で祝っていた。

ベルリンも、ベルリン市立図書館も廃墟となった。

「その時になってもなおここの地下室で司書が、略奪した本のカタログを作っていたというのは信じられない」フィンスターヴァルダーは言う。

だが実際には終戦のあともカタログ作成は終わらなかった。一九四三年に購入された本は砲撃の被害に遭わなかったので、まるで何事も起きなかったかのように、戦後もそれらの本の登録は継続した。唯一の違いは、本はもはや「ユダヤ人の本」（*J*）として分類されることはなく、かわりに*Geschenk*（贈り物）の*G*が付された。

ボッケンカムの調査によって、一九四三年に質商から購入した本のカタログ化は一九九〇年代になっても続いていたことが明らかになった。二、三年前、ボッケンカムとフィンスターヴァルダーが図書館の倉庫を調べると、同じコレクションに属し、まだカタログ化されていない何千冊もの本が見つかった。しかもそれらの他にも略奪された本が人目につかぬ棚を埋めていた。

ベルリン市立図書館は、空襲に遭った本をはじめ、大量の本を戦争のために失っていた。図書館の蔵書のかなりの部分は戦争末期にポーランドとチェコスロバキアに移され、多くが残ったが、幾らかは赤軍に略奪された。戦後ドイツの図書館からは、ナチの党員、第三帝国の公的機関、研究所などの組織に所属していた本はすべて没収されていた。蔵書を再構築する必要があり、瓦礫の山となったベルリンには多くの放棄された本があった。たとえば爆破された建物のなかで発見され「所有者なし」とみなされた本さえも回収された。それらの本は「学術書救済センター」によって集められ仕分けされることになっていた。このセンターは通りをはさんでベルリン市立図書館の向かい側の建物に置かれていた。回収された本は、発見された場所に対応して番号がつけられ、そののちベルリンのさまざまな図書館に再配分された。

センターのリストには二〇九の回収地点が示されていたが、フィンスターヴァルダーはその分野に詳しい研究者ペーター・プレルスと協力して、本が集められたのは実際には約一三〇の地点であったことを突き止めた。

「或る地域では本は一冊も残っていませんでした。廃棄されたか、どこかに移されたか、略奪されたか」

オフィスの壁に一九三七年のベルリンの地図が貼ってある。フィンスターヴァルダーは色のついた小さな旗を使って、本を回収した地点に緑、本が回収できなかった地点に赤、いまだに事情が不明の地点に青の旗をつけている。彼はプレルスと組んで、学術書救済センターの調査に乗り出したが、この組織の仕事はいまだに明らかでない部分が多い。歴史的犯罪捜査ともいうべき方法で、ふたりは回収された本の分配先を調べている。最終的にはベルリン市立図書館が「救済された」本の最も大口の受領者であったことがわかってきた。

「この図書館がそれほど多くの本を手に入れたのは、センターの長とこの図書館長が親しい友人だったからです。ふたりとも共産主義者で戦時中は投獄されていた。だから少々えこひいきがありました」

多くが第三帝国の最も戦犯的な組織から没収された本であったにもかかわらず、当時本の出所は問題にされなかったようである。「13」というラベルのついた本はすべてヨーゼフ・ゲッベルスの宣伝省から、「7」と分類された本はヘルマン・ゲーリングの航空省のものだった。[2]「4」は建築家で軍需相であったアルベルト・シュペーア個人の蔵書で、「5」はドイツ人作家ヴァルター・ブルームの家から来ていた。ブルームは一九三〇年代のドイツで最も人気のある作家で、ヒトラーの熱烈な支持者であり、総統への賛辞さえ活字にした。

センターのリストには占領下のヨーロッパで本の略奪に従事した組織も幾つか挙がっている。「25」というラベルの本はアルフレート・ローゼンベルクの東部占領地域省――バルト海沿岸諸国とソ連の市政を担当する省――に所属していた。

ローゼンベルクは特捜隊の勢力を強化するためにもこの省を使った。特捜隊はヨーロッパ東部で蔵書や記録文書を略奪するために幾つもの役所を設置し、ベルリンに幾つかの略奪本の集積所をもっていたが、戦争終結時には略奪した何百万という本のごく一部のみがベルリンにあり、ほとんどは現在ポーランドに属する地域に移されていた。

センターがリストに載せた回収地点の多くで、たいがいは赤軍の戦利品旅団によって、すでに略奪がおこなわれていたことが判明した。この旅団はドイツ全土から本を没収した。

戦争終結後、センター長のギュンター・エルスナーは、人びとが引き上げたあとの東部占領地域事務局に赴き、建物の地下で、本を詰めた二〇〇個の大型クレートを発見した。その本を引き取りに一週間後に職員が行くと、クレートはこじ開けられ、ほとんどの本はなくなっていた。

センターに辿り着いた略奪本の、最も大規模な回収地点のひとつは「15」で、「15」はヨーロッパの蔵書を漁るさいのローゼンベルクの第一のライバルを、正確に言えばベルリンの国家保安本部を、意味していた。保安本部は第三帝国の――国家とナチ双方の――警察と諜報業務の調整をはかっていた。ハインリヒ・ヒムラーの支配下にある保安本部はナチ・ドイツの悪名高いテロ組織だった。活動の絶頂期には六万人がそこに雇われ、ゲシュタポや親衛隊情報部のような幾つもの下部組織を使って監視をおこない、国家の敵を追跡していた。

そのような下部組織のひとつは第Ⅶ局と呼ばれるイデオロギー研究と評価を担当する部局で、ここは国家の敵の行動を細大洩らさず調査していた。第Ⅶ局は、アイゼナハ通りにあるベルリン最大級のフリーメイソン・ロッジから没収した建物のなかに図書館を作り、ヨーロッパ各地から奪った本で一杯にした。それは次第に野心的な企てとなり、他の建物を手に入れる必要が生じた。ベルリンに送られた本は三〇〇万冊以上と推定されている。(3) 戦後そのなかの約五〇万冊が、アイゼナハ通りで発見された。蔵書の大部分は戦争の末期に他所に移され、幾らかは空襲で失われた。発見された本の一部はもとの国に返還されたが、幾らかは（冊数は不明だが）ベルリンの複数の図書館にも分配された。

フィンスターヴァルダーはそのような本の一冊を掲げて、遊び紙に鉛筆で書かれた「15」という文字をわたしに見せる。薄いブルーの表紙のやや汚れたその本は、オランダの哲学者バールーフ・スピノザの伝記で一七九〇年に出版されている。内側に貼られた蔵書票には、本の上に乗る妖精ピクシーの図像がある。かつての所有者はドイツ系ユダヤ人の著述家でジャーナリストのエルンスト・フェーダー、ワイマル共和国の知的サークルのなかで活躍していた人である。ナチが権力を掌握すると、彼は最初パリへ、戦争勃発後はブラジルに移住し、やがてリオデジャネイロの、シュテファン・ツヴァイクを中心としたグループで活動した。この本が保安本部の図書館に辿り着いた理由は、おそらく所有者よりも本の主題に、つまりスピノザがユダヤ人哲学者だったことと関連していたのだろう。

保安本部の図書館の目的は、親衛隊や親衛隊情報部が国家の敵を徹底的に研究するさいに役立つ本、文書、その他の刊行物を集めることだった。国家の敵は、ユダヤ人をはじめとし、ボルシェビキ、フリーメイソン、カトリック、ポーランド人、同性愛者、ロマ族、エホバの証人などのマイノリティ・グループだった。

センターが回収地点の番号を本につけていたので、ボッケンカムとフィンスターヴァルダーは何千冊もの出所を突きとめることができた。だが図書館には戦後、センター以外の所から入手した本が何万冊もあり、それらの出所を突きとめることは不可能だった。ボッケンカムが最初に蔵書のなかの略奪本の存在に気づいた二〇〇二年までは、どの図書館も購入にあたって、本の出所を調べることをしていなかった。

中央州立図書館の蔵書のなかの略奪本の特定というボッケンカムとフィンスターヴァルダーの努力は、管理面でも調査の量から見てもシーシュポス的労働だった。一冊の本でさえ、何週間もの探偵的作業を必要とする。図書館は戦前、戦中、戦後にわたって、多くの異なるところから本を得ており、どこから得たものであれ、略奪本の可能性があった。

ベルリン市立図書館が完全に本が揃ったコレクションを入手するのは稀で、何千という蔵書のなかから残ったものがそこに来ていた。そのために司書たちは何千という個々の犠牲者から奪われた本を苦労して突きとめねばならない。略奪された本であることが判明しても、その本の所有者、略奪者、本がこの図書館に来た経緯が解明できるとは限らない。これまでに保安本部の図書館から見つかった二〇三冊の略奪本のうち、以前の所有者を知る手がかりとなる何らかの痕跡が本の内側にあるのは一二七冊に過ぎない。

加えてふたりは、過去に遡った闘いを、彼らの前任者たちを相手に闘っている。前任者たちは何十年ものあいだ、略奪本が蔵書のなかに自然に混じるように、本の出所をこすり取り剝ぎ取り、あるいは出所を改竄した。だがフィンスターヴァルダーもボッケンカムもあっさりと諦めることはせず、本のちぎれたラベルを調べ、その色やサイズを他の本の破損していないラベルと比較するなどして、なんとかもとのもち主を割り出した。

二〇一〇年、中央州立図書館は蔵書の組織的調査を開始した。ボッケンカムとフィンスターヴァルダーは同僚らとともに、手作業で約一〇万冊を点検した。現時点でのボッケンカムの見積りによれば、蔵書にはまだ二五万冊以上の略奪本が含まれている可能性があるという。

最も困難な仕事は略奪本を見つけることではなく、そのもち主ないしもち主の子孫を手繰り寄せることだった。ふたりが発見した略奪本のうち、以前のもち主の手がかりとなる蔵書票、署名、スタンプなどのある本は三分の一に過ぎない。本の返却のために犠牲者のなかで生き残った人や、犠牲者の子孫を探すのはさらに困難である。

最初彼らは一冊ごとに所有者を突きとめようとした。うまくいった場合もあったが、結局は時間がかかり過ぎることがわかった。かわりに二〇一二年、彼らは検索可能なデータベースを作り、それぞれの略奪本の情報、署名やもち主のラベルの映像をそこに掲載した。

「子孫たちに向こうから来てもらおうというわけです。データベースはグーグルで検索できるし、家系の調査をしている沢山の人がこのデータベースを見つけます。効果が見えてきました。毎月、本を返しています」フィンスターヴァルダーは言う。

データベースには現在一万五〇〇〇冊が登録されており、常時新たな登録がなされている。全部の本の登録が済むまでには何年もかかるだろう。

セバスチャン・フィンスターヴァルダーが見せてくれた帳簿。戦争中カタログ化された約2000冊の略奪本が記載されている。本にはユダヤ人のものであったことを示すＪという文字がつけられている。

だが資金は乏しい。ベルリン市と所有者の調査を支援する政府の機関から資金援助を得てはいるが、資金は一回の申請につき、二、三年間の単位で割り当てられている。

「二年では仕事がわかり始めたところで終わってしまう。こんなことをやった経験は誰にもないから、すべてゼロから始めなければなりません。図書館というところは、本の内容だけが大事で出所はどうでもいいのです。当然本のラベルや署名などは登録されませんでした」フィンスターヴァルダーは言う。

彼によれば、本の略奪に向き合おうという関心は、地域の組織においても図書館でも依然として低く、ドイツの大部分の図書館や研究機関はその問題を無視しがちだという。

「この問題をどうにかしようという政治的意思も財源もありません。ドイツにある何千という図書館のなかで、積極的に蔵書の点検をしたのは僅か二〇館くらいです。連携もなく、どの図書館もそれぞれの調査をするだけです。美術品の略奪のほうが、価値があるだけにずっと関心を集めていますね」フィンスターヴァルダーは顔を曇らせる。

ベルリン市立図書館の蔵書の一部となった略奪本は、二、三の例外はあるにせよ、たいして価値のあるものではない。それは普通の人びとのもとにあった普通の本――小説、子どもの本、歌の本など、古本屋で二、三ユーロで買えるものばかりである。だが返還された個人にとってはしばしば、かけがえのない価値をもつ。

二〇〇九年から二〇一四年までのあいだにおよそ五〇〇冊が返還されたが、蔵書に含まれる二五万冊を思えば大河の一滴に過ぎない。

「こういう本を何とかして返したいのです。でもこれにかかわれる人数は僅かです。現状では、われわれが発見した出所の『怪しい』本が一万五〇〇〇冊、略奪されたと断定できる本が三〇〇〇冊あります。本の所有者の子孫を全部見つけるのに何十年もかかるでしょう。いたとしての話ですが」ボッケンカムはそう言いながら、机の上に格別されいな蔵書票を何枚か並べる。彼がこれらの蔵書票に深い愛着を抱いているのがはっきり見て取れる。そのひとつひとつを彼は知りつくしている。図書館の過去を明らかにすることになったきっかけはこうした蔵書票の図像だった。一枚の蔵書票には天使が二本の槍で二匹の蛇と戦う図、別の一枚には直立し舌を突き出して歩くライオン、もう一枚には羽のある馬に乗り、ガチョウの羽ペンをかざした女性。それらの図像はさらにダビデの星で飾られ、ヒルシュ、バーヘンハイマー、マイヤーというようなユダヤ人の名前が記されている。蔵書票は非常に個人的な芸術作品で、多くの場合もち主の人生での出来ごとを描いており、しばしばその人の読書、文化、文学へのかかわりも示している。だが同時にそれらの蔵書票は失われた世界と失われた命の象徴に満ちていて、もはや誰もその意味を読み解くことができない。それは砕かれ散らされた本と読者の世界である。

「さらに残念なのは、この作業をやり遂げるのは不可能だということです！　でもわれわれとしてはできることをやるほかはない」ボッケンカムは言う。

略奪された本の多くは所有者を示す何の印もつけていない。それらの本の今後の運命は、ボッケンカムもフィンスターヴァルダーもあずかり知らぬことである。いつの日か、出所や所有者が明らかになるかもしれないが、その可能性は低い。

「これらの本は図書館に住む亡霊のようなものです。盗まれた本だということはわかっていますが、一体誰から盗んだのか？」フィンスターヴァルダーは諦めたように肩をすくめる。

全体から見ればごく僅かの本しか返還されていないが、それぞれの返還は意味のある行為だとボッケンカムは思っている。ホロコーストを実際に生き延びたもち主になんとか返還できたケースがふたつあったという。ひとりはドイツ系ユダヤ人のベルリン市民ヴァルター・ラッハマンで、一九四二年に祖母とともにラトビアの強制収容所に移送されたとき、彼はまだ一〇代だった。祖母は殺害されたが、ラッハマンはベルゲン・ベルゼンの強制収容所に送られた。同じ時期にアンネ・フランクも収容されていた。アンネは、一九四五年四月に英国軍によって収容所が解放される丁度一か月前に、おそらくチフスで死亡した。ラッハマンも腸チフスで重体だったが、生き延びた。戦後彼はアメリカ合衆国に移住した。[4] 六七年を経た或る日、ドイツの雑誌『デア・シュピーゲル』で中央州立図書館にある略奪本について読んだという友人が電話をかけてきた。雑誌はラッハマンの子ども時代の本から引用をしていた。ユダヤ人の子どものためのおとぎ話の本で、彼が先生から貰ったものだった。[5]

「彼は自分で来ることはできませんでしたが、彼の娘がはるばるカリフォルニアからその本を受け取りに来ました。二枚の写真と、強制収容所で被っていた帽子の他には、彼には子ども時代のものは残っていなかった。娘の話では、彼は過去についてあまり話さなかったそうです。しかしこの本が戻ったとき、彼は変わりました。本が彼の気持ちを解き放ったかのように、彼は語り始めました。今では幾つもの学校で生徒に自分の話を語っています」フィンスターヴァルダーは言う。このエピソードは、彼にとって返還作業の意義を示す一例に過ぎない。

フィンスターヴァルダーは続ける。「これらの本は記憶の守り人です。お金にすれば大した価値はないが、かつてそれを所有し失った人びとや家族にとっては無限の価値がある。或る場合には、本が返還されたときに初めて、子どもたちや孫たちが両親や祖父母の過去と向き合いました。返還のたびに気持ちが揺さぶられます」

「これらの本の来歴を調べ始め、本の内側に書いてあった名前をインターネットで調べると、いつもアウシュビッツが出て来ました。毎回アウシュヴィッツに行き着くのです。われわれは失われた命を返してあげることはできない。しかしその代わりに別のものを返すことはできます。本とたぶん記憶を」ボッケンカムはそう言って、机上に並ぶ蔵書票に目を落とす。

＊　＊　＊　＊　＊

バビロンの濃い青のイシュタル門が天井まで届いている。見あげるものの、わたしを案内してくれる年配の褐色の髪の女性がすばやく通り過ぎるので、金色の牛をじっくり眺めている時間はない。彼女には見慣れたものなのだ。中央州立図書館から二、三〇〇ヤードの地点の、ペルガモン博物館の建物の一翼に出所調査局の幾つかのオフィスが置かれている。これはナチが支配した時期の略奪品の出所の調査のために、博物館、図書館、文書館、その他の施設を支援し資金提供をする政府機関である。

この組織の長である美術史家ウーヴェ・ハルトマンのところに、わたしは案内される。中年で背が高く、角ばった顔、白髪交じりの髪を短く刈り込み、ハーフリムの眼鏡をかけている。彼は一九九〇年代に、略奪された美術品の出所にかんする諸問題に取り組み始め、二〇〇八年に政府機関が設立されて以降それを率いてきた。二〇一三年には、その直前にミュンヘンのコルネリウス・グルリットのもとで発見された約一四〇〇点からなる悪名高い美術コレクションのなかの略奪品を鑑定するチームの責任者に任命された。コルネリウス・グルリットはナチに協力した美術商の息子である。

ハルトマンはシャツの袖をまくり上げている。数か所の窓が開け放たれているにもかかわらず、オフィスはむっとしている。出所調査のための組織は中央州立図書館で進行中の作業の資金面を援助してきた。「蔵書のなかに出所の怪しい本があることに、われわれは以前から気づいていました。自分の目で、スタンプや著名、蔵書票を見たのですから。『地下室の死体』がずっと噂されながら、放置されていました」ハルトマンは言う。

中央州立図書館は決して例外ではない。この図書館はドイツでおこなわれた本の略奪に積極的にかかわることはなかった。第三帝国の大部分の本を入手したわけでも、最も貴重な本を受領したわけでもなかった。他の図書館、ことに学術書に重点を置く図書館はナチによってはるかに優遇されていた。ベルリン市立図書館のような公共図書館と違って、一般の人びとには閉ざされた大学図書館や研究図書館は、略奪された「禁書」を取りこむこともできたのだった。

略奪に積極的に関与した図書館のひとつは、世評高いプロイセン国立図書館である。今はベルリン国立図書館として知られているこの図書館は、ドイツ最大の図書館で、一七世紀に遡る歴史をもっている。コレクションのなかにはベートーヴェンの肉筆の交響曲第九番の楽譜、他のどこよりも多いヨハン・セバスチャン・バッハの自筆の譜面、彩色装飾が施された世界最古の紀元四世紀の聖書がある。戦争中プロイセン国立図書館は、ベルリン市立図書館とくらべて、貴重な本をかなり多く獲得することができた。図書館の歴史が明るみに出たのは、カールステン・シィドウという学生が二〇〇六年の修士論文で、図書館の歴史関係のコレクションのなかにおよそ二万冊の略奪本があることを明らかにしたのがきっかけだった(6)。図書館が独自の調査をおこなった結果、約五五〇〇冊は疑いなく略奪されたものであることが立証された(7)。その後の赤軍による略奪がなかったならば、その数はさらに多かっただろう。図書館の蔵書の二〇〇万冊がソ連にもってゆかれたと推定されており、ユダヤ人の本、ヘブライ語の本や写本もほとんどそのなかに含まれていた(8)。

プロイセン国立図書館は第三帝国において略奪本の分配ルートとしても重要な役割を果たした。ドイツ国内で、また占領地域で略奪された何千もの蔵書や文書資料の分配は明確な政策にそっておこなわれた。イデオロギー関連で重要視された最も貴重なコレクションは、ヒムラーの保安本部とローゼンベルクの特捜隊とが分け合った。このふたつの組織は、最も貴重なコレクションにかんしてしばしばライバルとして衝突した。

このふたつに加えて、ナチの諸種の組織、機関、政府部局があり、いずれも略奪本を入手して自分たちの蔵書を構築しようと競い合った。さらにその背後には図書館、大学、その他の機関が序列に従って順番を待っていた。ナチが政権の座についたのち、プロイセン国立図書館は、ドイツ系ユダヤ人、社会主義者、共産主義者、フリーメイソンから奪った本を分配する役目を割り当てられた。戦争の後半には、同図書館は引き続きフランス、ポーランド、ソ連、その他の占領地域で獲得した本の分配をおこなった。

プロイセン国立図書館は、三〇以上のドイツの大学図書館に本を分配した(9)。だがドイツの図書館は他のルートからも本を手に入れた。しばしば地域の図書館は、ゲシュタポや地元の党支部が、非合法化されている組織を急襲したさいの没収品の分け前にあずかった。本は地元の町の図書館に「党からの贈り物」として寄贈された。地元の図書館員は普通、自分の地域にあって入手する価値のあるコレクションを知悉していた。それとは別に、ベルリン市立図書館の場合同様に、本は市の質商や、逃亡するユダヤ人がやむなく本来の価値の何分の一かで所有物を売る「ユダヤ人の競売」からも購入された。

ウーヴェ・ハルトマンは言う。「どの程度このような本の移動がおこなわれたか、確かめるのは困難です。まとまって存在していた本が解体され、異なるドイツのコレクションのなかに取りこまれたからです。たとえば一九六〇年代にドイツ民主共和国（東ドイツ）は、ドイツマルクを得るという経済的目的で、大量の本を西ドイツに売り、その本は西ドイツで新たに設立された大学に分配された。今日それらのコレクションのなかには、おそらくユダヤ人、共産主義者、フリーメイソンから奪われた多くの本が見つかるでしょう。

ドイツの大きい図書館のうち数か所は或る程度、蔵書の点検を始めています。しかし小規模の図書館は八〇〇〇あって、そのなかのたった一館だけしか蔵書目録点検のための資金援助に応募していません。前途には膨大な作業が残されています」

大多数のドイツの図書館はこれまでのところ、自館の蔵書のなかの略奪本の調査への関心も意思も示していない。略奪品調査の専門家が六〇〇の図書館にアンケート用紙を送ったところ、回答があったのは僅か一割だった[10]。問題に向き合おうとしない一般的傾向とは別に、資金不足という大問題があって、何であれ前進が阻まれる。その上ドイツには蔵書の点検を義務づける法律がない。そのような法律を作ることが提起されてはいるが、現状では点検は任意である。

当初ハルトマンの組織が分配した年間予算は一〇〇万ユーロで、二〇一二年に倍増された。しかしそれはすべての文化的機関に配分されねばならず、予算の大半は美術館に割り当てられる。二〇一三年までに、一二九件の企画が資金援助を受けたが、内訳は美術館関係が九〇件、図書館関係が僅か二六件だった。援助も全面的支援ではなく、コストの一部を負担するというかたちであったため、結果として群小図書館は初めから加わることができなかった。

「不幸なことにメディアの関心は本よりももっぱら美術品に向けられています。何百万単位の金額が付随する傑作の返還は大きな新聞記事になるが、一冊の本の場合に同様なことは望めません。どれほど心揺さぶられるような出来ごとであっても」

ハルトマンは本をめぐるもうひとつの問題を指摘する。

「美術品はたいがい出所がわかります。古い作品は展覧会のカタログ、競売の登録に記載されている、あるいは批評家が取り上げている。だから辿ることができます。本の場合にそのようなことはめったにありません。スタンプがなければわからない。例外はあるにしても、美術品と違って本は一冊ずつが独自の存在ではない。だから厖大な作業が必要になるのです」

今日ドイツじゅうの図書館に潜む略奪本の数を推定するのは不可能である。

「難しい課題です。何千というドイツの図書館はまだ蔵書の点検に着手してもいません。何百万冊もの本を手仕事でチェックしなければならないのですから」

略奪に遭った図書館の数を把握するのも容易ではない。本を奪われた何千という図書館の蔵書は復元されなかった。蔵書の規模や内容を示す登録簿やカタログの不在という問題もある。たとえばナチが政権を取るまでは、ドイツには労働組合、社会主義組織、ドイツ社会民主党などが作った何千もの「庶民の図書館」があった。それらの図書館には合わせて一〇〇万冊以上があったが、略奪されて戻らなかった。

ドイツのフリーメイソンの結社は、ナチが政権を取ったときに解散を強いられたが、そこからは何百万冊もが略奪された。一九三六年までには、親衛隊はドイツのフリーメイソンの結社から奪ったものだけでも、五〇ないし六〇万冊に達するコレクションを作り上げていた[11]。それらの本は、ドイツのさまざまな防衛にかんする組織が、一九三〇年代末に国家保安本部の行政的支配下に置かれたとき、当然の成り行きとして国家保安委員会の蔵書となった。

だがその略奪はヨーロッパ全土におけるナチの破壊とくらべれば僅かなものであった。特捜隊はフランスだけでも七二三の図書館の蔵書（本にして一七〇万冊）を没収した。このなかには何万冊もの古代や中世の写本、初期刊本、貴重な本や原稿が含まれていた[12]。

おそらく最も被害の大きかったポーランドでは、学校や公共図書館の蔵書の九割が失われた。さらに個人の蔵書や専門書のコレクションの八割が消滅した。約七〇万冊から成る、ポーランド国立図書館の蔵書全体があらかた四散した。或る試算によれば、ポーランドの二二五〇万冊のうち一五〇〇万冊が失われた。戦時の略奪、消失、破損のいずれによるものか、その内訳は不明である。

ソ連における略奪の規模を数量で示すことはさらに困難である。最も手近な計算によれば、損失は天文学的数字である。ユネスコの或る調査によれば、当時ソ連に所属した地域で破損、あるいは略奪に遭った本は一億冊に及ぶ[13]。

ナチが略奪したすべての本が戦後ドイツに残ったわけではない。事実はそれとはほど遠い。ナチが略奪した厖大な数量の本それ自体が、やがて略奪、四散、消失の運命を辿った。とりわけ戦勝国が手を出した。ワシントンのアメリカ議会図書館がドイツに派遣した特別使節団は、一〇〇万冊以上の本を本国に送った[14]。赤軍は最終的には一〇〇万冊以上を没収した。空襲で破損した本は数知れない。都市の中心に位置する図書館は、容易に燃え上がる対象としていずれも連合国の焼夷弾の犠牲となった。総計すればドイツは火災、爆撃、略奪の結果として所有していた本の三分の一、ないし二分の一を失ったと考えられている。

だがこのような損失にもかかわらず、大量の略奪本がドイツの図書館に残った。中央州立図書館の場合同様、ナチの諸機関から来た本は、多くの図書館の蔵書の空白を埋めた。ドイツ人歴史家ゲッツ・アリーが二〇〇八年に推定したところでは、ドイツじゅうの図書館を合わせれば、少なくとも一〇〇万冊の略奪本があるという。[15] これは控え目な推定で、実際の数字はずっと大きいと思われる。中央州立図書館の場合と同じく、どの図書館であれ、独自の計画に沿って蔵書の点検を始めると、数字は膨れ上がる傾向がある。全ドイツの本のコレクションを点検するのにこれからどのくらいの時間がかかるのかと尋ねると、ハルトマンは微笑する。

「これは君たちの生涯のあいだ続く仕事だと、講義のなかでわたしはいつも学生に言っています。これから何十年も続くでしょう。図書館や博物館でそれを引き継ぐ次世代の者たちは、この問題を避けて通ることはできません。無視することを許さない歴史がそこにあるのですから」

第３章
ゲーテの槲《かしわ》
ワイマル

怪物は苦悶しつつ膝をついた。死ね、この獣め、お前は第三帝国のシンボルだ。そしてゲーテは？　われわれにとってゲーテはもはや存在しない。ヒムラーに息の根をとめられたからだ。

四人四九三五号の日記

濃い霧が不透明な膜のように、緑の森林地帯を覆っている。視界はせいぜい前方一〇ヤードしかない。ひび割れたアスファルトを行くと、ゆっくりと歩を運ぶ人びとが霧のなかにぼんやりと見える。小声で話す声も聞こえる。それから収容所の門の輪郭が浮かびあがる。門のそばの茶色の木材の塔は、昔の村の教会を思い出させる。鉄の門にはJedem das Seineの文字がでかでかと書かれている。これはラテン語のモットーSuum cuiqueのドイツ語訳で、「各人に、その分を」というような意味である。ギリシア文化に深い根をもつ慣用句で、マルチン・ルターや他のドイツの宗教改革期の思想家の著作に登場する。それはまた一七一五年にワイマルで初めて演奏されたバッハのカンタータのタイトルでもある。ワイマルはわたしが今立っている場所から僅か四マイル、かつてドイツの重要な文化都市であった。この語句はさまざまな解釈が可能だが、ブーヘンヴァルトの強制収容所の門に掲げられるとき、そのメッセージに疑いの余地はない。「すべての人間は当然の報いを受ける」。わたしはベルリンの南を二、三時間移動して、緑豊かなドイツの中心部に位置するチューリンゲンに来ていた。門のすぐ内側に焼き場がある。粗く組まれた煉瓦の煙突が突き出た、グレイのコンクリートの建物である。ここで何万人もの死者が焼却された。

ドイツ最大の強制収容所のひとつブーヘンヴァルトは、エッタースベルクの丘に作られた。その丘は、ブナの木や年を経た槲で知られる美しい落葉樹林の中心部に位置していた。作家でノーベル賞受賞者のエリ・ヴィーゼルは、一六歳のときこの収容所に送られたが、ずっと後になってここを訪れたとき、「木々が語ることができたら」と言った。(1) エッタースベルクの森の心奪われる美しさと、一九三七年から一九四五年にかけてここで繰り広げられた地獄絵との、強烈な対照に自身では語りつくせぬものがあったのだろう。ここに収容されたノーベル賞受賞者はヴィーゼルだけではなかった。もうひとりはハンガリー人ケルテース・イムレで、収容所での体験を小説『運命ではなく』に描いた。他にも多くの著作家、詩人、芸術家、音楽家、建築家、学者や知識人がここにいた。ヨーロッパのナチの占領地域から、政治的思想的にナチに敵対する者、ユダヤ人、同性愛者、ポーランド人、ロマ族、精神病者、障害者、フリーメイソン会員、カトリック信者、犯罪者、捕虜など、二三万人が囚人としてここに送られ、五万六〇〇〇人が殺害された。この収容所の看守であり親衛隊の上級曹長であったマルチン・ゾンマはことに残虐な拷問や処刑をおこなった。彼は今でも「ブーヘンヴァルトのハングマン」の名で記憶されている。由来は彼が、立ち並ぶバラックの北にある森の木に、後ろ手に縛った囚人たちを吊るしたからである。「吊るし刑」として知られたこの拷問は、中世の異端審問で用いられていた。

体の重みでしばしば腕がねじ切れるように肩の関節窩から外れる。ゾンマと彼の部下たちは木のあいだを回り、動けない囚人の顔や足や性器を棍棒で殴った。「囚人のなかには苦痛のあまり発狂する者もいました。苦しまなくてもすむように射殺してくれと多くの者が親衛隊員に頼みました」生き残ったウィリ・アペルはそう証言した。[2] 囚人たちの叫びや呻き声のために、その場所は「歌声の森」と呼ばれるようになった。

エッタースベルクの森のなかの一本の木は、特別な意味をもっていた。焼き場から少し離れたところに、むき出しのコンクリートの土台が何列もあって、これは囚人のバラックの跡である。左側にはかつて連合軍の捕虜、同性愛者、エホバの証人信者、脱走兵が収容されていた建物がある。その煉瓦の大きな建物には、消毒隊も入っていたが、そのそばのバラックとバラックのあいだに、灰色がかった緑の、ずんぐりした木の切り株があり、根はいまだにしっかりと地面に食いこんでいる。粗削りの石盤には「ゲーテの槲」と刻まれている。

一九三七年、強制収容所の建設のためにエッタースベルクの森が切り開かれたとき、親衛隊の監視者たちは槲を一本だけ残した。ゲーテがその槲の大木の下によく腰をおろしていたという言い伝えがあった。国民的詩人ゲーテとゆかりがあるとされるチューリンゲンの槲の木は、それ一本だけではなかったが、この特定の一本はやがて収容所の監視者と囚人双方から、独自の象徴的意味を付されるようになった。生涯のほとんどをワイマルで送ったゲーテは馬に乗って、一八世紀にはロマンティックな日帰り旅行の場所として人気があったエッタースベルクに、しばしば遠出をしていた。ゲーテは友人で彼の伝記を書いたヨハン・ペーター・エッカーマンに、この森で「気持ちが広やかに自由になる」と語っている。

ブーヘンヴァルト収容所が建設された当初、親衛隊はそれを「エッタースベルク強制収容所」と名づけるつもりだった。しかしエッタースベルクと、ゲーテ及びワイマルの古典主義との強い結びつきに愛着を抱く市民から、強制収容所の名前にエッタースベルクが使われることに一斉に抗議の声があがった。そのためにハインリヒ・ヒムラーは収容所に、ブーヘンヴァルト（ブナの森）という新たに考案した名前をつけた(3)。

地元の或る言い伝えによれば、この木の下でゲーテは『ファウスト』のなかの、メフィストフェレスがファウストをブロッケン山の魔女たちの集会に連れて行くヴァルプルギスの夜のくだりを書いたという。またゲーテが「旅人の夜の歌」という短詩を書いたのも同じ場所だと伝えられている。彼は「エッタースベルクの山辺で」という添え書きをつけ、一七七六年の或る手紙に挟んで、この詩を友人かつ恋人であったシャルロット・フォン・シュタインに送った。

おんみ　天より来たり
すべての悩みと苦しみを鎮めるものよ
重なる悲しみの深き者を
慰めを重ねて満たすものよ
――ああ　われ人世《じんせ》のいとなみに疲れはてぬ
痛みも楽しみも　すべてそも何――
甘美なる平安よ

来たれ　ああ来たれわが胸に　（小塩節訳）

おそらくふたりはこの木の下にともに座したことさえあったのではないか？　だがこの木に複雑にからむ神話がもうひとつある。この槲はドイツの運命を謎めいたやり方で予告する。つまりこの木が生きている限り、ドイツはもちこたえる。だが木が倒れればドイツは衰退するというのである。

事実、この槲の木はふたつの全く正反対の象徴的意味を帯びるようになった。ひとつはこの木は切り倒してはならないと考えた親衛隊の監視者たちにとっての意味、もうひとつは収容された人びとにとっての意味である。親衛隊にとって、この槲はドイツの偉大な文化的伝統を表わしており、その伝統の真の後継者こそ自分たちなのであった。収容所の監視に当たった親衛隊の者たちは、ワイマルの文化行事に積極的に参加した。かつてゲーテが監督をつとめた国立劇場では幾つかの最上席が、親衛隊の「髑髏部隊《どくろぶたい》」のために確保されていた。役者たちはブーヘンヴァルトにも出かけて、看守たちのために演じた。或るときには『微笑みの国』というロマンティックなオペラが上演されたが、皮肉にもそれはブーヘンヴァルトに収容されていたオーストリア人の台本作者フリッツ・レーナ＝ベーダが書いたものだった。彼は後にアウシュビッツに送られ、看守に撲殺された。

多くの囚人たちにとって、地獄の真っ只中に聳える槲の木は、夢と幻想と、彼らの命を辛くも支えている希望を体現していた。ドイツ文化のなかで育った囚人にとっては、その木は、自分たちを捕囚した国とは別の、もっと明るく理性の光に導かれた国を象徴していた。ドイツ人の作家で詩人のエルンスト・ヴィーヒェルトは収容所での体験を描いた『死者の森』のなかで、彼の分身ヨハネスに槲の木が与えた慰めを以下のように書いている。

夕方の休み時間を過ごすバラックとバラックのあいだの空き地を出ると、夕闇がすでに降りてきた。そこから一本の槲の立つところまではほんの一分ほどで行けた。この槲はかつてその影を、ゲーテとシャルロット・フォン・シュタインの上に落としたという。木が生えている小道のその地点は、視界を遮られることなく平地を見下ろせる唯一の場所だった。木々で蔽われた丘の上に、はや月が登り、収容所生活の今日最後の物音が、静寂のなかに吸いこまれていった。

しばし彼は暮れてゆく空のはるか向こうまで眺めていた。地上の最後の人間であるかのように独りだった。おそらく一五〇年前ここに立ったゲーテの、自分が知っているすべての詩を彼は思い出そうとした。ゲーテの偉大さはいささかも損なわれていなかった。たとえゲーテが五〇歳でガレー船に繋がれたとしても、その偉大さはいささかも失われなかっただろう。「気高く、人を助けて善良であれ……」そうだ、このことばさえ滅びることはない。それを口ずさみ、最後までそれを守ろうとする人間がひとりでもいるならば(4)。

ヴィーヒェルトにとって、ゲーテはドイツの真の文化的伝統を具現しており、道を見失った人びとが森の暗い奥に迷いこもうと、明るく照らし出された道のような存在であった。収容所で生き延びた多くの人びとがこの槲を描いた。フランス人の画家でレジスタンスの闘士レオン・ドラルブルはしばしば木の下に腰かけて網の目のように広がる枝をスケッチした。

囚人すべてがヴィーヒェルトのような見方をしたわけではない。むしろ反対に、彼らは槲の木をドイツ文化に内在する悪の、抑圧と残忍さの象徴として見、この槲がドイツの運命を予言するという神話を信じ続けた。それは希望でもあった。木は徐々に勢いを失い枯れ始めた。或る冬のあと、枝は芽吹かず、樹皮は剝がれ落ちて幹は白く乾いた。それでも一九四四年八月の或る日までは立ち続けていた。その日連合国軍の爆撃機が収容所に隣接した工場を急襲した。爆弾のひとつが洗濯場に命中し火災が起き、すぐに弱った槲の木へと広がった。四九三五という囚人番号でしか知られていないポーランド人の囚人は、その様子を以下のように描いている。

火が爆ぜ、火花が飛んできた。槲の木の枝が燃え上がって折れ、屋根のタール紙の上に転がった。煙のにおいがした。囚人たちは長い鎖になって、井戸から火へとバケツリレーをした。彼らは洗濯場の消失を防いだが、槲の木は救わなかった。彼らの顔には密かな喜びが浮かび、無言の勝利を語っていた。ついに予言は成就される。彼らの目の前で、煙は幻想と混じり合い、槲はもはや木でなく、炎の中でのたうちまわる何本もの腕をもつ怪物だった。その腕が折れ、胴は自分のなかに崩れ落ちるかのように縮んでいった。怪物は苦悶しつつ膝をついた。死ね、この獣め、お前は第三帝国のシンボルだ。そしてゲーテは？　われわれにとってゲーテはもはや存在しない。ヒムラーに息の根をとめられたからだ。(5)

＊　＊　＊　＊　＊

ワイマルの国立劇場の前に、無限の彼方に目を向けて立つゲーテとシラーの像がある。ゲーテの片手はシラーの肩に置かれ、シラーはゲーテがさし出す月桂冠を受け取ろうと手を差し伸べている。エルンスト・リーチェル作の一八五七年のこの像はその時代を代表するもので、一九世紀中葉にはドイツの至る所で建てられたこのふたりの偉人の像のモデルとなった。ゲーテとシラーの像は、ワイマル文化が賛美された時期にドイツ全土に沸きあがった強い愛国主義の直接的表現だった。

ワイマル市中心部の縁にイルム河畔公園がある。木々が密生しているので、その間を縫う小道は緑のトンネルである。一本の道は広々とした牧草地へ、一本は庭園のフォリー（装飾用建造物）へ、一本は玉石からほとばしる噴水へ、一本は洞窟や絵画的な廃墟へと通じている。公園全体がロマンティックな幻想である。英国庭園からヒントを得て、一八世紀末に造られたとき以来、公園はさほど変わっていない。広い野原を見下ろす地点に、ゲーテがワイマルでの最初の何年かのあいだ住んだ白いガーデンハウスがある。その頃にはゲーテはすでに、デビュー作『若きウェルテルの悲しみ』によって、ヨーロッパじゅうで名声を得ていた。情熱の溢れた、感情のほとばしるこの小説は、理性、合理性、啓蒙主義思想に支配されていた時代の人びとを驚愕させた。美や自然崇拝や詩に身を委ねるというロマン主義の思想はドイツ人の自己認識にとってひとつの重要な側面となった。だが同時にそれは或る暗さを内蔵していたのではないか。この文化の後継者たちが、どうして二、三世代も経ぬうちに、ゲーテが詩を書いたその同じ森で、人びとを吊るしたり、拷問にかけたり、殺害したりできたのか？　一方に輝く光、他方に闇というこのイメージは時に「ワイマルとブーヘンヴァルトの二項対立」と呼ばれてきた。このふたつがドイツのジレンマの縮図であり、ドイツのふたつの顔である。ブーヘンヴァルトのゲーテの槲に向けられた相対するまなざしも、ドイツ文化に潜む矛盾を十分に例証している。

或る人びとは、古典主義時代の輝きが汚されることのないように、この二つの側面を完全に別個のものと捉えようとしてきた。第二次大戦後のほとんどの期間、ワイマルではその態度が支配的だった。他方で、それは歴史の単純化、歪曲でさえあると主張する人びとがいる。ふたつの面は明らかに複雑に絡み合う文化的、哲学的、文学的根をもっているのだと。おそらく直接的関連はないだろう。だがナチの国家社会主義は勢力を拡大する過程で、ドイツ国家主義と、啓蒙主義的理想の拒否という同じ根をもつ思想の幾つかを、はばかることなく利用した。

ドイツの高踏的ロマン主義は、啓蒙主義時代の情念の乏しさに強く反発した。特記すべきは、ワイマルの東約一二マイルに位置するイエナ大学で一九世紀前半に形成された思想である。ここで、フリードリヒ・ヘーゲル、ヨハン・ゴットリープ・フィヒテ、フリードリヒ・フォン・シェリングらの思想家が、啓蒙思想にたいする反対運動として、今日ドイツ観念論として知られる思想を体系的に展開し始めた。彼らが残した厖大な思想的遺産は、二〇世紀の国家社会主義者にとって、容易にインスピレーションを得ることのできる宝庫となった。なかでも大きな影響を与えたのは、精神の高邁がドイツ人の独自性として強調されたことであった。さらに大きな影響は、哲学者・歴史家ヨハン・ゴットフリート・ヘルダーの思想だった。彼はゲーテの尽力によってワイマルで職についた思想家のひとりだったが、ゲーテのファウストの原型は彼ではないかと見る説もある。ドイツ民族は比類のない魂をもつという彼の思想と愛国心の強調は、ドイツの国家主義が台頭するさいに決定的な役割を果たした。ヘルダーの目標は、第一に当時のフランスの強い影響力——一八世紀のヨーロッパ文化はフランスに支配されていた——からドイツを遠ざけることであった。しばしばドイツ国家主義の父と呼ばれるもうひとりの思想家フィヒテは、ドイツ民族が独自の性格をもち、それゆえに「人類の歴史に新たな時代を創り出し導く」義務があると説いた。(6) フィヒテにはすでに完全に明確化された反ユダヤ主義が見られる。フランス革命以後の政治的展開のなかで、ヨーロッパの他の地域でおこなわれているように、ユダヤ人に対等な市民権を与えるならば、ドイツ国家は打撃を蒙ると彼は考えていた。フランスでは、ユダヤ人は市民権を与えられており、それがユダヤ人解放の始まりだった。ユダヤ人たちは次第に、ゲットーで孤立して暮らすのをやめ、ヨーロッパの社会に言語的にも文化的にも同化する道を選んでいた。

一九世紀前半に出現したドイツ国家主義が目標としたのは、何にも増して言語的、文化的に同質のドイツだった。国家主義的感情は、革命への熱情がヨーロッパを覆った一八四八年に最高潮に達した。ドイツでは自由主義者、知識人、学生、工場労働者らが、ドイツの小国家の古い専制的かつ抑圧的なエリートたちにたいして反乱を起こした。だがそれは保守的な諸公国によって鎮圧された。

ワイマルの国立劇場前にエルンスト・リーチェルによるゲーテとシラーの銅像が建てられたのは、革命が挫折し、そのあとに政治的停滞が続いたこの時期であった。

「ドイツにおける解放への闘争は、政治的自由も国家の統一ももたらさなかった。その後市民は自分たちがいまだに獲得できないものを、文化的活動のなかに求めた。知的巨人たちの像を、概して都市のなかの最も目立つ場所に建てたことなどは、その例である。それまでは銅像は君主や軍人にのみ与えられる栄誉だった」とドイツ人美術史家パウル・ツァンカーは述べている。(7)

一九世紀半ばまでは芸術家のために、多額の金を投じて記念碑を建てるのは稀だった。しかし革命後ゲーテとシラーの銅像は、文学的国家主義のひとつの表現として、多くの町を飾った。ツァンカーによれば、こうした作家や詩人の銅像は理想的ドイツ人を表わしており、人間の手の届かぬギリシアの神々の裸像とは違い、その時代の服装をした市民で、道徳の模範とみなされた。記念碑とともに崇拝熱が生まれ、新聞、挿絵入りの本、洒落た装丁の全集などが出版された。ドイツ人が自らを「詩人と思想家の民」と考えるようになったのは、この時期であるとツァンカーは指摘し、続けてこうした記念碑の建設には、人びとを新たな革命や反抗へと向かわせる意図はなく、むしろその逆であったと述べている。銅像を立てた有産階級の狙いは、市民的美徳、すなわち秩序、従順、目上の人への忠誠などを育てることにあった。ワイマルの偉大な文人らがワイマルの宮廷に仕えていたという事実も、見倣うべき理想のあり方と考えられた。

そのような理想を具現した国民的詩人ゲーテは、一九世紀後半には新生ドイツ国家の道徳的ロール・モデルへと祭り上げられる運命だった。そのイメージにそぐわない資料は、文書館の奥深くに隠され、破棄された。ゲーテがナポレオンに送った賞賛の手紙は燃やされた。ゲーテはコスモポリタニズムと国際主義を支持すると公言していたが、彼の死後、その思想は再解釈されて、厳密な国家主義の枠に嵌められた。一八七一年にドイツが統一国家となったあと、ことにその傾向が増した。ヘーゲル、フィヒテ、ヘルダーのような哲学者の思想も、同様に歪曲され、国家主義を正当化するために誤用され、過度に誇張され、ときには捏造された。

政治の領域にたいするゲーテの懐疑は、のちに右翼の国家主義者たちによって、政党の設立と民主主義を弾圧する手段として用いられた(8)。他方で左翼の人びとは、ゲーテを自由主義、議会主義の擁護者とみなした。ゲーテの魂をめぐる争いは次の世紀へともち越された。ワイマルに内在する光と影のあいだの強い緊張と、二者の激しい対立の表象として、ゲーテとシラーの背後に立つ国立劇場という配置はいかにも象徴的だった。

一九一九年二月六日、ワイマルの国立劇場で議会が開かれ、約一〇の政党からの四〇〇人以上の議員が、かつてゲーテやシラーが登壇した舞台の前の座席についた。彼らはドイツを救うために集まったのだった。統一以来五〇年たらずのドイツ国は、最近までは強力で無敵と見えていたのだが、今は崩壊状態だった。ビスマルクの「鉄血政策」によって作られたドイツ国は、砂上の楼閣のように崩れつつあった。ドイツを救うために、彼らは自分たちのルーツに戻り、ワイマルに集まった。

前年の三月二一日に、ドイツ軍は戦闘の膠着状態を破ろうと、長く延びた西部戦線に大々的な攻撃をおこなった。いわゆる「皇帝の戦い」である。実際にはこれは勝つための、最後の死に物狂いの手段だった。夏に連合国側が反撃に出ると、ドイツ戦線はもちこたえられず、総崩れ寸前となった。一九一八年一〇月末、キール軍港で水兵たちが起こした反乱がきっかけで、数日後に一一月革命がドイツ全土に広まった。戦争は終結したが、蜂起は続き、対立する集団の衝突と、現実に目覚めた数百万人ものドイツ軍兵士たちの前線からの帰還にともなって、政治はひどい混乱状態に陥った。ドイツの共産主義者たちはロシアの前例にならってソビエトを組織し、一九一九年春にはバイエルンで政権をとるところまでいった。それにたいしてドイツ社会民主党が抵抗し、「ドイツ義勇軍」と呼ばれる退役兵士や将校から成る準軍事組織的集団が歩調を合わせた。彼らは塹壕で養われた残忍かつ非人間的な暴力の文化を身につけて戻っていた。

*　*　*　*　*

このような状況が暗雲のように、一九一九年二月にワイマルに集まった議員たちの上に垂れこめていた。議会の開催を呼びかけたのはドイツ社会民主党で、彼らの願いは議会制民主主義を築くことだった。皇帝の退位後、フリードリヒ・エーベルトが率いる政党が臨時政府を樹立した。穏健かつ現実主義者のエーベルトにとって、極左勢力を孤立させるためには、国家主義者や義勇軍の反動勢力と協調するより他の選択はなかった。議会の場を地方都市ワイマルに移したのはエーベルトの発案だった。のちにワイマル共和国として知られるようになる国のための、新たな憲法がそこで作成されることになる。

ワイマルという選択は象徴的意味をもつと同時に現実的政策だった。ベルリンでは、すでにいわゆる一月蜂起が起こっており、臨時政府の打倒をはかるクーデターの可能性が濃厚だった。義勇軍はベルリンとミュンヘンの残存抵抗勢力を驚くべき残忍さで鎮圧した。共産党員は、前線の戦闘で鍛えられた軍隊に抵抗するすべがなく、即決の処刑によって何百人もが殺害された。このようにドイツの民主主義の夜明けは血にまみれていたが、エーベルトはゲーテの影響力を借りて、それを洗い清めるつもりだった。ドイツ民主主義誕生の地としてワイマルを選んだのは、新たな民主主義をワイマル古典主義という高邁な理想と結びつけることで、それに正統性をもたせるのが狙いだった。

しかし、古典主義へのノスタルジアから選ばれた首都ワイマルは、同時に、やがてワイマル共和国の代名詞となる新ブランドの文化を生む場となってゆく。ドイツ表現主義のなかに最も明瞭に表わされた近代芸術運動は、やがてワイマル共和国の文学、芸術、音楽、演劇、建築、デザインに浸透し、それを活性化した。すべての分野で新しい世代が、過去の硬直化した因習と決別した。だがワイマル文化は、融合することのないドイツのふたつの側面

――一方にはモダニズム、コスモポリタニズム、デモクラシー、他方に美の礼賛、暴力、ファシズム――の白熱した闘争の場となった。文学においては、新たな種類の前衛的散文が登場し、有産階級の空疎な理想、家父長制的な家族、抑圧された感情が一般的なテーマとなった。新しい運動は、抑圧されていたエネルギーを自由に解き放ち、戦争が残した実存的空虚のなかに運動の推進力を見出した。「戦争に負けたというだけではなかった。世界が終わった。われわれは自分たちの問題に根源的な解決を見つけねばならない」ドイツ人建築家でバウハウス・スクールの創設者、ヴァルター・グロピウスは書いている。[9][10]

滅ぶかに見えた古い世界は、しかし敗北することはなかった。新たな時代に向かう運動はただちにワイマルとドイツを二つの世界に分けた。モダニズムは、皇帝ヴィルヘルムを支持するエリートたち――貴族、反動的な有産階級、また伝統の守護者を自認する大学――からの強い敵意を浴びた。運動は堕落と反道徳とみなされ、新しい芸術を見、聴き、読んで気分が悪くなった人びともいた。

反動勢力の巻き返しが始まった。ワイマル共和国の掲げる民主主義という理想、文化、モダニズムへの、保守主義者、国家主義者、極右過激派による抵抗は、必然的に暴力を孕んだものとなった。

共産主義者や民主主義者と違って、ドイツの右翼勢力はあくまでも保守勢力による真の革命を求めて粘り続けていた。これはモダニズムへの反動で、彼らにとってモダニズムとは、パニックに襲われて人生という競技場になだれこみ、その過程であらゆる神秘を剝ぎ取られ、魂を失った大衆社会を作り出す運動であった。[11] 彼らは、人間関係と理想主義の空洞化を招くその時代の物質主義、合理主義、資本主義を拒否した。モダニズムの世界は、彼らが至高のものと考える貴族的、ロマン主義的な価値――名誉、美、文化――を蝕んだ。ひとつの潮流として、それはすでに大戦以前から勢いを増していた。多くの者が大戦の帰結として保守主義の再生に望みを託していた。戦争のみが進行する道徳的堕落に歯止めをかけ、国全体に浄化の火をくぐらせ、物質主義を超えた高い精神のレベルに国民を押し上げるであろう。そう信じる保守的な革命論者にとっては、第一次世界大戦は、領土、天然資源、貿易における主導権の問題ではなく、ドイツの精神文化のフランスの物質文明に対抗する精神の戦い、言い換えればフランスの啓蒙主義対ドイツのロマン主義の戦いだった。

この見地に立ち、保守主義的革命を支持する立場から発言したひとりはトーマス・マンだった。彼は長いあいだ民主主義の発展にたいして懐疑的、むしろ敵対的でさえあり、民主主義はドイツ国民にはそぐわないと感じていた。彼は戦争をロマンティックに描き、塹壕のなかの苛酷な状態が、そこに身を置く人間のなかの最上のものを引き出すと考えた。マンによれば、戦争は究極的に「大衆」に高貴な目的のために己を犠牲にすることを促し、それによって彼らを「国民」に変える。「わが国の文化を合理主義が破壊する。破滅に追いこまれたさいに、戦争は有効な治療法である」とマンは続けて言う。彼は権力と文化とが調和した権威ある国家主義国家を夢見ていた。その国家を「第三帝国」と彼は先取りして呼んだ。このような思想は、戦争とともに消えることはなかった。戦争の恐怖やドイツが蒙った未曽有の損失にもかかわらず、消えはしなかった。それどころか、抵抗勢力は自らを活性化するために国家主義的理想に依拠していた。ワイマル共和国の民主主義的「退廃《デカダンス》」の期間に、極右勢力が形成した世界像の根底にはその理想があった。トーマス・マンのような保守的知識人の出発点はやや異なっていたが、それにもかかわらず彼らの熱烈な国家主義、封建的思想への関心、高度の精神的闘争としての戦争というロマンは、国家社会主義とその過激な現状認識の正当化に寄与した。

モダニズムにたいする文学的抵抗は、義勇軍文学として知られるひとつのジャンルを形成した。帰還兵で構成されていた義勇軍グループは、一九二〇年代を通して存在し続け、ベルサイユ条約によってドイツの軍隊が一〇万人に制限された結果生じた精神的真空を埋める役割を担うこととなった。彼らはワイマル共和国の新しい秩序に馴染まない存在で、彼らのよりどころである名誉、服従、同胞愛という軍隊の古い美徳は嘲笑され唾棄された。前線での彼らの犠牲は今やその大部分が無意味なものに思われた。ドイツは西部戦線ではなく、国内戦線で敗北したのだ。国内の社会民主党員、社会主義者、ユダヤ人が国を背後から刺したのだ、というのがその伝説の中身である。それはドイツ社会に広くゆきわたり、やがて新たに形成されたナチ党が提起する主要な政治問題となってゆく。そのような状況下、義勇軍グループのなかで、いわゆる「匕首伝説《あいくちでんせつ》」が育まれていった。

一九二〇年代に出現した義勇軍文学の本は、戦争、暴力、男らしさを美化して描き、しばしばキオスクや類似の大衆路線本の販路を通して出回った。そのジャンルは戦間期によく売れ、或る本はさらに広範囲に出回って、より大勢の一般読者にも読まれた。それらの本は多くのドイツ人が第一次大戦後に味わった苦々しさ、嫌悪、憎悪のはけ口となった。と同時に何かもっと深いもの——失われた世界への憧れを誘った。

ストーリーの典型的なパターンは、有産階級出身の若者が自分を発見する旅である。「国内戦線」すなわち同時代の都市に蔓延する、浅薄な物質主義と精神の貧しさのなかで道を見失い、若者は人生に何らかの深い意味を見出そうとする。彼が「覚醒」し、人生の真の意味を悟るのは前線で死を前にするときである。自分の運命を受け入れ、祖国、友人、血族のために自分を捧げなければならないのだと。前線で彼が得たものは、実存的で、宗教的とさえいえる経験だった。「匕首伝説」——都市の無知な大衆が名誉ある兵士の背中に匕首を突き立てる——もそのような経験に由来していた。前線から戻った兵士たちの心は屈辱感と嫌悪で一杯だった。帰還兵たちは、都市で展開しつつある空虚で唾棄すべき近代文化のあらゆる現象を目の当たりにする。民主化、労働者たちの地位の向上、実験的文化、性の解放、女性の解放。それらに対抗する義勇軍文学の特徴――性の抑制、美化された暴力行為、近代世界への強い嫌悪――は、ほとんどの場合暴力をめぐるナチのイデオロギーと密接に結びつき、そのなかに組みこまれていた。

だが別の見方をする作家もいた。『西部戦線異状なし』のなかで、エーリヒ・マリア・レマルクは前線の戦闘をつぶさに描き、「名誉ある」犠牲が空しい虚構であることを示した。彼はまた、常に死と隣り合わせであることから生まれる緊密な友情を描いたが、ヒロイズムは存在せず、戦友たちは偶発的な無意味な死を迎える。自身退役軍人でもあったレマルクは、戦闘に鼓舞されたロマンティシズムの中心に一撃を加えた。そのために一九二八年に出版されると、本は反動勢力と極右の人びとから激しい非難を浴び、その結果一九三三年の焚書ではいち早く火中に投じられた。

戦間期には、はっきりと人種差別を表に出した反ユダヤ主義の小説も、ひとつのジャンルとして出現し、そのなかの幾つかは大衆にも読まれた。文学はファシストの世界観を広め、根づかせるマスメディアとなった。ドイツ人は読書好きの国民で、ベッドわきのテーブルにトーマス・マンの『ブッテンブローク家の人びと』ばかりでなく、ハンス・グリム『土地なき民』やカール・アロイス・シェンチンガー『ヒトラー少年クヴェクス』のような今日では知られることのない小説も置いていた。

ナチが権力を掌握するまでは、モダニズムや表現主義の思想は、義勇軍による暴力礼賛の作品や、反ユダヤ主義や人種差別小説と共存していた。暴力と進歩的思想とのあいだの息苦しい緊張は、ワイマルの文学と文化に常に内在していた。一方にハインリヒ・マン、クルト・トゥホルスキー、ベルトルト・ブレヒトなど、左寄りでリベラルな作家や詩人たち、他方にエミール・シュトラウス、ハンス・カロッサ、ハンス・ヨーストなど、右翼過激派で国家主義者の作家たちがいた。[12] 両者の中間あたりに位置する作家たちもいた。

最も困難な立場にあったのは、トーマス・マンのような有産階級の保守的知識人だった。マンは民主主義の発展を憂慮しつつ、俗悪なナチを嫌悪していた。一九二二年ドイツ外務大臣ヴァルター・ラーテナウが野蛮な暗殺の犠牲となったとき、自分の立場を見直すほかなくなったマンは、それをベルリンで「ドイツ共和国」と題した講演のなかで、かなり公のかたちで表明した。彼は公衆の前で皇帝ヴィルヘルムの帝国的野心を斥け、かわってワイマル共和国を支持する態度を示した。民主主義は自分が以前考えていたよりも、実際にはずっと「ドイツ的」であると思うに至った、とマンは宣言した。政治的暴力を促すうえで或る意味自分もひと役買ったという罪悪感に駆られての改宗だった。[13] しかしおそらくは「悪魔《デーモン》」にたいする恐怖もあったのではないか。暴力、戦争、軍事的敗北が呼び出し、今ミュンヘンで、最初のよちよち歩きを始めた急進的ファシストの政党という悪魔への恐怖が。

軍国主義、帝国主義、国家主義を理想とし、古いヒエラルキーをもつドイツは、戦争によって先鋭化し「匕首伝説」のなかで育った新しい政治運動に姿を変えていた。義勇軍にとっては、力を増しつつある国家社会主義ドイツ労働者党（ナチ）は、暴力を発現させる新たな水路だった。

ナチがはじめて政治的勢力を獲得したのは、ワイマル共和国においてであった。一九二三年のミュンヘン一揆が鎮圧されたあと非合法化されていたナチは、一九二五年に再結成された。その僅か四年後、国家社会主義ドイツ労働者党は、ドイツ議会の選挙ではじめて議席を獲得し、その結果チューリンゲン州政府の一翼を担うことになった。チューリンゲン州内務大臣・教育大臣ヴィルヘルム・フリックが率いるナチは、アルフレート・ローゼンベルクと彼のグループによる、極度に人種差別的制度に基づく文化プログラムを導入して、ワイマル共和国の文化への激しい攻撃を開始した。彼が率いるドイツ文化闘争連盟は一九二八年に創設され、ドイツ文化からユダヤ人をはじめとする「よそ者」の影響を排除する目的で、国内の数多くの急進的右翼文化組織の合併を進めようとした。僅か二、三年で、ワイマルは実験的なモダニストが自由に活躍する場から、ナチズムの礼賛の場へと変わった。チューリンゲンはやがてドイツ全土に広まってゆく極端な人種差別政治のためのモデル地域となった[14]。

映画『西部戦線異状なし』はチューリンゲン州では上映を禁止され、ワイマルの城博物館からはワシリー・カンディンスキー、フランツ・マルク、パウル・クレー等の作品が一掃された。ストラヴィンスキーのような作曲家たちもブラックリストに載せられた。ジャズを含む「黒人」音楽も同様だった。

以前には進歩的芸術家たちを引き寄せていたチューリンゲン州に、今では暗黒への傾斜をもつ知識人たちが集まるようになった。ヴィルヘルム・フリックは、優生学者ハンス・F・K・ギュンターをイエナ大学の人種生物学の教授に起用した。「人種ギュンター」とか「人種の法王」というあだ名で通っていたギュンターは、当時人種研究の世界的権威とみなされていた。彼の理論は、ナチの人種政策の基盤の大きな部分を形成することになる。もうひとりの人種理論家で、建築家・文化評論家パウル・シュルツェ゠ナウムブルクは、ワイマルの美術学校長に任命された。この学校はグロピウスのバウハウスにとってかわったものだった。ナウムブルクには『芸術と人種』という著書もあるが、真の芸術は人種的に純粋な芸術家によってのみ創られるというのが彼の持論だった。フリックの右腕であり、非情なナチ党員かつ文学研究者であったハンス・セヴェルス・ツィグラーは文化、芸術、演劇のための政治的専門家として起用された。二、三年後、彼はシラー協会の会長となり、ワイマルの国立劇場のクリエイティヴ・ディレクターとなった。

ゲーテを「ナチ化」するという大掛かりな仕事も動き始めたが、それには多大な巧妙さと作業を要した。すでに一九世紀に国家主義者はゲーテのイメージを歪曲し始めていたが、当初はまだゲーテは人文主義者、国際協調主義者として知られていた。人文主義も国際協調主義もワイマル共和国の担い手たちが忠誠を尽くした価値観である。ゲーテは同時に、一連の「不愉快な」脈絡のなかでも捉えられていた。なかでも彼が「ユダヤ人の友だち」だったという疑惑、さらに彼自身にユダヤ人の血が流れていたという噂が囁かれた。さらにゲーテ協会とゲーテと関連のあるワイマルの幾つかの組織にユダヤ人が「潜入して」いること、ゲーテ・シラー文書館の前の館長ユリウス・ヴァーレがユダヤ人であることが指摘された。

幸いにも、当時の文書館長ハンス・ヴァールは進んでゲーテを「洗浄」する仕事に乗り出し、国家社会主義の殿堂にゲーテのための名誉ある場所を用意した。二、三年前にはヴァールはドイツ文化闘争連盟のワイマル支部の設立にひと役買っていた。

ヴァールは、ワイマルの偉大な息子ゲーテの名誉を救うためには、どのような方策も講じる用意があった。ゲーテ協会の副会長として、彼は非アーリア人が新会員となることを禁じ、その協会が「ドイツのあらゆる文学協会のなかで最も反ユダヤ的」であると主張した。(15) 実際にはゲーテ協会は、一九三〇年代末まではユダヤ人会員を追い出すことはしなかったが、協会はその会報に、ゲーテが第三帝国の興隆を予言していたとする論文等を掲載し、ゲーテの人文主義的「オーラ」をこすり落とそうとした。ヴァールはゲーテが反ユダヤ主義で、フリーメイソンの反対者でもあったことを示唆したが、両方とも明らかに事実ではなかった。ゲーテは自身フリーメイソン会員だった。ゲーテが「ユダヤ人たちの友人」であったことを示そうとする研究者は誰であれ、ヴァールは脅迫的手段で沈黙させた。協会長のユリウス・ペーテルゼンはさらに一歩進んで、ゲーテをヒトラーになぞらえ、両者とも「偉大な」政治家で芸術家だった、と主張した。一九三二年、ゲーテの死後一〇〇周年の記念行事に参加するために、ワイマルに来たトーマス・マンは「ワイマルはヒトラー一色だ」と嫌悪を示した。(16)

ヴァールのおこなったゲーテの歪曲の最後を飾ったのは新たなゲーテ博物館で、その設立の財源はヒトラーが個人的に面倒を見た。博物館はゲーテの家に隣接する建物のなかに置かれ、一九三五年に開館した。ヴァールは入り口にヒトラーの胸像を置き、パトロンへのあふれんばかりの感謝をプラークに記した。純粋にアーリア人の血筋を引くことを示すべく、壁にはゲーテの「家系図」が掲げられた。

今では博物館のパトロンの痕跡は消されている。胸像は取り除かれ、家系図もなくなった。だが建物の礎石のひとつには、ヒトラーのメダルが今でも埋めこまれている。

＊　＊　＊　＊　＊

「すべての始まりは火事でした」窓の外に目をやってミヒャエル・クノッヘは言う。緑の城として知られる家の最上階のこの部屋からは、イルム河畔公園の美しい眺めが見渡せる。七月の木々の緑が窓に押し寄せなだれこむようだ。ミヒャエル・クノッヘはグレイのチェックのスーツで、控え目な人という印象を与える。彼はドイツで最も有名な図書館のひとつ、アンナ・アマーリア公妃図書館の館長である。一七六一年に公妃アンナ・アマーリアは、一六世紀の城を図書館に改装させて、宮廷の蔵書をそこにおさめた。ロココ様式の内装が施されたこの図書館はユネスコの世界文化遺産に登録されている。今日それは、ワイマルの文化組織の運営を監督するワイマル古典財団の一部となっている。

「一九九〇年代初めに、わたしがワイマルに来たとき、略奪品の問題がここにあるなどと夢にも思いませんでした。この事柄に関連してユダヤ人の組織から幾らか問い合わせがありましたが、『ここにはそういう問題はありません』とわたしは彼らに言ったものです。それは衆目の一致するところでした。しかし火事がそれを変えました」クノッヘは語る。

二〇〇四年九月の或る夜、電気ケーブルの故障で飛び散った火花が乾燥した屋根の梁に飛び、世に知られたロココ調の白い図書館の二階の、何万冊もの乾燥した本に燃え移った。火は油絵やドイツ帝国の五世紀にわたる王家の人びとの肖像画を次々と焼いた。炎のなかに消えた五万冊は、その多くが一六世紀以来のかけがえのない初版本だった。ゲーテも仕事をしたこの図書館には、シェークスピアと『ファウスト』のドイツ最大のコレクションが収められていた。さらに何千冊もの本が煙と熱と水で傷んだ。

「失われた本のなかには二度と手に入らないものがあり、手に入っても何十年後でしょう」クノッヘは言う。彼にとって、グーテンベルク聖書を何とか炎から救い出せたことがせめてもの慰めである。

図書館は再建されたが、何万冊もがいまだに凍結状態に置かれ、おそろしく時間のかかる修復作業を待っている。

炎はドイツの文化遺産の一部を消去したばかりではなかった。というのもそれがこの図書館の歴史の好ましくない部分をあばいたからである。

「焼失した本全体を把握する必要があったので、火事のあと、図書館のすべての本の点検にとりかかりました。古い帳簿を精査して、本を入手した時期や入手のルートをチェックしました。帳簿には特に『違法な』手段を示すものはなかったのですが、しかし言うなれば、本来とは違うルートで蔵書に加わったのではないか、と思わせるような手がかりが他にありました。スタンプが捺してあるとか、符合が見られるとか……」

調査の結果、一九三三年から一九四五年までのあいだに蔵書に加わった三万五〇〇〇冊以上の本の出所が「怪しい」ことが判明した。この新しい情報のもと、アンナ・アマーリア公妃図書館とワイマル古典財団は、図書館の歴史と、戦時中に図書館が果たした役割を根本から見直す必要に迫られた。ハンス・ヴァールは長いあいだワイマルの救世主とみなされてきた。今でもワイマルの歴史に彼が果たした役割をめぐって議論が絶えることがない。近年彼の足跡を調べるための調査カンファレンスが開催されたのを見てもそれがわかる。

ナチ党員であり、積極的な反ユダヤ主義を繰り返し唱えていたにもかかわらず、ヴァールは戦後、ソ連政府に自分の無罪をなんとか納得させた。そして新体制のもと、自分の従来の職を保持したのみでなく、一九四五年にはドイツの民主主義的再建のために新たに組織された文化団体の副議長に選ばれさえした。その団体の最初の仕事は、ドイツ文化からファシストの影響を除去することであった[17]。一九四六年には、ワイマルのニーチェ文書館長も兼務した。

ヴァールを弁護する人びとは、ナチの時代にワイマルの文化遺産を救うため、彼が表と裏の二重の行動を取っていたのではないか、と述べている。彼は心からの民主主義者で、最も困難な時期にワイマルの舵とり役を担い、その過程で必要と考える政治的妥協をおこなったのだと。戦後ヴァールは自分の目的は一貫して「ゲーテのイメージがこの時代に汚されないようにすること」だったと主張した[18]。だが「不本意なナチ党員」という彼のイメージは次第に擁護しにくくなってきた。というのも、ナチが政権を取る五年前、彼はすでにアルフレート・ローゼンベルクのドイツ文化闘争連盟のワイマル支部の設立にかかわっていたからだ。

アンナ・アマーリアの蔵書にかんして近年新情報が得られるにつれて、ヴァールの弁護はさらに難しくなっている。完全に無傷とは言えないにしても、彼が戦後楽々とけん責を逃れられたのは、ワイマル共和国や第三帝国の場合同様に、新体制もゲーテを利用して正統性を確立しようとしたことと幾分かは関連している。だが再びゲーテそのものが新しい鋳型にそって変えられようとしていた。一〇年前にゲーテを反ユダヤ主義に変えたヴァールは、今度は彼を社会主義者の英雄に仕立て直すだろう。

ハンス・ヴァールはゲーテ生誕二〇〇年の一九四九年に心臓麻痺で死んだ。ゲーテの精神的遺産の管理人としての功績を認められて、国葬がおこなわれ、ワイマル大公墓所のシラーとゲーテの横に葬られた。彼を記念して、イルム河畔公園の向こう側の、ゲーテ・シラー文書館に通じる道路には彼の名前がつけられ、今日に至るまでそれを留めている。

「ワイマルでは今でもよく彼の話が出ます。或る人びとにとって彼は英雄であり、他の人びとにとっては……。でも彼はそんなふうにおおげさに考えられるべき人ではないのです。実は共産党の人びとが彼のような存在を必要としていた、ワイマルを必要としていた、ということでしょう。赤軍の戦利品旅団はドイツの至るところで文化と芸術を略奪しました。でもワイマルは無傷でした。まるでここが聖地であるかのように」クノッヘは言う。

　今日出所調査局の三人の専門家がワイマル古典財団と、財団が保管している何百万点の本、文書、書簡、美術品などを点検している。わたしはクノッヘのオフィスがある上の階から、エレベーターに乗り、入り口のあるロビー階を通過して、地下室を過ぎ、さらに下まで降りてゆく。城、諸施設、図書館、ビヤホール、傾斜のついた石畳の道。それらの下に、長くまっすぐな地下通路が網の目状に外に向かって延びている。光沢のある床が灯りを反射して美しい。コレクションの大部分は現在この地下の諸施設の、光、湿度、温度が調整された環境のなかで保管されている。

　財団の出所調査員のうちのふたり、リュディガー・ハウフェとハイケ・クロコフスキが、非常に長い廊下の壁ぞいの棚へとわたしを案内してくれる。ここにふたりの「掘り出しもの」が集められている。

　ベルリン市立図書館の司書たちと同じように、ヴァールも蔵書を拡大するというまたとないチャンスを受け入れた。ハウフェとクロコフスキは棚から本を取ると、かつてワイマルに住んでいたユダヤ人家族のきれいな蔵書票をわたしに見せる。ゲシュタポや党からの「贈物」もあれば、ベルリンのプロイセン国立図書館の中央仕分け部門から来たものもある。二、三の大きな束になっている本は、逃亡するユダヤ人（なかでもウィーンから逃れた者）相手に一儲けした恥知らずの書籍販売業者から買い取ったものである。

　だがヴァールは幾つか特定のコレクション、とりわけユダヤ人実業家、アルチュール・ゴールドシュミットのコレクションにも目をつけていた。彼は動物の飼料の製造で財をなしていたが、本当に熱中していたのは本の蒐集だった。ナチが権力を掌握した時期に、彼は四万冊の蔵書を所有していた。その蔵書の目玉は、一六〇〇年から一九世紀までの約二〇〇〇の古い暦の類まれな有名なコレクションだった。ゴールドシュミットはこの時期に数を増した挿絵入りの暦に夢中になっていた。暦にはさまざまなテーマがあり、バレエやカーニバルから昆虫や農業にまで及んでいた[19]。当時の暦はだいたい特定のグループ向けに作られており、有名な祭りや、植物の開花期など参考事項を載せていた。詩人や作家を特に扱った文芸暦もあった。予想されることだが、ゲーテ自身も暦という形式に興味をもち、自身で作った二、三の暦を公刊していた。ゴールドシュミットは苦心してその初版を入手していた。一九三二年に彼は『ゲーテと暦』という題で、ゲーテ作の暦の書誌を発表し、それがヴァールの目にとまった。たまたまワイマルのゲーテ・シラー文書館のコレクションには、その書誌に挙げられた暦がなかった。二、三年後、ゴールドシュミットの会社が国に没収されたとき、ヴァールに獲得のチャンスが訪れた。生き延びるためには、ゴールドシュミットは自分のコレクションをゲーテ・シラー文書館に売るよりほかなかった。彼はコレクションの価格は少なくとも五万ライヒスマルクと見積もったが、ヴァールは暦ひとつにつき一ライヒスマルク以上は支払えないと通告した。コレクションが有名な文書館に入るのだから、進んで「犠牲を払う」のが当然だとヴァールは説いた[20]。一九三〇年代のドイツのユダヤ人が誰しもそうであったように、ゴールドシュミットも正当な取引ができる立場になかった。このようなよく知られたコレクションをドイツ国外にもち出すのは不可能で、その上一家の資産は底をつき始めていた。彼はヴァールの提案を受け入れざるを得なかった。ヴァールは内部のレポートに、「この件は異例に有利な取引で、文書館の貧弱な暦のコレクションを望み通りに補強できた」と満足気に報告している。安く購入できたことにも触れ、それは「ゴールドシュミット氏がユダヤ人であるという明白な理由によるものだ」と述べている[21]。一九三〇年代末に、ゴールドシュミット一家はナチ・ドイツから南米に逃れ、彼はボリビアで窮乏のうちに死んだ。

戦後、暦のコレクションはゲーテ・シラー文書館からアンナ・アマーリア公妃図書館に移された。[22]この貴重なコレクションの出所を示すものは、もとの所有者のファーストネームを示すAという記号のみであった。図書館が資料の点検を始めた二〇〇六年に、ようやく出所の怪しさが浮上した。

「ヨーロッパ略奪美術品委員会のロンドン支部に協力してもらって、なんとか子孫を突きとめることができ、その人たちがコレクションを見にここに来ました」ハウフェは言う。

交渉の結果、コレクションはワイマルに留めること、しかし財団は遺族に実際の価格を補償することで双方が合意し、図書館は最終的に一〇万ユーロを支払った。

ゴールドシュミットの一件は、ドイツの図書館がこれまでおこなったなかで最も特筆されるべき返還である。しかしアンナ・アマーリア公妃図書館での一〇年近くに及ぶ調査にもかかわらず、多くの仕事がまだ残っている。図書館は手を尽くして、少数の略奪本は返還した。だが多くの本がワイマルの地下の施設に隠れている。「二〇一八年までには、一九三三年から一九四五年までの点検が完了する予定です。しかしそのあとも、戦後今日に至るまでにコレクションに加わったすべての本の点検が残っています。正直に言って、それにどれだけの時間がかかるか見当がつきません。少なくともあと一〇年は確実にかかるでしょう。三〇年かかる仕事だと言う人もいます」彼のオフィスから出るわたしにクノッヘは言う。

地下でハウフェとクロコフスキは棚から本を取り出しては、私の前のテーブルに置く。これから私が訪ねるドイツの他の図書館でもわたしは同じ光景を見ることになるのだが、彼らはそれらの本を他の本から、距離的にも隔て

蒐書家アルチュール・ゴールドシュミットの蔵書票。図柄には第一次世界大戦中、前線兵士だった彼自身の経験が反映されている。アンナ・アマーリア公妃図書館は、ユダヤ人である彼から、価値のある文芸暦のコレクションを不正に入手した。

ておこうとする。あたかも汚染された本であるかのように。それらの本を蔵書の主体から切り離し、感染の危険を避けるかのように蔵書の他の本たちから隔離する。何百という蔵書それぞれから何百冊という本が隔離される。

ハウフェは、彼らが最近ゴールドシュミットの蔵書から見つけた一冊をわたしに見せる。本の内側の蔵書票には木の下に腰をおろして読書する兵士が描かれ、一九一四～一九一八とある。第一次大戦でドイツのために戦ったゴールドシュミット自身の姿なのだ。おそらく塹壕のなかで本が彼に慰めを与え、いっときの夢のなかへ逃避させてくれたのだろう。どの一冊も背後に略奪、脅迫、悲劇的運命がある。幸運な場合には逃亡、命を懸けた救出の物語、だが最悪の場合には、これらの本以外には生きた痕跡を何ひとつ残すことのなかった人びとの物語が背後にある。帰る場所がなく取り残される本をどうするのですか、と私はふたりに尋ねる。それは考えたことがなかったという様子で、ハウフェとクロコフスキは顔を見合わる。さあどうでしょうね、多分今の場所にそのまま居続けるのでしょう、と言うようにふたりは肩をすくめる。

第4章

ヒムラーの蒐書

ミュンヘン

ミュンヘン。ルートヴィヒ通りの巨大な黄色の建物は、初めての者の目には、不吉な砦のように映じる。殺風景なファサードと壁に切り込まれた小さな窓。一ブロックを占めるこの巨大な煉瓦の建物はバイエルン国立図書館である。歴史家のシュテファン・ケルナーが入り口でわたしを出迎える。黒い髪を短く刈りこみ、片方の耳に金色の輪をつけている。

「ここを通るのが一番簡単です」彼はそう言って、わたしを建物の外に連れ出す。建物を回りこみ、図書館裏の荒れた庭園を横切る。向う側にツタで半ば覆われた小さい家がある。家の奥に英国式庭園らしいものが見える。一九三七年、ヒトラーはここで彼の肝いりの博物館、ハウス・デア・クンスト（芸術の家）の開所式に出席した。この一〇年のあいだ、バイエルン国立図書館の裏のこの小さな家で、ケルナーと彼の同僚たちは第三帝国時代の略奪に焦点を絞って、図書館の庞大な蔵書の点検をしてきた。約千万冊を擁するその蔵書は、バイエルンの王家の蔵書を基盤としており、早くも一六世紀にはアルプスの北にある最も素晴らしいコレクションとみなされていた。歴史分野の蒐書は世界に広く知られ、一六世紀以前に印刷されたいわゆる初期刊本のコレクションとして最大のもののなかに数えられる。だがドイツの多くの図書館と同様、バイエルン国立図書館も蔵書のなかに盗品という重荷を抱えている。

「これはぼくの趣味ではなく、ぼくのファミリー・ヒストリーから生じる義務なのです。ユダヤ人だったぼくの祖父はここに住んでいましたが、コロンビアへの移住を余儀なくされました。ぼくがこの仕事に個人的義務を感じるのはそのためです」ケルナーは言う。そして大きなテーブルに本が整然と置かれた部屋にわたしを案内する。

ここに来る前に、わたしは自分の要望をまとめたリストをケルナーに送っておいた。バイエルン国立図書館の蔵書は、ナチが奪った最初の本がここにあるという意味で、ユニークなコレクションだからである。国家社会主義が誕生したまさにその町にこの図書館があり、ナチ党が発行した四枚目の党員証をもつルドルフ・ブットマンが一九三六年以降この町の指導者だったのだから、バイエルン国立図書館は本の略奪に加わる絶好の立場にあった。一九三〇年代にここに来た最初のコレクションの中の或るものはミュンヘンの有力なユダヤ人家族が所有していたものだった。宗教団体、フリーメイソン結社、その他ナチの攻撃の対象である団体から奪われたものもあった。

「ここに来た蔵書のほとんどはもとの姿を留めていません。司書たちは主に一八世紀の初版本など、稀覯本や、この図書館が所有していない本を抜き出しました」ケルナーは言う。

トーマス・マンの個人的蔵書に含まれていた本もこの図書館に来た。それらは彼の家から盗まれたものだった。彼の家は英国式庭園の向こう側、イザール川沿いにここから歩いて行けるところにあった。一九三三年の春、講演

バイエルン州秘密警察のスタンプが捺された本。ハインリヒ・ヒムラーは1933年からバイエルン州秘密警察を率いた。その秘密警察は1930年代に作られたテロ組織のモデルとなった。

旅行で国外にいるときに、彼はドイツの知識人が次々と逮捕されたことを知った。戻って来ないほうがよいという家族からの連絡を受け、彼はとりあえずフレンチ・リヴィエラに居を定めた。六か月後、ポッシンガー通りの彼の家は没収された[1]。

戦後、アメリカ軍が寄せ集めの本約三万冊をバイエルン国立図書館に引き渡した。そのうちの何冊かが、わたしの前のテーブルに、表紙を開いた状態で並べてある。そこに捺された幾つかのスタンプはわたしが初めて目にするものだが、間違えようのない意味を伝えている。『ポーランド系ユダヤ人』という本には遊び紙に、「国立新生ドイツ史研究所長歴史家ヴァルター・フランク」と黒々とスタンプが捺してある。そのことばが取り囲んでいるのはナチの国章で、翼を広げたワシが鉤十字で飾られた花輪を掴んでいる。『ドイツ民族の顔』という本には、別のドイツのワシの図案があるが、こちらの方が大きく楕円形で、ナチ党のエリート学校図書館 Ordensburg Sonthofen Bibliothek（オルデンスブルク・ゾントホーフェン図書館）という文字がワシを囲んでいる。それは白黒の顔写真を集めた本で、風雨に耐えて厳しい表情のドイツ人たちを、多くはくっきりと鼻の輪郭を見せた横顔で写してある。最後に見た本のスタンプはもっと簡素で、ブルーの長方形のなかに「バイエルン州秘密警察・政治図書館」とあった。

これらの本はいわば、ばらばらになった破片、やがては世界で最も大規模な本の略奪へと発展してゆく野心が、初期の段階で残したかけらである。壮大な本略奪計画の考古学的遺物とも言えよう。その計画は研究機関やエリートの教育機関からスタートして、秘密警察機関のイデオロギー闘争へと発展した。本に捺されたスタンプは、イデオロギー的知識の習得というプログラムを構築しようという、最も初期のナチの幾つかの試みを反映しており、その意味で「初期のかけら」なのである。プログラムは敵の研究に留まらず、イデオロギーに根差す高度な研究と教育の樹立を目指していた。

　時間の経過とともに、初期の断片的な計画は発展して、第三帝国が急速に勢いを増すにつれ、さらに大規模の、さらに野心的なプロジェクトへと姿を変えた。計画に一貫して見られる特徴は、知識の収集と所有にたいする激しい執着だった。テーブルの上の本は、ナチが一九三〇年代初頭に築き始めた一連の新たな蔵書の一部、ないし残滓である。

　完全に異なる諸組織から出たこれらの本がまとめられて、バイエルン国立図書館に来た経緯は、現在に至るまで謎だとケルナーは言う。おそらく西側連合国によって、広範囲に及ぶ第三帝国の諸施設、国家機関、諸組織から没収されたものだろう。多くがアメリカ合衆国にもって行かれたが、戦争中に破壊された蔵書を再建するためにドイツの図書館に引き渡された本もあった。

「ここに来た本に捺された沢山のスタンプは第三帝国内部のさまざまな組織のものです。これらの本をめぐって絶えず争いと競争がありました。ナチの知識所有熱のなかで、自分の蔵書をもつのがステイタス・シンボルになった。皆、蒐書に熱中したんですね。その現象はもとを辿れば全体主義のイデオロギーです。市民生活のすべての側面を管理しようという欲望です。同じ全体主義的思考は科学の分野にももちこまれて、あらゆる分野を再定義する動きがありました。何でもかんでも国家社会主義でなければいかん。古い機構やシステムを、自分のものと取り替えるのではなく、全く新しいものを作り出そうとした。伝統的な大学を『ナチ化』するのでは不十分で、真っ新な建物に真っ新な学校を入れて、新しい名前をつけて新しいイデオロギーを教えなければ気がすまなかった」ケルナーは熱弁をふるい、次にドイツ社会における『わが闘争』の重要性へと話を移す。「何もかも新しくしよう、何もかも第一歩から始めようというこの衝動には疑似宗教的な面がありました。昔は結婚した夫婦に聖書が贈られた。ところが今じゃ『わが闘争』を渡されるということになった。ナチの連中がとことんやろうとしていたことがわかります」

ゴム印を捺された本はこのような全体主義志向の表われである。わたしの目はふと土着民の子育てについての人類学的研究にかんする本に捺されたバイエルン州秘密警察の印に留まった。保安警察が、共産主義者や政府の転覆を狙うグループの研究に限定されない、広範囲に及ぶ野心をもっていたことがそんなところにも窺われる。事実この秘密警察は、第三帝国内部で全体主義哲学を極端まで推し進めることになる組織、通常SSと略称される親衛隊の一角を形成することになる初期の素材であった。

バイエルン州秘密警察は、もとはワイマル共和国の地方分権的警察制度の一部だった。その制度のもとでは各州がそれぞれの独立した秘密警察をもっていた。それが第三帝国で抜本的に変わることになる。ナチが一九三三年に政権の座につくと、ミュンヘンの秘密警察に新たな長官が就任した。ハインリヒ・ヒムラーという三三歳の農学者だった。

ヒムラーはミュンヘンの保守的で厳格なカトリックの家庭で育った。学校の友だちからは内省的で、社交下手の人間だと見られ、健康がすぐれず、ことに胃の不調は終生彼を悩ませた。それにもかかわらず、彼は軍人としての道を選んだ。だが第一次大戦では前線に出る前に休戦となった。おおいに失望した彼は、ミュンヘンの工科大学で農学を専攻した。

ヒムラーは義勇軍を崇拝した。ミュンヘンの共産主義者たちの勢力を粉砕したからである。反ユダヤ主義、軍国主義、国家主義を掲げる極右に傾きはじめ、一方で宗教、オカルト、ドイツの神話にも深い関心を寄せた。一九二三年に国家社会主義ドイツ労働者党（ナチ党）に加入した。そのとき彼を推薦したのはエルンスト・レームで、ふたりはミュンヘンの極右のグループで知り合っていた。レームは勲章を授けられた戦争の英雄で、突撃隊として知られるナチ党の準軍事的集団の創設者のひとりで指導者だった。

ヒムラーはミュンヘン一揆の失敗のあとの混乱のただなかに放りこまれた。何とか投獄を免れ、ナチ党の非合法化、指導者たちの逃亡、投獄にともなって生じた真空状態のなかで、彼は党のなかでとんとん拍子に地位を上げた。ナチ党が一九二五年に再結成されると、ヒムラーは親衛隊の一員となった。親衛隊は突撃隊内部の少人数のエリートのボディガード集団で、主な任務はヒトラーを脅威から——内部からの脅威も含めて——守ることだった。当初親衛隊員は僅か一〇名余りだった。ヒムラーは歩兵ではなかったが、官僚政治への適性とめざましい組織力、企画力を示した。彼はすでに親衛隊について明確な構想をもっていたようで、一九二七年にそれをヒトラーに示した。人種的に純粋なエリート集団、忠誠心をもつ軍隊、ヒトラーにたいして報告義務を負うイデオロギー的先鋒集団へと、親衛隊を育てるというのが骨子だった。[2] ヒトラーにとって、ヒムラーのこの計画は、ワイマル共和国の時期に制御できないまでに勢力を拡大した突撃隊にたいしてバランスを取るよい手段だった。

ヒトラーの支持を得て、ヒムラーは親衛隊内部ですばやく出世し、一九二九年には組織全体を率いる親衛隊全国指導者に任命された。その時点で親衛隊は三〇〇人に満たなかったが、一九三三年末には二〇万人を超えるまでになっていた。[3]

主として労働者階級から隊員をリクルートしていた突撃隊と異なり、ヒムラーは教養ある中産階級出身の者を選んだ。親衛隊は人種的にも知的にもエリートの集団であると彼は認識していた。隊員を志願する者は、一七五〇年まで遡って非の打ちどころのないアーリア人の家系図を示すことを求められた。法律を専攻した者がしばしば優先的に選ばれ、非情、熱狂、忠誠、残忍などの資質も重要視された。

親衛隊には、歴史、神話、人種上の定説へのヒムラー個人の関心が浸透していた。親衛隊の結成はサムライ、ゲルマン民族の騎士会、カトリックのイエズス会などから着想されていた。親衛隊はアーリア民族の武士階級に相当し、隊員は新しい人間、「超人」を体現する。一九三一年にヒムラーは親衛隊内部に諜報部門を作り始めた。普通SDと略称される親衛隊情報部である。

一九三三年に権力がナチに移行したのち、ワイマル共和国の古い情報機関とナチ党自身のネットワークとの融合が始まった。やがて親衛隊は社会機構のなかに浸透してゆく無限の力を与えられた。ヒムラーは間もなくドイツのすべての警察部隊を掌中におさめた。(4)

一九三〇年代初めの二、三年間に親衛隊の規模がかなり拡大した結果、その母体である突撃隊とのあいだに衝突が起こるのは避けられない成り行きだった。突撃隊は一九三三年には、三〇〇万を超える隊員からなるドイツ最大の軍隊になっていた。突撃隊長レームがクーデターを起して自分を倒すのではないかと疑念を抱いたヒトラーは、先手を打つよう密かにヒムラーに指示を与えた。一九三四年六月末の数日間、親衛隊は突撃隊の指導者たちを襲い、のちに親衛隊の特徴となる効率のよさと残忍さを発揮した。突撃隊指導部上層の約二〇〇人が逮捕または殺害されたこの事件は、「長いナイフの夜」として知られている。

国家レベルの秘密警察はゲシュタポと名前を変えた。ヘルマン・ゲーリングが設立したベルリンの秘密警察にもその名称が使われた。この時までには、親衛隊情報部は本部をミュンヘンから首都ベルリンに移していた。この移動にともない、没収された本の目録が作成されたが、その数は二〇万冊以上になっていた(5)。

＊　＊　＊　＊　＊

一九三六年、新しいタイプの蒐書が、親衛隊情報部の新しいベルリン本部で具体化し始めた。政権がナチに移って以降、国の秘密警察と親衛隊情報部は、書籍市場のさまざまな分野の監視を続けていた。文学批評、図書館、本の出版、本の輸入から著者、本の小売業者、編集者、出版者への嫌がらせや逮捕に至るまで、すべてが監視の対象だった。何十万冊もの本がナチ体制に敵対する者たちから押収された。他方、それら押収資料の取り扱いにかんしては一貫した計画がなかった。図書館に寄贈された本もあれば、多少系統だったやり方で諸組織が集めた本もあった。しかし一九三六年、情報部は政治的に不適切な本を調査するための施設をベルリンに設立し、多くの司書が雇われてそのような本のカタログ作成を開始した(6)。同時に或る指令が、ドイツの秘密警察のすべての部署にヒムラーから発せられた。すべての部署は没収した本の目録を調べ、「政治的に好ましくない人間」にかかわる資料を送れ、というのである。そのようにして集められる資料の要件はすぐに拡大されて、「第三帝国の敵」と何らかの関係のあるあらゆる種類の文献がそこに含まれるようになった。何らかの点でナチのイデオロギーに反対の立場にある著者などは敵の最たるものであった。或る証言によれば、一九三六年五月には、蒐集された資料はすでに五〇万から六〇万冊にまで増大していた(7)。

一九三六年以降、帝国の「内なる敵」にたいする全般的迫害が激化するにつれ、そのような資料は厖大な量に達した。一九三七年半ば、情報部は攻撃の対象を教会や信者の集まりにも広げた。ナチは教会内部の「政治的活動」とみなされるものに襲いかかった。ナチ指導者のなかには、教会がナチのイデオロギーに敵対する働きをしており、故に非合法化すべきだと考える者もいたが、ヒトラーはそこまでやろうとはしなかった。最も過酷な迫害を受けたのは、カトリック教徒、福音主義者のグループ、反体制の牧師たちだった。一九三八年三月、オーストリアが併合されると、親衛隊は全国土にわたる政治的、イデオロギー的敵対者の一掃に乗り出した。親衛隊情報部を母体とする奇襲隊であるオーストリア特別行動中隊は、諸組織、政府部局、政党、協会、私人から、蔵書や文書を没収し、五月には約一三〇トンの押収された本と文書資料をベルリンへ鉄道貨車で送った。

一九三八年末の「水晶の夜」と呼ばれる劇的な事件が契機で、コレクションにはさらに新たな図書資料が加わった。一九三八年、国じゅうでユダヤ人迫害が起こり、一〇〇〇以上のシナゴーグが焼かれ、二万人以上のユダヤ人が逮捕され強制収容所に送られた。[8] これもまたナチ・ドイツの新たな焚書の契機となったが、今回の対象はユダヤ人の宗教にかかわる本だった。何百もの町で、シナゴーグの蔵書がナチと地元住民によって略奪された。彼らはトーラーの巻物やタルムードや祈禱書を路上に引きずり出し、びりびりに裂き、踏みつけて燃やした。一九三三年の焚書のときのように、本や文書の破壊は儀式的、祭儀的雰囲気のなかでおこなわれ、しばしば何千人もの見物人や参加者を引き寄せた。バーデンという小さな町では、ナチはトーラーの巻物をもって通りを行きつ戻りつ行進し、最後に火中に投じた。ウィーンのユダヤ人居留区では、いくつものシナゴーグから集められた文書や宗教的工芸品が高く山積みされ、火がつけられた。ヘッセンではトーラーの巻物が道路に敷かれ、その聖典の上をヒトラー・

ユーゲントの子どもたちが自転車で乗り回した。ドイツ西部のヘルフォルトという小さな町では、子どもたちが巻物で地元の祭りのための紙吹雪を作った。他の所ではユダヤ教の聖典がトイレットペーパーに使われたとか、子どもたちがそれでサッカーをしたとか伝えられている。フランクフルトでは、ユダヤ人たちがトーラーの巻物や他のユダヤ教関係の文書を破って燃やすように強要された。[9]

しかし大規模な破壊にもかかわらず、多くのコレクションが予期せぬルートで救われた。一九三三年の焚書にさいして、性科学研究所の蔵書のうち最も重要な本と文書が、突撃隊によって焚書の対象から除外されたように、最も重要なユダヤ教関係コレクションの幾つかは、水晶の夜の全般的略奪を免れた。秘密の指令によって、特に価値のある文書や蔵書は他所に移されていた。[10] ウィーンのユダヤ共同体と、ブレスラウ・ユダヤ教神学院を始めとする七〇のユダヤ教会派から三〇万冊以上が没収されてベルリンに運ばれた。

一九三九年には、ナチ体制下で急増する保安組織が大幅に再編成され、その結果、国家保安本部が設立された。これはゲシュタポ、親衛隊情報部、刑事警察など、警察と諜報の個々の組織が、国家の敵と戦うために統合された最高機関である。情報部がベルリンで構築し始めていた蔵書は、政治的敵対者の捜査を担当する保安本部の第Ⅱ局に最終的に所属することになった。親衛隊少将フランツ・ジックスが第Ⅱ局の局長に選任された。彼はⅡ局所属の蔵書の目的を次のように示した。「イデオロギーにおいてわれわれと敵対する者たちの精神的武器を理解するためには、彼らが生みだした著作を深く研究することが必要である」[11]。だがこの調査用蔵書は、間もなく保安本部の全く異なる部局、第Ⅶ局に移されることになり、ジックスがその局長となった。第Ⅶ局はより特化した調査担当部門で、「イデオロギーにかんする調査と評価」を担当していた。[12]

戦争が勃発すると、保安本部は初めて本を略奪する好機を得た。一九三九年末までに、最初の略奪品として、ユダヤ関連の文献を積んだ六両編成の列車がポーランドから到着した。それらの本はすべてワルシャワの大シナゴーグの蔵書の一部だった。ポーランドだけでも最終的には何千という蔵書が略奪された[13]。第Ⅶ局の活動が拡大を続けた結果、第Ⅶ局はベルリンのアイゼナハ通りとエムザー通りにあるふたつの没収済みのフリーメイソンのロッジに入ることになった。第Ⅶ局の蔵書は最終的には多様な敵それぞれに対応する部門で構成されることになった。そのなかで最も規模の大きいものは、ユダヤ関連資料の部門だった。他にサンディカリスト、アナーキスト、共産主義者、ボルシェビキ（社会民主労働党左派、一般にロシア共産主義者）それぞれについての文献部門、また平和主義者、キリスト教徒など、さまざまなセクトやマイノリティ関連の部門があった。

概して第Ⅶ局の蔵書はヒムラー自身が関心を寄せていた主題を反映しており、単なる「国家の敵」よりも広い領域をカバーしていた。ヒムラーと彼の率いる親衛隊の世界観がそこに投影されていた。保安本部の蔵書の最も奇妙な分野はオカルトだった。親衛隊とオカルトとの関係は、大衆文化のなかで、しばしばセンセーショナルなドキュメンタリー、書物などの材料として用いられてきた。しかし保安本部の蔵書にオカルトが含まれているという事実は、親衛隊がオカルトに真剣に向き合っていたことを証明している。「オカルトにかんする資料」の蒐集は、保安本部ができる前からすでに親衛隊情報部のなかで進められていた。これが保安本部の「世界のオカルト文学ライブラリー」の基礎となった[14]。そこには意外にも魔術と呪文を扱った特別諸課題Hと呼ばれる部門が含まれていた。他に、オカルト・サイエンスにかんする本と、神智学、宗教諸分派、占星術の本のコレクションがあった。これらの本の多くは、フリーメイソンのロッジから略奪されたものだった。特別諸課題Cは疑似宗教に関するコレクションで、ポルノグラフィーと性科学の本の大きなコレクションもあった。だが親衛隊の仕事は第Ⅶ局のための本の略奪だけではなかった。彼らは人間も盗んだ。数人のユダヤ人学者と知識人が誘拐され、ベルリンにある保安本部の本の集積所に連れて行かれ、親衛隊のために時にはヘブライ語やイディッシュで書かれた文献の説明をおこなうなど、蔵書関連の作業に従事させられた。

保安本部の第Ⅶ局が構築した蔵書群は、最も明白なかたちで親衛隊とヒムラーの広大な全体主義的野心を示していた。保安本部で進行中の調査・研究は、効率よく敵に勝利するために、敵についての認識を深めるのみならず、親衛隊のイデオロギーと知的発展を促すべく、知識を補強する作業でもあった。親衛隊は、ユダヤ的知、モダニズム、ヒューマニズム、デモクラシー、啓蒙運動、キリスト教の価値観、コスモポリタニズムと彼らがみなすものに、戦いを挑んでいた。しかしこの戦いの手段は、逮捕、処刑、強制収容所送りだけではなかった。ヒムラーが自分の率いる組織を、イエズス会に相当する国家社会主義の組織と考えたのは、偶然の符合ではない。イエズス会は一六世紀にプロテスタントが広まったのち、カトリックによる対抗宗教改革の急先鋒であった。親衛隊はそれと同じように、ナチのイデオロギーの敵対者にたいする要塞となる、というのがヒムラーの意図だった。ナチの知のあり方について一方的な見方をしていると、それよりも危険なものを見逃す。つまり人間のみならず人間の思考までも支配しようという全体主義的イデオロギーに内在する欲望を見逃す。われわれはナチを歯止めのきかない知の破壊者とみなしがちである。確かにナチの支配下で、組織的破壊によって、あるいは戦争の間接的結果として、多くの蔵書や文書資料が失われた。にもかかわらず、ヒムラーの蒐書の裏側でわれわれは次の問いを問わねばならない。全体主義体制による知の破壊と、全体主義体制による知への渇望と、真に恐ろしいのはそのどちらであろうか。

第5章

エルサレムと闘う戦士

キーム湖

ドイツ人の覚醒を象徴する鉤十字の旗が、帝国で唯一の信仰告白の印となるとき、彼らの聖なる時間は間近い。

アルフレート・ローゼンベルク

キーム湖。フェリーは、船体を柔らかく震わせて、プリーンという村の下の港の停泊所を離れる。見晴らせる場所を求めて、わたしはサンデッキの最後尾の席に座る。デッキはたちまち陽の当るところに陣取ろうと折り重なるように急ぐ乗客たちで一杯となる。鮮やかな色の安っぽい服の退職者たち。学齢期の若者たち。湖上には何百もの白い小型ヨットが浮かび、帆に微風を捉えて進もうとしている。ミュンヘンから南東に列車で一時間、バイエルンの中心部であるこのあたりでは、農村の風景にかわって、小さい丘が起伏して連なり、やがて谷や山々の景色となる。木骨造り（ハーフ・ティンバー）の家々、緑の丘陵、彼方には雪を冠したアルプス。ミュンヘンと、ヒトラーの夏の別荘ベルクホーフがあったベルヒテスガーデンの中間にキーム湖――時にはバイエルンの海として知られる――は位置している。この広い湖の澄んだ青い水は、アルプスから流れこむ雪解け水である。バイエルン国立図書館のシュテファン・ケルナーは、今回わたしが訪れる場所をわたしの地図の上に示してくれていた。それはキーム湖の向こう側にある。

船はまだプリーンを取り囲む入江の外に出ていないが、すでにすばらしい眺めが開けている。湖の南端にはキームガウアー・アルペンとして知られるアルプス山脈の一部が見え、一マイル以上続くその山並の頂きは空のなかに消えている。その向こうはオーストリアだ。間もなくフェリーは、キーム湖で最大の島、ヘレン島に着く。退職者たちと学生たちは下船して島の観光スポット、ヘレンキームゼー城にむかって長い突堤を歩いて行く。

この宮殿は一九世紀後半に、狂人とも言われたバイエルンのルードヴィヒ二世が、規模はずっと小さいが、ルイ一四世のベルサイユ宮殿を模して建てたものである。ルードヴィヒ二世は城の完成を見ることなく死に、すでに巨額の金が投じられていた工事は、資金難のために直ちに放棄された。キーム湖にはもうひとつ、実現することのなかった狂気のプロジェクトがあって、わたしはその現地を見るためにここに来ている。この建築のためには石ひとつ置かれることはなかった。船を降りた観光客がヘレンキームゼー城へと向かうあいだ、わたしがフェリーに残っているのはそのためである。年配の女性たちの足取りはゆっくりだが、ガイドブックに載っている鏡の間や、マイセンの磁器で作られた世界最大のシャンデリアを見ようと、期待に満ちている。

フェリーがヘレン島を回ると、眺望が開けて、キーム湖のはるか向こうの岸辺まで見渡すことができる。同時に湖南方のキーミング村と北の岸辺に近いゼーブルックの中間に突き出た岬も。ここが実現しなかったナチの記念碑的事業の場になるはずであった。アルフレート・ローゼンベルクの大学構想であるナチ党の高等学院の立地は入念に選定された。自動車道路がキーム湖の南岸とキームガウ丘陵をうねって走り、南ドイツの東部と西部地域を結んでいる。一九三四年に着工されたこの道路は、ドイツ全土をアスファルト道路でつなげる大規模な自動車道路――アウトバーン――の一部だった。

一九三八年のオーストリア併合後、姉妹国を連結する手段として、自動車道路はウィーンへと伸び始めた。この道路を南へ行く者の目には、キーム湖が視野に入ると同時に、幻に終わった建物が見えたことだろう。大学が建てられることはなかったとはいえ、同時代の人の脳裏にそれがどのように映し出されたかは想像に難くない。建築家の製図と模型の写真は、ワシントンの国会図書館に保存されている(1)。ローゼンベルクは、ナチ・ドイツで最も有名な建築家だったアルベルト・シュペーアに加えて、ヘルマン・ギースラーに建物の設計を依頼した。設計図や模型から、それが堂々とした複合建築で、連結した数棟の建物から構成されるはずだったことがわかる。すぐに目に入るのが、メインビルディングの入り口で、そこには高層建築の一部を思わせる塔が、翼部の四倍の高さで聳えている。塔の頂きは古典的様式の寺院にかたどられている。それは第三帝国で主流だった建築様式――記念碑的な、粗暴ともいえるプロポーションのなかに表現された新古典主義――の一例である。そうした建物は見る者を威圧し服従を強いる意図のもとに造られていた。

「高等学院はいつの日か、ナチ党の中心として、イデオロギー調査と研究の中心となる」とヒトラーは宣言した(2)。

建物が実現することはなかったが、高等学院構想の別の側面は確実に実行に移された。所詮キーム湖の東の岸辺の学校は、ずっと以前から始動していたイデオロギー調査・研究プロジェクトを建築で表わそうとしたもので、その物質的外殻に過ぎなかった。

ローゼンベルクは、やがてイデオロギー分野での著作、研究、教育にかんしてヒムラーの最大の競争相手となる。ふたりはヨーロッパの図書館と文書館をめぐって激しく競り合った。戦争中ふたりの率いるそれぞれの組織は特別な遊撃隊をもち、西は大西洋沿岸から東のヴォルゴグラードまで、北はスピッツベルゲン島から南のギリシア、イタリアまで各所に設立した事務所を拠点に、広範囲な略奪活動を展開した。国家保安本部の第Ⅶ局の活動がヒムラーの気質と世界観に影響されていたように、ローゼンベルク事務所のもとでおこなわれた調査・研究と図書館の企画も、彼の世界観を反映していた。ヒムラーとローゼンベルクは競ってナチ・イデオロギーの始祖的存在たろうとしたが、ふたりの思想と彼らの描く展望はやや異なっていた。ヒムラーが神話的、オカルト的でさえある思想に惹かれていたのにたいして、ローゼンベルクは、ユダヤ人の世界規模の陰謀という観念に狂信的にとり憑かれていた。イデオロギーにかんする著作においては、ローゼンベルクのほうが真剣で野心的だった。

高等学院は完全に新しい種類の科学と、新しいタイプの科学者を育成する基礎を築くという壮大な試みだった。ナチの科学観は、すべての学問分野を包括し、隅々にまで影響を及ぼすだろう。その科学観は、アーリア人にのみ可能で、ユニークな「ドイツ人の科学」があるという前提のもとに構築されているだろう、というのがナチの認識だった。

だがおそらくローゼンベルクにとっての最重要課題は、ナチのイデオロギーに、ドイツ国内のみならず世界で認められるような哲学的枠組みを与えることだった(3)。一九三三年ナチが政権を掌握したとき、彼らの運動を支えるイデオロギーはまだ十分に練られていなかった。ナチの運動は、保守的な国家主義者から狂信的な人種主義者まで多様な、しばしば矛盾する意見やグループを取りこんでいた。そこには社会主義的傾向が、組合運動にはサンディカリズムの傾向が見られた。党の指導者には過去に目が向いた懐旧的な人びともいれば、物の見方が比較的現代的で、ある程度まで芸術上のモダニズムを許容できる人びともいた。

権力の座に到達するまでの過程で、ナチ党は一連の極右運動や極右組織を吸収した。ナチ党のメンバーの多くは、それ以前は他の過激な右翼政党に所属していたが、ナチ党が優勢になったとき、それらの党を捨てていた。ナチ党のなかの異なるグループ、異なる勢力が絶えずさまざまな政治的方向に党を引っ張っていた。幾つかの固定した見解を別にすれば、ナチの国家社会主義は未熟で、それゆえに影響を受けやすかった。第三帝国時代を通じて、党内には互いに異なる政治的見解が存在した。だが時間の経過とともに、その差異はそれほど意味をもたなくなり、一方で多様性にたいする全体的寛容が以前に比して薄れた。まとまりを欠いたこの政党を結束させた不変の核は、アドルフ・ヒトラーその人であり、ヒトラーのもとで形成された指導者原理だった。指導者への盲目的、絶対的服従はナチのイデオロギーの最も重要な柱であった。

指導者原理はドイツ人にたいする或る見方に基づいていた。ドイツ民族はカリスマ的指導者がいなければ、統制のきかない、まとまりのない大衆に過ぎず、指導者にしっかり従属して初めて、目標と方向性をもつ統一された一民族へと変貌を遂げる、というのである。この考え方によれば、指導者は民族に内在する意思、彼らの精神、彼らの魂を体現した存在として正統性を獲得する。他方で民主主義は大衆の意思によって動かされ、羊飼いのいない羊の群れのように、堕落した群集の支配以外の何物でもない。

指導者原理がなかったら、ナチの活動は内部の対立によって分裂し、そもそも統一された動きにはならなかっただろう。党内部の派閥、組織、指導者間の抗争は絶えることなく、火種はユダヤ人を定義する方法から、ドイツ表現主義にたいする態度まで、さまざまだった。こうした論争を収めたのは何らかの明確なイデオロギーではなく、最後に行き着くのは常にヒトラーであった。

指導者崇拝の対象として、ヒトラーはイデオロギー的預言者に祭り上げられたが、彼の思想は必ずしも明快ではなかった。しばしば彼はイデオロギー論争から距離を置き、派閥を互いに張り合わせる手段として、抑制された競争を促すことさえした。

一九三三年の政権掌握後、党は政治的ヴィジョンを実際の政策へと転じる必要に迫られた。もうひとつの難題は、厖大な人数の党への加入だった。その結果、党の組織に日和見主義者や潜入者が溢れるのではないかという危惧が広まり、そのような者たちが「真のヴィジョン」を骨抜きにするというほとんど被害妄想に近い意識が生まれた。従って一九三〇年代初頭、統一性を欠いたイデオロギーは、成長期の問題とみなされた。ナチ党の全国指導者ロベルト・ライは、すでに「世界観にかんする党内の深刻な分裂」についてローゼンベルクに助けを求めていた(4)。ヒトラーもイデオロギーの「断片化」を認識していた。いかにして党は、イデオロギーの真髄を失うことなく、政権を保持し何十万という新党員を支配できるか。こうしたことを踏まえてヒトラーは、一九三四年ローゼンベルクを、党の精神的イデオロギー的発展および教育担当の役に任じた。ローゼンベルクの公式な肩書は、精神・イデオロギー調査に関する総統代理人であった。同年、ローゼンベルク局という組織がベルリンに設立されたが、のちにローゼンベルクの諸種の企画、肩書、組織の総称としてローゼンベルク事務所という名称が用いられた。

何にも増してイデオロギー指導者としてのローゼンベルクの地位を確立していたものは、一九三〇年出版の哲学的著作『二〇世紀の神話』である。彼はまた自分のまわりに研究者、イデオロギー信奉者、人種問題専門家、哲学者などのネットワークを築いていた。しばしばローゼンベルクよりも優れたそれらの人びとの目的は、国家社会主義というイデオロギー的遺産を積み重ね、守護する手助けをすることにあった。

イデオロギー指導者としてのローゼンベルクは、政治的な意味においても、事実としても、生き残ったナチの「古つわもの」のひとりだった。彼が生き残ったのは、幾分かはヒトラーに忠実であったためだが、同時に党の指導者としてのヒトラーの立場を本当の意味で脅かすことがなかったからでもあった。彼は現実政策にかかわったことがなく、狂信的な理想主義者という面が強かった。「ローゼンベルクの悲劇は、国家社会主義を心底から信じていたことである」とドイツ人歴史家ヨアヒム・フェストは書いている。(5)

＊　＊　＊　＊　＊

一九一七年二月、当時二四歳のローゼンベルクはモスクワから一時間ほどの距離にある共同住宅の一画に住んでいた。二、三年前から、レーヴェリ（今のタリン）の工科大学で建築の勉強を始めていた。一九一五年、ロシアの前線の動きがエストニアを脅かすようになると、大学は教師と生徒ともども、速やかにロシア帝国の内部へと疎開した。一九一七年、卒業を間近にしたなかで、彼はゲーテ、ドストエフスキー、バルザック、インド哲学を読みふけった。真面目で内省的な学徒ローゼンベルクは、帝政ロシアが孕む社会的緊張と、国に押し寄せようとしている暴力的革命の波に全く気づいていなかったようである。「二月末にストライキとパンを求める騒動が報じられた。するとある日突然に起こった——革命が(6)」

最初ローゼンベルクは革命の雰囲気に熱狂し、モスクワに行って、「ヒステリカルな歓喜」に包まれて通りを埋める何十万という群集に加わりさえした。彼の回顧録は、「腐敗した」ツァーの体制がついに倒されたのを目の当たりにした安堵を記している。だがその喜ばしい祝祭のあとに、無政府状態と分裂とボルシェビキ（社会民主労働党左派）が出現すると、彼の高揚感は別の感情に変わった。(7) 革命の年一九一七年夏の或る日、彼が自室で勉強をしていると、見知らぬ男が入って来て一冊の本を彼の机の上に置いた。ロシア語で書かれたその本は——ローゼンベルクはロシア語が達者だった——『シオン賢者の議定書』といい、一八九七年に開催されたとするユダヤ人の秘密の会議の議事録だった。彼にとってこの本は生涯を決定する重要な資料となる。彼が理解した限りでは、その本はツァーの没落の背後に本当は何があったかを示していた。同書によれば、革命はドイツ人労働者やツァーの圧政に抵抗して立ち上がった小作人たちによってそそのかされたのではなく、ユダヤ人がたくらんできた地球規模の陰謀の一部なのだった。

一九世紀には帝政ロシアに住む多くのユダヤ人を対象とした大虐殺が幾たびも起こった。ツァーの政体は表向きそうしたユダヤ人への攻撃を非難したが、一方で密かにユダヤ人への迫害を支持し促していた。反ユダヤ政策は、崩壊一歩手前にある、人種的にも文化的にも多様な帝国の統一を保つための必死な手段だった。ユダヤ人に憎悪を向けることによって、真の問題を隠蔽し得るという見込みがあった。ユダヤ人大虐殺の扇動者たちは、大部分がユダヤ人を「革命分子」とみなす反ユダヤ的国家主義者の集団だった。

ロシアの極右勢力は、早い段階からプロパガンダに「ユダヤ人革命家たち」を利用し、国家社会主義はそれを強力な遺産として受け継いだ。世紀初頭には、ツァーの悪名高い秘密警察オフラーナが、戦間期のドイツで多量に流布した文書——一九一七年にローゼンベルクの手に渡ったのと同じ文書——『シオン賢者の議定書』をすでに作成していた。これは一九世紀末に開かれた秘密会議の議事録とされており、シオン賢者として知られる有力なユダヤ人のグループが世界を掌中に収めるという誓いを立てたことが記録されていた。潜入し不正をおこなうことで、ユダヤ人は資本家、自由主義者、フリーメイソン会員、共産主義者を含む人びとを陣営に引きこみ、姿を現さずに世界を支配する、というシナリオがそこに示されていた。

この文書を読んだときが、ローゼンベルクの人生の決定的な瞬間となった。彼自身は革命に脅かされていると感じる少数の支配階級に属していた。ロシア帝国領エストニアのレーヴェリで育ち、中世以来ドイツ騎士団とハンザ同盟を通じて、この地域を支配していたバルト・ドイツ人の一員だった。その地域の都市部はドイツ人有産階級が、田舎はドイツ人の地主階級が支配していた。ドイツ人地主階級はバルト海沿岸地域の、多くは封建的身分制度のもとにあるスラブ人農奴を長年支配していた。バルト・ドイツ人は、自分たちが周辺諸国の支配者たちよりも高度の文化をもつ集団であると考えていた。エミグレ（移住者、亡命者）の共同体によくあることだが、故国のイメージは彼らのあいだで温められ理想化されたハイマート（家、故郷）だった。ローゼンベルクにとって、ドイツは夢であり幻想であり、シラーとゲーテの精神が浸みこんだ理想的な人びとの国であった。ワイマル古典主義はバルト・ドイツ人のアイデンティティの中核をなしていた。

多民族が住む帝政ロシアで育ったことが、ローゼンベルクの成人後の思想に決定的な役割を果たすことになる。アーリア人の優越性、ユダヤ人・ボルシェビキの陰謀、ドイツ人が東方へと領土を拡大する当然の権利という思想は、すべて彼の背景から生まれていた。のちに『二〇世紀の神話』のなかで、バイキング、ハンザ同盟、バルト・

ドイツ人などのアーリア人侵入者たちに、ロシアが実に多くを負っていることを彼は主張した。彼らが存在しなければ、ロシアは一九一七年の革命後のように分裂し、混沌と無政府状態に陥っただろう、と彼は述べている(8)。『シオン賢者の議定書』は、若いバルト・ドイツ人ローゼンベルクをすでに躓かせていた誤った概念を補強する結果を招いた。ゲルマン的高踏文化の信奉者として、彼は当時最も影響力のあった本のひとつ――のちにそれを翻訳してナチ版を作ろうとさえしたのだったが――ヒューストン・スチュアート・チェンバレン『一九世紀の基礎』をすでに読んでいた。

イギリス人文化哲学者のチェンバレンは、若いときジュネーヴに留学中にドイツ文化の魅力の虜となっていた。彼はバイロイトに落ち着き、ワグナーの継娘エヴァ・フォン・ビューロー＝ワグナーと結婚した。世紀初頭に二巻本で出版され、一四〇〇頁にも及ぶこの大作のなかで、チェンバレンはドイツの文化的理想主義とアーリア民族にまつわる神話とを結びつけようとした。論拠として、彼は一九世紀の最も重要な人種主義者、フランス人の伯爵で外交官のアルチュール・ド・ゴビノーと彼の歴史的哲学的著作『人種間の不平等にかんする試論』を用いた。カール・フォン・リンネが植物の世界でやったように、ゴビノーは人間を諸種の民族に分類した。歴史を根源的に動かすものは経済ではなく、人種間の闘争であるというのが彼の信念だった(9)。

ゴビノーによれば、異なる人種間の融和は不可能であり、西欧社会にとって最大の脅威は異人種間の混合、つまりアーリア人の高貴な血が下位の人種の血によって薄められることだった。彼の見るところでは、社会改革、デモクラシー、平等を求める一九世紀の要求は、この没落が差し迫っていることを示している。この先、人間は洗練された文化を生み出すことができず、獣的な状態に投げこまれるだろう。人類の没落が差し迫っているというゴビノーの黙示録的ヴィジョンは、チェンバレンに深い印象を残した。半世紀のちに世に出た自身の著作のなかで、チェンバレンはユダヤ人を社会の分裂の元凶と決めつけることになるのだが、それはすでに彼の義父ワグナーが『音楽におけるユダヤ教』という小冊子のなかで提起した見解だった。ワグナーはユダヤ人が西欧文化に潜入して西欧人のなかに根づいた真の文化を破壊し始めていると暗示していた(10)。『一九世紀の基礎』においてチェンバレンは、ゴビノーの人種理論とワグナーの反ユダヤ主義を一歩先に進めつつ、両者の融合を試みた。チェンバレンの世界像のなかで、ドイツ人とユダヤ人は対極に位置し、善と悪との歴史的戦いを戦っている。背が高く、金髪碧眼のドイツ人には義務、自由、忠誠という理想が内在している。ユダヤ人はその逆を体現しており、純粋なもの、美しいものの破壊に向かう衝動に特にそれが表われている。

ローゼンベルクは自らをチェンバレンの後継者だと考えるようになった。彼はまた「ユダヤ人問題」にかんして、より実際的な解決を示すことができた。彼自身の記述によれば、『二〇世紀の神話』の執筆は早くも一九一六年夏に開始されたという。そのころ彼はモスクワ近郊のスホドニャに借りた家に若い妻ヒルダと暮らしていた(11)。

多くのバルト・ドイツ人と同様に、ローゼンベルクはドイツ軍がエストニアをボルシェビキから解放することを予測し、それは一九一八年二月に実現した。しかしバルト・ドイツ人が故国《ハイマート》と一体になれるという期待は、一九一八年一一月にドイツ帝国が内部から崩壊したときに瞬く間に打ち砕かれた。ローゼンベルクは生まれた国エストニアを捨てて、自分の魂の故国とみなすドイツに戻ることにした(12)。一一月末に退去する前、彼はレーヴェリの市庁舎で初めての講演をした。主題はユダヤ人問題と、ユダヤ人とマルキシズムとの関連で、その後の政治家としての彼の関心を集約していた。

多くのバルト・ドイツ人の移住者にならって、彼もミュンヘンに居を定めた。そこにはすでに数人の友人が暮らしていた。ミュンヘンの極右のサークルは、彼のユダヤ人・ボルシェビキ陰謀説が発展するための絶好の環境だった。ロシアでの経験を書きたいと思っていたローゼンベルクは、間もなく劇作家でジャーナリストのディートリヒ・エッカートと知り合った。エッカートはミュンヘンの極右サークルで中心的存在だった。ローゼンベルクによれば、彼が最初にエッカートに発したことばは「エルサレムと闘う戦士を求めておいでですか？」[13]

やがてローゼンベルクは、エッカートが所属する無名の政党、ナチ党に加わった。エッカートは最初のメンバーのひとりだった。彼が初めてアドルフ・ヒトラーという名の三〇歳の元伍長と出会ったのもエッカートの家だった。ローゼンベルクによれば、彼らはボルシェビズムが、かつてキリスト教がローマ帝国にもたらしたような退化を、ドイツにもたらすことを語り合ったという。ヒトラーもローゼンベルクも、自分が僅かでも相手から影響を受けたと公言したことはなく、またその後の交流を通して、ふたりが互いの理論に積極的な評価を与えることはなかった。

後年ヒトラーはローゼンベルクを「おそろしくこみいった」考え方をするバルト・ドイツ人だと評し、一方ローゼンベルクは『わが闘争』を賞賛することができなかった[14]。だが一九三七年、新たに設立されたドイツ芸術科学国家賞の受賞者にローゼンベルクを選ぶことで、ヒトラーはナチのイデオロギーの主たる構築者としての彼の功績を間接的に認めた。これはナチ・ドイツがノーベル賞に対抗して設けた賞だった。一九三五年のノーベル平和賞が、当時ドイツの強制収容所にいたカール・フォン・オシエツキーに授与されたあと、ヒトラーはドイツ人がノーベル賞を受け取ることはできないと宣言していた。ローゼンベルクへの芸術科学国家賞授与の理由は「国家社会主義の世界的展望を学術的かつ直観力によって築き上げ、強化した」というものであった[15]。

イデオロギーの発展にローゼンベルクが実際に及ぼした影響については、第二次世界大戦以来歴史家のあいだでいまだに議論が続行中である。ナチ体制における彼の重要性は、歴史研究の潮流にともなってさまざまに評価されてきた。戦後彼はイデオロギー全体の黒幕というべき悪魔的頭脳とみなされた。のちに一九六〇年代に、歴史的視点が一般に個人本位の記述から社会構造的メカニズムの把握へと移るにつれて、彼の演じた役割は縮小した。今世紀彼は再びスポットライトを浴びているが、それはドイツ人歴史家エルンスト・ピーパーに負うところが多い。彼の大部の評伝『アルフレート・ローゼンベルク　ヒトラーの主たる理論家』は、反ユダヤ的プロパガンダを広め、陰謀説を「真実」へと転換し、ドイツにおけるユダヤ人とボルシェビキの陰謀との関連においてナチの思想を確立した点で、ローゼンベルクは決定的に重要な存在ではないか、と述べている。このような理由で、ピーパーは他の歴史家がしばしば疑問視するにもかかわらず、ローゼンベルクをナチの主たる理論家と位置付ける十分な根拠がある、と見ている。

ミュンヘンに行ったときヒトラーはすでに確信をもった反ユダヤ主義者、反マルクス主義者であったと、歴史家たちは長いあいだ主張してきた。だが現在の研究からはそれは見直されるべきだろう。一九九〇年代以降、ミュンヘンの革命的精神風土を指摘する歴史家が次第に増えている。その風土がヒトラーを変化させ、彼を狂信的な反ユダヤ主義者にしたというのである。たとえば歴史家フォルカー・ウルリヒは二〇一三年の著書『アドルフ・ヒトラー　上昇期』のなかでそう主張している。その観点から見れば、ヒトラーより世間を知っていたローゼンベルクがヒトラーに大きな影響を与えたことが推測される。[16]

ローゼンベルクかエッカートのいずれかが、ヒトラーに『シオン賢者の議定書』を渡したことは十分にあり得る。

この文書は、その二、三年前にローゼンベルクに与えたと同じ衝撃をヒトラーに与えた。その後間もなくヒトラーは或るビアホールでおこなった彼の最初の演説で、ユダヤ人とボルシェビキの陰謀について語った。

当時、陰謀という理論はまさに爆発力を有していた。ロシアの革命と革命的労働者の国際的運動は単なる極右勢力を超えた多くの人びとに脅威とみなされた。事実ロシア革命は有産階級の足もとの地面を揺るがせた。社会的経済的変化を求める労働者階級の動きとは異なるものとしての革命運動を、ユダヤ人の陰謀と決めつけることによって、ナチは狭いサークルをはるかに超えた正統性を獲得したのだった。

ヒトラーは結局ローゼンベルクを党の機関紙『フェルキッシャー・ベオバハター』の編集長に任命し、一九三七年まで彼はその地位にいた。

己の生涯の使命を見出していたローゼンベルクは、ミュンヘンの極右サークルに身を投じ、憑かれたように書き始めた。一九二〇年代、著書、評論、アンソロジーが正真正銘の彼のペンから次々と生み出された。そのほとんどはユダヤ人という単一のテーマをさまざまに論じたものだった。そのなかには『シオン賢者の議定書』に彼自身の論評を加えた本『シオン賢者の議定書とユダヤ的世界政策』があった。『シオン賢者の議定書』のドイツ語版はこれが初めてではなかったが、ローゼンベルクの本はよく売れ、一年のあいだに三度版を重ねた。二年後ヒトラーは『我が闘争』のなかで、ユダヤ人攻撃の根拠としてこの本を用いた。『シオン賢者の議定書』が偽書であることはすでに明らかにされていたが、ヒトラーはユダヤ人による宣伝であるとしてそれを無視した。「そのようなことをユダヤ人自身が明るみに出したというのは全く理に適っていない。最も重要なのは、彼らが恐るべき確信をもって、ユダヤ民族の本質を露わにしたということである」[17]。『議定書』が偽書であることを確信していたゲッベルスは、より現実的な反応を日記に記している。「『議定書』は事実的には偽りであろうと、本質的な真理を表わしている」[18]。これがナチの運動のなかで一般的見解となった。

一九三〇年に出た著書『二〇世紀の神話』は、ナチのイデオロギー主導者としてのローゼンベルクの立場を強固なものにした。チェンバレンが二、三〇年前にやったように、ローゼンベルクも自分の時代の哲学を創造することを願った。だが彼は同時に或る問題を解決しようとしていた。

国家社会主義は真の哲学的基盤を欠いていた。ナチには本当の意味で、自分たちの基礎とすべきカール・マルクスも「聖典」もなかった。確かに『我が闘争』はナチ・ドイツにおいて、聖書にも比すべき位置を与えられてはいたが、マルクスやエンゲルスと違って、ヒトラーは彼の死後五〇年いや一〇〇年経ってもまだ有効であるような、時間を超越した基本的哲学体系を構築したわけではなかった。彼は好んで千年王国を口にしたが、『我が闘争』では主として目先の問題、すなわちワイマル共和国、ユダヤ人、ベルサイユ条約、ボルシェビキ、東方への領土拡大にもっぱら関心を向けている。それらは彼の生存中に解決可能な政治的問題だった。だがそのあとはどうなるのか。ローゼンベルクはそこに生じる空白を埋めようとした。

『二〇世紀の神話』には『我が闘争』のような射撃力はない。得意げにことばを駆使した、多くの点でヒトラーが著者を評して言ったように「おそろしくこみいった」本だった。基本は陳腐と言ってもよいほど単純で、善（アーリア人）と悪（ユダヤ人）との永遠の闘争である。この闘争が西洋の歴史を通じて、一本の赤い線のように走っている、と考える点でローゼンベルクはチェンバレンとほぼ同じだった。違うのはローゼンベルクの場合、それが政治的に有効な人種的神話となったということだった。

ローゼンベルクが築こうとしたのは、新たな哲学の基盤というよりも新たな宗教だった。旧約聖書風の厳かな用語は、意図的に用いられていた。彼は予言を、神話的枠組みに基づく人種理論を、作り出そうとした。「今日新たな宗教が胎動し、目覚めている――血の神話だ。純血を守るのは、人間の崇高な本性を守ることと通じる」。彼によれば「北方人種の血」はついに勝利を収めつつあり、それは「葡萄酒という古い聖体」にとってかわるであろう[19]。

チェンバレンと同じように、ローゼンベルクも人種は属性を受け継ぐと考えた。自由、名誉、創造性の尊重、真に覚醒した意識は「北方人種」にのみ存在する。とりわけ「英雄的意志」はそうである。新しいドイツ人が――血によって故国に繋がれ、自分を犠牲にして英雄的な死を遂げる英雄的人間が――形成されるであろう。ローゼンベルクはさらに進んで、人種的対極に位置するアーリア人とユダヤ人のあいだに、アラブ人、中国人、モンゴル人、黒人、インド人などの下位区分を設け、それぞれの道徳性と創造性を吟味する。確かにアラブ人は美しいアラベスクの装飾を生み出した。だが「これは真の建築ではなく、単なる工芸に過ぎない[20]」。「北方人種の属性」が他の人種に見られる場合、それは模倣あるいは北方人種との結婚によって生まれたものである。他方ユダヤ人には高レベルの文化を生む能力すべてが欠けている。「何故ならユダヤ人は全体として、高い美徳が湧き出る魂をもっていないからである[21]」

血の神話は個人の信念ではない。アーリア人の血は、高次の集合的「人種の魂」に結び付けられているからである。これはすべてのアーリア人をひとつにした魂である。「人種的に結び合わされた魂こそ、われわれの思想、意志、行動すべての尺度である」ローゼンベルクにとって、個人主義は普遍主義と同様害をもたらすものだった。「個人は何者でもない。自分が属する人種の何千という人びとと、感覚と魂において合体するとき、彼は初めて個性を獲得する」。彼はさらに続けて、これまでの哲学が血の神話をまったく考慮しなかったのは、それを合理的枠組みのなかで表現し得なかったからだと主張する。「人種の魂」を合理的、論理的な仕方で理解するのは不可能である。なぜなら「人種は手で触れることのできない、内なる声であり感情であり意志であるからだ。ドイツ人は己の血を呼び覚まし、その声に耳を傾けなければならない」。それがいつ起きるかを、本は最後に予言している。「ドイツ人の覚醒を象徴する鉤十字の旗が、帝国で唯一の信仰告白の印となるとき、彼らの聖なる時間は間近い[22]」

＊　＊　＊　＊　＊

一九三四年、ローゼンベルクは党の「精神とイデオロギーの発展と教育」を主導する地位に任命された。そのひと月後、彼はベルリンのクロール・オペラ劇場（議事堂の火災のあと議会はここに移っていた）で、演説をした。ドイツ全土から地方のナチ党指導者たち（大管区長と呼ばれた）がそれを聞きに集まった。ローゼンベルクは壇上から語りかけた。「われわれがこの国を支配することで満足しても、国家社会主義運動はその目標を達成したことにはなりません。確かに国内では政治革命が完了しましたが、知的精神的人間の五感を鍛える仕事はまだ始まったばかりです[23]」。彼が『二〇世紀の神話』において明らかにしたこの目標は、今や実行に移されようとしていた。「新しい神話に基づく新しい人間の創造が、二〇世紀の大きな課題です[24]」

そのような精神の変容のための最重要手段は第三帝国の教育制度であろう。プロパガンダに影響力があるとしても、人びとを根底から変えるのは教育である。幼稚園から大学までのすべての段階における伝統的教育制度のナチ化は、一九三三年以降段階的に着手された。ナチは教育制度を第三帝国のイデオロギー的再軍備の重要な一部とみなすようになるのだが、ローゼンベルクにとって教育改革は未来の幾世代をも変えるという長期的な目標だった。

最初に採られた幾つかの施策は予想通りのものだった。ひとつは教育制度から「ユダヤ人の影響」を取り除くことで、教師と生徒の両方がターゲットにされた。早くも一九三三年四月二五日、公立学校のユダヤ人生徒の数を制限する法律が導入された。浄化の多くの部分はユダヤ人の入学志願者の拒否と、ユダヤ人教師の理由のない解雇によって組織的に進行した。大学ではユダヤ人教授は親ナチの学生連盟から非難を浴び、退職を迫られた。職に留まろうとする者は差別と屈辱に直面した。とりわけベルリンの学生連盟は、「ユダヤ人による」研究はすべてヘブライ語でのみ発表するよう要求した。これはユダヤ人をドイツ語から閉め出すと同時に、彼らにドイツ語が浸透していた事実を示してもいた。[25] リベラルな教師たちさえ、知的大虐殺のターゲットとなった。ユダヤ人や自由思想家が教育組織から排除されたのみならず、ナチは女性が高等教育を受けることに反対した。女性の高等教育は男女平等への要求につながる可能性があった。だが女性の主たる役割は新しい「支配的な人種」の子どもを産むことだというのがナチの見解だった。

一九三六年、法律によってユダヤ人教師は公立学校で教えることを禁止され、一九三八年にはすべてのユダヤ人が大学から——学生としてさえ——締め出された。ナチおよび親ナチのイデオロギーをもつ者は、主要な大学で重要な地位を与えられた。その多くはエルンスト・クリークとアルフレート・ボイムラーなどローゼンベルクの周囲の者たちだった。このふたりは第三帝国で最も有名なナチの教育者で、ドイツの新たな教育の基本設計を任されていた。ナチは高名な哲学者マルチン・ハイデガーから特別なお墨付きとも呼ぶべきものを得ていた。ハイデガーは一九三三年にナチ党に加わり、フライブルク大学総長となった。

最初の大規模な改革のひとつは、教育の中央集権化だった。それまではドイツの他の制度同様、教育制度もおおむね地方分権的だった。それは教育制度をナチのドグマに従わせるために必要な措置だった。第三帝国時代のドイツほど、国が統一されていた時代はなく、これからもないだろう。強固な統一は「国民」を創り出そうという全体主義の努力がもたらした結果だった。

ナチが政権を掌握したとき、ドイツの学校および大学制度は世界最高のものと思われていた。他の国の教育制度からはドイツほどのノーベル賞受賞者が生まれていなかった。一九三三年までにドイツは三三のノーベル賞を獲得していた。アメリカ合衆国は僅か八だった。ニールス・ボーアの指導のもとにあったゲッティンゲンの大学は、理論物理学では世界の中心だとみなされていた。ナチを悩ませたのは、アルベルト・アインシュタイン、グスタフ・ヘルツ、パウル・ハイゼなどドイツ系ユダヤ人に、彼らの人口と不釣り合いに多くのノーベル賞が与えられていることだった。

チェンバレンとローゼンベルクが遺伝的ないし人種的能力（美術、建築などの）や一般的個性に従って人間を分類したように、すべての人種はそれ自身の「物理学」と「科学」をもっているとされた。ドイツ人物理学者でナチ党員のフィリップ・レーナルト（一九〇五年にノーベル賞を受賞）は一九三〇年代に四巻から成る著作でそのような理論を展開した。彼によれば「日本人物理学」「アラブ人物理学」「黒人物理学」「英国人物理学」そして「アーリア人物理学」が存在し、最後のものが唯一真実の物理学であった。最も害毒を流すのは「ユダヤ人物理学」である。「ユダヤ人は至るところに矛盾を創り出し、既存の関連を徹底的に破壊しようとするので、ナイーヴなドイツ人は皆目意味を摑むことができない」[26]。文化の領域におけると同様、科学も荒廃の状態に陥り、教育大臣ベルンハルト・ルストが言う「断片化したリアリティ」を生んでいる。これこそユダヤ人の浸食作用の結果である[27]。言い換えれば、相対性理論はナチの全体主義的世界観にとりこむには複雑すぎた。ナチは断片化した世界を何としてでも、再びひとつの全体にまとめようとした。予想されるようにローゼンベルクはレーナルトを崇拝し彼を保護した。この捩じれた思想が生んだポジティヴな結果は、ナチの原子力研究の遅れだった。皮肉にもアルベルト・アインシュタイン、ニールス・ボーア、ロバート・オッペンハイマーらのユダヤ系科学者たちが主としてドイツの大学でおこなった研究が、アメリカに最初の原子爆弾を与える結果となった。

ドイツの教育制度の優秀さは国際的に認められていたが、その制度のナチ化は国内でほとんど抵抗に会わなかった。その理由のひとつはナチが教師や学生団体から得ていた強い支持である。ナチが政権の座についたとき、他の職業とくらべてはるかに多い三分の一もの教師がナチを支援したと言われている。教師は長らくナチによって社会の要となる集団とみなされており、既に一九二九年に国家社会主義教師連盟が結成されていた。連盟の目的は教師集団をイデオロギー的に適切な方向に導くことだった。一九三三年以後は連盟が第三帝国で唯一の教師の団体であった。

連盟は、その後に起こった教育制度の哲学的教育学的基礎、及びそれが前提とする価値観を全面的に変革するさいの重要な請負人となった。すなわち教科書は書き替えられ、科目は取り替えられ、何よりも生徒にはドグマが叩き込まれた。

軍隊と同様に、教師たちは総統への忠誠を誓わされた。適材と言うべき元義勇軍兵士のハンス・シェムを指導者にしていた連盟は、教師の「再訓練」のための教化キャンプ（Schulungslager）を設立した。一九三七年までにはそのようなキャンプが四〇余りあった。或るイギリス人の証言によれば、そこで使われた最も重要なイデオロギー関連テキストは『我が闘争』とローゼンベルクの著作だった。カリキュラムに「人種衛生学」のような新しい学科目が導入された。ローゼンベルクのことばを借りれば、改革の目標は歴史から数学に至るまで、ナチのイデオロギーをカリキュラムの全側面に浸透させることだった。

教師たちは自分の教室で実際に「総統」となり、党の制服を着用して学校に行く者も多かった。ナチ体制のもと、教室は全体主義国家の縮図となった。そこには必ずヒトラーの肖像が掲げられ、学校の始まりにも終わりにも――場合によっては授業開始時にも――ナチ式敬礼がおこなわれた。第三帝国の教育においては生徒が教師の監督下に置かれたのみならず、教師が生徒の監視下に置かれた。「非ドイツ的」意見を口にする教師が生徒によってヒトラー・ユーゲントあるいはゲシュタポに密告されることもあり得た。

一九三〇年代を通して、ローゼンベルクが自ら研究・教育機関の改革を指導することはなかったが、彼はあたかもイデオロギーの霊のごとく、改革の全過程の上に浮遊し監視していた。彼はドイツのすべての教育組織のための基本マニュアルとして、国家社会主義の世界観の基本を簡潔に示した『イデオロギーの命題』というパンフレットを作らせた。教育大臣ベルンハルト・ルストは国じゅうの学校図書館に『二〇世紀の神話』が一冊は置かれるように指示した。[28] 既存の教育制度のナチ化は、第三帝国の時代に決して完成には至らなかった。だがこの改革は、ローゼンベルクのようなナチ党員が思い描いた全体主義ユートピアの胚芽として見られるべきだろう。新しい人間は過去の堕落に全く汚染されていない者たちの中からのみ、つまり子どもたちの中からのみ、完全な姿で現れ得るはずであった。

第三帝国を未来へと導く世代を形成するためには、伝統的教育制度では不十分で、根本から新しい人間を創るためには、新たな種類の学校が必要だった。このために一九三〇年代には、エリートのための幾つかの学校の基礎が築かれた。「国家社会主義オルデンスブルク（騎士団の城の意）」とアドルフ・ヒトラー学校である。最初のアドルフ・ヒトラー学校は、一九三七年総統の誕生日の四月二〇日に開校された。この学校に入る生徒は、リーダーになる適性を示し、また徹底的な人種的医学的検査を受けねばならなかった。一二のヒトラー学校の教師たちは通常親衛隊、突撃隊、ゲシュタポ、その他のナチのテロ機構から採用された。

ヒトラー学校で教育を受けた少年たちは、のちに四つのオルデンスブルクのどれかに進む資格を得た。オルデンスブルクは二五歳から三〇歳までの若者を党の見習いとして受け入れ、選ばれた学生たちはイデオロギーと軍事の厳しい訓練を受けた。訓練にはパラシュート降下のような学生の勇気を試す定期的な訓練だけでなく、党の組織に関する研修も含まれていた。親衛隊でもそうだったが、非情さと知性との混在が奨励された。「われわれにとっては、ロイテンの戦いは『ファウスト』やベートーヴェンの『英雄』と並んで人格の試金石なのだ」とローゼンベルクは公言した。(29)

ヒトラー学校とオルデンスブルクを終えたあと、第三の最終段階はナチ党のアルフレート・ローゼンベルク高等学院となるだろう。(30) それらの若い卒業生は第三帝国の未来の指導者となり、教育に鍛えられて、イデオロギーに結ばれた「友愛会」あるいは「ナチ騎士団」を形成するだろう。「支配階級」の創出が必要だった。「支配階級」によって千年王国のためにイデオロギーは保持され、守られてゆくだろう。同時にそれらの学校は現在の指導層の遺産を統制する手段でもあった。

ナチ党員からも指摘があったように、身体的能力と知的能力とを融和させようとするとき、いつも明らかな問題が浮上する。結局優位に立つのは知的能力だということである。当時のナチの支配階級のなかで、身体的能力の手本となれる者はほとんどいなかった。ヒムラーの顎は、親衛隊の彼の部下たちのがっしりとした顎ほど強い意志を具現していなかった。指導者たちの人種的純粋さも非常に疑わしく、時には固く守られた秘密だった。結局のところ、ナチのエリートはかなり病弱な一団で、ゲーリングは肥満体でモルヒネの常用者だった。ゲッベルスは湾曲足で、ヒトラーは慢性的な胃の不調に悩み、最後はおそらくパーキンソン病だった。ナチの指導者グループにくらべれば、折あらば他の群れを襲わんとする狼の群れのほうがずっと「共通の誓いによって結ばれた兄弟」と呼ぶにふさわしかった。ヒトラーはダーウィン理論に基づく指導者文化を創り出し、それは第三帝国のような全体主義的体制では驚くほどうまく作動した。そこでは筋力や人種的純血とはかかわりなく、巧妙、策略、テロ、追従、不実、官僚的手腕、非情を兼ね備えた者が出世した。新人種アーリア人というユートピアに迷いこんだ指導者たちには、ナチ・ドイツにおける権力への道は英雄的資質とはほど遠いものであることがわかっていなかった。

＊　＊　＊　＊　＊

ローゼンベルクにとって最高の時期が訪れたのは、一九三〇年代の終わりであった。当初ローゼンベルク事務所は名前のみの組織で、ティーアガルテン近くの質素なオフィスに少人数の職員がいるのみだった。だが徐々に着実に、ローゼンベルクは担当分野を拡大していった。イデオロギーの主導者として、彼はあらゆる部局に介入することができた。業務遂行中、イデオロギーに基づく規律への違反があると、彼はすかさず指摘した。いまだに『フェルキッシャー・ベオバハター』の編集長であった彼は、イデオロギーをめぐる闘争でその機関紙を最大限に利用した。他のナチ指導者たちにとって、この気障なバルト・ドイツ人は無視しきれない存在だった。

ローゼンベルク事務所はシンクタンクとして機能し、イデオロギーの監視、陳情活動、調査をおこなった。キリスト教教会の諸問題、視覚芸術、音楽、教育、演劇、文学、古代史、ユダヤ人、フリーメイソンを担当する部局があった。一九三四年に科学の諸問題を扱う特別な部局が設置され、アルフレート・ボイムラーの監督下に置かれた。彼は全く新しい種類の科学者育成のための基礎作りに乗り出した人物である。「科学は浅薄な知性からは生まれず、英雄的知性の深みから生じる創造物である」と彼は或る講演で語った。(31) ボイムラーによれば、論理と理性は科学においてその役割を果たしつくした。今や科学は英雄的知性によってのみ先に進むことができる。彼のことばにあるのは、実はアルフレート・ローゼンベルクや義勇軍の著述家たちと軌を一にするあの古い「英雄主義《ヒロイズム》」に他ならなかった。

英雄的科学は本質において政治的なものだった。ボイムラーが新しい科学者と古い科学者を対比したさいのことばに、それは明らかである。伝統的なタイプの科学者は「理論的人間」で、受動性、曇りのない意識、沈思黙考が特徴とされている。それにたいする新しい「政治的人間」は、活力、指導力、参与によってその存在を際立たせる。ボイムラーの見方によれば、科学者は自分の活動を世界の客観的観察に限定するべきではなく、世界の形成に向けて積極的に努力しなければならない。彼がここで描き出しているのは、進んで体制の道具となる新しいタイプの科学者である。そのような科学者は、大量のナチの神話、嘘、陰謀説を科学的正統性というオーラで包むために絶対に欠かせない存在だった[32]。

ローゼンベルクの高等教育と研究プロジェクトであるナチ党の高等学院構想は、一九三七年にヒトラーの承認を得た。この学校の初期のプランは、多くの年月をかけてローゼンベルク事務所でかたちを成しつつあった。一九三五年の事務所のニュースは高等学院の計画に触れている。未来の指導者たちの教育を伝統的制度に委ねることができなかったように、科学の未来にも同様の育成が必要だった。ヘルマン・ギースラーによる新しい学校のスケッチと模型がヒトラーに示され、ヒトラーは自らそれを点検し承認した。それをキーム湖の東岸に建てることを決めたのもヒトラーだった。ナチのすべてのエリート学校と同じく、高等学院も党の直接的監督のもとに置かれることになっていた。

広い視野に立てば、高等学院は何よりも先ずローゼンベルクのライフワーク、すなわち国家社会主義の哲学的、科学的基礎の創造という目的に叶うものだった。彼には自分が国家社会主義運動の弱点を把握しているという自負があった。ナチ党がやがて権力の座につく新たな支配階級を育てることに邁進したとしても、その運動の未来は決して保証されていない。第三帝国を結束させているものは、国家社会主義そのものではなく究極的にはヒトラー総統である。そのことをローゼンベルクは痛感していた。早くも一九三四年の或る講演で彼が指摘したように、ヒトラーは永久に運動を指導することはできない。故に「国家社会主義運動が、この先何百年にもわたってこの国家を保持できる構造を築こうと、われわれは決意しています」とローゼンベルクは言った[33]。

人間は進化し、変化し、死ぬ。だが思想は不滅である。最終的に千年王国の存続を保証するものはイデオロギーの強固な土台のみだった。ナチは時を超えて――とりわけ総統の死を超えて――生き残るだけの、イデオロギーの面で強固な構築物を創り出さねばならなかった。「国家社会主義の研究、教育のための最重要センター」と規定されたローゼンベルクのナチ党高等学院は、このイデオロギーの牙城の礎石として機能するはずであった。

第６章
イスラエルの苦難への慰撫

アムステルダム

ワウト・フィッサーは小さな茶色の箱をそっと卓上に置き、蓋を開けて薄茶色の革表紙の本を取り出す。縁が擦り切れている。

長方形のなかに葉むらを装飾的にあしらった表紙からは、本の内容をうかがい知ることはできない。二〇世紀初頭ごろの、特に珍しいわけでもない小冊子のように見える。古本屋でたやすく見つけられそうだ。ただ目を惹くのは、表紙の左上の隅の半インチもあろうかと思われる穴――革が破れ指先が埋まる窪みができている。わたしは注意深く本を開く。穴は表紙だけでなく、次の頁にも続き、著者の名前――サムエル・ウスケの一部を消している。ウスケはポルトガル系ユダヤ人の著作家である。本をもちあげて、高い窓からさしこむ光にかざすと、穴は本の最後の頁まで貫通している。衝撃で紙が陥没し裂けている。弾丸は逸れて銅色の染みを作り、横に転がって、それ以来七〇年間その場所に留まっていた。

「この本は蔵書の他の本と一緒にナチに略奪されてドイツにもってこられました。意外かもしれませんが、弾丸が撃ちこまれたのは多分ドイツです」フィッサーは言う。彼は四〇代、サスペンダーでズボンを吊り、薄い顎鬚がある。アムステルダム大学図書館の特別コレクション部門所属の司書かつ研究者である。この図書館はかの美しいシンゲル運河のそばの三階建ての煉瓦の建物のなかにある。今わたしたちがいるのは、この大学のよく知られたコレクションのひとつ、ローゼンタール文庫の閲覧室で、フィッサーの言う「弾丸付きの本」はこの文庫の一冊である。

誰がこの本を撃ったかをめぐっては幾つもの説があり、この本はローゼンタール文庫のなかで神話的とも言うべき存在になっている。弾丸を犯罪科学的見地から調べても、謎は深まるばかりだった。というのも弾丸はドイツのライフル銃ではなく、イギリスで作られた軽機関銃から発射されていた。それが起きたと思われる場所を割り出すことさえ可能だった。フランクフルトの北約一二マイルに位置するフンゲンという小さな町である。

ここに来る二、三時間前に、わたしはミュンヘンからフランクフルトとケルンを経由して、七時間の列車の旅のあと、アムステルダム中央駅に到着した。途中印象に残ったのは、ドイツとオランダとの国境を越える容易さだった。ここには南の森林・山岳地帯アルデンヌやアルプスのような自然の境界がない。それらに比べればフランドルの低地地方は自動車道路のように平らである。この事実をヒトラーと彼の将校たちは見逃さなかった。一九三九年戦争が勃発したとき、オランダは中立を宣言していた。第一次大戦のときは、ドイツ軍はベルギーを通過することを選び、オランダはどうにか戦争に巻き込まれずにすんでいた。ドイツ軍の立場で後から考えれば、ベルギー通過は重大な軍事的戦略的誤りだった。ベルギー軍の強固な守備のためにドイツ軍は想定したよりも長く足止めされたからである。ヒトラーはその誤りを繰り返すつもりはなかった。オランダは国防軍がパリに進撃するルート上にあ

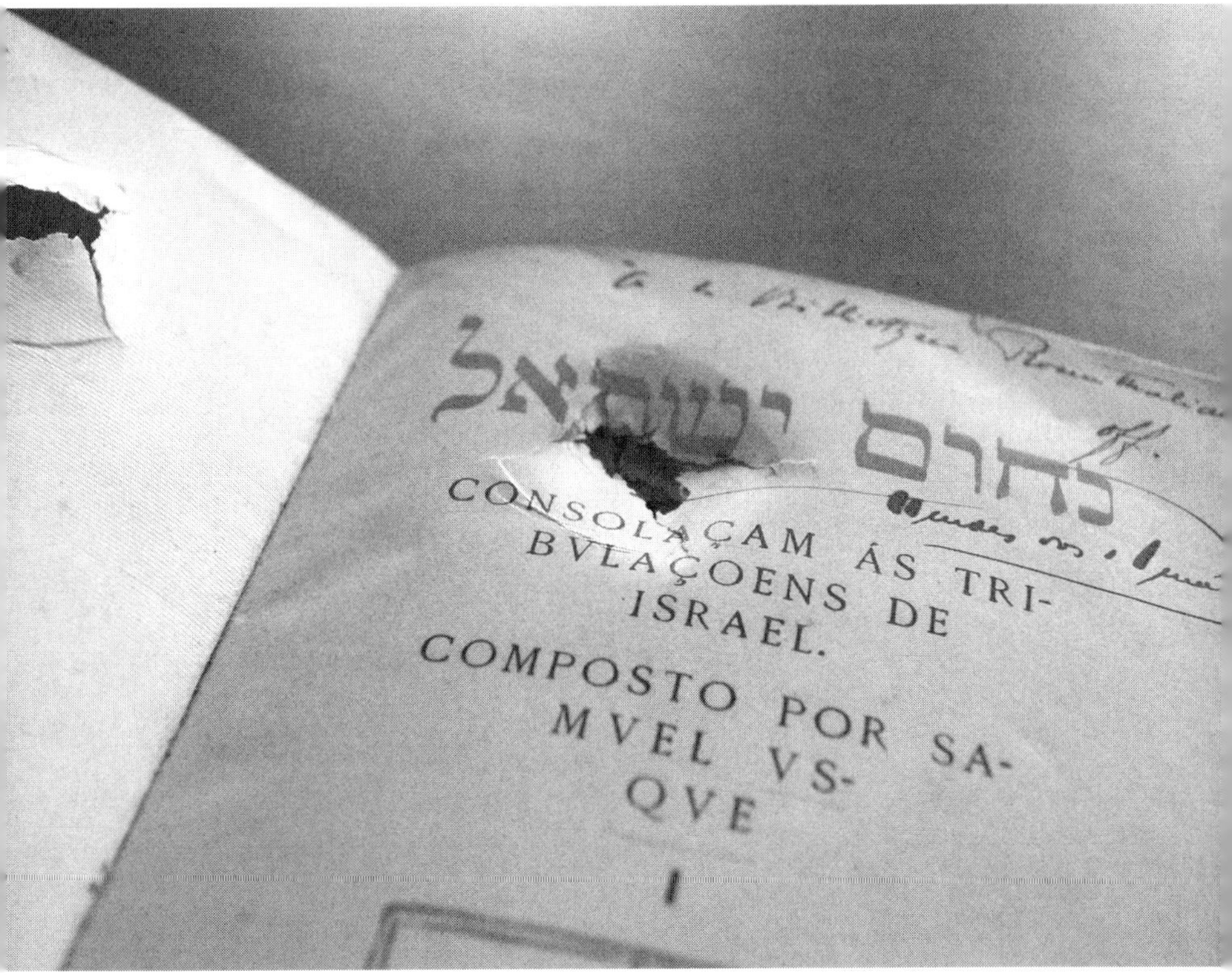

サムエル・ウスケ『イスラエルの苦難への慰撫』、アムステルダムのローゼンタール文庫所蔵。弾丸が貫通した、謎を秘めた本。弾丸は、略奪後この本が運ばれたドイツで撃ち込まれたと考えられている。

り、そのことが一九四〇年五月オランダの死命を制した。ローゼンタール文庫とアムステルダムの多くの有名な図書館も同じ運命を辿った。

アムステルダムの図書館は、中世以来ここが海洋貿易の都市であったことを反映して、宗教的、知的、経済的自由が生んだユニークな文化を支えていた。カルヴァン主義者、バプティスト、クエーカー、ユグノーまた知識人や自由思想家がアムステル川流域のこの自由都市にやって来た。特に亡命者のふたつの集団はこの都市と図書館に痕跡を残した。東ヨーロッパのユダヤ人大虐殺を逃れたアシュケナージ系ユダヤ人と、イベリア半島を追われたセファルディック系ユダヤ人である。一六世紀、アムステルダムは、西ヨーロッパでユダヤ人が比較的自由に暮らすことができた数少ない土地のひとつだった。そのことはアムステルダムが「西方のエルサレム」と呼ばれたことにもうかがえる。

移住者たちは、一七世紀における国際的強国オランダ（ホラント）の出現に大きな役割を果たすことになった。アムステルダムの商業は格別に重要で、権力の源泉だった。ここは経済革命発祥の地で、世界初の近代的証券取引所、国立銀行、および多国籍会社であるオランダ東インド会社はここで生まれた。

このような新しい組織によって、一七世紀のオランダは国際貿易、なかでもアジアとの香辛料の貿易で支配的立場にあった。国際貿易でセファルディック系ユダヤ人がいち早く栄えたのは、彼らが既に交易のネットワークを南北アメリカのスペイン語圏と、まもなくアジアとも、築いたからだった。だがそれは新参者を阻むギルド制度の結果でもあった。多くのセファルディック系ユダヤ人が新たな資本主義経済の担い手となり、やがてその経済は、それまでの経済とくらべてかなり大きな利潤を生むことがわかった。[1] アムステルダムで最も大きな財産の幾つかは、それらの移住者が築いたもので、その直接的結果として最も重要な蔵書が幾つか生まれた。

アムステルダムの多面的な自由は、マイノリティの活動を支えたばかりでなく、印刷業者を助けた。自由と交易はオランダを一七世紀におけるヨーロッパの知的中心地へと変貌させた。そこは刺激に満ち、危険な新思想を伝播する中心地で、伝播を可能にしたのは印刷機だった。この都市に来た自由思想家、著述家、哲学者、宗教的マイノリティは、ヨーロッパの他の地域では破門や迫害を招いたかもしれない本を出版することができた。彼らの著作は印刷されたのち、世界最大の商船隊の助けを借りてアムステルダムからヨーロッパじゅうに運ばれた。

オランダ政府の寛容は理想主義に基づくというより、割り切った商業主義から生まれていた。支払い手がいるかぎり、何が印刷されようと意に介する者はほとんどおらず、交易王国にとって思想の販売はよい商売だった。アムステルダムの印刷業者たちは、自由思想家だけでなく、全体主義的支配者や宗教的狂信者の著作も印刷した。ロシアのピョートル大帝は、アムステルダムの或る印刷業者に一五年間すべてのロシア文学を独占的に印刷する権利を与えた。ヨーロッパの多くの君主と同様、彼は危険な印刷業者を恐れ、ロシアから安全な距離を置いた場所に彼らを留めておこうとした。一七世紀にはアムステルダムは「ヨーロッパの印刷所」として知られるようになった。[2]

メナセー・ベン・イスラエルがオランダに初めてヘブライ語の印刷所を設立して以来、一七世紀のアムステルダムは、ユダヤ文学の中心地にもなった。彼の両親はポルトガルの異端審問から逃れてオランダに来た。ベン・イスラエルは印刷業者をはるかに超えた存在で、著作家、ラビ、国際的人脈をもつ外交官でもあった。一六五〇年代に彼はオリヴァー・クロムウェルに会い、一三世紀末以来追放されていたユダヤ人をイギリスに戻すように説得した。彼はまた哲学者スピノザの師で、画家レンブラントの友人だった。彼の印刷所を始めとするアムステルダムの印刷所は、ヨーロッパ各地のユダヤ人マイノリティに安価な本を供給した(3)。

「メナセー・ベン・イスラエルが一七世紀に印刷した本は、ここにほぼ完全に揃っています。欠けているのは僅かだと思います。しかしアムステルダムの他の幾つかのユダヤ人印刷所で作られた本もたくさんあります。これほどのコレクションを所有している図書館は他にありません」。フィッサーはローゼンタール文庫の閲覧室でわれわれを取り囲んでいる本棚を身振りで示す。本棚には歴史、宗教、哲学に焦点を絞って、コレクションから選んだ代表的な著作が並んでいる。だがここにあるのは、一〇万冊の本と何千というユダヤ人の定期刊行物、パンフレット、写本、古文書資料を擁する蔵書のほんの一部に過ぎない。最も古いものは一三世紀に遡るユダヤ人の祭り、宗教行事、伝説についての写本である。稀覯本のなかにはイスタンブールで最初に印刷された一四九三年の初期刊本がある。ラビのヤコブ・ベン・アシェルによる『アルバア・トゥリム』で、一四世紀のユダヤの法律にかんする著作である。一四九二年に国を追われ、オスマン帝国に住んだセファルディック系ユダヤ人の印刷業者によって印刷されている。一五〇〇年までの印刷物は初期刊本とみなされている。これ以後は活版印刷がおこなわれたからである。そのような初期刊本の多くはしばしば一部、せいぜい二、三部が残るのみだった。一五〇〇年以前、約一五〇種類のヘブライ語の本が印刷されたと考えられているが、そのうちの三四冊がローゼンタール文庫に収められている。文庫には他にも、アラブ人哲学者アヴェロエスによるアリストテレスの科学的著述への注釈の、一五世紀の写本が入っている(4)。

現在のコレクションはオランダのユダヤ人の歴史にかなり偏っているが、もともとこの文庫はドイツから来ていた。

「この文庫は一九世紀半ばに、レッサー・ローゼンタールが始めたものです。彼はポーランド生まれのラビでハノーファーで富裕な家庭のために働き、自身のコレクションを構築する機会を得て、ドイツ系ユダヤ人の歴史、宗教、ユダヤ啓蒙主義関連の本を集めました」フィッサーは説明する。

ユダヤ啓蒙主義（ハスカーラー）はフランス啓蒙主義に刺激を受けてユダヤ人のあいだに起こった知的運動だった。創始者モーゼス・メンデルスゾーンは、ドイツ系ユダヤ人で、ユダヤ教の信仰とその時代の哲学的合理主義との統合を試みた。この運動はユダヤ人が文化的孤立と決別し、新しい言語を学び科学と芸術の分野で新しい仕事に就くことによってヨーロッパ社会と同化する方向へとユダヤ人を促した。

ローゼンタールは一八六八年に他界したが、その後彼の息子がアムステルダムに移ったので、ローゼンタール文庫は最終的にオランダに留まることになった。

「ローゼンタールが亡くなったとき、遺族はコレクションを売却しようとしましたが、買い手がなかった。ドイツの首相ビスマルクに話をもちかけて、ベルリンの王立図書館に収めてもらおうともしましたが、断られました」フィッサーは言う。

当時ローゼンタールのこのコレクションは、ユダヤ人個人が蒐集したドイツで最も素晴らしいコレクションのひとつと考えられていた。それは六〇〇〇冊の本と写本のコレクションで構成されていた。一八八〇年、ローゼンタール家はアムステルダムの大学にコレクションを寄贈することを決め、同時に司書ひとり分の給料を払うことを申し出た。それは第一次大戦勃発時まで続いたが、その頃ハンガリーの鉄道網への投資で一家は破産した。

アムステルダムに落ち着いたあと、コレクションはオランダのユダヤ人関連の資料で補完されて、急速に増大した。第二次大戦までには、もとの何倍かになっていた。「アムステルダムのユダヤ人の個人蒐集家が自分たちの本を救おうと、ローゼンタール文庫のなかに隠しました。いまだにそのままになっている本があると思うのですが、見つけ出すことができません」。フィッサーは二、三年前、ローゼンタール文庫のなかに隠れた行方不明のコレクションを突きとめる仕事を依頼されていた。

図書館の主任司書のヘルマン・デ・ラ・フォンテーヌ・ヴェルヴェイはアムステルダムの蒐書家たちと友好的関係にあり、秘密裡に預けられた本にかんして責任を負っていた。

「フォンテーヌ・ヴェルヴェイは蔵書を『寄贈した』或る蒐書家について書いています。戻ったあかつきにはコレクションを返してもらう、戻らなければそれは図書館のものになる、という取り決めがあったようです。こういうケースは他にもあります。しかしそういう契約書を見つけることができずにいます。所有者が戻ることはないという想定のもと、戦後に書類は廃棄されたのでしょう」

アムステルダムにいた八万人のユダヤ人のうち、ホロコーストを生き延びたのはその五分の一ほどに過ぎなかった。

「戦後、この問題にかんしてフォンテーヌ・ヴェルヴェイは非常に秘密主義でした。コレクションのなかにどのくらいそうした本があるのか、ついぞ明らかにしなかった。わたしの調査も結果を出せませんでした。彼は自分の秘密を墓までもってゆき、それが今ではこの図書館の暗い歴史の一部となっているのです」フィッサーは言う。

彼は一九四〇年以降のローゼンタール文庫の帳簿を開く。五月ナチによるオランダ侵攻のあと、新たな本のカタログ化は六か月続けられた。一九四〇年一一月一八日にはエルサレムのヘブライ大学創立者のひとりであるエリエゼル・リーゲル著の『パレスティナにおけるヘブライ語教育』が登録されている。本の買値は二・六五ギルダー。これが最後の記入で、そのあとは白紙である。その後の六年間新たな本のカタログは作成されなかった。その日、ローゼンタール文庫の閲覧室は親衛隊情報部によって閉鎖され、図書館で働いていたユダヤ人――職員の大半だったが――は予告なしに即刻解雇された。そのひとりだったルイス・ヒルシェルは友人への手紙で嘆いている。「これはローゼンタール文庫の輝かしい歴史の一時的中断だ[5]」

＊　＊　＊　＊　＊

カイザー運河沿いの、ローゼンタール文庫から二、三〇〇ヤード離れた地点に、二階建ての白い石造りの家がある。一九三〇年代に撮られた白黒写真とくらべると、その家は今もたいして変わっていない。現在そこには或るメディアと美術の協会が置かれている。カイザースグラハト二六四番地の家は、運河沿いの建物のなかで最も古いわけでも最も美しいわけでもないが、その建物は驚くべき過去をもっている。

一九三〇年代にはこの家は、文書館の歴史と歴史研究において最も重要な或る救難活動の拠点だった。信じられないことだが、二、三年のうちに、同じ家が文書館の資料と本を強奪する最大規模の活動の場として使われていた。

一九四〇年六月、オランダの降伏から二、三週間後に親衛隊情報部員がやって来て白い家を封鎖した。それは偶発的決定ではなかった。その家は社会史国際研究所の拠点だった。研究所は一九三五年にニコラス・ヴィルヘルム・ポステュムスによって創立された。ポステュムスはオランダ商科大学の、オランダ初の経済史教授だった。この研究所の目的は、文書館の資料を集める、というよりむしろ労働組合や社会党のような左翼運動にかんする資料、また重要な個人のコレクションから来た資料を救うことだった。

現在同研究所は、アムステルダムの東岸の近代的なオフィス・ビル——遠くからはリサイクルの段ボールで建てられているように見える——のなかにある。入り口で研究所の研究員フーブ・サンダースに会う。「ぼくが最初にこの研究所にかかわりをもつようになったきっかけは七〇年代の左翼の学生運動でした。カール・マルクスの文書がなぜアムステルダムにあるのだろうと思ったのです」サンダースはそう言って微笑む。彼の疑問への答えは、一九三〇年代にこの研究所が創立された経緯と、創立者ポステュムスの熱意にかかわっている。「ポステュムスは、経済史、社会史の研究で常に一次資料を求める人でした。早くも第一次大戦以前に、経済学の分野と関連した資料を集め始めていました」

研究所がオランダでのナチの略奪行為の最初のターゲットになることは十分予想された。ポステュムスが研究所を設立したのは、ヨーロッパで勢力を拡大するファシズムにたいする直接的対応だった。一九三〇年代を通して、ソ連、ドイツ、イタリアから怒涛のように押し寄せた避難民は、貴重な資料、文書、本を携えて来ていた。研究所の設立によって、ファシストとボルシェビキが容赦なく漁っている社会主義者、労働組合、労働者運動関連の文書を守る安全な避難所を作る、というのがポステュムスの構想だった。

「ポステュムスはその仕事にぴったりの人でした。自身社会主義者だったし、政治的、学術的分野で国際的なネットワークをもっていました。彼の動機は労働者運動の歴史的遺産を救うことにありました」。人荷用エレベーターで研究所の内部へと降りてゆきながらサンダースは話す。降りた先には、何千フィートものダーク・グレイの棚があり、そこに世界最多の社会史関連文書が収められている。全部で四〇〇〇の個別の文書群から成り、そのなかにはアムネスティ・インターナショナル、グリーンピース、ヨーロッパ労働組合連合のものもある。何百万冊の定期刊行物や雑誌もここにある。或る棚には、茶色の紙に包まれたスウェーデンの定期刊行物『労働者』の一九三二年からのバックナンバーが堆く積まれている。

この偉大なコレクションのユニークかつ貴重な部分は、ポステュムスが少人数の共同研究者とともに、一九三〇年代の最後の二、三年のあいだに苦心して入手した資料である。サンダースはわたしを遮光ブランドで蔽われた棚へ案内し、芝居がかった動作でさっとブラインドを引く。ガラス板の奥の棚に資料が並んでいる。

「これが『共産党宣言』の原稿です」。サンダースはやや前傾の手書きの文字がびっしりと行を埋めている数枚の色あせた紙を指さす。不意を突かれて、これ本当に「本物」なんですか、とわたしは質問する。

「本物はひとつしかあり得ませんよ」サンダースは笑う。

校訂や加筆が全面に施されている紙面はほとんど判読できない。しかしカール・マルクスの署名は判別できる。加えて手書きの『資本論』の数頁、一八六四年の第一インターナショナル（第一国際労働者協会）の議定書、レオン・トロツキーによる記録。

カール・マルクスとフリードリヒ・エンゲルスの文書は、延べ五ヤードの棚に収められたメモ、原稿、ふたりのあいだの広範囲に及ぶ書簡などの資料から成る。こうした文書はドイツの社会民主党によって集められ、一九三三年に党の文書ともども、ナチ・ドイツから密かに運び出された。ドイツの社会民主党員は、ドイツで財産を没収され経済的困窮に陥っており、文書を売るほかなかった。最も熱意を示して買い取ろうとしたのは、モスクワのマルクス・エンゲルス・レーニン研究所、言い換えればヨシフ・スターリンだった。研究所はイデオロギーの始祖に遡り得る文書の蒐集に躍起となっていた。

「彼らは最高の金額を支払うつもりでいました。しかし有難いことに、スターリンに売るのは恥ずべきことだと、社会民主党は判断したのです。代わりにポステュムスがそれを何とか手に入れました」サンダースは言う。

第一次インターナショナルの資料は、社会民主党自身の資料とともに、同党から得ることができた。ヨーロッパにおける社会主義の歴史的遺産を救うというポステュムスの仕事は大成功だった。スペインにかんしては、カタロニアがフランコの軍に敗北する前に、アナルコサンディカリズム（無政府組合主義）運動関連の文書が、スペインからもち出されていた。幾つかの社会主義関連文書も、オーストリア併合後ナチから救出されていた。個人のコレクションもそれらに劣らず立派なものだった。研究所は無政府主義者ミハエル・バクーニンとマックス・ネトラウの文書をも確保していた。さらにロシア革命時の、社会主義革命党とメンシェビキに所属する重要な文書も入手していた。

ポステュムスはパリとオックスフォードにも研究所の支部を開設していた。パリ支部にはレオン・トロツキー文書の貴重なコレクションが、彼の息子レフ・セドフによって寄贈されていた。一九三六年、世に恐れられたスターリンのセキュリティ・サービス、ロシア連邦軍参謀本部情報総局がミシュレ通りのパリ支部のオフィスに押し入り、最も重要なトロツキー資料を盗んだときには、脅威がナチだけでないことが明らかになった。だがその後に起こったことにくらべればこれはささやかな盗みだった。自分たちの眼前で、研究所が価値ある文書をひったくってゆくのを、ナチは見逃してはいなかった。「ドイツの報告書のなかで、研究所は『ファシズムに対抗するマルキスト闘

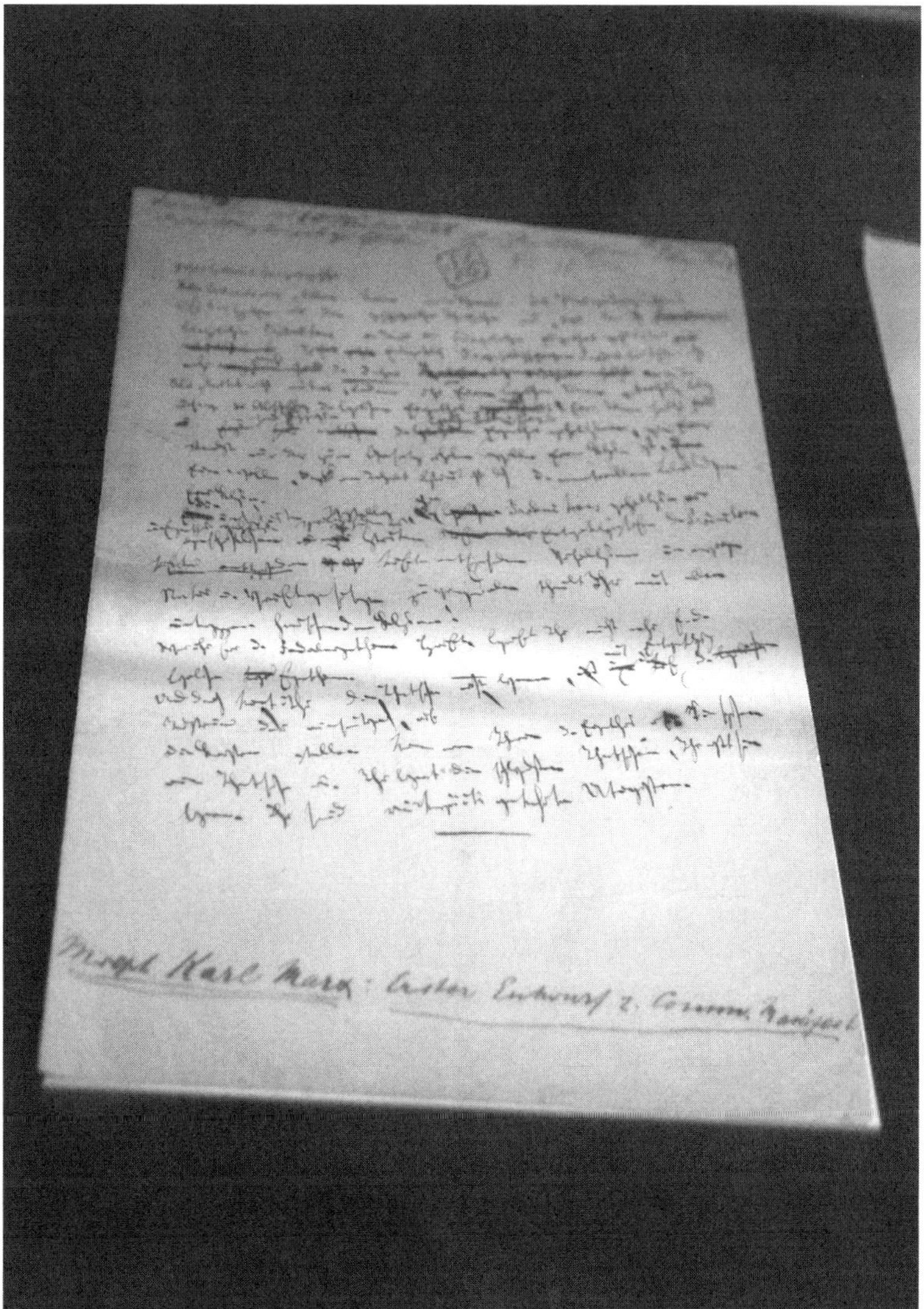

カール・マルクスとフリードリヒ・エンゲルスによる『共産党宣言』の第一稿。ナチはアムステルダムにあったマルクス・エンゲルス文書を追跡したが、それはすでにイギリスの安全な場所に移されていた。

争の知的センター』と呼ばれています。だからこそ彼らは研究所のコレクションを手に入れなければならなかったのです」サンダースは言う。

ナチにとって、マルクス・エンゲルス文書は聖杯にも似た存在だった。ユダヤ人であり、共産主義の父であったマルクスは、シオニストの世界的陰謀の背後にいるブレインのひとりだった。ポステュムスの研究所もこの陰謀に加担していて、研究所閉鎖のあと、ナチのオランダへの侵攻が「強力なグローバル組織」の出現を阻んだ、とナチは見ていた。(6)

ヨーロッパにおける労働者運動の歴史的記録を救うというポステュムスの仕事は、一九四〇年夏、カイザースグラハト二六四番地の白い家が封鎖されたとき、突然の悲劇的な終末を迎えた。彼は文書館を奪われたのみならず、その職を追われた。かわりに新たに組織された全国指導者ローゼンベルク特捜隊がそこに移り、その時点でそこはローゼンベルクのオランダにおける略奪行動の本部となった。ローゼンベルクはナチ党で国家指導者という地位にあったが、これはナチ党で二番目に高い地位だった。国家指導者の地位にある者たちは党の最上層であり、ヒトラーにたいしてのみ直接に責任を負っていた。

特捜隊は西部戦線での勝利の結果として、一九四〇年六月に設立された。戦争の勃発はキーム湖の近くにナチ党の高等学院を建設する計画を一時的に中止させていたが、準備作業は続行しており、戦闘が拡大するにつれて一層熱意が注がれることになった。

ローゼンベルク事務所のイデオロギー関連の活動は、それまでは主として国内問題に集中していたが、今や国際的規模へと拡大した。一九三九年までは、ナチは国内の敵——ドイツ系ユダヤ人、社会主義者、共産主義者、自由主義者、フリーメイソン、カトリックなど――との闘いに集中していた。その闘いはドイツ国防軍の勝利に続いて、今やヨーロッパ全土に広がろうとしていた。

ナチはふたつのレベルで戦争をしかけた。ひとつは自分たちの軍隊と敵の軍隊とを戦わせるという従来のやり方の戦争。もうひとつは敵対するイデオロギーとの戦争である。後者の戦いの場は戦場ではなく、失踪、テロ、拷問、殺害、国外追放という沈黙の戦争であり、前線で戦う兵士はゲシュタポ、親衛隊情報部を始めとするテロ組織だった。その闘いの目的は打ち負かすことではなく、粛清することだった。東部戦線で、初めにポーランド、のちにはソ連でも、ふたつの戦いは初めて完全に合体し、恐ろしい結果を導いた。

イデオロギー戦争の手段はテロばかりではなかった。それは思想、記憶、観念をめぐる闘争であり、ナチの世界観を擁護し正当化する戦いだった。この戦争では特捜隊は、いわばアカデミックな歩兵を動員した。組織の性格から言って、特捜隊は血腥い、残忍な行動に参加することはなく、それは親衛隊の仕事だった。特捜隊はそれが片づいた段階で登場した。一九四〇年夏、特捜隊が組織されたとき、ローゼンベルクはすでに高等学院に必要な学問分野を一〇余りメモしていた。彼にとってキーム湖のそばの高等学院複合施設は、さらに高邁な野心をもった企ての、建築による表現に過ぎなかった。彼の構想のなかでは、高等学院はドイツのあちこちの都市に研究機関――高等学院という傘のもとにある個別の存在――を置くことによって、第三帝国じゅうにタコのように触手を伸ばしていた。少なくとも一〇か所の独立した研究所の計画があり、それぞれが特定の研究テーマをもっていた。

ミュンヘン　インド・ヨーロッパ語史研究所

シュトゥットガルト　生物学・人種学研究所
ハレ　宗教学研究所
キール　ゲルマン民族研究所
ハンブルク　イデオロギー的植民地研究所
ミュンスターとグラーツ　ドイツ民話研究所
プラハ　東方問題研究所
レーミルト　ケルト学研究所
ストラスブール　ゲルマニズム・ガリカニズム研究所
フランクフルト　ユダヤ人問題研究所

このうち、最も規模の大きいユダヤ人問題研究所だけが、戦時中に正式に開設された。ローゼンベルクは一九四一年三月に、開所を記念してユダヤ人問題にかんするカンファレンスをおこなった。特捜隊がとりかかるべき仕事は、のちに使用するために占領地域の文書館や図書館の資料を、研究所に確保することだった。だが同時に高等学院の中央図書館という野心的な図書館も計画されていた。一九三九年ローゼンベルクはヴァルター・グローテを研究所長兼、蔵書を構築する責任をもつ図書館長に選んだ。グローテは文献学者で、以前は一九世紀末にロスチャイルド一族（ドイツ語読みではロートシルト、フランス語読みではロチルドだが、煩雑さを避けるため、英語読みのロスチャイルドを用いる）のなかのフランクフルト分家が創設したフランクフルト・ロスチャイルド図書館で働いていた。

彼は一九三一年にナチ党に加わっていて、とりわけナチ党から雄弁術の訓練を受けた講演者として活躍していた。一九四一年一〇月の記録によれば、グローテは高等学院の中央図書館の目標は「最初にして最大の学術的ナチ図書館、まったく新しい種類の図書館を創ることである」と述べている。(7) 一九四〇年一月、ヒトラーは高等学院の準備作業を戦争中いかに進めるかについて指示をしている。

「高等学院の建設は戦後になるだろう。だが準備作業を円滑に進めるために、わたしは国家指導者アルフレート・ローゼンベルクに準備作業を――とくに図書館を創設するための調査と作業を――命じる。国家内もしくは党内でこれと関連のある部署は、彼に最大の支援を与えなければならない」

六か月後、ローゼンベルクは占領地域における以下の業務の遂行を命じられた。その一、「所有者不在のユダヤ人財産」と考えられる文化的価値のある工芸品を押収、没収すること。その二、公共図書館や文書館で、ドイツにとって価値のある資料を探査すること。最後に教会やフリーメイソン結社に所属する資料を探し出して没収すること。(8)

一九四〇年夏、パリの特捜隊は、西方占領地域担当の本部を西部局の名のもとに設立した。同年西ヨーロッパに、主要行動隊として知られる幾つかの地元の作業グループを結んだネットワーク（Hauptarbeitsgruppen）が設立された。作業グループは、急襲して資料を奪いそれを没収、分類する任務を帯びており、それぞれが特定の地域――フランス、ベルギー、オランダ――を担当していた。それらのグループの下で、幾つかの特化した部署がさまざまな資料の獲得に専念していた。造形芸術担当特務幕僚部は美術、他の部署は音楽、教会、考古学、古代史などの担当に分かれていた。音楽担当特務幕僚部は楽器、楽譜、音楽文献を略奪した。盗んだピアノはフランスだけでおよそ八〇〇〇台にのぼった。[9] 特捜隊の下に最初に設立された部署は、高等学院図書館建設担当特務幕僚部で、この図書館にかかわるグループのリーダーは、高等学院中央図書館長のヴァルター・グローテとローゼンベルクのフランクフルト研究所長ヴィルヘルム・グラウだった。[10] 特捜隊は西ヨーロッパで一〇〇〇余りの大図書館の資料を略奪することになる。

アムステルダムのカイザースグラハトで、特捜隊は二〇人余りの人員を使ってかなり大きな仕事をした。リーダーは親衛隊少佐アルフレート・シュミット＝シュテーラーという強者で、彼は親衛隊を誇り、それにちなんでルーン文字で署名をしていた。親衛隊の人間がローゼンベルク事務所の内部でも働いていたという事実は、第三帝国の権力構造の複雑さを示す今ひとつの例である。親衛隊員は自分たちの給料を払う者に忠誠を尽くしたが、彼らは国家と党の組織のあらゆる分野に存在していた。

のちに一九四〇年秋、特捜隊はフランスの美術品を略奪する任務を与えられ、それは戦争中におこなわれた最も大規模な組織的事業となった。だがローゼンベルクにかんするかぎり、美術品の略奪は二次的な仕事であった。特捜隊が没収したほとんどの美術品は、売却されるか、リンツのヒトラー総統美術館に収められるか、ヘルマン・ゲーリングのカリンハルの邸にある彼個人のコレクションに渡されるか、であった。ヒトラーは取得した価値ある美術品を、諸種の組織に分配した。常にではないにしても、しばしばこの仕事が特捜隊に任された理由は、ローゼンベルクがそれらの美術品を自分のものにしようという気持ちも計画ももっていないからだった。

だが本や文書、記録となると話は違った。特捜隊とローゼンベルクは、多くの競争者――その主たるものは親衛隊と保安本部の第Ⅶ局だった――を相手に官僚同士の激しいバトルを戦った。それは競い合うふたつの図書館計画の対決で、ナチの内部抗争で繰り返し用いられた手段――ごまかし、嘘、追従、同盟、駆け引き――を駆使して最後まで戦われた。だが往々にして第三帝国の組織間、指導者間の競り合いは活力の問題、言い換えれば早い者勝ちだった。巨大な軍事力と政治力をもつ親衛隊は明らかに有利だった。ローゼンベルクの組織には自身の軍隊がなかった。しかし彼は、幾つかの戦略的同盟によって、なかでも重要なゲーリングとの同盟によって、この不均衡を軽減した。ゲーリングは上層部指導者の中で、最もイデオロギーに関心の薄い人間だったから、確かにそれは奇妙な同盟だったが、両者の共通の利益にとってはプラスだった。ローゼンベルクは、自分が必要とする兵士たちと輸送手段を空軍から得、ゲーリングは自分の所有する列車に詰め込めるだけの美術品を入手した。

ナチの略奪活動の巨大な規模と激烈さを理解するには、その原動力が第三帝国内部の狂暴性によって養われたという視点が不可欠である。だが内部の闘争が完全な無政府状態に向かわないためには、それが規則と統制によって支配されることも必要だった。そのために、神聖ならざる同盟が親衛隊とローゼンベルク事務所とのあいだに結ばれた。ヒムラーは「諜報活動のために」有用な本や文書を、言い換えれば親衛隊情報部とゲシュタポが、国家の敵と戦うさいに役に立つ資料を、一方ローゼンベルクはイデオロギー研究にとって価値のある資料を手に入れた。これは「同時代の」資料と「歴史的」資料との分割と見えようが、実際には、ことはそれほど単純ではなかった。

初期の闘争のなかで、長引いた激しい闘争は、カイザースグラハト二六四番地の社会史国際研究所の貴重な文書をめぐるものだった。ラインハルト・ハイドリヒは保安本部のためにその文書を確保しようと努め、一方オランダ国家弁務官アルトゥル・ザイス＝インクヴァルトは、それをアムステルダムに保管することを望んだ。ナチ労働戦線指導者ロベルト・ライは、自分が率いる組織こそ社会主義の遺産の正当な所有者だと考えていた(11)。問題の文書は本来保安本部に属するものだったが、ヒトラーが最終的にローゼンベルクを支持したため、また特捜隊がいち早くその文書を手中に収めていたために、特捜隊がこの争いに勝利した。研究所のパリ支部の内部に最初に入ったのも特捜隊だった。そこにはロシアのエミグレに所属する最重要のコレクションが幾つか保存されていた。研究所への急襲はパリ陥落の三日後だったが、特捜隊が先手を打ったにもかかわらず、彼らは文書をめぐる官僚レベルの闘いで敗北し、文書は親衛隊に引き渡された。

研究所の文書資料と蔵書をざっと見積もった時点で、特捜隊はそれがオランダ最大の没収品であることを確認した。研究所の図書館だけでも一〇万冊以上の本があり、それに加えて文書館には少なくとも一八〇ヤードの書棚分の資料があった。特捜隊がその全部を九〇〇個の大型クレートに詰め、列車と貨物船でドイツに発送するのに一九四三年までかかった。だが最も核となる文書、マルクスとエンゲルスの資料は発見されていなかった。

「西洋諸国がヒトラーにチェコスロバキアを与えた一九三八年のミュンヘン協定のあと、ポステュムスは戦争が不可避であると確信するに至りました。それで彼はマルクス・エンゲルス文書を、研究所のオックスフォード支部に送らせたのです。極めて先見の明のある人でした」自分のオフィスでサンダースは話す。

研究所の職員が、最も危険を招きそうな資料、たとえばドイツの政治犯との通信などを廃棄する時間もあった。ポステュムスは親衛隊に尋問されたが、政治的活動はしておらず、学者とみなされたので、どうにか拘束を解かれた。研究所を失ってもひるまず、彼はすぐに別のコレクションの構築を開始した。

「信じられないことですが、彼は新しい研究所を立ち上げ、まだ続行中の戦争にかんする資料の蒐集を始めました。まわりの状況とかかわりなく、常に蒐集を続けるのが彼の性格だったのでしょう。この研究所は一九四五年五月にオランダが解放された三日後に、正式に設立されました。今日では『戦争、ホロコースト及びジェノサイド研究所』として知られています。しかし、ポステュムスがカイザースグラハト二六四番地に戻ると、研究所にはほとんど何も残っていなかった。全部盗まれて、まったく空っぽでした。ナチは家具までもって行きました」

＊　＊　＊　＊　＊

レンブラント美術館から遠くない地点に、ポルトガルのシナゴーグがある。一七世紀末から残る大きいレンガ造りの建物である。世界で最も美しいシナゴーグのひとつと言われるこの建物は、アムステルダムのセファルディック系ユダヤ人のための記念碑である。建物の外でわたしはフリッツ・Ｊ・ホーヘヴァウドと会う。七〇代の男性で、話すときいつも指揮者のように両腕を突き出す。今は引退しているが、もとはローゼンタール文庫の主任司書だった。アムステルダムのユダヤ人図書館とそれらが戦時中に辿った運命を記録することを生涯の仕事にしている。

低いレンガの建物がシナゴーグを取り囲み、外壁の役目をしている。わたしはホーヘヴァウドにともなわれて、シナゴーグの外のひとつの家に行く。ここに有名な図書館エッ・ハイムの蔵書があり、わたしが来たのはそれを見るためだった。現在もまだ使われている世界最古のこのユダヤ人図書館は、一七世紀以降この都市のセファルディック系ユダヤ人の文化的知的中心地点である。

「この図書館には四〇〇年近い歴史があります。もともとはスペインとポルトガルを逃れたユダヤ人のための学校でした」ホーヘヴァウドは言う。図書館の三つの広い部屋の薄暗い照明のなかで、床から天井までびっしりと壁を埋めたゴールデンブラウン、ワインレッド、コバルトブルーの本が浮かび上がる。ふたつの八角形の天窓から上の階が少し見える。そこは美しい木のらせん階段を登って行くようになっている。
「これは本当にユニークな図書館です。この建物は図書館という特定の目的に沿って建てられ、自然光を取り入れるように作られています。図書館のなかに火を置くことは危険でしたから」ホーヘヴァウドは天窓を指さす。

エッ・ハイムを真にユニークな存在にしているものは、多くのセファルディック系ユダヤ人がアムステルダムに来てから直面した実存的危機がこの図書館に反映されているという事実である。「セファルディック系ユダヤ人の多くはすでにキリスト教に改宗していました。ところが思いも寄らないことに、移住したアムステルダムで、自分たちのもとの宗教に戻る機会があったのです。それは容易なことではなかった。彼らは自分たちのアイデンティティを再発見しなければならず、それをするために読み、書き、かつ議論をしました。われわれは一体何者なのか？ ユダヤ教はキリスト教よりも真実なのか？ この図書館はその探究の産物なのです」。図書館の閲覧室でホーヘヴァウドは説明する。

セファルディックというアイデンティティは、歴史上真の黄金時代と呼び得る或る時期に形成されたものだった。スペインとポルトガルのユダヤ人は彼らの新しい土地に、影響力をもつユニークな文化を携えてやってきた。それは何年ものあいだ、ヨーロッパで最も素晴らしい文化だった。

アラブ人によってアル＝アンダルスと呼ばれたイベリア半島は八世紀の初めに北アフリカのイスラム教徒に征服された。これがその後五〇〇年に及ぶイスラム文化最盛期の始まりで、東洋から広まっていた或る発明に多大の恩恵を受け、美術、天文学、哲学、文学、詩の分野で秀でた業績を残した。その発明は紙で、中国人は早くも漢王朝の紀元前二世紀には製紙方法を発明していたが、それをヨーロッパにもたらしたのはイスラム教徒だった。[12]紙の普及はイスラム教徒の翻訳活動を容易にした。古典時代のさまざまな分野の著作が書き写され、アラビア語に翻訳された。その仕事の多くを資金面で支えたカリフは、学者たちを世界各地に送って、写本を集めさせた。この仕事の中心地はバグダッドの「知恵の館」で、これはイスラム世界でアレクサンドリアの図書館に相当する存在だった。知恵の館では、ローマ、ギリシア、中国、ペルシア、インドの何十万冊の文献が翻訳され、書き写され、論評された。翻訳作業の多くは、ギリシア語、ラテン語、アラビア語に精通したシリアのキリスト教徒とユダヤ人によっておこなわれた。

コルドバはこの運動のもうひとつの中心地となった。イベリア半島のウマイヤ朝とバグダッドを支配するアッバース朝とは、軍事的のみならず文化的にも勢力を競い合った。一〇世紀コルドバには世界最大の図書館のひとつがあった。ウマイヤ図書館は約四〇万冊の本を有していたと思われる。キリスト教ヨーロッパにはそれに比するものはなく、紙が広く使用されるようになったのはこの二、三〇〇年後である。

アル＝アンダルスはユダヤ文化の黄金期でもあった。バグダッドの場合同様、翻訳者の多くがユダヤ人の学生と学者であった。イスラムの支配下で、ユダヤ人共同体は高度の自治を認められ、ユダヤ人の知識人は哲学、医学、数学、詩、宗教的研究に没頭した。このように多数のユダヤ人の知識人、翻訳者、学者がイスラム世界に存在した背後には、当時から一〇〇〇年以上遡る伝統をもつユニークなユダヤの学術的文化があった。その文化は、トーラーの解釈とそれに従った生き方をめぐる知的、宗教的、哲学的言説の上に築かれていた。

アル＝アンダルスの学識あるユダヤ人の多くが宮廷で高位についていた。だがキリスト教ヨーロッパにくらべて多くの自由があったとはいえ、彼らが完全に迫害を免れていたわけではなかった。アル＝アンダルスの特徴であった政治的安定が紀元一〇〇〇年以後に揺らぎ始めると、セファルディック系ユダヤ人も次第に不安定な状態に置かれた。イスラムによる大虐殺で、一〇六六年にグラナダのユダヤ人たちが殺害された事件は恐ろしい警告だった。一四九二年グラナダのイスラムの最後の要塞がキリスト教スペイン人との戦いで陥落した後、ユダヤ人は破局的な事態に直面した。キリスト教徒である征服者は三つの選択肢を彼らに示した。カトリックへの改宗によって滞在する許可を得るか、スペインから離れるか、そのどちらの道も選ばない場合の運命は死だった。大部分のユダヤ人は東方へと移住し、ヴェネツィア、ベオグラード、テサロニキに新たな居留地を作った。西方に移った者のなかには、のちにポルトガルから追われるポルトガル系ユダヤ人がいた[13]。

しかし何千人ものセファルディック系ユダヤ人は留まるために改宗を選んだ。その譲歩にもかかわらず、マラーノ——改宗したユダヤ人は蔑みをこめてそう呼ばれた——は決して受け入れられることはなかった。一六世紀の異端審問が容赦なくマラーノ狩りをおこない、何千人もが拷問や火刑の犠牲となった。結局ほとんどのマラーノは国外に出るほかなく、しかも移住先ではしばしばユダヤ人共同体から排除されて、さらなる屈辱と孤立に耐えねばならなかった。

このように二重に排斥された者たちはオランダに移ることを決めた。他の多くの土地とくらべればそこで彼らは理解をもって扱われた。彼らこそローゼンタール文庫の、あの弾丸の穴の開いた本の主題に他ならない。ウスケはポルトガル系のマラーノで『イスラエルの苦難への慰撫』（一五五三年）は、マラーノのための宗教的自助の本である。それはユダヤ民族の長きにわたる苦難の歴史と、トーラーと預言者たちの研究のなかに見出される慰撫を語っている。マラーノが苦難から解放される道は、堂々とユダヤ教の信仰へ回帰するほかにはない、とウスケは主張している。アムステルダムに移住したユダヤ人のほとんどはそのとおりにしたが、彼らは自分たち独自の文化も保ち続けた。

「セファルディック系ユダヤ人がここにもたらしたのは、ユダヤ人、アラブ人、キリスト教徒のあいだの、古典文化さえも混じった融合が生んだ文化でした。ここにある写本の美しい挿絵にそうした影響を見ることができます。溢れんばかりの花の文様はイスラム美術からの影響です。ここに来る以前の彼らの文化によって作られたものです。明らかに彼らは移住を望むと同時に、自分たちが失った土地を記憶していたかったのです」エッ・ハイムの司書のひとりハイデ・ヴァルンケが言う。彼女は閲覧室のわたしたちに加わっている。

この図書館は一六一六年に設立され、現在では約三万冊の本と、最古のものは一二八二年にまで遡る六〇〇余りの写本がある。それらは詩、文法、カリグラフィー、哲学、神秘論、宗教など広い領域にわたる。「この図書館は、四〇〇年間のセファルディック共同体の発展を反映しています。その間の精神、宗教、文化の変化をここで辿ることができます」ホーヘヴァウドは言う。

マラーノであったセファルディック系ユダヤ人は、より大きなユダヤ人共同体のなかで、彼らだけの集団と文化的アイデンティティを形成することになる。ユダヤ人の数が増えても、彼らはマイノリティだった。しかし数世紀ののち、一四九二年にスペインでユダヤ人が追放されたように、「西方のエルサレム」にも迫害が起こった。

「ナチによる占領が一九四〇年に始まった当初は、大した変化はありませんでした。生活は今まで通りで、文化的活動もおこなわれていました。本を書いたり、研究グループを立ち上げたり、劇を上演したり。現在から振り返ることのできるわれわれには理解しがたいことですが、彼らはそれまでの自由と寛容に慣れすぎていたので、それがいつか突然取りあげられるとは思えなかったのです」とヴァルンケは言い、「変化は徐々にやってきた。ユダヤ人は少しずつ隔離されてゆきました。ナチがドイツでやったのと同じように」ホーヘヴァウドが口をはさむ。

特捜隊はユダヤ人図書館の没収を急がなかった。一九四一年八月になってようやく、最も重要なユダヤ人のコレクションをターゲットに活動が始まった。最初の年は、社会史国際研究所、教会、フリーメイソン結社が対象だった。一九四一年は対ユダヤ人政策が強硬になった時期であり、ユダヤ人のコレクションが注目されたのは当然の成り行きである。その年の初めからオランダ系ユダヤ人は登録を強制され、二月までにはブーヘンヴァルト強制収容所への移送がおこなわれていた。八月、親衛隊情報部は、エッツ・ハイムとローゼンタール文庫を含む幾つかのユダヤ人図書館を閉鎖したが、それらの図書館の閲覧室はそれ以前から一般人の出入りが禁じられていた。アムステルダムのアシュケナージ系ユダヤ人に所属する重要な図書館ベイト・ミドラシュも閉鎖され、図書館を利用できるのは親衛隊と特捜隊のメンバーのみだった。彼らは気づいていなかったが、一部の最も価値のある本はすでに秘匿されていた。

半年前ポルトガル系ユダヤ人信徒の一団は、最も価値のある美術品を選び出して、それを砂丘の下に作られたアムステルダム国立美術館の掩蔽壕《えんぺいごう》に移していた。彼らはまた五個のクレートにエッツ・ハイムの本や写本を詰めさせ——そのなかには八点のヘブライ語の初期刊本、一七世紀と一八世紀の六〇点の写本、一五〇点余りの印刷された挿絵が含まれていた——それをアムステルダムのスパイスツラートにあるカス銀行の地下に入れた。(14) こうした用心は、略奪を恐れたからではなく――当時それが考慮されていたとは思われない――図書館が爆撃で破損や破壊を蒙ることが危惧されたからだった。

それにくらべれば、フォンテーヌ・ヴェルヴェイによるローゼンタール文庫の救出作業は、状況の危うさを意識したものだった。前任の館長ルイス・ヒルシェルは救わねばならない最も貴重な文書のリストを密かに作成していた。ふたりがともに閉鎖された建物に入り、密かにもちだしたもののなかには、約六〇点の写本、二〇点ほどの初期刊本、スピノザによる一七世紀のスケッチがあり、すべて地下室に秘匿された[15]。特捜隊が点検して欠けている資料を発見しないように、ふたりは図書館のカタログも隠した。

特捜隊はエッツ・ハイムとローゼンタール文庫を押収しようと躍起になっていた。そのことは、幾つもの図書館が閉鎖された同じ月に、オランダの特捜隊の司令部から送られた週報に見て取れる。

クロムウェルの時代について、一六六八年のいわゆる名誉革命と、イギリスとオランダの同盟の両方から、これまで知られてなかった資料が発見される可能性がある。特にクロムウェルとユダヤ人との関係について――おそらくイギリスの秘密情報機関の創設にユダヤ人が及ぼした影響についてさえ――新たな推論が出てくるかもしれない[16]。

このレポートが示すように、特捜隊の仕事はイデオロギーに動機づけられていた。図書館や文書館の資料は、「ユダヤ人の所有物」であるという理由からではなく、それらのなかにユダヤ人の世界的陰謀説を裏づけるものが見出されるだろうと思われた故に、盗まれたのだった。ユダヤ人とイギリスの関係にたいするナチの関心には、非常に特殊な背景が存在した。ヒトラーとローゼンベルクはともに、大英帝国の崇拝者で、少数の人間が何億という人口をかかえたインドを経営できたという事実に多大の関心を寄せていた。ローゼンベルクは最後の最後まで、ナチ・ドイツに大英帝国とのあいだに反ボルシェビキ条約を結ばせようと努力していた。ヒトラーさえ同じように考えていた。イギリスとの戦争と、イギリスの頑なな和解の拒否は、幾分かは「ユダヤ人の影響」のせいだと考えられていた。クロムウェルがメナセー・ベン・イスラエルの外交の結果、ユダヤ人をイギリスに戻らせたのは、そのようなユダヤ人の影響の証拠であるとみなされた。

「イギリスとユダヤの関係こそが真の敵であるというのは、たいそう馬鹿げた見方でした。でも彼らは本気でそう考えていた。それを知ることが重要です。こうした考えに基づいて、彼らは自分たちの行為を正当化した。結局ナチズムは正しく、ナチズムが自分たちの行動の論理だということを、彼らは証明したかったのです」ホーヘヴァウドは語る。

一九四二年、エッ・ハイムとローゼンタール文庫はヨハネス・ポールという人物の視察を受けた。彼はその前年にローゼンベルクによって、フランクフルトのユダヤ人問題研究所のユダヤ人部門の長に任じられていた。ポールはもとはカトリックの神父だったが、国家社会主義に改宗していた。一九二〇年代末には、将来を嘱望された聖書学者で、博士論文のテーマは預言者エゼキエルだった。一九三〇年代前半、彼は数年間エルサレムで過ごし聖書考古学の研究に携わっていた。

一九三四年にドイツに戻ったポールは結婚のために還俗し、同時に『シュテュルマー』のような反ユダヤ主義の新聞に論文を発表し始めた。奇妙にも、彼は以前の研究生活のなかで反ユダヤ思想を表明したことはなく、それは彼が日和見主義であったか、または密かに抱いていた反ユダヤ主義思想をナチが政権を取った時に初めて公にしたのか、どちらかだと思われる。ポールはタルムードの危険について特に警告を発し、それにかんして反ユダヤ主義の本も書いている[17]。

ポールはユダヤ人不在のユダヤ研究の擁護者であり、そのことが彼をローゼンベルクのサークルと、フランクフルトの研究所に近づけた。彼はのちにその組織所属の略奪者として最もめざましい活躍をした。

一九四二年のポールの視察のあと、エッツ・ハイムもローゼンタール文庫もフランクフルトの研究所に移すことが決定された。一九四一年秋、特捜隊と保安本部は、オランダにあるユダヤ人個人の蔵書も狙い始めた。広く知られた蔵書のなかで狙いをつけられたひとつは、イサク・レオ・セリグマンのものだった。彼は歴史家、書誌学者でシオニストのジグムンド・セリグマン（一九四〇年に他界）の息子で、ヨーロッパで最も貴重な個人蔵書を父親から受け継いでいた。彼自身聖書学者でユダヤ史を教えていたレオ・セリグマンは父親に倣って、彼自身の立派な蔵書を構築した。ふたつの蔵書は合わせて二万から二万五〇〇〇冊の本を擁していた[18]。おそらく父親が世に知られたシオニストであったという理由で、保安本部がその蔵書を管轄した。特捜隊が没収したもうひとつの価値ある蔵書は、ユダヤ人銀行家パウル・メイのものだった。オランダがナチ・ドイツに降伏した日に、彼は妻とともに青酸カリで自死を遂げた。

一九四二年特捜隊は、オランダ系ユダヤ人の強制収容所への移送を扱うユダヤ人移送中央局と協力してM行動と呼ばれる家具の略奪を開始した。その仕事の一部として、移送されたユダヤ人の家から盗み出された家具什器が東方の兵士や移住者に与えられた。

シュミット＝シュテーラーは報告書のなかで、特捜隊はオランダで二万九〇〇〇箇所を急襲し、成果をあげたと述べている。[19] ほとんどの場合、家屋からすべての家具と物品をもち出し、列車や船でドイツか東ヨーロッパに送った。略奪行動はオランダのユダヤ人たちが受け継いだ文化遺産にも及び、ごく小さな書棚やベッドわきのテーブルに散らばった本までもち去られた。特捜隊は七〇万から八〇万冊の本を押収したと推定されている。それらの本はオランダの学校に配布されるか、地元のナチ党に渡された。[20] 売却され、或いは船でドイツに送られたものもあった。

特捜隊が最終的にエッ・ハイムの蔵書の荷造りを終えるのに、一九四三年半ばまでかかった。さらに特捜隊は銀行の地下に移されていた資料のリストを発見した。スタッフが隠し忘れたのだった。それにかかわったユダヤ教信徒のグループの幹事は、特捜隊と親衛隊情報部の要員によって、銀行まで無理やりに連れて行かれ、そこで本と写本のほとんどが没収された。八月にエッ・ハイムの蔵書は一七〇のクレートに詰められ、フランクフルト行きの列車に積まれた。

ローゼンタール文庫がアムステルダムを離れるまでには、さらに一年かかった。それが或る争いの種になったからである。蔵書はアムステルダムの大学に所属しており、従って公共のもので、ユダヤ人の所有物ではなかった。ドイツに好意的なアムステルダム市長さえ、蔵書をオランダに保管するために介入した。ことばの応酬が白熱しているあいだに、フォンテーヌ・ヴェルヴェイは好機を捉えて、以前に地下室に隠しておいた資料を密かに取り出した。一九四三年秋、大学は他の貴重なコレクションをハールレム近郊のザントフォールトの近くの砂丘の下の掩蔽壕に移し始めた。ローゼンタール文庫のなかの写本を、それらのコレクションに密かにしのばせることで、フォンテーヌ・ヴェルヴェイは辛うじて写本を救った[21]。抗議はしたものの、誰も特捜隊によるローゼンタール文庫の押収を防げなかった。「ユダヤ人のものにかんしては、所有権の法律は意味をもたない」というのが、アムステルダム市長にたいするローゼンベルクの最終的回答だった。一九四四年六月、一四三個のクレートに詰められたローゼンタール文庫の蔵書は東に向かう列車に積まれた。

オランダ系ユダヤ人の大量移送は一九四二年半ばに始まった。大多数はヴェステルボルクの通過収容所に送られた。一九四四年九月まで、ほとんど毎週火曜日に貨物列車が東に向けて出発した。一九本の列車は三万四二一三人を乗せてアウシュヴィッツ・ビルケナウ絶滅収容所に向かい、総計五万四九三〇人を送りこんだ。列車が六八回アウシュヴィッツ・ビルケナウ絶滅収容所に向かい、

ソビボル絶滅収容所に向かい、移送された者は到着するや殺害された[22]。他の列車は遥かに少ない人数を、ベルゲン・ベルゼンとテレージエンシュタットの強制収容所に運んだ。二年のうちにオランダのユダヤ人の四分の三は殺害されていた。セファルディック系ユダヤ人にかんしては、生き残るのは僅か約八〇〇人ほどである。

ローゼンタール文庫館長だったルイス・ヒルシェルと、イサク・レオ・セリグマンも移送された。両者とも家族とともにヴェステルボルクに送られた。拘禁されていたバラックにヒルシェルを訪ねた同僚によれば、彼は最後までオランダのユダヤ人の歴史についての本の基礎となる書誌を作成していた。「暗いバラックの劣悪で悲惨な環境の、参照できる文献もないなかで、彼は小さな紙きれに広範囲に及ぶ書誌を書いていました[23]」。ヒルシェルは妻と四人の子どもとともに最終的にポーランドに送られた。彼の妻は一九四三年一一月にソビボルで死んだ。ヒルシェルは一九四四年三月まで生存していた。おそらく奴隷労働に従事させるべく選抜されたため、二、三か月命が延びたのだろう[24]。セリグマンは幸運だった。彼の名前はナチの「モデル収容所」テレージエンシュタットに送られる

「選ばれた」ユダヤ人のリストに載せられていた。驚くべき偶然によって、彼は戦争が終わる前に、自分の蔵書と再会することができた。

第７章　フリーメイソンの秘密の追跡

ハーグ

「錬金術を理解するためには先ず、金とは何かを問わねばなりません。求められているものは金か、それとも何か別のものか。錬金術とは生命の神秘、すなわち永遠の命という神秘の探究なのです」

錬金術の本質を説明しながら、自分の話をわたしが理解しているか確かめるように、ヤック・ピーペンブロックは探るような目を向ける。確信はないが、わたしは答えるかわりに頷く。

「しかし永遠の命とは実際に何を意味するのか？　それはこの地上での命か、それとも魂が永遠の光に向かって登ってゆくことか？　錬金術とは命の最も深い意味を探求することなのです」ピーペンブロックは続ける。彼は小柄で、光沢のある銀髪のフリーメイソン会員である。腕に抱えている大判の本は、頁を繰るのにふたりの手が必要なほど嵩高い。ピーペンブロックが八インチの厚みのあるその本を開くと、彼の同僚のテオ・ワルテルが用心深く黄色というより茶色に変色した頁をめくる。ほとんどどの頁にも奇妙なぞっとするような多量の木版画の挿絵がある。人間に巻きついてくねくねと動く蛇、地面を覆う骸骨を取り囲む鳥、互いに食い合う竜、倒れた男に棍棒や槍で襲いかかる群集、弓と矢で武装したハト、これまで目にしたことのない星、天使、惑星、記号。『霊妙科学叢書』というこの本は、一七〇二年刊の錬金術のアンソロジー、編者は医学博士ジャン＝ジャック・マンジェーである。その魔術の本は今われわれがいる部屋――窓のない狭苦しい小部屋――とまさに対照的である。ワルテルとピーペンブロックが前へ後ろへと転がす暗いグレイの金属の書棚は、かつて聴講生たちのレポートが積まれていた倉庫に入りこんだような錯覚を起こさせる。しかしこのようなぱっとしない眺めの奥には、ヨーロッパで最も珍しい本のコレクションが置かれている。フリーメイソン、錬金術、魔術、古代の謎、大聖堂を建てた人びと、テンプル騎士団などを扱った本である。

オランダ・グローツオーステンのフリーメイソン・ロッジの歴史は一七五六年に遡るが、現在そのロッジの主要な拠点は、ハーグの中心にある目立たないダークグリーンの扉の奥にある。二、三〇年前から、ヨーロッパの多くのフリーメイソン結社と同様にここも、かつては秘密に包まれていた活動を公開するようになった。現在ロッジにはフリーメイソン文化センターがあり、閲覧室とフリーメイソンの博物館がそれに付随している。結社はフリーメイソンと関連のある約二万五〇〇〇点の貴重な美術工芸品――アンティーク・レガリア（フリーメイソンのシンボルマークが入った勲章や飾りバッジなど）、美術品、スケッチ、エッチング――を所有している。だがこのロッジの最も有名なコレクションは、世界最古のフリーメイソン関連蔵書のひとつ、クロス文庫である。これはドイツ人医師、歴史家、フリーメイソン会員で、一九世紀初頭にこのコレクションを築いたゲオルク・クロスに由来している。「クロスはフリーメイソンや、ロッジに関連があると思われる事柄を扱った本や写本を片っ端から集め、このテーマではヨーロッパで最高のコレクションを作り上げました」博物館長であるピーペンブロックは言う。クロスの死後コレクションはオランダのフレデリック公が買い、彼が会長であるフリーメイソン結社に寄贈した。クロスのコレクションは七〇〇〇冊の本と二〇〇〇点の写本から成っていた。

これに加えて、二五〇年にわたるその結社の歴史にかんする多量の文書と、約八〇の消滅したオランダのフリーメイソン結社関連の資料があった。今日コレクションは約八〇〇ヤードの書棚を埋めている。「クロスが本や写本を集めたのは、フリーメイソンという組織の起源を調べるためでした。どのようにしてその儀式が生まれたのか、それが最初に記録されたのはいつか、どのように進化したか、どれがフリーメイソンの本当の儀式なのか」テオ・ワルテルは言う。彼は結社所属の司書である。

ナチはフリーメイソンに多大の関心を寄せていたが、にもかかわらずフリーメイソンにたいするナチの襲撃はほとんど検証されることがなかった。ナチがドイツで権力を掌握したあと、ドイツのフリーメイソン結社は、組織としていち早く攻撃の対象となったが、フリーメイソン会員への迫害は、僅かな例外はあったにせよ、ユダヤ人や政治的敵対者への攻撃のように組織的かつ残忍ではなかった。フリーメイソン結社へのナチの批判は、フリーメイソンの精神にたいするものだった。それはイデオロギー的問題で、ユダヤ人、ロマ族、スラブ人などが提起する人種的問題ではなかった。言い換えれば、ナチはフリーメイソン現象を消そうとしたのであって、フリーメイソン会員たちへの迫害は軽度だった。

ヘルマン・ゲーリングは初期の段階で「ナチ党のドイツに、フリーメイソンのための場所はない」と宣言した[1]。最初ナチ政府は他の事柄に専念するために、さまざまなやり方で結社を解散させ、フリーメイソン精神を放棄させようとした。現在結社の会員である者、過去において会員であった者が、ナチ党の党員になることは拒否された。フリーメイソン会員は嫌がらせやボイコットを受け、公的機関で働いていた場合はしばしば解雇された。だが多くの者はのちに再び仕事を続けることができた。

当時ドイツにはフリーメイソン会員が八万人以上いて、活動が盛んだった。会員の多くは社会的地位が高いか、過去において高かった。規模の大きい幾つかの結社では、早くも一九三三年に体制に順応するべく、結社に「フレデリック大王の国家キリスト教結社」とか「ドイツ・キリスト教友好結社」のような名前をつけた。[2]活動を続けるための条件として、結社がフリーメイソンということばを使用しないこと、すべての国際的関わりを断ち切ること、非アーリア人の会員を排除すること、秘密の活動を公開すること、旧約聖書と結びつけ得る儀式を廃絶すること、が政府から求められた。

一九三五年、フリーメイソンの結社は全面的に禁止され、「国家の敵」というレッテルを貼られた。これを機にドイツのフリーメイソンの組織は解体され、その財産は没収された。結社に多大の関心をもっていたヒムラーは、親衛隊情報部とゲシュタポがフリーメイソンの蔵書や文書を押収するよう采配を振るった。押収されたものはのちに国家保安本部第Ⅶ局のオカルト・コレクションの基盤となった。[3]

一九三〇年代には、没収したフリーメイソンのロッジを展覧会用の美術館に改造して、フリーメイソンを貶めるいくつもの動きがあった。ひとつの例は一九三七年、ナチが近代の「堕落した」芸術の展覧会として企画した、悪名高い『退廃芸術（Entartete Kunst）展』だった。「恥ずべき展覧会」の開催はナチが宣伝のためにしばしば用いた方法だったが、美術の他にもジャズやユダヤ文化をめぐって同様の展覧会が企画された。一九四二年の「ソビエト・パラダイス」展は、ソ連侵攻のあとでもち帰った品物を展示してことに人気を博した。大きなパビリオンのようなテントのなかの展示場は、九〇〇〇平方ヤードの面積があった。展示の目的はボルシェビキ支配下のロシアの貧困と悲惨を見せることだった。報道によれば展覧会を観たドイツ人は約一三〇万人に達した。[4]展示の対象に軽蔑と屈辱を浴びせる意図の他に、「恥ずべき展覧会」は予防手段でもあった。フリーメイソンにかんする展覧会では、結社の内部にドイツ国民を踏みこませることによって、結社の秘密を暴くという狙いのもと、秘密結社の人びとが密かに倒錯的、非ドイツ的、ユダヤ的な儀式に没頭しており、それがドイツにとって脅威であることを示すことが目論まれていた。展示で特に強調されていたのは、人間の頭蓋骨や骨、ヘブライ語の聖書、その他の「オリエンタル」な風物だった。フリーメイソン会員がおこなうとされた血の秘儀は、センセーショナルに取り上げられていた。このような美術館のなかで最大の、ケムニッツの没収されたロッジを作り変えた美術館には、延べ一〇〇万人のドイツ人が訪れたと言われている。

フリーメイソンは実際にはナチにいかなる政治的脅威も与えなかった。ほとんどの結社は政治に全く無関心だった。だがナチの終末論的世界観のなかで、フリーメイソンはユダヤ人の世界的陰謀において特別な機能を果たしているとみなされ、秘密結社が何世紀にもわたってドイツを征服しようと企んでいるとされた。

一九三五年に党の機関紙『フェルキッシャー・ベオバハター』がフリーメイソン結社の解体を報じたさい、驚くべき罪状が書かれていた。第一次世界大戦を始めたのはフリーメイソンだというのである。機関誌によれば、一九一四年サラエボで起きたオーストリア＝ハンガリー帝国の皇位継承者フランツ・フェルディナンドの暗殺はフリーメイソンの計画によるものであった。[5]その後フリーメイソンはドイツを無理やり戦争へと追いやり、しかもドイツの敗北を確実なものにした。

このような陰謀説は戦間期に、ドイツの極右サークルで勢いを得た。第一次大戦の最後の二、三年決定的な役割を演じたドイツの大将エーリヒ・ルーデンドルフは、フリーメイソンを公然と非難したひとりだった。戦争の最後の一九一八年、彼は西部戦線でのドイツ軍の攻撃を立案し指揮し、ドイツで最も権力のある人間だった。その最後の攻撃でドイツ軍は最後の力を使い果たした。攻撃の失敗と連合国の反撃はドイツ軍の敗退を招き、さらにルーデンドルフ自身をノイローゼ状態に追いやった。一九一八年秋、彼が休戦協定をまとめることができないと見るや、皇帝は彼を解任した。

同年一一月ドイツで革命が勃発し、ルーデンドルフは偽造パスポートを使ってスウェーデンに逃れ、スウェーデン人の地主で馬術家ラグナル・オルソンのヘスレホルムの田舎の屋敷で革命の終息を待った。精神的安定を失い、恨みを募らせ、国を捨て屈辱的なベルサイユ条約に失望した彼は、第一次大戦の回顧録を書いた。一九一九年に出版されたその本は、ナチ党の運命に決定的な役割を果たした「匕首伝説」の起源のひとつとなった。ルーデンドルフは過去の出来ごとの責任を転嫁して、戦争の敗北を招いたのは国内戦線の社会民主主義者、社会主義者、フリーメイソンだと主張した。軍隊が背後からこの匕首を突き刺されなかったら、ドイツは勝利していただろうと彼は書いた。

陰謀説という暗闇への彼の下落は、回顧録で終わらなかった。徐々に彼はミュンヘンの急進的極右サークルとナチ党に引き寄せられた。ナチが権力掌握のために起こした一九二三年のミュンヘン一揆のさいには、彼は政府打倒を唱えてヒトラーと肩を並べて行進した。ヒトラーと違って、彼は服役を免れた。

一九二〇年代にルーデンドルフはフリーメイソンを世界支配の陰謀の根源とみなし始めた。一九二七年彼は自身の陰謀説をさらに展開した著書『秘密の暴露によるフリーメイソンの根絶』を刊行した。この本はルーデンドルフの単著とされているが、実際には妻マチルデとの共著だった。彼女は彼よりもさらに狂信的にフリーメイソンを敵視していた。のちに彼女は『モーツァルト、その生涯と非業の死』と題したパンフレットを出し、モーツァルトは結社の沈黙の掟を破ったためにフリーメイソンの仲間によって殺害されたと断言し、フリーメイソンはマルチン・ルターとフリードリヒ・シラーの死にもかかわっていると主張した。(6)

ルーデンドルフ夫妻は、フリーメイソンが超自然的な力をもち、それによってドイツ国家と国民を脅かしていると確信していた。夫妻はまたフリーメイソン会員が、戦争中国際的ネットワークを通してドイツの軍事秘密を敵国にリークした証拠を、自分たちが握っていると信じていた。(7) 回顧録のなかでルーデンドルフは、フリーメイソン結社がイギリスによって支配されているという前提に立っていた。

『秘密の暴露によるフリーメイソンの根絶』はもうひとつの、全く予想外とはいえない集団を登場させている。ユダヤ人である。ルーデンドルフによれば、フリーメイソン運動全体がユダヤ人によって創り出され支配されており、ロッジが秘密にされているのは、ユダヤ人の影響を隠すためである。ルーデンドルフ夫妻はフリーメイソン結社を「人為的ユダヤ人」と呼んだ。フリーメイソン会員が正式にはユダヤ人ではないにしても、ロッジはユダヤ人の手先として彼らの利益に奉仕しているからである。夫妻によれば、世界経済を合同で支配するためにユダヤ人はイエズス会と密約を結んでいた。(8)

『フリーメイソンの根絶』はルーデンドルフが期待したような賞賛を批評家から受けなかった。ほとんどの新聞は

『霊妙科学叢書』の一冊。ハーグのクロス文庫所蔵。

彼の思想は常軌を逸しかけており、いささか憐憫の対象であるとして取り合わなかった。ブレーメンの日刊紙はかつての大将が「心理的に不安定」になっていると暗に仄めかした[9]。

だが陰謀説がすでに定着していた右翼サークルでは、彼の思想はずっと容易に受け入れられた。ユダヤ人のフリーメイソンによる陰謀という観念は、ロッジそれ自体のように神がかった、尊ぶべき対象だった。一般に流布している神話によれば、フリーメイソン結社は中世にフリーランスの聖堂建築に携わる者たちが作ったギルドのひとつだった。これが事実かどうかは確証がないが、フリーメイソン運動はこの神話に基づいていた。ロッジが最初に生まれたのは一八世紀初頭で、科学革命と啓蒙運動が実存的問題、神秘主義、霊性への新たな関心を呼び覚まし、さまざまな種類の団体を生んだ。教会の権威を公然と問うことはまだ危険だった。それゆえ一七世紀と一八世紀には、数多くの宗教的、霊的、哲学的協会が設立され、そこで人びとは閉じた扉の奥で危険をはらむ思想を論じ共有した。

イギリスで一七一七年に設立されたグランド・ロッジが、一般にフリーメイソンの最初のグレート・ロッジだと考えられている。フリーメイソンはイギリスからフランスに伝わり、やがてヨーロッパ大陸に広がった。フリーメイソン結社は、哲学的、宗教的探究を通して観念的、霊的知識を伝えることに努めた。オカルト、魔術、降霊術にたいして当時復活していた関心も、諸種の結社に影響を及ぼした。しかし結社は霊的交流クラブというだけではなく、多くは世間から隔離された社会的エリートの集団だった。そこからは女性や下層の人びとは排除されていた。

秘密主義、儀式、深遠な教義に加えて、多くの著名人がメンバーであったことから、フリーメイソンには最初から過剰な噂や陰謀説がつきまとった。最初の公式な非難は、一七三〇年代末に、フリーメイソンがカトリックの信仰に背馳する慣習をもっているとして、教皇クレメンス一二世から発せられた。当初の批判は主として宗教的見地からのものだった。しかしフランス革命後には、政治的側面が加わった。政治的動乱の責を負わせるスケープゴートを探す過程で、フリーメイソンとバイエルンのイルミナティ（啓明結社）が陰謀者、首謀者に仕立てられた。一九世紀が進むにつれて、（リベラルな）国家主義者からの批判が加わった。結社の多くが国際的ネットワークの一部であるという事実が、国家主義者の目には国家の結束への脅威であると映じたからだった。

フリーメイソンとユダヤ人とが繋がっているという説は、多くの結社、なかでもキリスト教的な結社が、ユダヤ人をメンバーとして受け入れなかったことを思えば、奇妙だった[10]。人道主義的な結社では、ユダヤ人は一八五〇年代以降に初めて受け入れられた。一九三三年にはドイツに八万人のフリーメイソン会員がいたと思われるが、そのうちユダヤ系ドイツ人は約三〇〇〇人に過ぎなかったと推定されている[11]。

一九世紀には、極右及び保守主義のサークルでは、ユダヤ人がフリーメイソンに入りこみ、フリーメイソンのイデオロギーを自分たちの目的に合わせて操作しているという観念が形成されていた。多くの結社が、平等や未来へのポジティブな信念というような啓蒙主義の理想を支持しているという事実は、とりもなおさずユダヤ人解放への道を開いて「ユダヤ人の利益」に奉仕することに他ならないと考えられた。フリーメイソン会員とユダヤ人は、ユダヤ人の平等な権利を実現するために、教会と君主制を打倒するべく共謀している、と信じられていた。

二〇世紀初頭、フリーメイソンは陰謀の名に値するあらゆる陰謀に、ひと役買わされていた。フランスではドレフュス事件――フランス系ユダヤ人の砲兵将校アルフレド・ドレフュスが偽造された証拠に基づいてスパイの容疑で有罪判決を受けた事件――にフリーメイソンが意図的にかかわったとされた。ロシアでは『シオン賢者の議定書』のなかで、フリーメイソンがユダヤ人による世界支配の道具としての役割を負わされていた。イギリスではフリーメイソンが切り裂きジャックとかかわりをもっていると言われた。

オーストリアの政治家フリードリヒ・ヴィヒトルが一九一九年に書いた本『世界のフリーメイソン――世界革命――世界共和国　第一次世界大戦の起源と終焉』は格別の評判を呼んだ。(12)「人為的ユダヤ人」という新語を作ったのは彼で、その本は、一九一四年のオーストリア＝ハンガリーの皇位継承者の殺害は、フリーメイソンとユダヤ人から成る或る集団の陰謀によるものだという証拠を提示していた。

ルーデンドルフ夫妻とヴィヒトルは、やがてローゼンベルクという支持者を得る。ローゼンベルク自身一九二二年に同じテーマの本『フリーメイソン、ユダヤ人、イエズス会、およびドイツ・キリスト教の犯罪』を刊行していた。『二〇世紀の神話』のなかで、彼は「ユダヤ人やトルコ人がキリスト教徒と同じ権利をもつという寛大かつ慈悲深い原則を、フリーメイソンが広めている」と非難した。それはローゼンベルクの人種的神話の宇宙においてはぞっとするような原則だった。「一九世紀の民主主義革命を導いたのはフリーメイソンだった」と彼は主張する。「すべてのユダヤ人、黒人、ムラート（ラテンアメリカおよび北アメリカでヨーロッパ系白人と、アフリカ系の特に黒人との混血）がヨーロッパの国で同じ権利をもつ市民になり得る」という民主主義的、人種的、道徳的堕落を招いたのは、フリーメイソンが信奉する人道主義に他ならないと。(13)

ヒムラーはフリーメイソンのロッジで血の儀式がおこなわれていると確信していた。そのやり方はバイエルンの秘密警察の報告書のなかに仔細に述べられている。「志願者は自分で親指に切り傷をつけ、聖杯のなかに血を滴らせる。そこに葡萄酒を混ぜ、続いて他の兄弟たちの血を混ぜる。それから志願者はその液体を飲み、ユダヤ人も含むすべてのフリーメイソン会員からの血を取りこむ。これをもってユダヤ人の勝利は完全なものとなる」[14]

同時に親衛隊の内部には、フリーメイソンに奇妙に魅せられる傾向が見られた。ヒムラーにとってフリーメイソンは国家の敵であると同時に、知識とインスピレーションの源だった。故に一九三〇年代にドイツのフリーメイソン結社で押収された資料のかなりの部分を、保安本部が自らの蔵書としたことは周知の事実だった。ヒムラーはフリーメイソンの儀式、秘密、象徴に多大の関心をもち、親衛隊内部でフリーメイソンのそれに似ていなくもない彼自身の儀式と秩序を創造することを願った。

二〇世紀にフリーメイソンを禁じたのはナチ・ドイツだけではなかった。戦間期に台頭した他の国家主義的政府もほとんどがフリーメイソンを攻撃した。イタリアではムッソリーニがフリーメイソン会員をファシズムの敵であると非難し、その理由で活動を禁止した。ソ連、フランコ政権下のスペインも同様であった。ラインハルト・ハイドリヒはフリーメイソン担当の特別な部局を保安本部のなかに設けた。ドイツのフリーメイソンを登録するためにリクルートされた人員のひとりがアドルフ・アイヒマンだった。ナチの迫害の犠牲となったフリーメイソン会員の数は推定しがたい。多くのメンバーは他の政治的活動によっても拘留され、強制収容所に送られたからである。

フリーメイソンは内部および外部の敵に向けられたナチのプロパガンダの重要な構成要素だった。ウィンストン・チャーチルもフランクリン・ローズベルトも、フリーメイソン会員であったことがしばしば引き合いに出された。陸軍元帥フリードリヒ・パウルスがヒトラーの命令に反してスターリングラードで降伏したとき、彼はドイツのプロパガンダで「最高位のフリーメイソン」と罵られた。[15] だがナチはゲーテ、モーツァルト、フレデリック大王が皆フリーメイソンであったことは、それほど騒ぎ立てなかった。[16]

一九四〇年夏、アムステルダムの特捜隊は、オランダのフリーメイソン・ロッジのネットワークを示す地図を作成した。完成したリストには三一のロッジと、男女混合のフリーメイソン結社「ドロワ・ユマン（人間の権利）」に属する一〇のロッジが記載されていた。三五の「オッド・フェローズ（国際的友愛団体の一つ）」、一五のロータリークラブも載っていた。九月初め特捜隊はハーグのグローツオーステンを最重要ターゲットに、一連の組織的な急襲を開始した。このロッジの蔵書はよく知られていたが、それを別にしても、そこは会員数四〇〇〇を超える地域のロッジを包括する組織だった。「一九四〇年九月四日、全メンバーがロッジに呼び出されました。家からすべてのレガリアをもってくるようにとも言われました。拒否した者は家を捜査されました」ピーペンブロックは言う。会員は登録され、その後ロッジは解散させられた。彼らの大部分は釈放されたが、グローツオーステンのグランドマスター、ヘルマン・ファン・トンヘレンは逮捕され、ベルリンの北部ブランデンブルク州にあるザクセンハウゼン強制収容所に送られ、そこで死亡した。

結社の財産は、建物、レガリア、蔵書を含めすべて没収された。ドイツにおけると同様に、フリーメイソンのロッジはしばしば諸種のナチの組織のためのオフィス、倉庫、調整センターとして使用された[17]。

＊　＊　＊　＊　＊

ドイツから輸出されたもうひとつのテーマは、「恥ずべき展覧会」だった。ナチ・ドイツはそれを用いて、占領地域の市民たちを、ユダヤ人、フリーメイソン、ボルシェビキにたいする闘いで自分たちの側につかせようと努めた。パリでは反フリーメイソン展覧会が一九四〇年六月に開催され、ブリュッセルは一年後に類似の展示をおこなった。

フランスではオランダよりも早くから、特捜隊はフリーメイソン・ロッジの略奪を計画し始めた。軍事行動がまだ続行しているなか、ローゼンベルクは人員をフランスに派遣し、差し迫った没収の下検分をさせた。一九四〇年六月一八日に、派遣されたひとりゲオルク・エベルト教授は、フランス最大のフリーメイソンのロッジ、パリのカデ通りにあるフランス大東社を占拠したと報告している。[18]

フランスとベルギーで結社はオランダ同様、徹底的な略奪の対象となった。デンマーク、ノルウェー、ポーランド、オーストリア、ギリシア、バルカン半島でも、結社は急襲されすべてを没収された。

フリーメイソンの蔵書や文書の獲得をめぐって、特捜隊と保安本部は激しい競り合いを繰り返した。往々にして保安本部が優先権を与えられ、特捜隊はすでに没収してあったフリーメイソンの資料の多くを保安本部に渡さねばならなかった。フリーメイソンの会員登録、通信記録その他の資料を手がかりに、フリーメイソンの国際ネットワークを精密に示すことは、保安の観点から重要だと考えられた。だが結社が所有していた「オカルト文献」は親衛隊にとって多大の関心事であることも明らかだった。保安本部はドイツのフリーメイソン結社――ナチが政権に就く前には世界で二番目に多い会員を擁していた――から奪った資料によって、かなりのコレクションをすでに構築していた。[19]ドイツのロッジから没収した蔵書や文書は厖大な量で、そのほとんどはベルリンの保安本部第Ⅶ局所属の第三帝国の敵にかんする蔵書のなかに組みこまれた。

すでにドイツのコレクションのなかに、保安本部は親衛隊の世界陰謀幻想やオカルトへの関心の根拠になり得る多くの資料を発見していた。そのような文書群のひとつは、ゴータのロッジ、エルンスト・ツム・コンパスの「シュエーデンキスタ（スウィーディシュ・チェスト）」（同資料が一九世紀後期まで、スウェーデンのフリーメイソン文書館に移管されていたことに由来する名称）で、これはイルミナティの結社が一八世紀末に所有していた文書と書簡のコレクションだった。神話に取り囲まれたこの秘密結社は、ドイツ人哲学者アダム・ヴァイスハウプトによって創設された。その目的は啓蒙主義の基本的価値観についてのコンセンサスを知識人や政策決定者のあいだに形成し、それによって進歩的精神に基づく合理的社会改革を促進することだった。ヴァイスハウプトの組織は知識人や政策決定者のなかから熱心に会員を募り、イルミナティ結社をエリート育成のための機関と位置づけていた。そこでは忠誠心をもつ中核集団が人類の向上のために高邁な理想を統合することが求められていた。

イルミナティは一七八五年にバイエルン州によって活動を禁止され、数人のメンバーが投獄された。だが短命に終わったにもかかわらず、イルミナティをめぐってすぐに陰謀説が溢れ、結社が秘密裡に活動を継続しているという噂が広く流布した。

スコットランドの哲学者で陰謀説の理論家ジョン・ロビンソンは、その著『陰謀の証拠』（一七九七年）のなかで、イルミナティがヨーロッパ大陸のフリーメイソンのグループに入りこみ、フランス革命を起こしたと非難した。一七八〇年にイルミナティは、フリーメイソンとの提携を開始していたが、そのこともイルミナティが、フリーメイソンを隠れ蓑にして破壊活動をおこなっている証拠とみなされた。「シュエーデンキスタ」は、イルミナティがまだ活動していた時期の資料から成り、会員の身元にかんする情報もなかに含まれていた。イルミナティの会員であったザクセン＝ゴータ＝アルテンブルク公エルンスト二世は、その資料が取り扱いに注意を要するものだと考え、スウェーデンの関係者宛てにその資料を送らせた。ストックホルムではイルミナティの文書は公表されるおそれがなく、そのことはスウェーデンの王室によって保証されていた。イルミナティの会員としてリストに載っていたひとりは他ならぬヨハン・ヴォルフガング・フォン・ゲーテだった。「シュエーデンキスタ」は一八八三年までスウェーデンにあったが、その年コレクションはドイツに送られ、最終的にエルンスト・ツム・コンパスのフリーメイソンのロッジに移され、そこで一九三〇年代にゲシュタポに発見された。

フリーメイソンの起源を調べる者にとって最も重要な文献のひとつはクロス文庫だが、ヨーロッパ大陸には、広さと深さにおいてそれと比肩し得る蔵書はほとんど存在しなかった。その蔵書にはフリーメイソン会員が参考にした資料——博物学、生物学、哲学の本、またさまざまな文化の起源と歴史を記述した本（土着民と彼らの祭儀と宗教を扱った一七、一八世紀の本）も含まれていた。それらに並んで、ギリシア古典の悲劇もあった。この蔵書はフリーメイソン会員の活動になくてはならぬもので、これらの資料を通して彼らは自分自身について新たな認識に達することができた。「カタルシスを得る手段だったのです」クロス文庫の司書テオ・ワルテルは言う。

魔術、神智学、占星術、錬金術、儀式、音楽、歌、象徴についての本とは別に、クロス文庫には世界で最も充実した反フリーメイソン文献のコレクションが入っていた。だが蔵書の価値は文字による文献のみでなく、秘密の儀式のやり方を示す豊富な挿絵、エッチング、スケッチにもあった。

クロス文庫の稀覯本のなかには、一八世紀初めに書かれたスコットランド人ジェイムズ・アンダーソンの『フリーメイソン憲章』の最も古い版が五冊ある。これはイギリスのフリーメイソン組織の基礎となった著作である。このコレクションのなかの、さらに神話的な資料は一五三五年に遡ると言われる『ケルン憲章』である。ラテン語で書かれたこの文書は、一六世紀にすでにフリーメイソンの活動が広くおこなわれていたことを示している。流布している神話によれば、この文書は、一七世紀半ばにアムステルダムの活動を休止したロッジで、三か所を封印された三個の鍵で施錠されたチェストに隠されていたのを発見された。このことは一九世紀にフリーメイソン関係者のあいだでしきりに話題になった。最初にその文書を偶然発見したクロスは、これが偽造文書である可能性が高いことを明らかにしたひとりだった。

廃れたロッジから出たオランダのグローツオーステン所有の資料は、その多くが東インド会社と関連があり、それもナチの関心を惹いたもののひとつだった。これと同じほど価値のある資料は、一八世紀以降のオランダのフリーメイソン結社のメンバー全員の情報カードだった[20]。

一九四〇年の急襲のあと、特捜隊のオランダ担当部署は略奪がかなりの成功を収めたと報告することができた。何十万冊もの本と他の資料が没収されていた[21]。没収されたもののなかには美術品、儀式用の工芸品もあり、グローツオーステンのロッジで発見されたグランドマスターの金の槌がそこに含まれていた。特捜隊の見積もりによれば、その価値は三〇〇〇ライヒスマルクだった。

最大の戦利品が何であるかは、疑いの余地がなかった。「多くの稀覯本を含むクロス文庫の価値を算定するには、一九三九年にアメリカ合衆国のフリーメイソンが、それを五〇〇万ドルで買い取ろうとグローツオーステンに提案したことを想起すべきである」特捜隊の或る報告書は述べている[22]。だが強調されたのは金銭的価値だけではなかった。実際没収された本は「例のないほどの学術的価値がある」とみなされていた。「躊躇なく言えるのは、高等学院の図書館が厖大な労力なしで、今やすばらしく豊富な資料を提供でき、ユダヤ人とフリーメイソン関連分野で主導的地位を占め得るということである」[23]。だが特捜隊の狙いは蔵書だけに留まらなかった。「その上、約三万冊の本の収納に十分なスティール製の棚も建物から撤去された」

第８章

レーニンがここにいた

パリ

本棚の列のあいだをゆっくりと歩きながら、ジャン＝クロード・クーペルミンは本の背表紙に指を走らせ、タイトルを黙読してゆく。ようやく探していたタイトルを見つけると、ベージュ色の布製の本を引き抜く。天井からの照明のバター色の光では、文字がよく見えない。クーペルミンは壁を覆う厚い遮光カーテンを引いて中庭の光を入れ、本の背を日光にかざす。タイトルは『ユダヤ民族史』、著者はシモン・ドブノウ。彼はロシア系ユダヤ人の歴史家、活動家で、一九四一年にリガで親衛隊によって殺害された。本の背の下のほうに貼られた小さなラベルには B. z. Erf. d. Jud. Frankfurt a. Main とある。遊び紙には同じ内容が、ただし省略形ではなく、ゴムのスタンプの青い字で捺されている。「フランクフルト・アム・マイン、ユダヤ人問題研究所図書館」。わたしがローゼンベルクのフランクフルト研究所のスタンプの文字を見るのはこれが初めてである。研究所の蔵書番号さえ読み取れる。鉛筆の走り書きだが「42／1941」という文字は完全に判読できる。

クーペルミンがその本を元の場所に戻したとき、背に研究所のラベルのある他の本が目に入る。何冊かは新本同然に見えるが、それ以外の本は傷み具合がさまざまである。これらの本の多くは第二次世界大戦以降、ほとんど手がつけられないまま、ここに置かれてきた。

「ナチのスタンプが捺された本が何千冊もここにあります」クーペルミンは強いフランス語訛りの英語でつかえながら話す。

ハーグのフリーメイソン・ロッジから、わたしは急行列車で南下してパリに来ていた。フランスのこの首都で、全国指導者ローゼンベルク特捜隊と国家保安本部は西ヨーロッパで最も広範囲に及ぶ略奪行動を開始した。特捜隊による美術品略奪行動の中心はパリの中心にあるジュ・ド・ポーム美術館の接収された建物にあった。そこに何万点もの美術作品が運ばれ、仕分けされ、カタログ化され、ドイツに送り出された。図書館と文書館にかんして最も大胆な略奪がおこなわれたのはフランスだった。犠牲となった組織のひとつは、パリ、モンマルトルの南ブリュイエール通り四五番地にある国際イスラエル同盟で、今わたしはそこでクーペルミンと会っている。彼はその協会の付属図書館と文書館の館長である。五〇代で小柄、頭髪は薄くなっている。彼はもう何年ものあいだ戦時中に失われた蔵書の行方を追っている。

この同盟が設立されたきっかけのひとつはいわゆるダマスカス事件だった。一八四〇年、ダマスカスで或る修道士が儀式的なやり方で殺害され、その背後にユダヤ人たちがいるという噂が引き金となり、ユダヤ人虐殺（ポグロム）が起った。ダマスカスのシナゴーグは群集に襲われ、何人ものユダヤ人が投獄されて、歯を引き抜かれるようなサディスティックな拷問を受けた。この事件は国際的に注目され、ユダヤ人代表団が交渉のために送られた。

「ユダヤ人が中東にいる他のユダヤ人を助けるために起こした最初の国際的行動だったという点で、それは重大な出来ごとでした。同盟の構想にはそのような背景があったのです。あらゆる地域でユダヤ人マイノリティの権利を守り強化しようというのが動機でした。創設者たちは皆フランス革命の申し子でした。彼らは同等な権利をもつフランス本来の市民となることを認められたユダヤ人の第一、第二世代の人びとでした。同盟はこの思想を普及させるために設立されたのです」クーペルミンは言う。

同盟はユダヤ人が帝政ロシアにおけるポグロムから逃れ、フランスやアメリカ合衆国に再移住する手助けをした。だが同盟の最も重要な仕事はユダヤ人の子どものためのインターナショナル・スクール制度の設立だった。二〇世紀初頭には、同盟は北アフリカ、中東、東ヨーロッパで約一〇〇の学校を経営し、そこに学ぶ生徒は総計二万四〇〇〇人いた。教育は主として創立者たちの啓蒙主義の理想——フランス文化、フランス語、フランス文明——に基づいていた。しかし同盟は、当時パレスティナにユダヤ人国家を創るという目標を掲げて台頭しつつあったシオニスト運動とははっきりと距離を置いた。

「同盟はユダヤ人がそれぞれの国に統合されることを目指していました。フランスではそれを再生ということばで表現しました。つまりユダヤ人の知識と文化と同時に、近代西欧文化に基礎を置いたアイデンティティの再構築ということです」クーペルミンは説明する。強い教育的野心の一端として、図書館が設立された。「地上に存在するさまざまなユダヤ文化についてのすべての知識を集め、同時にユダヤ人の歴史資料も集めようとしました。蔵書のなかの最も価値のある写本は、九世紀のカイロのユダヤ人の著作です。ユダヤ人哲学者マイモーンの一二世紀の著作もあります。しかしこの図書館が知られているのは、現代の本、定期刊行物、パンフレット、新聞のコレクションのためです。一八世紀から二〇世紀までの、ドイツのユダヤ人問題にかんする本と著述はほぼ完全に網羅されています。反ユダヤ主義のものも入っていますし、一八九〇年代の悪名高いドレフュス事件にかんする著作も集めてあります。

「一九三〇年代、それはヨーロッパで、いやたぶん世界じゅうで、一番重要なユダヤ人図書館でした。ユダヤ人問題に少しでも関連のある出版物は購入され、蔵書に加えられました」

増大するコレクションを収納するために、一九三〇年代の終わりにかけてブリュイエール通りに図書館が建てられた。われわれが今いるその図書館は、八階建ての機能主義的な建物のなかにあり、パリの宮殿風な建物群の中庭に位置している。低い天井、階と階をつなぐ閉所恐怖症が起きそうな狭い階段は、本のための立体駐車場という趣がある。この建物は一九三七年にはできあがっており、間もなくそこに、約五万冊の本、広範な文書、定期刊行物のコレクションから成る同盟の資料が収められた。

だが同盟は新しい図書館を長く保持することができなかった。本棚はすぐに占領国ドイツによって全く異なる種類の本で埋められることになる。

西部局の事務所を通じて西ヨーロッパにおける特捜隊の行動を指揮するよう要請されたクルト・フォン・ベーア男爵は、一九四〇年六月にドイツ軍とともにパリに到着した。最初司令部は、オテル・コモドアに置かれたが、のちにイエナ通りの、ユダヤ人銀行家ギュンツブルク一家から接収した住宅に移された(1)。

フォン・ベーアは第一次世界大戦時に捕虜としてフランス語を習得した貴族だった。プロイセンの貴族を戯画化したような人物で、複数の目撃者によれば、しばしばコルセットをつけ、ピカピカの編み上げ靴を履き単眼鏡をかけていた[2]。

国際イスラエル同盟はすでにコレクションを救うための予備手段を講じていたが、他の多くの図書館、組織、蒐集家同様、それは本当の危険について判断を誤った。同盟は貴重なコレクションを爆撃から守るために地下に掩壕を築いていた。だが略奪者から守ることはできなかった。一九四〇年六月パリ陥落の直前、写本と文書資料を積んだトラックがボルドーを目指したが、目的地に着くことはできなかった。

「トラックがどうなったのか、本当のところは誰も知りません。しかしどうにか集めた情報によれば、ドイツ軍がトラックに追いついたようです」

一九四〇年夏に特捜隊がブリュイエール通り四五番地の同盟本部を確保したとき、その本棚にはフランスで最も重要なユダヤ人関連コレクションが大部分手つかずのまま残っていた。アムステルダムの社会史国際研究所の場合と同じく、特捜隊は同盟の建物も接収した。一九四〇年八月までにはブリュイエール通りの蔵書はすでにクレートに詰められてドイツに送られるばかりになっていた。蔵書の大部分はフランクフルトのユダヤ人問題研究所に送られた。特捜隊が本の保存庫として使い始めたので、空になった本棚はすぐに略奪されたさまざまなコレクションで一杯になった。

一九四〇年九月、七週間にわたる略奪ののち、ローゼンベルクは、パリでかなりの量の略奪品を手中におさめたと、満足をもって報告書に記すことができた。とりわけフランスのロスチャイルド家の人びとの幾つかの貴重な蔵書があった[3]。ロスチャイルド家の世に知られた銀行、ロチルド・フレール――一一〇〇年以上ものあいだ世界最大の銀行のひとつだった――ではさらに価値のあるものが没収された。その銀行の厖大な文書は一見したところ七六〇個以上のクレートを満たしていた。ナチの見解によれば、これはユダヤ人による国際資本主義のネットワークを解明する上で、測り知れない価値があった。ロスチャイルド家の蔵書の他に、著名なユダヤ人の知識人、レオン・ブルム、ジョルジュ・マンデル、ルイーズ・ヴァイス、イダ・ルービンシュタインなどの蔵書も奪われた。数個の蔵書には、マルセル・プルースト、サルヴァドール・ダリ、アンドレ・ジッド、アンドレ・マルロー、ポール・ヴァレリー、ワンダ・ランドフスカからの献辞があり、歴史的文化的に大きな価値をもつ初版本が含まれていた。[4]

一万冊の本が、パリのラビ神学校エコール・ラビニクから盗まれ、そのなかにはタルムードの非常に貴重なコレクションが含まれていた。ユダヤ人連合協会からは、四〇〇〇冊が略奪された。シナゴーグとユダヤ人の書籍販売業者も略奪の対象となり、たとえばリプシュッツ書店からは二万冊の在庫が奪われた。

ひと握りのコレクションのみが略奪を免れた。東ヨーロッパからのユダヤ人移民が設立したイディッシュの小さい図書館、メデム図書館はそのひとつだった。ゲシュタポは本が隠してある地下室を見つけることができなかった。だがその図書館には三〇〇〇冊ほどしかなかったので、大した影響はなかった。[5]

フランスでの略奪品は厖大な量に達した。推定によれば、特捜隊は七二三の大きい図書館から、延べ一七〇万冊以上の本を奪った。[6] さらにフランスでのM行動を開始し、逃亡或いは移送されたユダヤ人の家庭からの略奪に着手すると、それは劇的に増加した。パリだけでも、二万九〇〇〇戸のアパートメントの中のものがすべてもち出され、すべて列車に積まれて東に送られた。[7]

ヨーロッパにユダヤ民族が存在した痕跡を消し去ろうとする組織的なやり方には、異常な悪意がこもっていた。残されていた個人的なもの——手紙、写真アルバム、メモなど——はすべて没収され、散らされ、焼かれ、或いは

パリの国際イスラエル同盟の蔵書の一冊。本の背には今もアルフレート・ローゼンベルクのユダヤ人問題研究所のラベルがついている。この蔵書は略奪後、フランクフルトに送られ、同研究所の蔵書に組みこまれた。

製紙工場でパルプにされた。住居が空になると、新たな所有者が入居した。あたかもそこで暮らしていたユダヤ人たちは——彼らの生命も、記憶も、思いも——存在しなかったかのように。

M行動によって個人の蔵書と本がどのくらい押収されたかは明らかでないが、何百万冊であったに違いない。大規模な略奪に対応するために、三か所に処理場が作られ、奴隷労働者が配置されて、没収品を仕分けし、修繕し、列車に積みこんだ。そのひとつはパリ一三区の倉庫のなかにあって、ドイツ人からはラーガ・アウステルリッツと呼ばれていた。囚人たちは「ギャラリー・アウステルリッツ」と言い、それは贅沢なデパート、ギャラリー・ラファイエットを皮肉をこめてもじった呼び名だった。(8) 没収品を処理する作業は、一九四四年八月、西側連合国の軍隊がパリに迫ったその瞬間まで続けられた。

ナチ・ドイツに併合されていたアルザス・ロレーヌでは、性格を異にする文字通りの一掃がおこなわれた。この地方を「ドイツ化」し、フランス文化とフランス語を一掃するために、あらゆるフランス文学が押収された。(9)

特捜隊はフランスでの盗品の最大の分け前を受け取ったが、保安本部も手をこまねいていたわけではなかった。政治色のあるユダヤ人の組織から没収された蔵書や文書はのちに保安本部に渡され、そのなかには国際イスラエル同盟所有の文書の一部も含まれていた。ユダヤ人問題研究所が正式にオープンし、一九四一年三月二六日にカンファレンスが開催されたときには、パリの多くの図書館の蔵書はすでにフランクフルトに到着していた。

開所の挨拶のなかで、ローゼンベルクは、研究所が世界最高のユダヤ人関係資料を有していることを誇らかに語った。「ユダヤ人問題研究所の一部であるこの図書館が今日開館しますが、ここにはユダヤ人の歴史にかんして、またヨーロッパの政治的発展のために重要な大量の資料がすでに揃っています。これはユダヤ人問題に向けられた世界最大の図書館です。以後このコレクションは明確な目的に向かって拡大してゆくでしょう[10]」

国際イスラエル同盟の印が捺された本はどれも、カタログ化される時間があった比較的少数の本の中に入っていた。略奪された本の流入はスタッフが対応できる量をはるかに超えていた。一九四三年までには、五〇万冊がフランクフルトに到着していた[11]。

歴史家フィリップ・フリードマンは、高等教育、研究その他の知的活動に積極的にかかわっているユダヤ人の図書館や機関から略奪することがナチにとって重要だったと主張している。そうすることで略奪は二重の目的に叶った。ひとつはユダヤ人たちから文化的基盤と学習を奪うこと、もうひとつはナチのイデオロギー研究を充実させること。この見地から国際イスラエル同盟は絶好のターゲットだった。

＊　＊　＊　＊　＊

タクシーが急に止まり、運転手が脇道を指さす。わたしはためらう。有名な図書館があるような通りには見えない。排気ガスで汚れたバルコニーには亀裂が走り、今にも崩れ落ちそうだ。或る手紙から書きとったこのアドレスは、パリの反対側、カルチエ・ラタンのなかの南の地区である。通りに並ぶ建物は公営住宅を思わせるが、同時に建築はどことなく丸みを帯び、アールヌーヴォー風である。あとでわかったことだが、通りの住居は戦後家のないパリ市民のために建てられたものだった。

紙切れに書き留めた家の番地を探して進むと、或るアパートの特徴のない入り口に辿り着く。歩いて来た人がふたりそこにいる。表札の長い列を見てゆくと、ミッスーとショヴェルという家族に挟まれて、「ロシア・ツルゲーネフ図書館」と書かれたいびつな小さいラベルが見つかる。この名前は特捜隊のパリからの報告書のなかに見たことがあった。だが歴史家パトリシア・ケネディ・グリムステッドの長いエッセイで、この図書館の悲劇的で数奇な運命を知るまでは、果たしてその図書館が今も存続しているのか確信がもてなかった。

二階のアパートメントで、わたしはエレーヌ・カプランに会う。濡れ羽色の髪に鮮やかな赤い唇の年配の女性で杖をついている。司書で、図書館を運営する団体の長でもある。

薄暗がりに目が慣れるまで少しかかる。僅かな薄い光線が覆われた窓から差しこんでいる。部屋は床から天井まで、ぎっしりと本で埋まっている。本棚のあいだにロシアの作家たちの黄色く変色した胸像、古い旅行鞄、ごみ袋、古ぼけた読書用ランプがある。隅にはロシアの縫いぐるみの人形と正教会の木彫りの模型。棚に入りきらない何百冊もの本が積み上げられ、その重みで床やテーブルがたわんでいる。

「床は特製です。本はひどく重いですから」カプランは杖の先を絨毯のなかに入れて床を叩いて見せる。

ロシア・ツルゲーネフ図書館は戦時中に略奪の犠牲となった図書館のなかで、特別の部類の図書館――エミグレ（移住者、亡命者）図書館――である。何百年のあいだ、パリは政治亡命者、知識人亡命者を引き寄せる都会だった。芸術家、著作家をはじめ自由な思想と表現を発揮できる場所を求める人びとがパリに来た。アナーキスト、共産主義者、反体制の人びと、国を追われた貴族、君主、独裁者がそれぞれの時代にパリを住処とした。

一九世紀、パリには東方から政治的移民が押し寄せた。最も早い時期の移民は、一八三〇年ワルシャワの一一月蜂起（一七九五年以後存在しなくなった自由なポーランド国家を再建することが目的だった）のあと、故国からの逃亡を余儀なくされたポーランド人だった。パリに落ち着いたひとりはポーランドの貴族で政治家、アダム・チャルトリスキだった。ナポレオン時代彼は帝政ロシアの外務大臣を務めたが、一八三〇年には反乱に加わり、ポーランドの初代大統領に選ばれた。翌一八三一年に蜂起が鎮圧されると、将校、政治家、知識人など六〇〇〇人以上がポーランドを去る羽目になった。これは「大亡命」として知られている。セーヌ川の中州にあるオテル・ランベールのチャルトリスキの住まいは、ポーランドのエミグレ集団と再度独立国家ポーランドの樹立を願う抵抗勢力の中心となった。一八三八年、ポーランド図書館が設立され、すぐに多彩なフランス―ポーランド文化の中心地点となり、フレデリック・ショパン、ジョルジュ・サンド、ジグムント・クラシンスキ、ポーランドのロマン派詩人アダム・ミツキェヴィチなどがそこに集った。ポーランド図書館はポーランドの国外最大の自律的ポーランド文化機関となり、ポーランド独立運動の象徴となった。

帝政ロシアからの亡命者はポーランド人だけではなかった。ロシアからの政治的、知的亡命者の大群も一九世紀にパリに住むようになった。デカブリストの乱のあと、早くも一八二五年に、ロシアの作家の大集団がツァーによって国外に追放された。一八二〇年代の終わりに政治的動乱が激化すると、さらに多くの人びとが移住した。ツァーの体制下でおこなわれた厳しい検閲は、自由な文学の場と出版環境をパリで創り出す動きを生んだ。(12) 間もなくロシア・ツルゲーネフ図書館はその運動の中心となった。この図書館は一八七五年にロシアの革命家ゲルマン・ロパーチンによって、同国人の作家で当時パリに住んでいたイヴァン・ツルゲーネフの援助のもとに設立された。「ゲルマンはただの図書館ではなく、革命をめざす若者たちが集まる場所にしたいと考えていました。それはロシアの図書館でしたが、ロシア国家から完全に独立していました。この図書館は現在に至るまでその姿勢を保っています」。そう話しながらカプランは狭い閲覧室にわたしを案内する。長い壁面のひとつはツルゲーネフの胸像を除いてはがらんと空いている。

ロパーチンはカール・マルクスとフリードリヒ・エンゲルスの影響を受けることになる最初のロシア人革命家のひとりだった。以前彼はツァーの政府によって投獄され、シベリアのスタヴロポリに送られた。そこから何とか脱出し、フランスに来て第一インターナショナル（国際労働者協会）に加わった。

図書館の基本的蔵書はツルゲーネフから提供された。彼は自分の所有する本からも寄贈した。また資金や本の寄付を集めるため、パリでの文学的イベントを企画した。一八八三年のツルゲーネフの死後、図書館には現在の名前がつけられ、朗読、コンサート、展覧会、さらに革命的クリスマス・パーティが開かれる場ともなった。

「ツルゲーネフ図書館はヨーロッパで最大のロシアの図書館のひとつに数えられるようになりました。他の都会にもロシアの図書館はありましたが、残っていません。これは今でも存在している一番古くて一番大きい図書館です。ロシアからの経済的援助は全くなく、さまざまなロシア人亡命者グループからの支援だけで発展したという点が非常にユニークです。ときには本が寄付されたり、ボランティアとして図書館で働く人がいたり」

図書館とそれを取り巻く革命の土壌が、数世代にわたってロシア革命の揺籃となる。第一次世界大戦の前に図書館で働いていたひとりの革命家は、ウラジーミル・イリイチ・ウリヤノフ、のちにレーニンとして知られるロシア人だった。一九〇五年のロシア革命が失敗に終わったとき、ボルシェビキは活動の拠点をパリに移す決定をしていた。レーニンはパリを嫌い、「汚い穴」だと言ったが、一九〇八年不承不承パリに到着した。(13)

ツルゲーネフ図書館はパリに拠点を置く亡命ボルシェビキにとっての大事な出会いの場となった。一九一〇年にレーニンが、ロシア社会民主党の蔵書と文書をツルゲーネフ図書館へ移管するよう個人的に取りはからったほど、この図書館は重要な存在だった。

「図書館ではどれかひとつの政治グループが突出するということはありませんでした。ボルシェビキ、メンシェビキ（社会民主労働党右派）、社会革命家、アナーキストなどさまざまな立場の人たちがそこにいました。政治的に対立する者同士が、この図書館で出会って議論することができました。図書館はイデオロギーの違いを超越し、その中心にあるのはロシア文化でした」カプランは言う。

ロシア革命はツルゲーネフ図書館にマイナスの影響を与えた。革命家たちは反乱に馳せ参じ、パリには革命家たちがいなくなった。だがまもなくそれにかわって、革命後のロシアから、新たな、それまでよりもかなり大きな、何万人もの亡命ロシア人の集団がパリにやってきた。そのなかで最も顕著な存在は、多様かつ多彩な背景をもつ白系ロシア人（革命を支持せず亡命した人びと。共産主義の赤と対立して白系と言われる）で、貴族、ブルジョワジー、民族主義者、反動思想家、知識人、軍人、神父などがいた。彼らの共通項は共産主義への反対という点のみだった。しかしなかには社会主義者もいた。その多くは以前と同じ亡命ロシア人で、革命に加わったものの、ボルシェビキが権力を掌握すると追放された社会主義者、共産主義者、社会民主主義者などだった。

カプランの父親ヴェネディクト・ミャコーチンはそのひとりだった。「わたしの父はロシア人の歴史家で社会主義者でした。ボルシェビキが乗っ取る前に革命に着手したひとりでした。彼はボルシェビキに加わることを拒否しました。でも幸運なことに、内戦の終結後、レーニンは革命で重要な役割を果たした知識人の小グループに、ロシアから去ることを認めました。二〇〇人足らずでしたし、そういうことがあったのはただ一度だけです」カプランはミャコーチンと妻の避難先のプラハで生まれた。「明らかに父の名はソ連の歴史から完全に抹殺されました」

戦間期にはロシアの亡命知識人の新たなサークルがツルゲーネフ図書館に集まった。その多くはソ連で敵視された作家、ジャーナリスト、芸術家だった。それがこの図書館の全盛期で、パリは亡命したロシア人共同体の中心地となった。ツルゲーネフ図書館のサークルにはミハイル・オソルギン、マルク・アルダーノフ、イヴァン・ブーニン（彼は図書館を運営する財団の議長だった）らがいた。ブーニンは一九三三年、ロシアの作家として最初のノーベル文学賞受賞者となった。

このようなエミグレの到来にともなって、蔵書は急速に増加した。二〇世紀初め、図書館の蔵書は約三五〇〇冊だったが、一九二五年には五万冊に、その一〇年後には嵩が二倍に増えていた。やがてツルゲーネフ図書館は卓越したロシアの図書館のひとつに数えられるようになった。図書館の名声が高まるにつれて支援も増えた。一九三〇年代、パリ市は図書館がヴァル・ド・グラース通りの質素な建物から、ビュシェリー通りの広壮なオテル・コルベールに移転する案を提示した。(14)

「ロシアで発禁になった本が全部ここにはありました。この図書館は、エミグレ文学の名だたる図書館として知られるようになりました」カプランは言う。

ロシアのエミグレ文学の他にも、この図書館にはヴォルテール、ロシュフーコー、ロシアの作家ニコライ・カラムジンの初版本、ステーブニクのような歴史的価値のある本があった。ステーブニクは一五五〇年に遡る皇帝イヴァン四世の法律書で、歴史家・政治家ヴァシリー・タチシェチェフによる注釈が付されていた。蔵書には亡命したロシアの作家の個人的文書や記録も含まれており、なかでもブーニンやレーニンの注釈や署名のついた本は貴重だった。戦間期にもうひとつのエミグレ図書館、シモン・ペトリューラ図書館がパリに生まれた。シモン・ペトリューラはウクライナのジャーナリスト、著作家、政治家で、一九一七年には短命に終わったウクライナ人民共和国の樹立に加わっていた。それはウクライナをロシアとロシア革命の影から解放しようという企てだった。しかしペトリューラの共和国は、ホロコースト以前では最も血腥いユダヤ人の迫害という悪名高い遺産を残した。ウクライナ人民共和国が存在した短い期間に、一三〇〇回以上虐殺が起こり、何万人ものユダヤ人が殺害されていた[15]。赤軍がウクライナを占領したとき、ペトリューラは逃亡を余儀なくされ、一九二四年にパリのカルチエ・ラタンに落ち着き、そこからウクライナ人民共和国の亡命政府を指導した。ロシア・ツルゲーネフ図書館とポーランド図書館をモデルにして、ペトリューラはウクライナ公共図書館を作る計画をたてた。だがその企画が本格的に始動する前に、彼はやはりエミグレのロシア系ユダヤ人の詩人ショロム・シュヴァルツバードによって殺害された[16]。

その後ペトリューラを記念して、ウクライナ・シモン・ペトリューラ図書館が一九二九年に開設された。ラ・トゥール・ドーヴェルニエ通りのアパートメントの一室にあるその図書館には、ペトリューラ個人の蔵書に加えて、ウクライナ政府とその指導者の重要な記録文書が収められた。一九三九年の大戦勃発時には、蔵書は約一万五〇〇〇冊であった。ちなみにその時点でツルゲーネフ図書館の蔵書は一〇万冊、ポーランド図書館は一三万六〇〇〇冊だった。

エミグレ図書館はこのようなマイノリティの共同体のために極めて重要な役割を果たした。それらは自分の文化と言語から切り離された人びとにとって文化的故郷となった。図書館は失われた文化を維持したばかりでなく、さらに広い意味で、文化的、民族的アイデンティティが生き続け進化し続けることのできる出会いの場所だった。その意味で図書館の重要性は測り知れなかった。同時に図書館は一種のレジスタンス運動の場として機能した。ポーランド人にとっては、ドイツ化、ロシア化という強い圧力――特にポーランド語が話されている地域の文化と言語への弾圧、迫害、蔑視――からポーランド文化を救い出す手段だった。

それらの図書館はまた、書かれた歴史に替わるもうひとつの歴史の象徴だった。それらはもうひとつのロシア、もうひとつのポーランドを指し示し、図書館がなかったら失われたかもしれない物語を保存した。亡命者の図書館において、ロシアの、ポーランドの、ウクライナの文学は進化を続け、読まれ論じられ批評された。国ばかりか読者たちも失った詩人、作家、ジャーナリストにとって、それは特に重要だった。だがパリで栄えるエミグレの共同体の前には破局が待ち受けており、破局をもたらす敵は、単にロシア、ポーランド、ウクライナの文化を検閲し、抑圧することを意図しただけでなく、それらを粉みじんに破壊し完全に消滅させることを目論んでいた。

＊　＊　＊　＊　＊

一九四〇年初秋の或る日、ロシアから亡命した作家ニーナ・ベルベーロワはパリ近郊の田舎にある小さな家からパリの中心地へ自転車で向かった。彼女は一九二二年に詩人で批評家のヴラジスラフ・ホダセヴィッチとともにフランスに移住していた。パリで彼らは貧しいが著名な若い亡命者たち、ウラジミール・ナボコフやマリーナ・ツヴェターコワと交わった。ベルベーロワ自身亡命生活のなかで作家としてデビューし、のちに戦間期のパリにおけるロシア人亡命者のパリでの生活を描いた短篇で世に知られるようになった。

彼女はよくミルクやジャガ芋や本を買いに自転車で出かけた。ひと月ばかり前に彼女はツルゲーネフ図書館からショーペンハウアーのロシア語訳の本を借り出していた。その日はその本を返すつもりだった。「オテル・コルベールはノートルダム近くの狭い通りにあった。わたしがそこに入ったとき時計の針はまだ一〇時前だった。中庭全部が、粗い木の棺のように細長いクレートで埋め尽くされていた。四〇個もあろうかと思われるクレートが地面に立ったり横たわったりしていた。中は空だった。わたしは顔見知りの管理人のいる窓を叩いて、四時までその本をもっていてもいいかと訊いた。彼女はわたしに怒りの目を向けた。『あいつらが来ている』すぐさまわたしは階段を登った。ドアは開け放たれていた。踊り場に二個、入り口に二個クレートがあった。すばやく効率的にリズミカルな動きで、本が詰めこまれていた。ショックだった。だがわたしは下手なドイツ語でどうしたのですか、と尋ねた。一日瞭然だったのだが。送るための荷造りです、というのが丁重な答えだった。どこへ？　なぜ？　誰も答えなかった[17]」

ベルベーロワはすぐさま自転車でヴァシリー・マクラコフの家に行った。彼は老齢のロシアの政治家、民主主義者、外交官だった。ボルシェビキが権力を掌握した一九一七年当時、彼はロシア大使としてパリにいた。彼は七年間大使として留まったが、ついにフランスはソ連を承認せざるを得ず、彼を大使館から去らせるほかなかった。

仲間うちで相談をし、ツルゲーネフ図書館委員会の長であった歴史家ディミトリー・オディネツの助言を得て、彼らは蔵書を救うためには、自分たちの最悪の敵にも等しいスターリンに訴えるほかないことに合意した。オディネツはソ連大使館へと急ぎ、略奪を止めてもらおうとした。大使館で彼は最初或る部屋へ、次に別の部屋へと案内された。首席書記官に、いや総領事に、いやできることなら大使にじきじきにお目にかかれないだろうか、と彼は頼んだ。次々に違う相手に話しかけたが、だれも自分の名を名乗らなかった。何度も何度も彼はここに来た目的を説明した。ロシアの図書館を救いたいのだと。

「ツルゲーネフが、パリに住んでいたときに作った図書館です。あの『父と子』の作者です」と彼は説明したが、彼らの目は無表情だった。「本が運ばれてしまわないうちにすぐに行動する必要があります」。大使館の職員は肩をすくめただけだった。「それがわれわれと何の関係があるのか？ 移住者の書いた芝居じゃないか！」

「不意に或る考えが閃いた」とオディネツはわたしに語った。「レーニンが昔この図書館で働いていたことがあります、とぼくは言った。頁の余白にレーニンが書きこみをした本も、レーニンが寄贈した本もある。彼が使った椅子だってまだあるんです！」あのときほどぼくが想像力を駆使した場面はなかったね、と彼は言った。「突然ぼくのまわりの人間たちにスイッチが入った。彼らは急に動き始めて、他の連中を呼び入れた。ぼくはもう一度レーニンの話をしなきゃならなかった」

続く部分を彼は端折って話した。「連中は幾つものドアを開けたり閉めたりして、ぼくを別のところに連れて行った。望むように取りはからってあげよう、と誰かがぼくに言ったが、信用できなかったね。電話を一本かけてくれればいいのに！ その晩ぼくはブローニュの友人のところにもう一晩泊まった。翌日オテル・コルベールに着いたときにはすべてが終わっていた。クレートはなく、閉めたドアには封印がしてあった。ロシアの最大の亡命者図書館は姿を消していた[18]」

ツルゲーネフ図書館に返還された数冊の本のなかの一冊。司書のエレーヌ・カプランが見せてくれた。かつてレーニンが働いていた、このユニークなエミグレ図書館の蔵書は、第二次世界大戦中に略奪され四散した。

ベルベーロワの手元にはショーペンハウアーの本が残った。もうひとりの亡命者、歴史家のニコライ・クノリングも略奪を目撃した。クレートに記された番号から判断して、クレート九〇〇個分の本と文書資料が持ち去られたと彼は見積もった。だが他の情報はそれより少ない数を示している[19]。クノリングによれば、特捜隊は絵画や胸像や肖像画ももち去った。略奪をすり抜けて二、三のものが残ったが、とりわけ司書のマリヤ・コトリャレフスカヤは、アナーキストのピョートル・クロポトキンと哲学者パヴェル・バクーニンが交わした書簡を何とか救出した。

カプランはテーブルに図書館の戦前のカタログのひとつを開く。それらのカタログもナチの手を免れた、というより、二、三年前にオテル・コルベールの地下のワイン貯蔵室の古いボール箱の中にあったのが発見されたのだった。カタログは戦前の蔵書が文学書のみならず、地理学から経済、法律に至るまであらゆる分野の本を豊富に集めていたことを示している。

ベルベーロワが描いたものと似た光景が、ポーランド図書館でも見られた。ポーランド図書館はオテル・コルベールに近く、セーヌ川中州のサン・ルイ島の、一七世紀に建てられた家のなかにあった。最近百周年を迎えたばかりの同図書館には一三万六〇〇〇冊の本と、一万二〇〇〇点のスケッチ、一〇〇〇点の写本、二八〇〇点の古地図、一七〇〇個のポーランドのコインとメダル、多数の貴重な写真があった[20]。それはかつての自由の国ポーランドの文化を反映した無類のコレクションで、亡命者たちがまる一世紀をかけて骨を折って集めたものだった。

ポーランド図書館のコレクションのなかにはグーテンベルクが印刷したペルプリン聖書もあった。一九三九年のナチによるポーランド侵攻のあと救い出されたものだった。グーテンベルク聖書は文字の世界で、レオナルド・ダヴィンチの作品にも匹敵する価値をもつ。一五世紀半ばにグーテンベルクによって印刷された二巻から成るこの聖書は、ヨーロッパで印刷された最初の重要な本だと考えられている。現在知られている限り完全本は二〇部しかない。一九七〇年代以降、グーテンベルク聖書が売りに出たことはないが、現在の市場価格は三五〇〇万ドルを上回ると推定される。いわゆるペルプリン聖書には独特の特徴があって、それはグーテンベルクが活字の一部を倒したために生じたと考えられている。ペルプリン聖書には金が嵌めこまれていて、赤いなめし革の表紙がついている。それは一五世紀当時の綴じのまま残っている僅か九部のなかの一部である。[21] 一九三九年戦争勃発時、その聖書はペルプリンの図書館にあった。ペルプリンは西ポーランドの小さな町で、やがて暴力的にドイツ化され、第三帝国に組み入れられることになる。ナチはグーテンベルク聖書がどうあってもドイツに返還されるべき国宝だと考えていた。そのためにペルプリン聖書——ポーランドにある唯一のグーテンベルク聖書——を渇望していた。そのことを察知したペルプリン神学校のアントーニ・リートケ神父は、鞍を作る地元の職人に隠れた仕切りのある革のケースを造らせ、そのなかに合わせると重さが九〇ポンドある二巻の聖書を隠した。一九三九年一〇月ポーランドの降伏が間近となったとき、聖書は穀物を積んでフランスに（そしてポーランド図書館に）向かう貨物船へと密かに持ち出された。委託貨物のなかにはワルシャワの国立図書館から救出された何冊かの価値のある本も入っていた。[22]

ポーランドから通知を受けると、ポーランド図書館の職員はフランスが降伏した場合を考えた。一九四〇年五月にフランス北部のアミアンがドイツ軍に占領されたとき、ペルプリン聖書は再び他の場所に移された。六月初め、ペルプリン聖書を始めポーランド図書館の文学遺産から選ばれた資料を載せたトラックが南に向かった。本はポーランドの小さな汽船で、ドイツ軍の攻撃の僅か二、三時間前に港を離れた。船は多数のドイツ軍潜水艦のあいだをかいくぐって英仏海峡を渡り、遂に聖書は安全な場所に委ねられた。[23]

しかしポーランド図書館の資料全部は救うには多すぎた。最も重要なものは他所に移された。スケッチ、地図、アダム・ミツキェヴィチの手書き原稿などが幾つかのフランスの図書館に隠された。そうした努力にもかかわらず、サン・ルイ島の図書館が、パリ陥落の二日後にドイツ秘密警察に捜査されたとき、そこにはナチのために最大の取り分が残っていた[24]。

二か月後の八月二五日に、特捜隊のパリ支部の者たちが到着した。ポーランド図書館長でその場を目撃した歴史家のフランチシェク・プウァスキによれば、ローゼンベルクの事務所の三人の監督のもと、約四〇人のフランス人労働者が、ベルベーロワがツルゲーネフ図書館で目撃したのと同じようにクレートに本を詰めこんだ。ぞれぞれのクレートの中身は注意深く記録された。一杯になった合計七八〇個のクレートのうち、七六六個には本、新聞、その他の印刷物が入っていた[25]。

一九四〇年一〇月ポーランド図書館の蔵書は、パリ北部のラ・シャペルに運ばれ、ドイツ行きの列車に積まれた。この時も特捜隊は、ベルリン＝ダーレム出版局として知られるもうひとつの組織——東方研究と呼ばれる領域を担当するプロイセン国立公文書館の一部門——と略奪品を分かち合わねばならなかった[26]。その組織は一九三三年以前から存在していたが、今ではドイツの東方への領土拡大の促進を目的としていた。ポーランド図書館のほとんどの資料はこの組織にもってゆかれた。

ウクライナ・シモン・ペトリューラ図書館も略奪者たちに襲われた。一九四一年一月、ラ・トゥール・ドーヴェルニエ通りのその図書館から、三日のうちにすべての本と文書資料がもち出され、荷造りされてブリュイエール通りの仕分け場所に送られた。かつて国際イスラエル同盟があった場所である。

最初はペトリューラ図書館の蔵書をベルリンの保安本部に送ることが計画されていた。だが査定の結果、諜報活動と関連のない資料であると判断され、蔵書は特捜隊に渡された。ローゼンベルクは、彼の指揮のもとベルリンにできた新しい図書館、東方文庫のなかに、この蔵書のための場所を見つけることになる。それはボルシェビズム、ロシア、東ヨーロッパ全般と関連のあるものならどのような資料も集める研究図書館だった。ツルゲーネフ図書館の蔵書も最終的にはここに入れられた。「西」から来たこれらのエミグレ図書館の資料は、ソ連侵攻のあと加速度的に増大を始めたナチのコレクションの基礎となった。[27]

歴史家パトリシア・ケネディ・グリムステッドは、パリのエミグレ図書館へのナチの攻撃はソ連侵攻の準備の一側面だったと主張している。準備は一九四〇年、秘密裡に進められていた。図書館資料は来るべき戦争のために価値ある情報源だと考えられていた。[28]

＊　＊　＊　＊　＊

カプランは立ち上がり、杖を手に曇りガラスの扉のついたグレイの金属の戸棚へと歩いて行き、それを開く。そして中に手を伸ばし、そこに並ぶ本の背を指先で撫でる。すぐに気づくのは、本のひどい傷みようである。何冊かの背表紙は切れている。綴じは緩み、綴じ糸がはみ出している。何冊かは、棚の上に置かれてようやく姿を保っていられるように見える。古い本でも価値のある本でもないが、彼らもまた辛い経験を経たエミグレなのだ。戦前ロシアからの亡命者とともにやって来て、また東へと戻った本もある。六〇年以上を経て、それらは再びパリの家に戻っている。

　カプランはといえば、彼女は第二次世界大戦後ロシア人亡命者の第三波として、鉄のカーテンの奥に隔離されようとしていた東ヨーロッパを家族とともに離れてパリに来た。ペレストロイカ後の一九八〇年代末になるまで、故国を再訪することはできなかった。そのときには、彼女はすでにツルゲーネフ図書館とかかわっており、今から一五年前に退職してからは図書館の保護者となった。

「戦争のあとには何も残っていませんでした。何もかも略奪され、従ってオテル・コルベールを維持することも認められませんでした。保管するべき本がなかったんですから。でもそれからわたしたちはまた徐々に蔵書を集め始めました。そして一九五〇年代末にはこの部屋で図書館を再開できたのです。この場所はパリ市から与えられました」カプランは言う。

　ツルゲーネフ図書館は、戦前の蔵書に匹敵するような蔵書を再構築することはできなかった。だがそれは復旧するとすぐに、本国ロシアとの関係において、自由で対立的立場に立つ文学の場としての役割を引き受けた。冷戦期間中、ソ連のブラックリストに載せられた作家たちの作品の蒐集が再び始まった。現在図書館はロシアとの繋がりはなく、パリ市からの僅かな年間助成金で存続している。

「その助成金で賃借料を支払い幾らかの本を買っています。でもここはずっと貧乏な図書館でした。いつも無報酬で働いてくれる人たちがいました。それが文化の一部なのです。この先もそんなふうにして続いてゆくでしょうね。ほとんどのことを乗り越えてきたんですから」エレーヌ・カプランはロシア語訛りのフランス語でそう言うと、わたしに微笑む。

彼女はグレイの金属の戸棚へと戻る。棚に並ぶ傷んだ本はさほど貴重なものには見えないが、カプランには特別な価値がある。正確には一一二冊のこれらの本だけが、かつてのロシア・ツルゲーネフ図書館の一〇万冊の消失した蔵書から返還された。かつては黒かった表紙が褪せてグレイになった本を一冊、彼女は引き寄せて遊び紙を開く。タイトルのキリル文字はわたしにはわからないが、図書館のスタンプはフランス語で、昔の住所のヴァル・ド・グラースが読み取れる。

「ドイツ軍がこの図書館を奪ったのは、友情の印としてスターリンに贈るためだったという噂がありました。勿論ドイツとソ連が同盟国であった時期の話です。でもそんなふうにはならなかった。ローゼンベルクはこの図書館に非常な関心を寄せていました。何と言っても彼はロシア語ができたし、モスクワで勉強したこともあった。だから特捜隊が取ったのです」

第9章 蔵書の消失

ローマ

書誌情報センター（Centro Bibliografico）のなかはひんやりしている。司書のジゼル・レヴィはもじゃもじゃのカーリーヘアの陽気な女性である。彼女のあとから階段を降り、白塗りのコンクリートの壁に囲まれた部屋に入る。入る前から、古い図書館の紛うことのないにおい――乾燥した革、ベラム、インクのにおい――があたりに立ちこめている。棚に並ぶ暗褐色の革で装丁された重々しい本は、なぜか幹のねじれた古木を連想させる。その間にシラカバの古木のような黄ばんだ羊皮紙がひとかたまり見える。一〇〇年をかけて崩れ続けたように見える本もある。綴じが徐々に緩み、背表紙がはがれ、綴じ糸が乾いた靭帯のようにはみ出し、本は何層かに分解している。それぞれの本が独自の傷み方を見せている。同じ時に印刷された本は離散した。無残に衰えたものもあり、優雅に年を重ねたものもある。

書誌情報センターはイタリア・ユダヤ共同体連合に所属するカルチャー・センターで、ローマのテヴェレ川の西岸、ポンテシストに近い一八世紀の建物のなかにある。なかに入るにはセキュリティゲートのように作動するドアを通らねばならない。これは珍しいことではない。今度の旅行でわたしが訪れたユダヤ人のセンター、シナゴーグ、図書館、博物館はすべて類似の警備システム――監視カメラ、スルース・ゲイト、係員の疑うようなまなざし、尋問――を備えている。セキュリティ・ルーティンは時に空港でのチェックを思わせる。金属探知機、X線のスキャニング・マシン、バッグの検査、時に身体検査。ヨーロッパのユダヤ人組織は皆になっている。そう思うと、歴史の不快な連続感とでもいうべきものに襲われる。テヴェレ川の反対の、ここから遠からぬ地点に一六世紀に作られたローマのユダヤ人ゲットー跡がある。七エーカーたらずの土地が高い壁で囲まれ、そのなかにローマのユダヤ人たちが暮らしていた。住民は昼間はゲットーの外に出ることを許されたが、暗くなる前には戻らねばならず、夕刻にゲットーの扉は施錠された。それが一九世紀末の解放まで毎晩三〇〇年以上続いた。書誌情報センターの地下でレヴィは棚の本を探す。

「あったわ」

彼女が抜き出したのは立派な大判の本ではなく、手のひらほどのベラムの表紙の小さな本である。彼女がそっと頁をめくると微かにかさかさと音がする。本の中心の部分がまるでパクリと噛み取られたかのように、無くなっている。「多分ネズミの仕業でしょう。ネズミは昔から本が好きでした。古い図書館に足を踏み入れるたびに、ネズミがこそこそと逃げ出す。それを見て私も逃げ出す」レヴィは笑う。

「これはタナハと呼ばれるユダヤ教の聖書、一六八〇年にアムステルダムで印刷されています。この本のことはよくわかっていませんが、フィレンツェに住んでいた或る家族のものだったことは確かです」レヴィは表紙の裏を見せる。「フィンツィ」、「フィレンツェ」とインクで書かれた文字がある。

ネズミに齧《かじ》られたこの小さな本は謎を秘めている。フランクフルトの近郊のフンゲンという小さな町に姿を現してから約一〇年後に、この本はローマに戻って来た。戦後この本はフンゲンでただひとり生き残ったユダヤ人エレミアス・オッペンハイムの手に渡った。二〇〇五年、略奪された資産にかんする協議会がハノーファーで開催されたとき、それはイタリアの代表に渡された。オッペンハイムに渡った経緯は明らかでない。

「ここにスタンプがあります」レヴィは背表紙の「イタリア・ラビ神学校図書館」と捺されたイタリア語の文字を示す。凝ったデザインの小さいスタンプは今では褪せて黄ばんでいる。

ユダヤ教徒たちは、文字で記録された文化遺産を書誌情報センターに保存している。そのなかで最も貴重なものは、イタリア・ラビ神学校図書館所属の資料だった。[1] この神学校は一八二九年に創立され、イタリアで最古のラビ神学校のひとつである。今も続いているが、生徒の数は少ない。

「一〇人足らずです。生徒たちは昼間普通の学校に通い、そのあとか、ときには週末にここに来ます」

ラビ神学校の図書館は、一六世紀以降のユダヤ人の著作を多く集めている。イタリアの名だたるユダヤ人印刷業者――ソンチーノ、ディ・ガーラ、ブラガディン、ボンベルグ、ヴェンドラミンなど――の印刷による多くの本がそこに含まれていた。だが同時にユダヤ文化の他の中心地――アムステルダム、フランクフルト、テサロニキ、ヴィリニュスなど――で印刷されたユダヤ人の本もあった。イタリア・ラビ神学校のラビたちはヨーロッパじゅうを旅して、神学校の図書館のための本を購入した。レヴィは立派な一〇巻本のタルムードを収めた棚を見せてくれる。年を経て薄茶の革には大理石模様のような薄青色の染みができている。「バーゼルで一五八〇年に印刷された

ネズミに齧られた、小判のタナハ（ユダヤ教の聖書）。21世紀初頭にローマに返還された。ユダヤ共同体図書館の極めて貴重な蔵書の行方は、再三の調査にもかかわらず、杳として知れない。

非常に珍しい本です」

書誌情報センターの蔵書は八五〇〇冊。そのなかの幾らかは、イタリア周辺のユダヤ教徒の小集団に所属していたものである。それらの集団はイタリアが一九世紀に統一され、ユダヤ人がヴェネツィア、フィレンツェ、ローマなどの都市に移住する自由を認められた時期に消滅した。レヴィはそのような本――ピサ、シエナ、ピティリアーノなどから来た本が並ぶ数個の棚を見せる。ピティリアーノはトスカナの小さい町で、かつてはユダヤ人の共同体が栄え「小エルサレム」として知られていた。

書誌情報センターの蔵書はイタリア系ユダヤ人について語っている。その物語は本の頁に書かれているだけでなく、痕跡を本の外観にも残している。

レヴィは棚から革綴じの嵩張った一冊の本を取り出して、巻頭の遊び紙を開く。そこはインクで書かれたことば、文章、しるし、線などで埋め尽くされている。ことばやしるしが幾重にも重ねられている。メモの集積に過ぎないが、にもかかわらず美しい。

「昔は紙があまりなかった。そこで人びとはメモをするのに本を使ったのです。ここにある幾つかの名前はこの本を所有した人びとの名前です。本は日記としても使われました。『息子が先週結婚した』とここにあります。それから――レヴィは別の箇所を指さす――『今日孫が割礼を受けた』(2)」

その本は一七四五年以来、数世代にわたってピサのセファルディック系ユダヤ人一家の記録を留めている。

「これが印刷されたのはアムステルダムです。イタリアにいるセファルディック系ユダヤ人はよくそこから本を買っていました」

二〇世紀初めに、イタリア・ラビ神学校図書館は、テヴェレ川の反対側のルンゴテヴェレにある大きいシナゴーグの上の階にあった。バビロニア・シリア風建築の建物で、ローマの風景のなかで際立っていた。一九世紀末にゲットーを記念して、ローマのユダヤ人が新たに獲得した自由の象徴として建てたものだった。だがシナゴーグにはもうひとつ図書館があり、そちらはラビ神学校図書館よりも古く、価値があった。ユダヤ共同体図書館（Biblioteca della Comunità Israelitica）として知られたその図書館は、ローマのユダヤ教徒たちに帰属するものだったが、戦争中にほぼあとかたもなく失われた。蔵書にはヨーロッパ最古のユダヤ教徒たちの文学、宗教、文化の遺産が収められていた。とりわけ中世ローマのユダヤ人の知的宗教的生活にかんする写本があった。さらにスペイン出身のセファルディック系ユダヤ人がもってきた稀覯本を含む初期刊本の一大コレクションも。(3)

その蔵書はローマのユダヤ人の文化的特質を表わしていた。世界の大部分のユダヤ人と異なり、ローマのユダヤ人にはセファルディック系ユダヤ人、或いは中央・東ヨーロッパのアシュケナージ系ユダヤ人のような起源がなかった。ユダヤ人は紀元前一六一年に初めてヨーロッパに来たとされている。彼らはマカバイ戦争の指導者ユダ・マカバイによってローマに送りこまれた。彼はセレウコス帝国と戦うためにローマに支援を求めていた。幾つかのシナゴーグを備えたユダヤ人共同体がキリストが誕生するかなり前にローマに存在していた。

のちにローマ帝国の野心が東地中海へと達したとき、ユダヤはローマに征服され帝国のなかに取りこまれた。その後何世紀にもわたって、ユダヤ人は何度か反乱を起こし、そのつど壊滅的な結果に終わった。ローマは容赦なく病的な残虐さをもって反逆に対応した。

戦争で殺されなかった者の多くは奴隷にされた。他の者たちは戦争で荒廃したユダヤを出て帝国の他の地域で暮らすか、東方のペルシアに移住することを選んだ。ユダヤに留まることにしたユダヤ人はまもなくマイノリティとなった。ユダヤ人が出入りすることを禁じられたエルサレムは、異教のローマの都アエリア・カピトリナとして再建された。ユダヤの歴史において、ユダヤ人の追放はその後二〇〇〇年続くディアスポラ（国家を失ったユダヤ人、またもとの国家を離れて暮らす状態）の始まりとみなされている。しかし学術的見地からは、ディアスポラはそれよりも複雑で長期にわたる過程と捉えられている。ヨーロッパ、アジア、アフリカの中間という戦略的に重要な位置にあるために、ユダヤの地は何千年ものあいだエジプト、アッシリア、バビロン、ペルシア、ギリシア、ローマ、アラブ、トルコからの軍隊に侵略され続けた。戦争に荒らされたこの地域の住民の移住や離散は、延々と続いてきた歴史なのである(4)。

初期のローマのユダヤ人共同体は発展した。イタリアじゅうにユダヤ教徒の他の集団も現れたが、構成員はしばしば解放された奴隷たちだった。中世盛期にイタリアのユダヤ人は、とりわけスペインのセファルディック系ユダヤ人との接触から多くを得て、文芸を豊かに開花させた。またユダヤ系アラブ人思想家の翻訳もキリスト教文化に大きな影響を与えた。そのような思想家のなかで最も重要な存在は、中世で最も偉大なユダヤ人哲学者とみなされているモーシェ・ベン＝マイモーンである。彼はアリストテレスの哲学がユダヤ教の信仰と融和し得ることを示そうとした。それが神学者トマス・アクィナスに多大の影響を及ぼし、彼は同じようにアリストテレスの哲学体系とキリスト教の信仰とを統合しようと試みた(5)。

時を同じくして中世盛期には、カトリック教会において反ユダヤの政策が形成され、次第に抑圧を強めつつあった。指導的役割を演じたのは、教皇のなかで最も権力と影響力をもったインノケンティウス三世だった。彼は第四回十字軍を提唱し、ヨーロッパの「異教徒」にたいする残酷な迫害を開始した。一二一五年、彼は中世の最も重要な教会会議のひとつ、第四ラテラン公会議を招集し、そこにおいて教会法が修正された。キリストにたいして罪を犯した者たちは、キリスト教徒に代わって決定を下すには不適格であるという理由で、ユダヤ人は公職から排除されるべきことがそこで決定された。ユダヤ人はまた自分たちを明白にキリスト教徒と区別する衣服を着用すべきことも決められた。のちの会議ではユダヤ人は胸に手の幅の半分の大きさの布の印をつけるべきとされた。七〇〇年後、ナチ政権下でユダヤ人が着けるよう強制された黄色い星の起源は、インノケンティウス三世の一二一五年の法令にある。(6)

インノケンティウス三世の後継者たちも同じ方針を踏襲した。彼の従弟であるグレゴリウス九世は、一二三四年永続的奴隷状態という教義のもと、ユダヤ人はすべての政治的活動から排除され、最後の審判まで政治的隷属状態に置かれるべきだと主張した。これによってユダヤ人は原則として社会的影響力を行使する機会を一九世紀まで奪われていた。グレゴリウス九世は異端審問の形式を整備したが、それは何よりもカタリ派（キリスト教色を帯びた民衆運動。一〇世紀半ばに現れ、フランス南部とイタリア北部で活発となった）とユダヤ人のような宗教的セクトを弾圧するためであった。(7)

一六世紀、スペインとポルトガル出身の何千というセファルディック系ユダヤ人がイタリアとバチカンに避難した。比較的寛大な教皇のおかげで、彼らは最初歓迎された。やって来た者の多くは翻訳者、詩人、教師で、その中に歴史家サムエル・ウスケもいた。弾丸を受けたアムステルダムのあの本の著者である。教皇レオ一〇世はイタリアのユダヤ人にタルムードを印刷する許可を与えた。だがローマのユダヤ教徒たちが安堵できたのは束の間だった。

一六世紀半ばにはカトリック教会内に対抗宗教改革が起こり、彼らが異端視するプロテスタンティズムから真の信仰を守ろうとする動きが生まれた。信仰の擁護が宗教的不寛容を生み、それはユダヤ教にも向けられた。

先ず攻撃の対象となったのは、一六世紀初頭にイタリアで栄えた文芸と多くのユダヤ人印刷業者だった。一五五三年、ユダヤ教の新年に当たる九月九日に、教皇はタルムードのすべての版、およびそれと関連した著述をも没収し、焼却することを命じた。大勅書のなかでタルムードはキリスト教信仰を冒瀆するものという烙印を捺された。ローマのカンポ・デ・フィオーリ広場では、異端審問所がローマ市のユダヤ人家庭から没収した本や著述を高く積み上げて燃やした。焚書はフェラーラ、フィレンツェ、ヴェネツィアなどユダヤ人印刷業者のすべての中心地でも起こった。何千もの版のタルムードが炎の中に消えた。ローマではヘブライ語の本は何百年も印刷されなかった。(8)

ユダヤ文学は異端審問所の検閲で出版を妨害された。その痕跡は書誌情報センターの地下で見ることができる。レヴィは異端審問によって何か所かが抹消された本を見せてくれる。「たとえば本に『我らの神は唯一の神である』とあれば、それは消されます。カトリック教会への批判とみなされ得るようなものは何も書いてあってはいけないのです。異端審問官は普通ヘブライ語が読めなかったので、強制的にカトリックに改宗させたラビたちを使いました。だからしばしばユダヤ人が他のユダヤ人の検閲をしたわけで、大層悲劇的な状況でした」レヴィは言う。

図書館の他の本も迫害のあとを留めている。レヴィはベラムの表紙の本を取り出す。頁の外側の縁は薄く赤みがかっているが、すぐに目に入るのは白い表紙に書かれた二列の手書きの文字である。

「特に中世には、イタリアでユダヤ人虐殺が多く起こり、シナゴーグが焼かれたり略奪されたりしました。当時羊皮紙はとても貴重だったので、羊皮紙に書かれたユダヤの著作は盗まれ、教会に売られました。教会は本に使われている材料を再利用して書いたり本を綴じたりするのに使ったのです」レヴィは説明する。再利用されるのがしばしばトーラーだったので、ユダヤ人には屈辱的なことだった。「トーラーは神聖です。トーラーを決して投げ捨てたりしません。使い古したトーラーはうやうやしく埋葬されます。ユダヤ人は迫害されると、とにかくトーラーを救おうとしました。人間の命を救うのと同じくらい大事なことでした」

レヴィによればボローニャ、パルマ、フェラーラ、ラヴェンナあたりの古い図書館では、ヘブライ文字がはっきり読み取れる羊皮紙で綴じられた本が見つかることがあるという。「わたしたちにとって、そういう本はすごく貴重です。再利用された羊皮紙が失われた文化の断片だからです。時には何冊かに使われている羊皮紙の出所が同じであることがわかります。すると断片を集めてもとの本と、それを誰が書いたかを、突きとめることが可能になります」われわれの前にある羊皮紙には、ヘブライ語とラディーノ（セファルディック系ユダヤ人が話すスペイン語の方言。ヘブライ語の文字で書かれる）の両方で文章が書かれている。「これを書いたのがセファルディック系ユダヤ人であることがすぐわかります。ヘブライ語はアラビア語に書体がとても似ているんです」レヴィは行を指でなぞる。

一五五三年の焚書の僅か二年後に、また新たな災難がローマのユダヤ人に降りかかった。教皇パウルス四世は『クム・ニムス・アブスルドゥム（あまりにも不条理）』として知られる大勅書の中で、ユダヤ人の権利を剝奪した。パウルス四世によれば、自ら招いた罪の結果として「永遠の奴隷状態」にあるとされるユダヤ人が、キリスト教徒たちの中に暮らし、キリスト教徒と同じ権利を享受しているのはあまりにも「不条理」であった。ユダヤ人には「自分たちの行いの結果としての奴隷状態」を知らしめねばならなかった。(9)

ユダヤ人は自分の財産を所有する権利を失い、屑屋、質屋、魚屋など熟練を要しない仕事に就くことを強制された。ユダヤ人男性は先のとがった黄色い帽子を被ることを、女性は同じ色のショールをまとうことを強制された。ユダヤ人はキリスト教徒と食事や娯楽をともにしたり、それ以外のどのような場面でも親しく交わったりすることを禁じられた。安息日である土曜日には、カトリックの説教を聞きに教会に行かねばならなかった。その目的は彼らの改宗を促すことにあった。

『クム・ニムス・アブスルドゥム』によって、ローマにゲットーが建てられた。それはオッタヴィーアの柱廊とテヴェレ川の岸に挟まれ、定期的に川の氾濫に見舞われる地域にあった。劣悪な衛生状態と狭い空間のために、伝染病がしばしばゲットーで猛威を振るった。一六五六年の疫病の発生では居住者の四分の一が死亡した。[10] 毎晩外側から施錠されるローマのゲットーは実質的には大きな監獄だった。

ナポレオンの登場によって初めてイタリアのユダヤ人の解放が始まった。フランス革命期にユダヤ人は初めて市民として同等の権利を与えられていた。ナポレオンはこの「人種政策」をヨーロッパ大陸に展開し、ゲットーを禁止し、すべての制約を解除し、ユダヤ教をキリスト教諸宗派と対等な立場に置いた。彼はさらに教皇に自らの世俗的権力を否定させた。

しかしこのような自由はナポレオンの退場とともに消えた。ピウス七世が教皇に復帰すると、彼はローマのユダヤ人をゲットーに閉じこめ、異端審問を再開した。しかし自由と世俗的民主主義が一九世紀に普及するにつれて、時代の趨勢は教会国家から離れていった。ゲットー、制約、隷属という中世的なシステムはヨーロッパじゅうで崩壊しつつあった。一八四八年の革命で、ヨーロッパの多くのユダヤ人は諸権利を取り戻した。イタリア諸国家でもユダヤ人にたいする制約は解除されつつあり、ゲットーも存在しなくなった。そのような動きにたいして、教会国家は最後まで抵抗した。一八七〇年イタリアの軍隊がローマに進軍し、教会国家が崩壊したとき、ようやく解放が訪れた。ナチがゲットーを復活させ、ユダヤ人に中世的な制約を再び課するまでは、ローマのゲットーがヨーロッパで最後のゲットーだった。

一九世紀後半、ゲットーを取り囲む壁は、周辺の荒廃した地域の大部分とともに取り壊された。だが貴重な文化的蒐集品は取り壊されたゲットーから救出された。それらは何百年も続いた異端審問所による没収や焚書をどうにか免れていたのだった。

ゲットー内のシナゴーグ、学校、家庭から集められたユダヤ人の著作、写本、本によってこの上なく貴重なコレクションが作られ、それがユダヤ共同体図書館の基礎となった[11]。このユニークな図書館はローマのユダヤ人の悲劇的な歴史を証明している。イタリアのユダヤ人は、ヨーロッパ最古のユダヤ人共同体の文化的後継者であるばかりでなく、孤立した環境のなかで自分たちに固有の言語を発展させた。それはほとんど独立した言語で、中世に起源をもつジュデオ・ロマネスコと呼ばれている[12]。

ユダヤ共同体図書館の完全な蔵書カタログは一度も作成されなかったが、蔵書のなかでひときわ価値のある資料の小規模なカタログは、一九三四年にユダヤ人研究者イザヤ・ゾンネによって作られた。だが第二次大戦前、蔵書は他では見つけることのできない写本や本を含めて約七〇〇〇冊を擁していた。一六世紀のイタリアの印刷業者による初期刊本や本のなかには、教皇によって業務を禁止された印刷業者ソンチーノが印刷した稀覯本タルムード二一巻があった[13]。またユダヤ人詩人、ラビ、一五世紀に教皇ピウス二世の個人医であったモーゼス・リエーティの中世の手書き原稿や、有名なユダヤ人印刷業者——ボンベルグ、ブラガディンなど——が作成した本があった。医学と天文学についての一四世紀の原稿に加えて、セファルディック系ユダヤ人がスペインからもって来た本があり、そのなかには一四九四年のポルトガルの初期刊本が含まれていた。

その蔵書は二〇〇〇年にわたってローマにいたユダヤ人の文化的名残りだった。ローマのユダヤ人の歴史のみならず、キリスト教の始まりを語る遺産だった。ロバート・カッツが著書『ブラック・サバス（黒い安息日）』で言うように「知られている資料のなかには、キリストの誕生以前の、シーザーや皇帝や初期の教皇の時代からの、ここにしかない本や写本があった。中世の版画、最古の印刷業者の本、時代を超えて受け継がれた記録があった[14]」

＊　＊　＊　＊　＊

ダリオ・テデスキは手を耳にあてがい、目でわたしに問いかける。わたしはもう一度、ゆっくりと一音節ずつはっきりと発音して質問をする。彼は諦めた様子で首を振る。糊のきいた白いシャツの袖を肘までたくし上げている。窓の向こうにローマの大学の建物が見分けられる。われわれがいるのは彼の法律事務所の、家具のほとんどない広くて明るい一室である。八〇歳に近いテデスキはこちらの言うことを聴き取れないのか、わたしの話す英語がわからないだけなのか、たぶんその両方なのだろう。ついに彼はわたしにペンをよこす。そこからは奇妙なインタビューとなり、わたしは紙きれに質問を書き、彼はそれを数分間熟読してから答える。

「ユダヤ共同体図書館には非常に重要な稀覯本がありました。それはイタリアで、いや世界で一番重要なユダヤ人図書館だったと思われます」。テデスキは一冊の本をテーブルの上に置く。タイトルは『一九四三年に略奪されたユダヤ人の財産にかんしてイタリア政府がおこなった調査結果の報告書』である。他のヨーロッパ諸国同様、イタリアは一九九〇年代末に、戦争中のイタリアのユダヤ人の財産の略奪を調査する公的委員会を設立した。テデスキはその委員会のメンバーで、ユダヤ共同体図書館の消滅した蔵書には特に注意が払われるべきだと主張したひとりである。「わたしはこの問題に個人的な関心があるのです。わたし自身ローマのユダヤ人です。父の両親はともにホロコーストの犠牲になりました。しかしこの蔵書は単なるローマのユダヤ人集団を超えてイタリア全体の関心事なのです」テデスキは言う。

その時まで蔵書の消滅にかんして何もわかっていなかった。戦後それを捜す努力は何度かおこなわれたが、どれも成果を得られなかった。二〇〇二年になってようやくユダヤ教信徒の団体からの圧力によって「イタリアの文化遺産全体にとってかけがえのない価値をもつ」ユダヤ共同体図書館の蔵書を探索するために特別委員会が組織された[15]。

当時イタリア・ユダヤ共同体連合の議長であったテデスキは捜査のリーダーに選ばれた。捜査委員会には歴史家、アーキビスト、公務員が参加しており、数年間の探索の末、蔵書の謎の消失について幾つかの事情が新たに明らかになった。

「全国指導者ローゼンベルク特捜隊（ＥＲＲ）が蔵書を略奪したことを確認できる記録が見つかりました。だが彼らはひとつではなく、ふたつの蔵書を盗み出した。イタリア・ラビ神学校図書館の蔵書ももって行ったのです。謎はどうして彼らがひとつの蔵書だけを返してよこしたのか？　その答えが見つからない」テデスキは言う。

略奪とそこに至る状況も、ローマのユダヤ人の長い歴史のなかの悲劇的なひとこまである。一九二二年、ムッソリーニと国家ファシスト党が政権を取ったとき、表立って反ユダヤ主義を打ち出すきざしはなかった。それとは全く逆に、政府は多くのイタリア系ユダヤ人を支援し、党内の高位の指導者のなかにも、たとえば財務大臣のグィード・ユングのようにユダヤ人がいた。[16] だがファシスト運動内部には人種イデオロギーを信奉するグループが存在した。一九三〇年代後半、枢軸国体制がヒトラーとムッソリーニの連合によって形成されるに及んで、ようやくイタリア政府は明らかな反ユダヤ主義を掲げるようになった。一九三八年、ファシスト党はドイツのニュルンベルク法にならった人種差別法を定め、そのなかにはユダヤ人が公職につくことや「非ユダヤ人」との婚姻の禁止があった。[17]

一九四〇年イタリアが参戦すると、ユダヤ人への迫害は厳しさを増した。ナチ・ドイツは「ユダヤ人問題」の解決に向けてイタリアに圧力をかけるようになり、進んで処刑人の役目を引き受けた。イタリアのファシスト党員は、自国のユダヤ人を列車に乗せて北方に送るだけでよかった。

反ユダヤ主義の広がりにもかかわらず、イタリアの一般大衆、軍隊、またファシスト党のなかにさえ、ドイツの人種政策に嫌悪を示す集団が多かった。ドイツからの圧力にもかかわらず、イタリアの軍部はジェノサイドに加担することを拒否した。一九四一年と一九四三年のあいだに、何千人ものユダヤ人がユーゴスラビア、ギリシア、南東フランスのイタリア占領地域に避難した。そこはさし当たって、ドイツの占領地域よりも安全だった。イタリア政府はまた四〇〇〇人ものユダヤ人をイタリア南部に疎開させ、彼らはそこで戦争が終わるまで安全に暮らすことができた。

イタリアのユダヤ人の運命を決めたのは、一九四三年七月のムッソリーニの失脚だった。同月西側の連合国軍がシシリー島に上陸したときには、ムッソリーニにたいする国民の信頼も戦争への意欲もともに尽き果てていた。九月にイタリアが連合国に降伏すると、長い間イタリアに不信感をもっていたナチ・ドイツはすぐさま攻撃を開始した。ムッソリーニは救出され政権に返り咲いたが、占領者の傀儡に過ぎなかった。[18]ナチの侵攻は、最終的にドイツ占領軍の管轄下に置かれることになった四万三〇〇〇人のユダヤ人の運命に劇的な暗転をもたらした。

一九四三年九月末、先ごろローマのゲシュタポ長官に任命されたヘルベルト・カプラーはローマのユダヤ人指導者たちを呼び集めた。六時間以内に五〇キロの金を身代金として集めるなら、ローマにいる一万二〇〇〇人のユダヤ人は移送を免れるだろうと、カプラーは彼らに保証した。何千人ものユダヤ人が途切れなくシナゴーグに来て、自分たちのイヤリング、結婚指輪、ネックレスなどの金製品を差し出した。要求された金は期限までにヴィア・タッソの親衛隊本部に渡された。だが実際にはその取引きは詐欺に等しかった。移送の命令はすでに秘密裡に発せられていた。[19]

身代金が支払われた翌日、約二〇名の親衛隊員がルンゴテヴェレのシナゴーグを急襲し、その財産を調べ、そこにあった文書を没収した。ローマのユダヤ人の名前と住所の登録簿がとりわけ重要だった。その二、三日後、二名の特捜隊員が来て、イタリア・ラビ神学校図書館とユダヤ共同体図書館を調べた。[20]特捜隊はイタリアでの活動のためにイタリア特殊部隊として知られる特別グループを組織していた。シナゴーグの視察に来たなかのひとりは、フランクフルトのユダヤ人問題研究所のユダヤ文学部門から来たヨハネス・ポールだった。その前年アムステルダムのエッツ・ハイムとローゼンタール文庫を査定したあのポールである。[21]二、三日後にさらに多くの特捜隊のスタッフが到着して、コレクションの評価を開始した。

ユダヤ人ジャーナリストで文芸評論家のジャコモ・デ・ベネデッティは当時目撃したことを、のちに書いている。

ひとりのドイツ人将校が、見事な刺繍を調べるかのように、コレクションを点検していた。彼はパピルスの写本や初期刊本を愛撫し、写本や稀覯本の頁を繰った。彼が本に注意を払い慈しむその度合いは、本の価値と比例していた。それらの著作はほとんどが解読できない文字で書かれていた。しかし頁に当てた彼の目は見開かれ、まるでその内容を知悉し、自分が求める一節や啓示に満ちた何行かの在処をわきまえた読者であるかのように輝いていた。彼の優雅な手のなかで、それらの古代の本はあたかも血を流さない拷問を受けているかのように呻いていた。(22)

シナゴーグのセクレタリー、ロジーナ・ソラニも目撃していた。ふたつの蔵書を点検したのち、初期刊本を愛撫していたあの同じ将校が、このふたつの蔵書は没収され、二、三日のうちに運びだされるとソラニに告げた。彼女の日記によれば、彼はこう言って彼女を脅した。「何もかもこのままにしておけ。少しでも動かしたら、命がないものと思え」(23)。信徒たちは蔵書を救いたい一心で、イタリアのファシスト党員に嘆願したが無駄だった。新たなファシスト党の政府はドイツの支配下にあり、反ユダヤ主義派が重要なポストについていた。

一九四三年一〇月一三日朝、市街電車の線路に待機していたドイツの大きな鉄道車両二両が、テヴェレ川のそばのシナゴーグへと移動した。命を危険に晒して、ソラニと仲間は素早く幾つかの最も価値のある資料を隠した。金と銀の宗教的工芸品は壁のなかに隠され、特に価値のある写本はこっそりともち出されて近くのヴァリセリアナ図

ローマの書誌情報センターが所蔵する1745年の本。ピサのセファルディック系ユダヤ人一家の数世代にわたる書き込みがある。

書館に移された。翌朝早く特捜隊のスタッフが労働者の一団を連れて到着した。まる一日がかりで、二両の貨物車両が満たされ、姿を消した。約二か月のちの一九四三年一二月、車両は戻って来て残っていた本、特にイタリア・ラビ神学校図書館蔵書の大部分が積みこまれた。

幸いドイツ軍は秘匿したものを発見しなかったが、ローマのユダヤ人たちにはそれを喜んだり、蔵書の喪失を嘆いている時間もなかった。親衛隊中佐カプラーの命令で、別の鉄道車両がすでに到着していた。最初の車両がシナゴーグから本を運び出した二日後、一〇月一六日の安息日の朝早く、カプラーの部下たちがローマの何百ものユダヤ人の家を襲った。主に女性と子どもから成る一〇〇〇人を超える人びとが捕らえられた。彼らはバチカンとサン・ピエトロ大聖堂から二、三区画の場所にある陸軍士官学校に連行され週末はそこに留めおかれた。ひとりの妊婦は、衛兵が病院への搬送を拒んだので、校舎の外の中庭で出産せねばならなかった。月曜日に彼らは貨物列車に積まれ、アウシュヴィッツ・ビルケナウへと運ばれた。生き残るのはひと握りの人びとだけである[24]。

教皇ピウス一二世はそのような迫害に介入せず、公式に抗議もしなかった。ドイツ占領時の教皇の役割をめぐってはいまだに議論されているが、おそらく教皇はバチカンの中立性が覆されるのを恐れて、枢軸国との関係を危険にさらすことを避けたのだろう[25]。

しかしナチはイタリア社会の他の部分からの強い抵抗に遭遇した。ローマの警察はユダヤ人の捜索への参加を拒絶し、多くの普通の市民が扉を開いて家に逃亡者を受け入れた。また個々の神父や修道女の力添えで、多くのユダヤ人が僧院、教会、その他のカトリックの施設などの聖域に避難した。ユダヤ人の隠れ場所を通報した者には報酬が与えられたにもかかわらず、カプラーの軍隊が逮捕できたのは八〇〇人に過ぎなかった。何千人ものユダヤ人は一九四四年六月にローマが解放されるまで、市内に隠れおおせた。

一九四七年三月、ラビ神学校図書館の蔵書はもち去られた時と同じように、ドイツからの列車に運ばれて戻って来た。二〇〇五年にネズミが齧ったユダヤ教の聖書が返還されるまでは、その蔵書全部が一九四七年に戻ったと思われていた。テデスキと彼の委員会は作業の過程でその前提の見直しを迫られた。テデスキは言う。「青天の霹靂《へきれき》でしたが、その聖書は蔵書すべてが戦後戻って来たのではないという証拠でした。ラビ神学校図書館の蔵書がフランクフルトにもって行かれたということ、戦争終結時にそこにあったということはわかっています。しかしローマからフランクフルトに向かう途中のどこかで、ユダヤ共同体図書館の蔵書は別の場所に行ったのです」

ラビ神学校図書館の蔵書はフランクフルトのユダヤ人問題研究所の、ポールが担当するユダヤ文学部門へと運ばれた。問題は、なぜユダヤ共同体図書館の蔵書が同じところに行かなかったのか、である。テデスキの委員会は七年をかけて何らかの答えを得ようとした。だが諸大陸の文書館、図書館、コレクションの数々を広範囲に探索しても、蔵書の行方は見通せない歴史の霧に包まれたままだった。

探索の過程で失われた蔵書の一部、全体から欠け落ちた断片が見つかった。一九三四年からイザヤ・ゾンネが作成したカタログがエルサレムの国立図書館で発見された。「そこで働いていた友人と連絡を取り合っていました。或る日彼は図書館で見つけた本の写真を送ってきました。それは日記のような体裁で、書誌事項がイタリア語で書いてあった。その字に見覚えがあったんです。さらに続きが送られて来て、それが本の登録簿だとわかりました」レヴィが言う。彼女も蔵書探しに加わっていた。蔵書の印のある二冊の写本がニューヨークのユダヤ教神学院で発見された。神学院は一九六〇年代にその写本を購入していたが、入手の経路を明らかにすることはできなかった。

蔵書のスタンプは他のコレクションでも見つかったという噂があったが、真偽の確認はできなかった。

二〇〇九年に委員会は最終的報告を提出した。一九四三年の一〇月と一二月にローマのシナゴーグからもち去られた二種類の蔵書は、別々のルートを辿った可能性が高い。一二月の列車はフランクフルトの研究所に着いたが、ユダヤ共同体図書館の蔵書はおそらくベルリンへと向かったのだろう、というのがその結論だった。しかしそれを証明するものはない。特捜隊のイタリアでの活動にかんする通信は、一九四三年一一月にベルリンが爆撃されたとき失われた。しかしテデスキの委員会の結論が正しいならば、蔵書の消失は説明がつく。フランクフルトに送られた本とベルリンに送られた本はふたつの全く異なる運命を辿ったのだった。

第10章　民族の破片

テサロニキ

暖かな雨に濡れて、赤い煉瓦が黒ずんでいる。ギリシアの港湾都市テサロニキ。ローマ皇帝ガレリウスの宮殿の広大な廃墟が、まるまる一画を占めている。今日その廃墟は改築されて、趣のある野外博物館になっている。西暦三〇〇年に起源をもつ宮殿は外側を破壊されて、奥にある皇帝の浴室や庭園まで見とおすことができる。さし渡し三〇ヤードにおよぶ広大な玉座の間には、今でも美しい大理石の床の破片が残っている。宮殿の建物のなかで、ほぼ完全に元の姿を留めているのはロトンダで、一九フィートの厚さの壁をもつこの円形の煉瓦の建物は、二〇〇〇年にわたる戦闘、風雨、地震に耐えて生き延びた。

初めからこの建物は異教の神殿として使われていたが、のちにコンスタンティヌス大帝によって作り変えられ、世界最古のキリスト教の教会のひとつとなった。一〇〇〇年後にオスマン帝国がロトンダをモスクに変え、一六世紀に建てられたミナレットは今もそのまま残っている。ロトンダは、テサロニキの多様な文化と宗教の長い歴史の証人である。ヨーロッパの縁に位置し対岸に小アジアをのぞむテサロニキは、ギリシア、ローマ、東ローマ、トルコなどによるさまざまな支配者の刻印を記念碑や廃墟に留めている。だが一六世紀以降四〇〇年近く、その地で重要な位置を占めていたにもかかわらず、ほとんど痕跡を残していない文化がひとつある。

この消去された文化のしるしを見つけるのは容易ではない。それを示す標識もなく、ガイドブックに解説もない。だが目を凝らせば見えてくるものがある。ガレリウスの壮大な宮殿の遺跡から遠からぬ広場の隅に、薄汚れた、エンジン付き自転車用ガレージがある。誰の注意も引かない建物で、壁や屋根は一面に落書きがされている。そのガレージのすぐ後ろに膝ほどの高さの黒いスレートの塀がある。ある箇所でその塀は突如大理石のブロックで遮断される。たとえばそのブロックが消された文化の痕跡である。

ブロックを覆う腐食や汚れの下に、葉むらの模様のレリーフが認められる。その少し先にあるもうひとつの大理石のブロックは、かつてコリント式柱の基底部だったに違いない。塀が道路に達する地点にある八インチの大理石の板は、さらに強く語りかけてくる。表面に彫りこまれた文字はおぼろげに読みとることができ、それはラテン語ではなくヘブライ語である。この板はユダヤ人の墓石の一部、近年までここに存在していた共同体の破片なのだ。破壊したのは五〇〇〇人のギリシアの労働者たちで、一九四二年一二月初めの或る寒い日、木槌、鉄の梃、ダイナマイトを手に、ここからさほど離れていない、市の東側の壁の外にある、昔からのユダヤ人共同墓地に押し寄せた(1)。

テサロニキのユダヤ人共同墓地はヨーロッパで最大規模のものだったと考えられている。八六エーカーの土地に五〇万ほどの墓があり、最古のものは一五世紀に遡った。この都市のギリシア人政治家たちは、墓地がテサロニキの拡大の妨げになっているという理由で、長きにわたって墓地の移転を望んでいた。ユダヤ人たちはそれに抵抗していたが、一九四一年ドイツ軍がテサロニキを占領すると、ギリシア政府とナチは手を結んで行動を起こした。組織的破壊が二、三週間続いたあと、「石の破片や瓦礫の散らばる広大な埋葬地は、まるで爆撃か、火山の噴火で廃墟となった都市のようだった」と当時の目撃者は書いている[2]。

イスタンブールのアメリカ大使館領事バートン・ベリーは次のように報じた。「共同墓地の破壊は極めてすばやくおこなわれたので、ほとんどのユダヤ人は家族や縁者の遺骨を見つけることができなかった。埋葬後間もない遺体は犬の餌食となった[3]」。別の目撃者によれば、「その光景は悲痛だった。ユダヤ人たちは墓のあいだを駆けまわり、どうか縁者の墓を見逃してほしいと破壊者たちに懇願し、涙を流して遺骨を拾い集めた[4]」

破壊された何十万という墓石や記念碑は大理石の採石所となり、その後は何年ものあいだその場所から建築石材が提供された。ナチがまずこの陰惨な古材活用に着手し、墓石を用いて水泳プールを造らせた。しかしほとんどはギリシア人によって、家の修理、トイレの改築、校庭の舗装、港のヨットクラブの建築などに使われた。テサロニキ市の劇場の前の広場には墓石が敷かれ、ギリシア正教の教会までもが廃墟を利用した。テサロニキ市内外にある一七の教会がユダヤ人墓地の大理石を求めて当局に要請書を提出した[5]。

今日テサロニキの至るところで、破壊された墓地の石のかけらが見つかる。ほとんどの場合、背後の歴史は風化され、削りとられている。だが、さびれた自転車用ガレージの奥の、尿の臭いがたちこめる路地で見つけた黒いスレートの塀のように、その出所がむき出しのものもある。このスレートの塀は戦時中ではなく、一九六〇年代に建てられた。つまりその時期になってもまだ、ユダヤ人墓地からの石の供給は続いていたということだ。

散ったかけらとして残るユダヤ人たちは、何世紀ものあいだ東地中海地方で最大かつ最も裕福なセファルディッ

テサロニキの破壊されたユダヤ人共同墓地の墓石の一部。かつて存在したユダヤ人共同体の、僅かに残る痕跡のひとつ。戦争中墓地の地面はならされ、墓石は建築石材として利用された。

ク・サロニキと呼ばれるユダヤ人のコミュニティに属していた。長いあいだサロニキと呼ばれていたテサロニキは、そこにいるラビや学校、新聞、印刷所で知られる、ユダヤ人の知識の中心地だった。だがこの都市はそれ以上に特記されるべき存在だった。というのはユダヤ人が住む世界の都市のなかで、ここではユダヤ人がマイノリティでなかったからである。

この取材旅行で初めて、わたしは図書館を訪れない。訪れるべき図書館がないのだ。略奪、破壊、ホロコーストのあと、テサロニキには後世の人間が見るべきものが残っていない。一九四二年にここにいた五万人のユダヤ人のうち、残っているのは僅か二、三〇〇〇人である(6)。

現在、テサロニキは完全にギリシアの都市だが、セファルディック・サロニキにルーツをもつ小さなユダヤ人集団が存在する。近年になってようやく彼らはこの都市の、おおかた忘れられたユダヤ人の歴史を取りもどす努力を始め、二〇〇〇年代の初めには、失われた文化を記念してユダヤ博物館が設立された。小規模の博物館だが、世紀初頭の様式で作られた美しい建物で、かつてのユダヤ人居住地で復元された数少ない道路に面している。道路沿いのオレンジの木に向かって窓が開く二階の一室に、博物館員のエリカ・ペラヒア・ゼモールがいる。わたしが訪ねたとき、彼女は興奮していた。ユダヤ人共同墓地を記念して最近建てられた碑に刻まれた内容が問違いだというのだ。

「ひどい話！　過去にここで起きたことを人びとに知らせるために、このモニュメントを建ててもらうのに七〇年以上もかかった。それなのにできあがったら違うことが書かれている。信じられません。共同墓地を破壊して墓石を建材に使ったのはドイツ人だとプラークに書いてあるんです。とんでもない。墓地を打ち砕いて、ほとんどの墓石を利用したのはギリシア人なのに。ここの人たちはいつでもそういうやり方で責任逃れをする」。ゼモールは刺すような目でわたしを見ると、真っ赤な電子たばこをひと吹きした。

博物館には、行方知れずとなったもののうちの幾らかが集められている。破損をまぬがれた墓石、写真、儀式用の工芸品、そしてホロコーストを生き延びた本。だが蒐集品は多くはない。略奪されたものの大部分が戻ることはなかった。

「サロニキは東地中海地方で、ユダヤの学問が栄え、伝播してゆく中心地でした。オスマン帝国の最初の印刷所の幾つかは、ユダヤ人によってこのサロニキに作られました。オスマン帝国の最初の新聞も、サロニキで刷られたものです」。他の大規模なユダヤ人居住地とくらべた場合、サロニキの特記すべき点は、ユダヤ人が自分たちにかかわる事柄を管理するさいに認められていた独自の自由だった。「セファルディック系ユダヤ人がスペインを逃れたあと、彼らを歓迎したのはヨーロッパではサロニキだけでした。ヨーロッパの他の地域からも、ユダヤ人が迫害を逃れてここに来ました。ここではユダヤ人がマジョリティだったので、安全だと感じることができました。ここにはゲットーも、いかなる規制もなかった。サロニキのユダヤ人は好きな職業につくことができました。その点でサロニキはユニークな都市でした」

サロニキは「イスラエルの母」として知られるようになった。この呼び名を最初に用いたのはマラーノ（キリスト教に改宗したが、密かにユダヤ教を守っていたイベリアのユダヤ人）のサムエル・ウスケで、彼は一六世紀のサロニキをユダヤ人の天国だと言い、ヨーロッパの他の地域を「地上の地獄」と呼んだ。(7)

テサロニキには古代にすでにユダヤ人の共同体があった。新訳聖書のパウロの書簡「テサロニケの信徒への手紙一」もそれに言及し、ユダヤ人たちに改宗を説こうとして反乱をまねいたことを述べている。

一四五三年、コンスタンティノープルがオスマン帝国に敗北し、スルタン・メフメト二世が何千人もの人びとを、廃墟となったコンスタンティノープルに建てた新都イスタンブールに強制的に移住させると、サロニキの人口は著しく減少した。オスマン帝国の記録には、一四七八年にはサロニキにはユダヤ人がひとりも残っていなかったとある。(8) しかし一四九二年にセファルディック系ユダヤ人がスペインから追われると、スルタンは彼らを迎えいれた。セファルディック系ユダヤ人には教育があり、急速に発展するオスマン帝国にとって貴重な存在だったからである。ユダヤ人翻訳者、医者、銀行経営者は宮廷で職業をあてがわれた。オスマン帝国の寛大さがもたらす恩恵は当時十分に認められていた。一五五〇年代にイスタンブールを訪れた、フランス人地理学者ニコラ・ド・ニコレイは次のように書いている。

　キリスト教徒にとっては大いなる損失だが、（ユダヤ人は）トルコ人にさまざまな発明、技能を伝え、大砲、火縄銃、火薬、弾丸、その他の軍需品など兵器の製造法を伝授した。ユダヤ人は以前にはなかったような印刷も始め、きれいな文字で、多様な本を生みだした。本の言語はギリシア語、ラテン語、イタリア語、スペイン語などさまざまで、当然ヘブライ語の本もあった。(9)

セファルディック系ユダヤ人がマジョルカ島から最初にサロニキに来たのは一四九二年だった。やがてスペイン本土からの、のちにはプロヴァンス、イタリア、ポルトガルからのユダヤ人が続いた。一五一九年にはその数は何万人にも達し、ユダヤ人はすでにマジョリティだった。一六世紀初頭サロニキには二五のシナゴーグがあった[10]。セファルディック系ユダヤ人の影響は顕著で、彼らの言語や文化がそのまま残るサロニキは、ギリシア沿岸にあるスペイン系ユダヤ人植民地の観を呈していた。

だがオスマン帝国のユダヤ人が、キリスト教のヨーロッパとくらべて、さまざまな自由を享受していたとしても、彼らは決してイスラム教徒と同等ではなかった。オスマン帝国はその内部の多くのマイノリティにかかわる宗教的問題に関与せず、他の多くの宗教集団同様、ユダヤ人は自分たち独自の法廷を認められていた。サロニキでは、重鎮であるラビ集団が民間の諸問題を統括していた。財産の所有権から不倫に至るまですべてに裁決をくだすラビたちは、複雑かつ広範囲にわたるユダヤ教の法律を拠りどころに、法的・道徳的論争の解決を求めた。幾つかの図書館の蔵書がまるごとスペインから移され、サロニキのラビたちは、アムステルダム、ヴェネツィア、クラクフ、ヴィリニュスなどヨーロッパにおけるユダヤ人の教育の中心地から文書や写本や本を集めた。一五一三年にサロニキに最初に設置された印刷機は、ラディーノ(トルコ、ギリシアに居住する、スペイン・ポルトガル系ユダヤ人によって話される、スペイン語とヘブライ語・アラビア語などとの混合言語)とヘブライ語で書かれた文書を印刷した[11]。一六世紀の初めにタルマディック・スタディーズ(ユダヤの律法とその解説を研究する学問分野)のための公的律法学校、タルムード・トーラー・ハガドールが設立され、すぐに世界じゅうのユダヤ人の知るところとなった。その学校は急速に巨大な教育機関へと発展し、二〇〇人の教師と何千人もの生徒を擁し、大規模な図書館と独自の印刷機を備えていた。

ユダヤの哲学、古典文学、アラビアの科学、イタリア・ルネサンスの人文主義が出会ったサロニキは、知的温室ともいうべき都市となった。その学識のレベルの高さゆえに、サロニキのラビはヨーロッパじゅうから求められた。

こうした文化の開花の前提には、東地中海で最も重要な港をもつサロニキの経済的繁栄があった。サロニキの全盛期は一六世紀で、その後世紀がくだるにつれて、新たな交易ルートの発展、内部の宗教的分裂、オスマン帝国の緩やかな崩壊の結果、一時的停滞に陥った。それでもなお、セファルディック系ユダヤ人の文化を核とする、文化のるつぼであることは変わらず、数世紀のあいだ、サロニキは世界最大のユダヤ人都市であった。一九世紀には停滞から立ち直り、オスマン帝国における産業の発展の最前線であった。しかしながらその時期にサロニキで最も重要であったのは、その宗教的あるいは文化的アイデンティティというよりも、政治的アイデンティティであった。サロニキのユダヤ人コミュニティの特色であった自由と主体性と自治の強い意識は、二〇世紀初頭のダイナミックな政治の動きを招来し、強力な労働組合、多様な日刊紙、政治団体、政治結社を生んだ。多くのユダヤ人労働者は社会主義やサンディカリズム運動に参加した。シオニズムも多くの信奉者を引きよせ、第二次世界大戦勃発以前サロニキには二〇ほどのシオニストの組織があった。

のちにイスラエル建国のリーダーとなるダヴィド・ベン＝グリオンは若いとき、サロニキで学んだひとりだった。東ヨーロッパ出身のユダヤ人ベン＝グリオンはサロニキを前にして息を呑んだ。そこに見た文化は、彼が育った土地の文化とまったく違っていた。サロニキでは、ユダヤ人は同化か隔離かを選ぶ必要がなく、何をするのも自由だった。「ユダヤ人はあらゆる職業につくことができます」彼は手紙に書いている。「サロニキは世界に類を見ないような、イスラエルのエレッツさえおよばないユダヤ人の都市です」[12]。ベン＝グリオンにとってこれは目から鱗が落ちる経験だった。彼はサロニキで自由なユダヤ人の可能性を見た。彼にとってサロニキのユダヤ人は、シオニスト運動が実現すべき「新しいユダヤ人」を象徴するイメージだった。

エリカ・ペラヒア・ゼモールは机上に、三部一組になった黄ばんだ新聞を広げる。ひとつはヘブライ語、ひとつはフランス語、ひとつはラディーノである。どれもサロニキの新聞で、二〇世紀初頭のこの都市の活発な政治を彷彿とさせる。テサロニキで発刊された新聞は、オスマン帝国のどの都市よりも多かった。現在博物館となっている建物はかつて机上の新聞のひとつ、フランス語の『ランデパンダン』の本社だった。

また別の新聞を示してゼモールは言う。「これはスペイン語ですがヘブライ語のアルファベットで書かれています。第二次世界大戦までは、ここのユダヤ人はほとんどラディーノを話していました」。ゼモール自身、いまだにテサロニキに居住している約二〇〇〇人のマイノリティ、セファルディック系ユダヤ人のひとりである。

一九〇〇年、急速な工業化のために人口が爆発的に増大したサロニキは、文化と人種のるつぼであった。サロニキに居住する八万人のユダヤ人は、当時のサロニキの人口の約半数を占め、残り半分はトルコ人、ブルガール人、アルメニア人、セルビア人だった。サロニキはバルカン半島で最も工業化のすすんだ近代的な地域だったが、同時に政治的に不安定なオスマン帝国の一部だった。一九四一年のナチの侵攻は、この都市のセファルディック系ユダヤ人のコミュニティを荒廃させた長い破局の連鎖に加えられた最後の一撃だった。この時点で何百年の歴史のなかではじめてユダヤ人はマイノリティとなった。アルフレート・ローゼンベルク指揮下の特捜隊は、サロニキの有名な図書館の多くがすでに破壊されているのを目の当たりにした。

＊　＊　＊　＊　＊

一九一七年八月一八日の午後、黒い煙がひと筋サロニキのトルコ人居住地域に立ち上った。オープンキッチンの火花からの出火で、火は藁の山に燃え移った[13]。サロニキ中心部の人口過密なその地域で、炎は家から家へと飛び火した。イギリス人ジャーナリスト、ハリー・コリンソン・オーウェンは、熱気のなかでワインの樽が爆発して海水を赤く染め、ミナレットが炎のなかで「白い針」のように浮かびあがったと叙している。それは「この世のものとも思われぬ痛ましい光景で、家族は泣きさけび、風にあおられた炎に襲われて家々は崩れ落ち、狭い路地を山積みの家財を乗せた荷車やラバの大群がのろのろと動いていた[14]」

港に隣接した家の立てこんだ古い路地が最大の被害を受けた。そこにはユダヤ人の新聞社、学校、一六のシナゴーグがあり、そのうち数戸のシナゴーグは一六世紀初頭に建てられたものだった。五万人のユダヤ人の家と財産と職場が炎のなかに消失した。ユダヤの歴史資料の蒐集で名高いカディィマ図書館も灰燼に帰した[15]。

その火災の政治的帰結はセファルディック系ユダヤ人コミュニティにとって、さらなる破局をもたらした。一九一三年、二度のバルカン戦争のあと、サロニキはギリシアに譲渡されていたが、ギリシアの首相エレフテリオス・ヴェニゼロスにとって、火災は「天からの賜物」であった。ギリシアの政治家たちはそれを、主としてオスマン帝国とユダヤ人のものであった基盤の上に、近代的なギリシアの都市を建設する好機ととらえた[16]。家屋の焼失した区画は国に没収され、そこに何百年も住んでいたユダヤ人たちは家族ともども戻ることを禁じられた。何万もの人が郊外や都市の外にあるスラム街に移住させられ、市内に住んでいたユダヤ人は自分たちのテサロニキは失われたと感じた。一九一二年から一九四〇年までのあいだにサロニキを出た何万人ものユダヤ人はフランス、アメリカ合衆国、パレスティナに移った[17]。

古いサロニキの多くが失われたにもかかわらず、ナチはこの都市の「ユダヤ性」にことに魅了された。ローゼンベルクにとって、ここはいまだに「最も重要なユダヤの中心地」であり、「コスモポリタニズムとユダヤ人の金融の力を基礎とした人種的カオス」の都市であった。[18]ナチの調査者たちが驚いたことに、ここにかつてユダヤ人ゲットーが存在したことを示す文書は一切見当たらなかった。

一九四一年、ギリシアがドイツ軍に降伏するとただちに、ローゼンベルク特捜隊のなかで「ユダヤ専門家」ヨハネス・ポールが率いる一集団をテサロニキに派遣した。一九四一年六月中旬には、彼らはその都市の、それまでアメリカ領事館だった建物に本部を構えていた。だが特捜隊の活動はやがてテサロニキの外、バルカン半島全域に広がってゆく。地中海地方のこの地域には何百年ものあいだ、小規模のユダヤ人居住地が存在したからである。[19]

一九四一年五月から一一月までのあいだに、親衛隊情報部とドイツ国防軍の支援を受けた特捜隊の約三〇人の学者と調査員が、ギリシアのユダヤ人居住地区の一斉捜査に乗り出した。約五〇のシナゴーグ、ユダヤ人学校、新聞社、書籍販売業者、銀行その他の組織が、何回かにわたって踏みこまれ、資料が没収された。特捜隊はさらにおよそ六〇人の「重きをなすユダヤ人」を特定し、彼らの家にある本、写本、古文書などを漁った。[20]

テサロニキにおける略奪は、セファルディック系ユダヤ人にかんする調査資料を集めるという目的のために、徹底的におこなわれた。何にもまして、ユダヤ人の経済的ネットワークと彼らの優れた商業的手腕がナチの関心だった。調査にあたったヘルマン・ケレンベンツはヴァルター・フランクのユダヤ人問題研究所の委託を受けて、セファルディック系ユダヤ人の経済についての論文を書いた。この研究所は彼の主宰する国立新生ドイツ史研究所の一部で、フランクフルトにあるローゼンベルクの研究所と競合関係にあった。

一六世紀以来、サロニキのユダヤ人の名門では、蔵書室をもつことがステイタス・シンボルだった。多くの蔵書と個人のコレクションが何世紀もかけて築きあげられていた。特捜隊に最初に没収された蔵書は、歴史家でサロニキにある国際イスラエル同盟の学校長ヨセフ・ネハマの、ユダヤ人の歴史についての一大コレクションだった。ネハマは戦争前にユダヤ人はテサロニキに残るべきだと主張した指導者のひとりだった。略奪された他の蔵書のなかには、著名なラビであったツヴィ・コルテツが集めた、アラビアとユダヤの哲学にかんする一〇〇〇冊におよぶ貴重な書籍と、歴史家ミカエル・マーローの、多くのユダヤの稀覯本を含むコレクションがあった。マーローの特筆すべき功績は、一九三〇年代にユダヤ人共同墓地の墓碑銘を記録する仕事に着手したことで、のちに墓地が破壊されたことを思えばはかり知れぬ価値をもつプロジェクトだった。幸運にも彼の労力の結果は、略奪をまぬがれた。

二五〇巻の貴重なトーラーの巻物が、一六世紀にサロニキで印刷された本、宗教的文献、初期刊本の厖大なコレクションとともにシナゴーグから略奪された。盗まれたトーラーのなかには中世に書かれ、イベリア半島のセファルディック系ユダヤ人によってサロニキにもたらされたものもあった。それらはルネサンス期にユダヤ人商人や芸術家によって作られ、アラブ・スペイン様式で豪華な装飾がほどこされ、てっぺんに銀や金の王冠がつけられていた。一九一七年の火災からまっ先に救出されたものだった。ラビが司る裁判所、ベイト・ディーン・ツェデクさえ略奪の対象となり、二五〇〇冊の蔵書が盗まれた。

テサロニキ最大の銀行ユニオンのアーカイヴは特捜隊にとって特に重要なターゲットだった。セファルディック系ユダヤ人の経済的ネットワークの解明に役立つ資料がそこにあった。

テサロニキで略奪されたものの総量を示す数字は残っていないが、歴史家マーク・マゾワーによれば、本、写本、初期刊本の数は何万にものぼるに違いないという。[21] ラビ・ハハム・ハイム・ハビブの貴重な蔵書も失われたが、それは彼の家族が数世代にわたって築いたものだった。ハイム・ハビブは、正統派ユダヤ教の高位のラビで、宗教的理由からギリシアの女王との握手を拒んだことで世に知られるようになった。ハイム・ハビブの蔵書には宗教、哲学、歴史、ユダヤの法律に関する八〇〇〇冊が含まれていた。[22] だが、略奪が網羅的だったので、ずっと小規模の蔵書さえ逃れることはできなかった。たとえば襲われたユダヤ人学校教師たちの蔵書は六〇〇冊ほどで、ほとんどが語学教育や近代文学の本だったが、全部もってゆかれた。

略奪されたコレクションのほとんどは列車でドイツに運ばれたが、全部ではなかった。没収されたトーラーの巻物二五〇巻のうち、一五〇巻はドイツに行ったが、残りの一〇〇巻はおそらく調査の目的に照らしてそれほどの価値がないと判断され、テサロニキで焼かれた。理由は不明だが、ハイム・ハビブの蔵書も同じ運命をたどり、ナチが作った抑留施設で燃やされた。[23]

一九四二年占領下のポーランドでは、本格的に死の収容所への移送が始まっていた。しかしギリシアではイタリア人が協力を拒否したため移送は遅れた。親衛隊は「ユダヤ人問題に決着をつける」肚を決めていた。ハインリヒ・ヒムラーはすでに一九四一年に、テサロニキに見られるようなユダヤ人の大集団は第三帝国への脅威だと、ヒトラーに警告を発していた。親衛隊中佐アドルフ・アイヒマンは移送の兵站を担当していたが、しびれを切らして遂に一九四三年二月、ディーター・ヴィスリツェニーとアロイス・ブルンナーをテサロニキに派遣した。このふたりは親衛隊のなかで、最も冷酷で残忍な殺し屋だった。アイヒマンが「わたしの最高の部下」と呼んだブルンナーは、すでにウィーンで何万ものユダヤ人の移送を仕切っていた。また自らの手でオーストリアの有名な銀行家ジークムント・ボセルを、ウィーンの入院先の病院から引きずり出し、患者の衣服をまとったままの状態で射殺した。戦後ブルンナーはシリアに逃亡した。シリア政府の相談役となったと見られている。サイモン・ヴィーゼンタール・センターによれば、ブルンナーは二〇一〇年に九八歳でシリアで死亡したことがほぼ確実だという。

テサロニキで、ヴィスリツェニーとブルンナーは市の中心から外れた邸宅に司令部を構え、親衛隊の黒地の旗を掲げた。ふたりの到着二日後に、五歳以上のユダヤ人はすべて黄色い星を着けるよう命じられた[24]。一週間以内に、ユダヤ人は電話を使うこと、列車に乗ること、公共の場に出ることを禁止された。同時にヴィスリツェニーは、それまでテサロニキには存在しなかったゲットーの計画に着手した。市の西部地域にひとつ、東の郊外にひとつゲットーが作られた。

それと並行して親衛隊はユダヤ人に強制労働を課して、鉄道の駅の近くに有刺鉄線をはり巡らせた一時的収容所を建設した。その収容所は、すでにあるユダヤ人居住地区をとり囲むようにして作られたが、そこにいるユダヤ人が最初に移送の対象となることを見越してのことだった。

三月までにヴィスリツェニーとブルンナーはほとんどのユダヤ人をゲットーに入れ、ゲットーを周囲の世界から完全に孤立させた。二、三千人のユダヤ人――大半は若い男女だった――はイタリアの占領地域を通るか、マケドニアの山岳地帯に逃げこみ、ギリシア人共産主義者のレジスタンス運動体のギリシア人民解放軍に加わるかの方法でテサロニキを脱出した。

ヴィスリツェニーとブルンナーの到着のひと月余りのち、最初の列車がテサロニキを出た。二八〇〇人が詰めこまれた八〇両の貨車だった。出発前に親衛隊は彼らの所有するドラクマをポーランドの通貨ズウォティに替えさせた。彼らが受け取った金は偽物だったが、いずれにせよ彼らが行くところでは金は要らない。行先はクラクフだと彼らは聞かされていたが、実際の目的地はアウシュヴィッツ・ビルケナウ収容所であった。二日後に第二の列車が出発した。最初に送られたのがユダヤ人労働者だったため、ゲットーの裕福なユダヤ人のあいだではポーランドにやられるのは「共産主義者」だけであるという希望的観測が広まった。一九四三年七月半ばには、テサロニキに二〇〇〇人のユダヤ人しか残っていなかった。ヴィスリツェニーとブルンナーは、「特権的」ユダヤ人――ラビ、地元の指導者、富裕な実業家、親衛隊が付加的労働力として組織したユダヤ人の警備隊など――を最後まで残した。ひとつの民族を分割して、絶滅させるのは冷酷かつ効率的なやり方である。最後まで残されたのは、さまざまなやり方でユダヤ人共同体をまとめていた指導者たちだった。自己保存のため、ナイーヴさから、あるいは自分たちが置かれた危機的状況を把握できなかったために、指導者たちは次第に苛酷さを増す要求に応じるように人びとを説得し、それによって一歩一歩彼らをガス室に近づけたのだった。

勿論最後まで残された者も生き延びることはできなかった。指導すべき対象がいなくなると、次は指導者の番だった。富裕な者は隠匿を疑われて、金やその他の財宝のありかを訊き出そうとする親衛隊に拷問を受けた。そのあとで「特権的」ユダヤ人はベルゲン・ベルゼンの収容所に送られた。[25]

テサロニキのユダヤ人のうち四万四〇〇〇人がアウシュヴィッツ・ビルケナウ収容所に移送された。[26]ポーランドへの長い列車の旅の途中、詰めこまれた車両のなかで多くの者が死亡したが、到着したとしても、彼らの大部分は二、三時間以内に死者となっていた。テサロニキのユダヤ人の異常な死亡率は、彼らのほとんどが到着時にすでに瀕死の状態であり、ただちにガス室に送られたためである。

一九四三年、二、三か月のうちに四〇〇年の歴史をもつセファルディック系ユダヤ人のテサロニキは姿を消した。ヴィスリツェニーとブルンナーは、夏以後テサロニキからユダヤ人は「一掃された」とアイヒマンに報告した。これは一〇〇パーセントの事実ではなかった。ギリシア人と結婚し、それゆえにテサロニキに残ることを認められたユダヤ人が一五人いた。だがその立場も危うかった。ギリシア人の妻が出産で命を落としたとき、新生児は当面テサロニキにいることが認められたが、夫はただちに移送された(27)。

約一万三〇〇〇人のテサロニキのユダヤ人が、アウシュヴィッツ・ビルケナウ収容所で苦役用に選ばれて、ガス室をまぬがれた。だが彼らの運命も同じだった。多くの女性と子どもは人体実験の被験者となった。実験の主導者は、三か月前に赴任したばかりのヨーゼフ・メンゲレだった。テサロニキから来た女性は妊婦も含めて、子宮に癌細胞を移植され、男性は精巣を除去された。伝染病の実験もおこなわれ、一六歳から二〇歳までの、三〇〇人の若い女性がそのために選抜された。一九四三年の九月までには全員が死亡していた。ビルケナウ収容所でおこなわれた人体実験のうち、四分の一がテサロニキ出身のユダヤ人を被験者として使っていたとされる(28)。

テサロニキから来た男性の多くが労務部隊のために選抜され、ガス室から死体を運びだして焼く仕事をまかされた。収容所でそのようなユダヤ人たちに接した人びと（プリーモ・レーヴィもそのひとりだった）は彼らの印象を次のように語っている。

われわれのそばにギリシアから来たユダヤ人の一団がいる。サロニキのあっぱれな、恐るべき連中で、粘り強く、ずるがしこい盗人たち。抜け目なく獰猛で結束しており、何としても生きようと闘い、敵を容赦しない男たちだ。彼らは厨房も中庭も乗っとり、ドイツ人からさえ一目置かれ、ポーランド人から恐れられている。彼らは収容所に来て三年目で、収容所の実態を誰よりも知りつくしていた。今彼らは互いにぴったりと肩を寄せ、輪になっていつ終わるともなく詠唱している。(29)

戦後二〇〇〇人に満たないユダヤ人がテサロニキに戻った。戻っても何があるわけでもない。生存者のほとんどは収容所で家族も親族も失い身よりがなかった。テサロニキで彼らが所有していた家やアパートメントや会社は、それらをドイツ軍から買いとったギリシア人のものとなっていた。失われた財産をとり戻す試みはすべて、新しく誕生した右翼のギリシア政府によって阻止された。テサロニキには「私たちに祝福を与えることのできるひとりのラビ」さえいない、と生存者のひとりは言ったという。(30)

エリカ・ペラヒア・ゼモールの表現を借りれば、テサロニキはもはや「魂を抜きとられた」都市だった。そこに住むのは耐えがたく、大部分の者は移動を続けた。セファルディック系ユダヤ人社会の、豊かな文化的・文学的遺産も戻ることはないだろう。それは四散し消滅した。例外的に残ったもののなかに、戦後テサロニキの市場に出現したユダヤ教にかんする資料の幾枚かの頁とトーラーの巻物の断片があった。頁は靴の詰め物に使われ、羊皮紙は靴底となった。(31)

第11章　製紙工場は本の墓地

ヴィリニュス

リトアニア、ヴィリニュス。プリントアウトした地図を手に、わたしはヴィヴルスキオ通り（Vivulskio gatvé）一八番地に辿り着く。そこで何が見られるのか、あらかじめわかっていたわけではない。歴史的に重要な場所へとわれわれが引き寄せられるのは、たぶんいつでも同じ理由によるのだ。かつて大きな戦闘の場であった牧場、有名な小説が書かれたと言われているカフェ。そのような場所は歴史的事件や、そこに登場する人びとに近づく手がかりを与えてくれる。少なくとも想像のなかで、時間という溝に橋をかけてくれるように感じられる。

ヴィヴルスキオ通り一八番地には、聳え立つ新築九階建てのアパートが一ブロックを占めていた。近代的な黒い建物、床から天井まで届く窓ガラス。新しく若いヴィリニュスの象徴で、流行に敏感な連中やミニマリストたちが集う多国籍料理のレストランやナイトクラブが並ぶ。だが過去を知る者にとってこの場所はまったく異なる連想を誘う。ここは、ヴィリニュスの歴史に深い傷痕を残した場所なのだ。

ヴィリニュスがポーランドの一部であったころ通りの名前は今とは違って、Wiwulskiegoと綴られていた。そこにはＹＩＶＯという略称で呼ばれる、イディッシュ学術研究所（Yidisher Visnshaftlekher Institut）があった。研究所は石造りの家のなかにあり、広々とした玄関ホールでまず目に入るのは、この研究所と支部組織の印が書きこまれた世界地図だった。一九四二年、ナチの全国指導者ローゼンベルク特捜隊がこの建物を占拠する前から、この建物はドイツ兵のための兵舎になっていた。世界地図の上にはドイツ鷲勲章と鉤十字の旗が垂れていた。[1] 部屋の床には本や新聞が積まれていた。だが特捜隊が探していたものは、地下室で見つかった。兵士たちが入居したときにそこに投げこんだ何万冊という本と定期刊行物である。

それは東ヨーロッパで最も重要なユダヤ関係書籍のコレクションで、アシュケナージ系ユダヤ人（ドイツや東欧に定住したユダヤ人とその子孫）の文学、文化、歴史的遺産を保存するための野心的企てだった。起源は一九世紀後半に遡るプロジェクトないし運動であった。

ユダヤ人が一九世紀に市民権を与えられていた西ヨーロッパと違って、東ヨーロッパのほとんどのユダヤ人の状況は、二〇世紀初頭になっても中世以来さして変わりがなかった。ユダヤ人に課せられた多くの制約のなかで、最大の不利は彼らが高等教育から排除されていたことだった。少なくともシモン・ドブノウはそう述べている。

彼は一八六〇年にロシアのユダヤ人強制居住地区のなかの、ムスツィスラウという小さなコミュニティに生まれた。他のアシュケナージ系ユダヤ人同様、彼の母語はイディッシュだった。イディッシュとは、そもそもはドイツのユダヤ人が中世に話したドイツ語系言語で、当時のドイツ語に、ヘブライ語、アラム語、スラブ系諸言語の影響が加わっていた。ドブノウは公立のユダヤ人学校に行き、そこでロシア語を学んだが、一九世紀末にできた新しい法律がユダヤ人からその権利も取りあげた結果、彼の教育は中断された。彼は独学で歴史と言語学の勉強を続け、ユダヤ人強制居住地区から出て、偽造の書類を使ってサンクトペテルブルクに行った。

やがて彼は指導的なジャーナリスト、活動家、独学の歴史家となり、ロシアのユダヤ人が置かれた状況について書くようになった。彼は何よりもまずロシアのユダヤ人が近代教育を受ける権利を求めて闘った。それだけが彼らの解放をもたらすと彼は考えていた。

だが同時に彼は、ユダヤ人は自分たちの歴史と文化への認識を深めるべきであると説いた。彼によれば、アシュケナージ系ユダヤ人は「成熟していない幼稚なやから」であり、東ヨーロッパにおける自分たちの八〇〇年におよぶ歴史を知らないでいる。ドブノウが殊に懸念したのは、その歴史が失われようとしており、古いユダヤ人の記録や本がおろそかにされ劣化しつつあることだった。一八九一年のパンフレットに彼は書いている。「そうした記録や書籍は屑の山として、破損した家具やぼろと一緒に屋根裏部屋や、汚い部屋に置かれている。写本は劣化し、ネズミに食われ、無知な使用人や子どもが頁をちぎってはあらゆる目的のために使っている。要するに、それらの文書は年ごとに消失し、歴史から姿を消しつつある」。消失寸前の文書などを保存するために、彼は東ヨーロッパに散在している貴重な資料を集め、保存し、目録を作成するという「考古学的遠征」を呼びかけた。パンフレットのなかで、彼はこの壮大な遠征に参加するよう、熱心にユダヤ人たちに説いている。「力を尽くして四散したわれわれの宝を流浪の地から集めて公刊し、その基礎の上にユダヤ人の歴史の神殿を建てよう。来たれ。探索し捜査しよう[2]」

この企てがかなりの規模で実行に移されたのは、それから二、三〇年後であったが、ドブノウの力強い呼びかけは注目を集めた。東ヨーロッパの他のイディッシュの知識人たちもドブノウのように、イディッシュ文化を守る必要を痛感していた。

イディッシュ文化の衰退は文化的無関心ばかりではなく、他のふたつの新たな動きに助長されていた。ひとつは「新たなユダヤ人」の創造を模索するシオニズム運動、もうひとつは同化の動きで、ユダヤ人というアイデンティティを放棄しようとするユダヤ人が増えつつあった。のちにＹＩＶＯ協会の創立へと発展してゆく運動は、こうしたふたつの潮流と対決しようとした。一方では同化を望むユダヤ人が増えるなかで、失われてゆくものを救おうとし、他方では、イディッシュ、ラディーノ、ジーディ（イランのユダヤ人の言語、別名ユダヤ・ペルシア語）などのユダヤ人の言語のかわりに現代ヘブライ語——今日イスラエルで話されている言語——を使おうとするシオニストの企てに異議を唱えた。

新世代の若いユダヤ人歴史家、著述家、民族誌学者、アーキビストらは、ドブノウが唱導した調査に乗りだした。第一次世界大戦勃発に先立つ数年間にロシア系ユダヤ人の作家・民話研究家のシュロイメ・ザィンヴェル・ラパポルト（Ｓ・アンスキーという筆名で知られている）はウクライナの小村に調査に赴き、何百時間にも及ぶイディッシュの歌、格言、物語を記録した。そのような小さいコミュニティの多くがロシア革命後、シモン・ペトリューラ体制下の民族浄化政策によって一掃されたために、アンスキーの仕事は非常に貴重な、その時代の記録となった。

ＹＩＶＯは第一次大戦後に具体化し始めた。一九二四年、言語学者で歴史家のノフム・シティフが構想を示したイディッシュ調査研究所は、歴史、文献学、教育学、経済学に重点を置き、古文書館と図書館を備えていた。研究所の使命は、イディッシュに一言語としての正統性を与えること、同時に継続的使用に耐えるように、イディッシュを近代的言語にすることであった。

翌一九二五年、イディッシュ学術研究所がベルリンに設立され、あとふたりの歴史家・言語学者エリアス・チェリコヴェルとマックス・ヴァインライヒがその推進力となった。研究所の本部は、歴史的に東ヨーロッパにおけるイディッシュ文化の中心地であったヴィリニュスに置かれた。

第二次世界大戦前には、ヴィリニュスにはシナゴーグ兼集会所が一〇五、ユダヤ人のための日刊新聞が六紙あった。ユダヤ人人口は約六万人で、都市の総人口の三分の一を占めていた。何百年ものあいだ、ラビ、ユダヤ人著述家、知識人、芸術家らがこの都市に引き寄せられて集まった。伝説によれば、一八一二年ナポレオンがモスクワに向かう途中でここに逗留したとき、彼はヴィリニュスを「北のエルサレム」と呼んだという(3)。

ヴィリニュスでもっとも名高い市民は、「ヴィリニュスの天才」として知られる、一八世紀のラビ、エリヤ・ベン・ソロモン・ザルマンであった。彼は生前トーラーとタルムードの解釈で第一人者とみなされていた。それに劣らず重要なのは、一八世紀にユダヤ教における福音主義運動のように広まっていた正統派ハシディズムに、彼が反対の立場を取ったことである。彼は信仰にかんするハシディズムの感情的なアプローチや奇跡の強調を斥け、それにかわって世俗的な資料や科学を学ぶことをユダヤ人に奨励した。

二〇世紀初頭ヴィリニュスは、ユダヤ人居住地区のユダヤ人たちへの迫害や制約にたいする文化的、政治的抗議の中心地になっていた。一八九七年、リトアニア、ポーランド、ロシアでユダヤ人労働者総同盟が結成された。これはユダヤ人の権利の向上をめざす世俗の社会主義政党だった。しばしばブントと略称されたこの政党は、リトアニア、ポーランド、ロシアのユダヤ人が第一言語として選ぶイディッシュの使用を擁護した(4)。

新しいユダヤ人学校や、幾つもの図書館、劇場、出版社、新聞社があり、ヴィリニュスは活気に溢れた都市だった。第一次大戦後、それは合併によって、新生ポーランドの一部となり、発展はさらに加速した。ふたつの大戦間に、ヴィリニュスはイディッシュを文字どおり再生させようとする運動の本拠地となった。「若いヴィリニュス」は前衛的なユダヤの詩人や著作家のグループで、そのなかにはハイム・クライデやアブラハム・スツケベルがいた。

明らかにヴィリニュスは、ＹＩＶＯの研究者たちが一九二〇年代中葉に着手する使命の中枢部になろうとしていた。研究所はゼロから出発した。国家の後ろ盾もなく、初期には本部はマックス・ヴァインライヒのヴィリニュスのアパートの一室に置かれていた。

しかし財政的支援は海外から、アメリカ合衆国、南アメリカ、ドイツの人びと——その多くがアシュケナージ系の移住者だった——からの寄付が届くようになった。この援助のおかげで、研究所は一九三〇年代初めにヴィヴルスキオ通り一八番地に移り、急速に増えてゆくコレクションのためのスペースを確保することができた。研究所の支部がベルリン、ワルシャワ、ニューヨークにも開設された。歴史家、民族誌学者、文献学者、文学者、哲学者、著述家など、ユダヤ人知識人からなるＹＩＶＯの小部隊が、東ヨーロッパのユダヤ人集団の、看過されてきた文化遺産の保護に乗りだした。シモン・ドブノウもそのなかにおり、三〇年来の彼の夢は今叶えられようとしていた。

研究所は研究者にとって総本山にも似た存在となった。そこには一次資料、本、文書、写真、収録された音源、その他イディッシュ文化に関するアイテムなど厖大な量の資料が保存され、集められ、研究されていた。

ＹＩＶＯの仕事は、ロマン主義と潜在的ナショナリズムとが、民話文化への新たな関心を呼びさましていた当時の、ヨーロッパ諸国における動きと軌を一にするものであった。エリアス・リョンロートのような初期の先駆者はカレリア（フィンランド南東部からロシア北西部にかけて広がる森林と湖沼の多い地方）に出かけて妖精物語を収集し、やがてそれを叙事詩『カレワラ』に組みこんだ。熱意と潜在するナショナリズムに変わりはなかったが、一〇〇年後には方法はより科学的になっていた。研究所で民話にかかわる人びとは最も活動的なグループであり、一九二九年には収集されたイディッシュの民話、サガ、歌はすでに五万以上に達していた。(5)

だがＹＩＶＯの仕事は文化遺産の保存だけではなかった。イディッシュ文化についての現代の情報も集め、イディッシュのスペリングを標準化するという言語改良計画に取りかかった。イディッシュが話されるすべての国の関係者は、地方の慣例を調べて記録し、その資料をＹＩＶＯに送るよう求められた。歴史家セシール・Ｅ・クズニツによれば、研究所は歴史的プロジェクトというよりも、未来のためのプロジェクトを担っていた。

それが担う文化的運動のゆえに高い評価を受けていたＹＩＶＯは、歴史的文書を集め、学術論文を発表するに留まらず、現代のユダヤ人民族意識の再構築において中心的役割を果たそうとした。（中略）ユダヤ人が学識を積む未来に焦点を合わせることで、ＹＩＶＯの指導者たちはユダヤ人が周辺に押しやられた現在の経済的、政治的な状況を超えた先を見据え、彼らが描くユダヤ文化への信念をもち続けた。(6)

一九三〇年代末には、厖大になったコレクションを収納するために、研究所は新たな翼部を増築した。一三年という短期間にＹＩＶＯは奇跡を成し遂げたのだった。全世界に散らばった五〇〇を超える蒐集者のグループが、研究所に繋がっていた。第二次大戦前には、古文書館には約一〇万冊の本と、本以外のもの、写本、写真、書簡、日記などが一〇万点あると査定されていた。[7] 研究所はまた、東ヨーロッパのユダヤ人の歴史に関連のある文化的、民族的工芸品の分野で最大のコレクションのひとつを築いていた。加えてマルク・シャガールなどユダヤ人芸術家による作品約一〇〇点の優れたコレクションもあった。ちなみにシャガールは、ジークムント・フロイトやアルベルト・アインシュタインと並んで、研究所の著名な庇護者・協力者だった。[8][9]

＊　＊　＊　＊　＊

ソ連がポーランドに進撃した二日後の一九三九年九月一九日、赤軍はヴィリニュスを占領した。ポーランドの運命はそれに先立って、八月の最後の数日、ナチ・ドイツとソ連が独ソ不可侵条約に署名したときに決まっていた。これは、表向きは不可侵条約であったが、秘密の議定書のなかでは、ヒトラーとスターリンが東ヨーロッパを分割することが決められていた。五〇万の赤軍が国境を越えたときには、それに二、三週間先立つドイツの進撃によってポーランドの軍隊はすでに敗北していた。

侵略のあと、ヴィリニュスはリトアニアに割り当てられた。リトアニアはヴィリニュスを自分たちの歴史的首都だとみなしていたが、一九四〇年に赤軍がリトアニアにも進撃したのでこれは短命に終わった。一連の容赦ない襲撃によって、ソ連の権威筋は敵と思う者を見境なく拘束した。一九三九年と四一年のあいだに、何十万人ものポーランド人とリトアニア人——そのなかの何万人かはユダヤ人だった——がソ連の支配者たちによって東方に移送された。

最も苛酷な運命が待ち受けていたのは、ユダヤ人雇用者や工場主であった。彼らの財産は国有化され、しばしば移送の対象者となった。ユダヤ人はヴィリニュスの大多数の会社や企業を所有していた。新たな体制は同時にヴィリニュスにおけるユダヤ人文化の自由な表現の息の根を止めた。宗教的団体や組織と同様、ヘブライ語による教育は非合法化された。イディッシュの新聞は、『ヴィルナー・エメス』を除いてすべて廃刊とされた。ユダヤ人の「ナショナリズム」や少数グループの愛国的な感情表現は、組織的に抑圧された。ＹＩＶＯは国有化され、ユダヤ文化協会と改称され、新たに形成されたリトアニア・ソビエト社会主義共和国の、リトアニア・サイエンス・アカデミーによって、正式にソ連の学術システムのなかに取りこまれた。

ジャーナリストでイディッシュ研究者、また研究所の機関誌の編集長だったザルメン・レイゼンを拘束せよという指令が出た。一九四一年、ソ連当局は彼を銃殺刑に処した(10)。

しかし研究所を創立し、その長であったマックス・ヴァインライヒは、一九三九年戦争勃発当時、コペンハーゲンでの会議に向かう途中だったので、逃亡することができた。彼はただちにヨーロッパを去って、ニューヨークにＹＩＶＯの新たな本部を立ちあげた。当時、支部として残っていたのはニューヨークだけだった。ナチが権力を掌握したのち、ベルリンの支部は解体され、一九三九年にワルシャワがナチの手に落ちると、ワルシャワ支部の活動も停止した。

ヴィリニュスのＹＩＶＯは国有化され、ソ連の体制のもとで独立を奪われたが、さらに悪い事態が待ちうけていた。来たるべき運命は、ポーランドのナチ占領地域ですでに現われていた。

ポーランドの蔵書やコレクションの略奪は、一九三九年のポーランドの降伏後数週間のうちに始まっていた。だが今回それをおこなったのは特捜隊ではなかった。特捜隊が結成されたのは一九四〇年になってからである。

略奪をおこなったのは、パウルゼン特殊部隊として知られた特別班で、ペーター・パウルゼンという親衛隊に所属する考古学教授が指揮をとっていた。パウルゼンの任務は第一に「ゲルマン民族の」重要な文化財を祖国ドイツに戻すことだった。クラクフの聖マリア教会からもち出されたファイト・シュトース祭壇画はその一例である。

特殊部隊はグーテンベルク聖書のあるペルプリンの神学校を襲ったが、それはすでにアントーニ・リートケ神父の手でポーランドから密かに運び去られていた。それを知ると親衛隊は報復としてペルプリンの蔵書の一部を近隣の砂糖工場のオーブンで焼き、残りを本の集積所として準備されたポズナンの古い教会に移した。[11] その教会はやがて、ポーランドで略奪された百万冊を超える本の置き場となった。

パウルゼン特殊部隊は間もなくユダヤ人とポーランド人の諸機関、美術館、図書館、シナゴーグに注意を向けた。ポーランドにおける略奪は、ナチ占領下の西ヨーロッパと南ヨーロッパにおける選択的略奪――ユダヤ人およびイデオロギーで敵対する者を特に標的とした――とはまったく性質を異にしていた。ポーランドでの略奪行為は全人口が標的だった。西と東では戦略が根本的に違っていた。デンマーク人、ノルウェー人、オランダ人、ベルギー人、フランス人、イギリス人はアーリア民族で、それゆえいつの日か、国家社会主義ヨーロッパで兄弟となるべき人びとである。ナチは自らを世界じゅうのユダヤ人の有毒な影響から人びとを救出する解放者だとみなしていた。そして西の「兄弟である国ぐに」に、ナチのイデオロギーが掲げる目標の正当性を説いて同調させるべく、その宣伝活動にかなりの資源を投じていた。

東ヨーロッパにおける戦略は正反対だった。東ヨーロッパでは、何百万人ものユダヤ人が唯一の敵ではなく、その延長としてすべてのスラブ人も敵であった。東こそドイツが生存圏を拡大すべき土地だった。したがって、未来のヨーロッパではポーランドという国にも、ポーランド人にも場所はない。略奪はこのような方針がただちに具体化された結果であり、ポーランド人からすべての高等文化、学問、文学、教育を奪うことを目的としていた。そのようにしてポーランド人を、知的世界のない人間以下の存在にすることが意図されていた。

略奪は知識階級の粛清と密接に結びついていた。その狙いは、ポーランドの文化や教育を、それを具現する人びとを絶滅させることによって破壊することにあった。ポーランドの知的、宗教的、政治的エリートを殺害することによって、文字どおりポーランドの社会構造の「頭部を切り離す」ことが意図されていた。粛清は一九三九年のポーランド侵攻直後に実行に移され、すでに準備されていたリストにそって進められた。『ポーランド特別訴追記録』には六万一〇〇〇人の名前がのっていた。政治家、実業家、大学教授、教師、ジャーナリスト、著述家、貴族、俳優、裁判官、神父、将校の名前が並び、それに混じって一九三六年のベルリン・オリンピックに参加した有名なスポーツ選手の名もあった[12]。

学者、教育者、著述家、ジャーナリスト、神父の拘留と殺害は、図書館、大学、教会、個人的コレクションの略奪と並行しておこなわれた。ポーランドにおける略奪は莫大な量で、二、三〇〇〇万冊の本が盗まれた。二〇〇〇冊を超える初期刊本など、そのなかの最も貴重な資料はドイツに送られた[13]。

究極の目標が知的征服であったので、ナチの「研究」とはまったく無関係な本――教科書、児童書、文学作品など――も奪われた。組織的、計画的な根絶計画が遂行された結果、ポーランドで廃棄された本の数は略奪された本の数を上回った。或る見方によれば、一五〇〇万冊のポーランドの本がこの根絶計画で失われた[14]。三五〇の図書館の蔵書は製紙工場に送られて製紙用パルプになった[15]。

ポーランドにおける戦闘では見境のない破壊がおこなわれたので、歴史的に最も価値のあるコレクションさえ犠牲となった。ワルシャワにある幾つかのすばらしい図書館は最大の被害を受けた。一九四四年のワルシャワ蜂起のさい、ドイツ軍は一七四七年に建てられたポーランド最古の公共図書館であるザルツキ図書館をはじめとする数か所の蔵書に火をつけた。本、地図、写本など四〇万点に及ぶ蔵書、地図、写本のうち、焼失を免れたのは一割足らずだった。一九四四年一〇月、ドイツ軍は国立図書館の歴史的コレクションに火を放ち、一六世紀から一八世紀までの初期の印刷物八万点が灰燼に帰した。加えて一〇万点のデッサン、図版、三万五〇〇〇冊の写本、二五〇〇冊の初期刊本、五万部の楽譜や戯曲などが火のなかに消えた[16]。

三五万冊のコレクションをもつワルシャワの軍事図書館さえも焼かれた。本館にはラッパーズヴィル図書館の蔵書が収納されていた。これは或るポーランド人亡命者が一九世紀にスイスに設立したポーランドのエミグレ図書館で、一九二〇年代にポーランドに戻されたものだった。

ポーランドの文学遺産根絶作業は驚くほど効率的におこなわれた。調査によれば、ポーランドの全書籍の七割が略奪によって姿を消し、公共図書館や学校にあった本の九割以上が失われた[17]。

ポーランドのユダヤ人とその文化に加えられた迫害はとりわけ苛酷だった。戦前には三〇〇万人だった人口のうち一九四五年の生存者は一〇万人ほどであった。ポーランド人の蔵書同様、ポーランドのユダヤ人の蔵書も略奪あるいは廃棄された。失われた蔵書のなかにはルブリンのユダヤ教神学院所属の、タルムード関連の優れたコレクションがあった。破壊に参加した或るナチの関係者はこの出来事について次のように証言している。

ポーランド最大のものとして知られたタルムード神学校を破壊することは、われわれには格別誇らしかった。（中略）われわれは、名高いタルムード関連の蔵書を建物から放りだし、荷馬車で市場に運び、そこで火をつけた。火は二〇時間燃えつづけた。ルブリンのユダヤ人たちはまわりに集まって、激しく泣き叫び、その声はあたりを圧せんばかりだった。それからわれわれは軍楽隊を呼んだ。兵士たちの歓喜の叫びがユダヤ人たちの号泣を覆った。(18)

ポーランド人のための図書館でも、ユダヤ文学やユダヤ人著者による本は放逐された。「ポーランドのユダヤ人による著作を非合法化する第一の意図は、僅かでも残るポーランド文化から、ユダヤの影響を一掃することだった。ナチはユダヤ人の住む場所のガイドブックさえ危険で敵対的なものとみなした」と、ポーランドにおけるユダヤ人の蔵書の破壊を調査した歴史家マレック・スローカは書いている。「ヨーロッパ文化やポーランド文化にたいする、ユダヤ人の文化的、文学的寄与を抹消する計画は、ユダヤ人の根絶と同じほどドイツ軍にとって重要だった(19)」

ポーランドにあったユダヤとポーランドの最も重要な蔵書までもが破壊行為のなかで消失したのは、略奪が組織だっていなかったためである。特捜隊はまだ始動していなかった。だが戦闘と占領が容赦ない速さで進行したことも一因だった。多くのものが一瞬にして破壊されたのだ。

大規模な略奪と破壊は、ただちにポーランドのユダヤ人の根絶と結びついていた。シナゴーグ、学校、諸機関が略奪の対象となったばかりか、ユダヤ人の家庭がひとつ残らず襲われ、個人の立派な蔵書から貧困家庭の僅かな本に至るまで奪われた。一九四二年にナチが絶滅収容所へのユダヤ人の大規模な移送を開始したとき、ゲットーは閉鎖され、残っていた蔵書は奪われ、焼かれ、あるいは製紙工場に運ばれた。ゲットーが解体されたさい、居住者が必死に守ろうとしていた蔵書が発見された。たとえばクラクフのシナゴーグにあった一五〇巻のトーラーが葬儀屋の屋根裏に特別に作られた秘密の部屋のなかに隠されていた。そのほとんどは焼かれた[20]。

ワルシャワではパウルゼン特殊部隊が、ヨーロッパ屈指の大シナゴーグから三万冊の本を略奪した。その後シナゴーグは市内の五〇か所以上のユダヤ人蔵書から奪った本の倉庫として使われた[21]。

一九四三年四月、ワルシャワのゲットーに残っていたユダヤ人が蜂起した。その一年前には五〇万に届いたユダヤ人のうち、この時点で残っていたのは僅か五万人だった。蜂起は成功の見込みのない自暴自棄の行動だったが、それを扇動した者たちはいずれにせよ訪れる運命を知っていた。ゲットーから移送された人びとのほとんどはすでに死者であった。

親衛隊は火炎放射器と手投げ弾を用いてゲットーの家並を一軒ずつ焼き、蜂起は地獄絵のなかで鎮圧された。鎮圧された五月一六日、親衛隊の技術者たちは親衛隊少将ユルゲン・シュトロープの指揮下、大シナゴーグに地雷を敷設した。戦後刑務所で同室だったポーランド人ジャーナリスト、カジミェシュ・モチャルスキによれば、シュトロープは次のように話したという。

なんと凄い光景だったことか。劇場で幻想的な芝居を観ているようだった。部下と私は少し離れたところにいた。私の手のなかには地雷すべてを一斉に爆発させる電気装置があった。イエズス会士が沈黙を促した。わたしは勇敢な将校と兵士を見渡した。疲れ汚れたその姿が、背後で燃える建物の赤々とした火を背景にシルエットのように浮かび出ていた。緊張を一瞬長びかせてから、わたしは「ハイル・ヒトラー」と叫んでボタンを押した。耳をつんざく轟音を立て、虹のような色彩をぶちまけて、爆発の炎は雲に向かって舞いあがった。ユダヤ人どもに勝利したわれわれへの、忘れがたい称賛のしるしだ。ワルシャリのゲットーは消滅した。アドルフ・ヒトラーとハインリヒ・ヒムラーの意志が実現したのだ。[22]

＊　＊　＊　＊　＊

ポーランド侵攻の二年後の一九四一年、これよりも大規模な容赦ない略奪と破壊がすでにおこなわれていた。六月二二日、ナチ・ドイツはバルバロッサ作戦と名づけた、ソ連への攻撃を開始した。このときまでにはローゼンベルクとヒムラーは高度に機能的な略奪組織を構築していたが、その「専門知識」が今や東部戦線に傾注された。特捜隊は第三帝国で最も効率的な略奪組織になっていた。特捜隊はまた、ローゼンベルクがナチのヒエラルキーで出世した結果、強い立場にあった。ヒトラーは長年、東方の諸問題にかんしてはバルト海東岸のドイツ人集団を、党の権威ある代弁者とみなしていたが、侵攻を始めた今、ようやくローゼンベルクに「東部占領地域省」という部署を与えた。省の役割はソ連の占領地域に文官による統治を樹立し実行に移すことだった。

「東部占領地域省」は本国政府によって東部の占領地域に作られた帝国大管区を管理した。ローゼンベルクは広大な地域の統治を容易にするために、ソ連を幾つかに分割するという考えをかねてからもっていた。計画していた六地域のうちのふたつの地域は戦時中に実現した。バルト海沿岸、ベラルーシ、ロシア西部の一部が帝国大管区オストラントを構成し、帝国大管区ウクライナは現在のウクライナ国に相当していた。残り四つには、モスクワ、コーカサス、中央アジア、ヴォルガ川流域を中心とした地域が予定されていた。

書類上では、昇任によってローゼンベルクは巨大な権力をもっていた。だが実際にはそれは常にヒトラーによって狭められていた。ローゼンベルクとヒトラーは東方支配の方法をめぐって間もなく対立した。

ローゼンベルクは、スラブ人を明らかに劣っているにせよ、アーリア人だとみなした。彼の考えでは、ドイツが広大なロシアの領土を統治するには、ボルシェビキに従属を強要された民族集団との戦略的連携が不可欠だった。ドイツは解放者という役割を担い、何百年もの昔から続く彼らの反共産主義と反ロシア感情とを利用して、クレムリンの支配者に敵対させるという計画を、彼はヒトラーに示した。特にウクライナの人びとは反ボルシェビキの同盟者となり得ると、彼は確信していた。したがって彼らには或る程度の自治権を与え、ナチに従属する国家を作らせるべきである。

これは実利的な計画で、ローゼンベルクは珍しく実益政策に留意したようだった。おそらくそれは経験に基づいていたのだろう。彼はソ連という広大な地域のなかに織りこまれた民族や文化の途方もない複雑さをよく知っていた。他のナチ指導者と違って、彼は実際にロシアとウクライナの果てしない草原を見ていた。彼の計画が実行に移されていたならば戦争の成り行きは変わっていたかもしれなかった。

しかし彼の計画はナチ指導者たちから何の後押しも得られなかった。ヒトラーとヒムラーにかんするかぎり、奴隷たちに自治を与えるのは考えられぬこと、あのような「人間以下の者たち」を戦友とするなどもってのほかであった。マルチン・ボルマンの指示で書きとめられた或るときの食卓での会話で、ヒトラーは、スラブ民族は「奴隷になるよう生まれついている」と言っている。[23] ヒトラーとヒムラーのみならず、ヘルマン・ゲーリングとボルマンもローゼンベルクの東方政策に異を唱えた。そのような強力な反対を前に、ローゼンベルクに勝ち目はなかった。帝国大管区の指導者たちはヒトラーによって直接任命され、ヒトラーに従属した。こうしてローゼンベルクの権威は薄められた。

残忍なナチ党員エーリヒ・コッホがウクライナ総督に選ばれた。「相手のウクライナ人がわたしの食卓に加わるに値する人物であっても、わたしは彼を銃殺せざるを得ない」という彼のことばは端的に被支配者への彼の態度を示していた。「最低のドイツ人労働者でさえ人種的、生物学的にここのやつらより優れている」[24]

このようなコッホの即決方針は、ローゼンベルクの予想どおり、最初はドイツ軍に好意的だった人びとを失望させた。まだしも抑圧的なボルシェビキが、すべての点でナチよりましであったことを人びとが悟ると、占領軍とその絶滅政策にたいして激しいレジスタンスが始まった。

ローゼンベルクの権力を削いだもうひとつの原因は、策定されたふたつの占領地域において彼が軍事的手段をもっていなかったということだった。そこで生じた権力の空白はヒムラーと親衛隊によって埋められた。戦争勃発以来、親衛隊の影響力は、体制のほとんどすべての箇所で強化されていた。ヒトラーは幾らか根拠のある理由から、ドイツ国防軍の将校たちに被害妄想的ともいえる不信感をもっており、次々と彼に忠実な親衛隊に権力を移行させていた。

ヒムラーの立場を強固なものとしたのは、親衛隊の武装組織だった。武装親衛隊は一九三九年以降絶えず拡張を続け、戦争が終わるころには、一〇〇万近くの兵士を擁していた。東部戦線で熾烈な戦いがおこなわれるなか、親衛隊は国防軍の多くの任務をひき継いだ。そのひとつは「パルチザン」との闘いだったが、それは実質的には絶滅政策を実行する一手段であった。

ローゼンベルクは東方政策にかんしては挫折したが、ソビエトでの彼の特捜隊の活動は順調だった。ヒトラーは特捜隊に指令を発し「図書館、古文書館、フリーメイソン・ロッジ、イデオロギー的、文化的機関をくまなく探索し、国家社会主義ドイツ労働者党のイデオロギー支配圏での使用、および高等学院での研究にとって有用な資料を没収するように」と徹底的捜索をうながしていた。

特捜隊は原則として、略奪に必要と判断されれば、どのような方法や手段でも使う権限を委託されていた。総統の命令で国防軍は特捜隊の作業を補佐することになっていた。西部戦線における活動との根本的な違いは、特捜隊が今では「予備隊」として軍隊に同行していることだった。西方では国防軍は往々にして略奪からは距離を置き、積極的にそれを防ぐことさえした。略奪は軍にとって汚名であることを多くの将校はわきまえていた。

だがソ連では国防軍の道徳的レベルはかなり低下していた。

西方では、略奪は明らかに的をしぼった集団――ユダヤ人、フリーメイソン、政敵など――を対象としており、「普通の」フランス人、オランダ人、デンマーク人の財産は概して尊重された。東方では略奪のルールはまるで異なっていた。あらゆる実利主義に逆らい、ローゼンベルクは徹底的な非情さをもって略奪に没頭した。その非情は、戦後ニュルンベルク裁判で彼が証言したように、ボルシェビズムにたいする彼の個人的憎悪に由来していた。「世界観という視点からわれわれが対抗者ないし敵とみなしたものは、西方と東方とでは違っていた。西方にはユダヤ人の組織やフリーメイソンのロッジが存在したが、東方には共産党の他は何もなかった[25]」ローゼンベルクの見方によれば、ボルシェビキ体制はユダヤ人の陰謀の一部であるから、共産党の財産は「ユダヤ人のもの」であった。

特捜隊は強力だったが、ソ連での活動にかんしては、それに劣らぬライバルがいた。侵攻の過程でキュンズベルク特殊部隊として知られる部隊が、三個の軍団に密着して進み、美術館、図書館、古文書館を襲い、押収した資料をベルリンに送っていた。かたちの上では、その特殊部隊はヨアヒム・フォン・リッベントロップの外務省の指令下にあったが、実際には親衛隊中佐で、歴史家のエーベルハルト・フォン・キュンズベルクが指揮をとっていた。三個の軍団はいわば先発隊で、徹底した略奪がそのあとに続いた。キュンズベルク特殊部隊は重要なターゲットを襲い、前述のパウルゼン特殊部隊と同様「ゲルマン民族のもの」とみなされた芸術品が第一の対象とされた。そのなかにはレニングラード郊外にあるエカテリーナ宮殿の、アンドレアス・シュリューターが作った琥珀の間があった。だが同時に何万冊もの本が皇帝の宮殿からからもち出され、Zarenbibliothek Quatchina というラベルを貼った箱に詰めてドイツに発送された。キュンズベルクの押収品の或るものは特捜隊に引きわたされることになるが、そこには皇帝の宮殿の本と押収されたヘブライ語の多くの本が含まれていた[26]。

特捜隊のやり方はよりアカデミックで、図書館、古文書館、美術館など諸機関の調査に基づいた略奪は秩序だっていて、綿密で選択的だった。一九四一年の夏と秋に、専門家たちがソ連に派遣され、最初の調査をおこない、貴重なコレクションのリストを作成した。専門家のひとり、バルト海東岸のドイツ人でアーキビストのゴットリープ・ネイはまる一年を費やして、ソ連のナチ占領地域にある図書館を調査した。ネイはナチの高等学院のために働いたが、戦後はスウェーデンに移り、ルンドでアーキビストとなった。

特捜隊は三つのグループを作り、それぞれをオストラント主要行動隊（バルト海沿岸地域担当）、中央主要行動隊（ベラルーシと西ロシア担当）、ウクライナ主要行動隊とした。リガ、ミンスク、キエフそれぞれに事務局を置き、地域を横断した略奪行為を管理した。地域内にはユダヤ人居留地があり、大部分の東方ユダヤ人がいまだにそこで暮らしていた。

ローゼンベルクが東方には共産党しかないと言ったのは、ほぼ当たっていた。ほとんどのコレクションを没収し国有化し、フリーメイソンや類似の組織の活動を禁止していたソ連は、ナチの略奪者のために道を開いておいてくれたのである。略奪品の多くは西側諸国に売却されるか、ソ連の公共のコレクションに加えられていた。それゆえナチは最も価値あるコレクションを所有するソ連の公共施設に焦点をしぼった。[27]

国有化は、ソ連の支配下にあった短期間に、バルト海沿岸地域や東ポーランドでも着手されており、ＹＩＶＯもそのひとつだった。しかし国有化されたのは主として公共機関や宗教的グループに所属するコレクションで、国による個人の財産の没収までは進んでいなかった。[28]

ソ連における特捜隊の作業は大規模かつ野心的だった。特捜隊自身の或るレポートによれば、捜索を受けた機関は二二六五。捜索には国防軍と親衛隊情報部のみならず、ドイツ諸機関の図書館員、アーキビスト、専門家らとの広範囲にわたる協力を要した。

たとえば、ウクライナ主要行動隊内部では一五〇人の専門家が何百という図書館、公的コレクション、大学、教会、宮殿、シナゴーグの略奪を組織した。[29] すでにボルシェビキの襲撃を受けていたソ連の宗教施設は、さらなる痛手をこうむった。ソ連当局によって、何千人もの司祭が殺害され、またはシベリアの強制収容所に送られていた。すべてを合わせればナチの組織は一六七〇のロシア正教教会、五三二のシナゴーグ、二三七のカトリック教会から略奪をおこなったと推定されている。

ユダヤ人の蔵書の他に、特に注目されたのは共産党に所属する古文書館や図書館だった。国家保安本部は情報として重要なものを要求し、その他の多くの資料は、ローゼンベルクによる東方文庫の企画のために移された。そこにはパリからの亡命者の蔵書も加えられた。さらにヴァンゼー・インスティテュートやヴロツワフの東ヨーロッパ・インスティテュートのようなドイツの東方研究機関が、ソ連からの略奪品の分け前を要求した。

ミンスクでは数百の図書館で略奪がおこなわれたが、そのなかのレーニン図書館の蔵書だけで一七の鉄道車両を満たした。[30] キエフではいわゆる革命古文書館――ロシア革命の時期にかかわる厖大なコレクション――がもち去られた。ここにはシモン・ペトリューラが率いたウクライナ人民共和国の文書もあった。特捜隊はさらにスモレンスク州にかんする共産党の古文書をすべて手に入れた。一列に並べると一五〇〇ヤードの分量だった。[31]

この資料は反ボルシェビキプロパガンダ作成のためにとっておかれたが、同時に特捜隊の広報の表現を借りれば「ボルシェビズムと闘うには、ドイツはそれをもっと知らねばならない」という目的にも叶っていた。ベルリンのゲルトラウド通りにある東方文庫はこの種の調査の中心となった。すでに一九四一年のソ連侵攻の翌年、その図書館は五〇万冊の本を吸収した。リガの特捜隊からは二〇万冊が到着し、スモレンスクでは三〇万冊が略奪されていた。[32] 東方文庫は大量の文書資料、写真、新聞、雑誌、地図も集めていた。

ポーランドの場合と同じく、ソ連でも資料の廃棄は略奪を大幅に上回った。或る調査によれば、戦争中にナチの廃棄した本は一億点以上、そのうちソ連で廃棄されたものが圧倒的に多かったと推定されている。[33]

一九四一年から四五年までの、ナチ・ドイツとソ連との戦闘は歴史上最も凄まじいもので、ほぼ三〇〇〇万の人命が失われた。物質、文化の両面で類のない破壊がそこでおこなわれた。破壊の幾分かは、ロシアの伝統的焦土作戦を用い、価値あるものを極力敵に残すまいとした赤軍に帰することができる。退却するにあたって同じ作戦を用いたドイツ軍が、焦土をさらに焼き尽くした。

だがナチの最終目的はスラブ文化の衰退と絶滅であった。ナチの調査とは関係のない何千万冊もが廃棄された。略奪品が厖大な量であったため、選択は非常に厳密におこなわれた。

王宮のような重要な文化的、歴史的シンボルは、組織的に破壊された。ヒトラーの目標はソ連の大都市すべてを更地にすることだった。アジア人にとっての「ヨーロッパへの通路」と彼がみなした文化都市レニングラード（サンクトペテルブルク）は破壊されねばならず、その全住民は餓死させるべきであった。バルト海沿岸地方は、最終的には第三帝国に併合されるだろう。ボルシェビズムの中心地モスクワは、そこに人口湖を作り出すことによって、地上から姿を消すだろう。ナチはヴォルガ運河の水門を開いて、あたり一帯を水没させせる計画をもっていた。[34]キエフさえ地上には何も残らないだろう。ヒトラーの計画によれば、クリミアとウクライナ南部の広大な地域は、現在の住民を一掃したあとドイツの植民のための土地となるはずだった。

バクー地方、ガリツィア（ウクライナ西部）およびヴォルガの入植地――一八世紀にロシアに入ってきたドイツ人マイノリティの集団が住み、ソ連のなかにあって自治を認められた共和国だった――なども第三帝国に併合される。東ヨーロッパにおけるドイツ民族の生存圏はそんなふうに構想されていた。ポーランドと同じく、ロシア人、ウクライナ人、コサック、その他の民族を、新たな王たるドイツ人のもとで奴隷の身分に落とす計画だった。しかし、ただちに第三帝国に併合されるべき地域においては、ドイツ人移住者に道をあけるべく、現在の居住民は立ち退かせるか、絶滅させなければならない。これらの地域では、以前の文化の名残はひとつ残らず消さなければならない。

一方ナチの研究者たちは同じ地域で、ゲルマン民族がかつてそこに存在していたという、併合を正当化するような歴史的痕跡を――しばしば徒労だったが――探しつづけていた。破壊と略奪で最も荒廃したのはウクライナだった。ある推測によれば、ほぼ五〇〇〇万冊の本が戦争中に廃棄された。(35)

＊　＊　＊　＊　＊

道路に面したひとつの窓の上の、石の壁が日光で色褪せている。そこに二、三の微かだが優雅なヘブライ語の文字が見分けられる。かつてのヴィリニュスのユダヤ人居住区は薄く塗られた黄色のペンキの下に隠れている。二、三ブロック続く絵画的な低い石造りの家々、中世に作られた曲がりくねった道。その家々の多くは戦争以来そのままに放置されている。幾つかの家は内側へと傾き、屋根が潰れて崩壊寸前である。かつてのユダヤ人居住区の中心に、今ではベジタリアンのレストラン、ストリップショーを見せるクラブ、小規模の出版社などが並んでいる。

かつてストラシュナとして知られ、戦後ジャマイティーヨス通りと名前を変えた道路を、今わたしは歩いている。もとの名前は、研究者で実業家でもあったラビ、マティヤフ・ストラシュンに由来していた。彼は一九世紀にヴィリニュスの著名な知識人だった。彼はとりわけこの都市における、ユダヤ人の教育制度の拡充に寄与をした。だが彼の名が広く知られるのは、彼が設立した立派な図書館によってである。ドイツ語、フランス語、ラテン語、ロシア語ができたストラシュンは、中世のヘブライ語の写本から、文学的著作、詩、旅行記、科学の文献に至るまで、あらゆるものを蒐集した。一八八五年、死にさいして彼はその図書館をヴィリニュスのユダヤ人信徒たちに遺し、その二、三年後に図書館は一般に公開された。その後寄付によってさらに充実した図書館は、すぐに東ヨーロッパで重要なユダヤ人図書館のひとつとみなされるようになった。その歴史的なコレクションを見に、研究者、歴史家、ラビが世界じゅうから訪れた。

その図書館は、ヴィリニュスをイディッシュ文化の心臓部へと押しあげるのに多大な寄与をしたと、ヒルシュ・アブラモヴィッツは述べている[36]。アブラモヴィッツ自身数回この図書館を訪れ、変わり者で伝説の司書ハイケル・ルンスキをことに評価していた。ルンスキは図書館のことしか頭になかった。彼はユダヤ人居住区にある大きなシナゴーグに付随した建物に住み、図書館全体を頭のなかに納めていた。「どんな宗教的著作も、どんな世俗的著作も、どんなジャーナルも彼の頭に入っていた」。研究者であれ、著述家であれ、研究テーマをもつ者は、「比類なき」ハイケル・ルンスキに会う必要があった[37]。

アブラモヴィッツによれば、ルンスキはいつも同じ服を着用し、一日の食べ物は「少しのライ麦パンとニシンの頭」だけだった。六〇歳近くになっても図書館で仕事をしていたが、一九四一年六月二四日、ドイツ国防軍がヴィリニュスを占領した。バルバロッサ作戦――ナチ・ドイツの対ソ連攻撃――はその二日前から始まっていた。赤軍がドイツ軍の侵攻以前に撤退することを決めたので、ヴィリニュスはさしたる戦闘もなくドイツ軍の手に落ちた。

一九四一年七月、ローゼンベルクはヘルマン・ゴットハルトという研究者をヴィリニュスに派遣した。ゴットハルトは最初、ヴィリニュスの文化に関心を寄せ、論文の準備のためにその地を訪れている旅行者ないし研究者を装った。そしてそこに住むユダヤ人の状況を把握するために、ヴィリニュスの美術館、シナゴーグ、図書館を見てまわった。そこで働く人びとと話し、ヴィリニュス在住のユダヤ人研究者たちについて訊いた。七月末までには彼は全体的な評価を終え、ゲシュタポに三人のユダヤ人を拘留するよう依頼した。言語学者でジャーナリスト、短期間ソ連の支配下にあった時期にYIVO所長だったノア・プリルツキ、イディッシュのジャーナリストで、ヴィリニュスのS・アンスキー民族誌博物館の主任学芸員エリヤ・ヤコブ・ゴールドシュミット、三人目はストラシュン図書館の例の司書ルンスキだった。続く何週間か、彼らは毎日、ゲシュタポ本部の独房から出されて、ストラシュン図書館に連れて来られ、ヴィリニュスの最も価値あるコレクションのリストを作成するよう強要された。

時を同じくして、図書館の窓の外では大虐殺が進行していた。七月、殺人を任務とする特別行動部隊がヴィリニュスに到着し、五〇〇〇人のユダヤ人男性を逮捕した。彼らは一〇〇人ずつのグループに分けられて、ヴィリニュスの南約六マイルのパネリアイという小さなリゾート・タウンに連れてゆかれた。ここには戦前に赤軍が軍の飛行場に隣接して燃料タンクを貯蔵するために掘った大きな穴があった。男たちは衣服を脱ぎ、一度に一〇名から二〇名単位で穴の縁に並ぶよう命じられ、射殺された。穴に落ちた遺体が砂で薄く覆われると、次のグループが前に進まされた。[38] ナチはまたリトアニア人志願者からなる銃殺隊を編成した。隊はしばしばユダヤ教の祝日に突然動員されて、ユダヤ人を逮捕した。老齢者、病人、「非生産的」とみなされた者たちは除外された。犠牲者のほとんどはパネリアイの穴に埋められたが、そこでは七〇〇〇人のソ連軍の捕虜と、約二万人のポーランド人も殺されていた。

ほどなくして女性や子どもも捕らえられ、パネリアイの穴へと連れてゆかれた。八月、ゴールドシュミット、プリルツキ、ルンスキがヘルマン・ゴットハルトから命じられた仕事を終えるころには何千というヴィリニュスのユダヤ人が殺害されていた。彼らが作成したリストをもってゴットハルトがベルリンに戻って間もなく、プリルツキとゴールドシュミットはゲシュタポによって射殺された。理由は明らかでないが、ルンスキは釈放された[39]。

ベルリンの特捜隊が間もなく悟ったのは、東ヨーロッパにおける略奪は、西ヨーロッパとはまったく異なる方法を要するということだった。ヴィリニュスでゴットハルトが得た結論にも示されていたように、図書館、古文書館、その他のコレクションの数そのものが、圧倒的に多かった。そのような厖大な量の資料を、パリやローマでやったように一度の襲撃で没収するのは不可能で、非現実的だった。もうひとつの問題はヘブライ語やイディッシュができるドイツ人研究者の不足で、そのため将来の研究にとって役立つ貴重な本を選別できなかった。こうした問題の解決にはしばしばサディスティックな方法が採られたが、それはナチをナチたらしめた特徴に他ならなかった。彼らはやがて殺害する者たちに仕事を委託したのである。

一九四二年四月、フランクフルトのユダヤ人問題研究所のヨハネス・ポールは「ユダヤ人についての専門家」三人とともにヴィリニュスに旅行した[40]。このころにはヴィリニュスのユダヤ人は三分の一しか生存していなかった。四万人が一九四一年の晩夏から秋にかけて特別行動部隊によって処刑されていた。ちょうどポールの到着前に、大量処刑の速度が緩みはじめていた。国防軍とドイツの武器産業がより多くの奴隷的労働者を必要としたまさにそのときに、親衛隊は大量処刑のために銃殺隊を使うよりも絶滅収容所送りとするよう、戦略を転換しつつあった。まだ生存していた二万人のユダヤ人は、ユダヤ人居住区のなかに作られた狭いゲットーに押しこめられた。

一九四二年の初め、可能なかぎりの正常な生活が戻ったゲットーは、うわべは平穏な様相を呈していた。司書のヘルマン・クルックの指導のもと、ゲットーのなかに図書館さえ作られた。それはゲットー居住者たちの精神的抵抗の表明として、大量処刑のただ中で生まれていた。図書館があったストラシュナ六番地の家は、今でもそこにある。赤い家は目地も赤く塗られ、明らかに傷んではいるものの、その通りで一番美しい建物である。

ゲットーの住民たちは自分の所有する本、古い記録、美術品をその図書館に寄贈した。だが本は、居住者たちが殺害されて無人となった住居からも運ばれてきた。ストラシュナ六番地の家は図書館以上の存在であり、ユダヤ美術文化博術館として知られるようになった。四万五〇〇〇冊の本を擁する図書館に加えて、その建物には本屋、美術館、古文書館、調査部があった。ナチの犯罪はその都度密かに証拠が集められた。目撃者は状況を書き残し、ドイツ軍の命令をはじめとする記録が蓄積された。一団の人びとがゲットーの歴史を残す作業に取りかかった。

「ゲットーでの日々の苦痛、悩み、困難な状況にもかかわらず、文化という心臓がここで鼓動している」とクルックの日記にある。何千というユダヤ人が図書館にやってきて本を借りた。読書が住民たちに希望と慰めを与えたさまを、一五歳の少年イツハク・ルダシェヴスキは、図書館の本の貸し出しが一〇万冊に達した日に、日記に書いている。「ゲットーのなかで何百人もが本を読む。読書はゲットーでの最大の喜びとなっている。本は自由を感じさせ、僕らを世界につなげてくれる。一〇万冊の本の貸し出しは、ゲットーの誇りだ」[41]

クルックは図書館の活動を入念に記録していた。誰が本を借りたか、どの本に人気が集まるかなども。彼の観察によれば、或る人びとはゲットーにおける自分たちの状況と似た内容の本を求めた。中世におけるユダヤ人の歴史、十字軍、異端審問などがそうした主題であった。だがゲットーの読者に最も人気がある本は、トルストイの『戦争と平和』だった。正反対のものを求める人びともいた。彼らは「自分たちを現実からひき離して遠い国へ連れていってくれる」文学を求めた。どちらのグループでも読もうという意欲は強かった。「人間は飢え、貧困、苦痛に耐えることができる。だが孤立に耐えることはできない。本と読書への欲求が最も熾烈なのは、孤立のなかにいるときである」クルックは書いている[42]。

ゲットーが比較的平穏だったこの時期に、特捜隊は仕事に着手した。一〇人余りの学識あるユダヤ人が強制的な仕事のために選ばれた。そのグループには秋の絶滅作戦を生き延びたハイケル・ルンスキも含まれていた。ヘルマン・クルックと、YIVOで彼の同僚だった、文献学者で歴史家のゼリグ・カルマノヴィッツがリーダーに指名された。ゲットー近郊の、ヴィリニュスの大学図書館に付属する建物のなかの広いスペースが、分類作業場として整備された。

グループの仕事は貴重な資料を分類し、ドイツへの輸送のために荷造りすることだった。最初に委託されたのはストラシュン図書館からの四万冊だった。クルック、カルマノヴィッツ、ルンスキをはじめとするグループの者たちは、どちらに決めるのも恐ろしい選択と向きあった。

彼らは最も「価値ある」本を選び出し目録を作らねばならず、それはホロコーストを正当化する意図をもつ研究に寄与することを意味する。だが残された選択も同様に悲惨だった。選ばなければ、本はすべて近くの製紙工場に運ばれてパルプにされるからだ。

ナチに協力して貴重な本を「救う」か、それとも協力を拒否して本を失うか。「自分たちが救い主なのか墓掘り人なのか、カルマノヴィッツもわたしもわからない」クルックの日記は彼の悲嘆を伝えている(43)。

やがてゲットーのなかで「紙部隊」として知られるようになる、このグループに力を与えたものは、そのような苦境のなかでなお文芸の遺産を守っているという希望であった。やがてシナゴーグから本が、エリヤ・ベン・ソロモン・ザルマンの学校から貴重なコレクションが届くようになった。

作業は首尾よく進行し、特捜隊はさらにグループの仕事を拡大した。一九四二年の春、第二の分類作業場がヴィヴルスキオ通り一八番地のＹＩＶＯに作られた。紙部隊は四〇人を超えるまでに増強され、そのなかには三〇歳の詩人、アブラハム・スツケベルがいた。傾いだ黒縁眼鏡をかけた、卓越した知性のこの詩人は、言語の力に宗教的ともいえる信仰を抱き、ヴィリニュスの若い文学者サークルに属するイディッシュの詩人たちの中心になっていた。

特捜隊は両方の分類作業場に、近隣の町や村から略奪したユダヤ人の本の廃棄も細かく記録された。作業は特捜隊によって入念にチェックされた。「ホロコーストと同様、ユダヤ人図書館の蔵書を送りつけた。隔週提出される報告書には、ドイツに送られた本、製紙工場に送られた本それぞれの数、および言語別、出版年代別の分類が示されていた」と歴史家ディヴィッド・Ｅ・フィッシュマンは書いている(44)。

選択のさい相対的に価値の低い本を残しても、それによって救える本の数が増えるわけではなかった。特捜隊は前もって残す本の割合を特定しており、それに従って本の三分の二は廃棄されねばならなかった。それは「心がはり裂ける」作業で、グループの者たちは涙ぐんでこの強制労働に従事している、とクルックは日記に書いた。「ＹＩＶＯは死に瀕している。その集団墓地は製紙工場だ(45)」。ヴィヴルスキオ通り一八番地の作業場は「ユダヤ文化のパネリアイだ」とスツケベルは譬えた。ドイツの番兵たちの監視のもと、「われわれは自分たちの魂の墓を掘っている[46]」

　だが作業が始まったそのときから、紙部隊はレジスタンスの機会を狙っていた。ひとつは消極的なやり方だった。ドイツ兵たちが建物を出てゆくと、皆作業をやめた。ＹＩＶＯの建物のなかで作業をしていたスツケベルは、他のメンバーのためにイディッシュの詩の朗読をした。ゲットーにいたあいだずっと、詩や学位論文、日記を書きつづけていた者も数名いた。それは生存にかかわる問題だったと、スツケベルはのちに語った。「敬虔なユダヤ人がメシアを信じるように、書くことを続けるかぎり、詩人であるかぎり、わたしは死に立ち向かう武器をもっていた[47]」

　間もなく紙部隊は、貴重な本をこっそりもち出すという積極的なレジスタンスを始めた。一日の作業の終わりに、ゲットーに連れ戻されるまえに、スツケベルと紙部隊の他のメンバーは衣服のなかに写本を隠した。番兵がゲットーのユダヤ人警察から派遣されている日には、これはさほどリスクを伴わなかった。事態を察知してグループを紙部隊と名づけたのはこの警察の人びとだった。紙部隊は命を賭してひとつまたひとつと資料をゲットーに運びこむ紙の戦士だった。「他のユダヤ人からは、頭がおかしいのかという目で見られた。彼らは衣服や靴のなかに隠してゲットーに食糧を運びこんだ。だがわれわれが運びこむのは本や紙切れや時にはトーラーだった」とグループのひとりは書いている[48]。

　最も積極的な運び役であったスツケベルは、シオニズムの父テオドール・ヘルツルのものであった日記をなんとかもち出した。彼はまたドイツ人に「余分な紙」の処分を許可してもらうことを思いつき、その紙はゲットーのストーヴで燃やすのだと信じさせた。この許可によって、さまざまな「紙屑」が救出された。そのなかにはトルストイ、ゴーリキ、エリヤ・ベン・ソロモン・ザルマンの原稿やシャガールのデッサンがあった。

危険をともなうこのような勇敢な行動にもかかわらず、さらなる難問が待っていた。紙部隊はいわば牢獄から牢獄へと、本や資料を移しているに過ぎない。そのあとどこに運べばよいのか。ヘルマン・クルックはゲットーの図書館の奥深くに隠匿物をおさめ、スツケベルは資料を幾つかに分けて、自分のアパートメントの壁紙の奥などの隠し場所に入れた。最もうまく作られた秘匿場所は、ゲルション・アブラモヴィッチという技術者が密かに作った地下室だった。地下六〇フィートもあるこの地下室は電気設備と換気装置を備えていた。アブラモヴィッチは障害のある母親をナチの目から隠すためにこの部屋を作ったのだが、やがてそこには原稿、手紙、本、美術品などの同居者ができ、それらは床下に埋められた(49)。紙部隊は幾らかの資料を苦心してゲットーの外に運びだしたが、それにはリトアニア人の司書オナ・シマイテの助力があった。彼女はユダヤ人学生が返却しない本を取り戻しにきたという口実を作ってゲットーのなかに入った。帰るときは、貴重な本や原稿をもち出した。彼女はまたユダヤ人の少女をかくまったが、一九四四年に逮捕された。拘留され拷問を受け、ダッハウ強制収容所に送られた。だが彼女はなんとか戦争を生きのびた(50)。

スツケベルは本のみならず、武器も運びこんだ。彼は「統一パルチザン組織」の一員だった。これはゲットーで密かに形成された戦闘的ユダヤ人のグループで、「われわれは屠殺場に連れてゆかれる羊ではない」をモットーとしていた。スツケベルはＹＩＶＯの建物のなかで働きつつリトアニアと接触して、ピストルや軽機関銃の部品を受け取り、それをゲットーに運び、組み立てた。

時がたつにつれて、紙部隊の者たちは次第に大胆になり、大判の資料をもち出した。窮余の策として最後には、ＹＩＶＯの建物自体に本を隠しはじめた。一九四三年春から一九四四年九月までに、紙部隊は何千という本と原稿をもち出した。だが最終的に見積もれば、救われたものは製紙工場かドイツに送られた何十万点という本や原稿のごく一部に過ぎなかった。

＊　＊　＊　＊　＊

一九四三年の夏が終わるころ、紙部隊のメンバーは自分たちの仕事がやがて終わることを悟った。もう分類のために図書館の蔵書が届くことはなくなり、特捜隊は作業場を閉じようとしていた。

カルマノヴィッツは八月の終わりに最後となる日記を書いた。「日々何千という本を分類し、自分の手で紙屑の山のなかにそれを投げ入れた。YIVOの閲覧室の本の山、本の埋葬所、兄弟の墓場、本のもち主とともにゴグマゴグのような戦争に襲われた本たち。（中略）救うことのできた本たちが神の加護を得て生き残るように！　人間としてここに戻ってくるとき、その本たちと再会できよう[51]」

特捜隊の仕事ばかりではなく、ドイツ軍の東方作戦全体も縮小へと向かっていた。一九四三年冬のスターリングラードでの敗北のあと、ドイツ軍は退却中だった。その結果東方におけるドイツの軍事産業は解体され、何百万人もの奴隷労働者が不要になり多くは直接ガス室送りとなった。

一九四三年春のワルシャワのユダヤ人蜂起も、ハインリヒ・ヒムラーの不安を煽っていた。他のゲットーでも武装レジスタンスが企てられているにちがいないと彼が思ったのも当然だった。蜂起の二、三週間後に、彼はバルト海沿岸地域のゲットー解体の指令を発した。ドイツ軍の諜報活動をとおしてレジスタンスの温床とみなされていたヴィリニュスのゲットーは、可能なかぎり早く破壊される必要があった[52]。

ヴィリニュスに残っていたユダヤ人の移送が一九四三年八月初旬に始まり、二か月のうちにゲットーは無人となった。生産年齢の者は塹壕掘りなどの労働のために強制労働収容所に送られ、老人や子ども、病人などは殺害された。

だがゲットーの解体以前に、統一パルチザン組織のメンバー一八〇名は辛うじて脱出し、ヴィリニュス周辺の森林に身を隠した。アブラハム・スツケベルはそのひとりで、九月一二日に妻とヴィリニュスの若い文学者グループに属する詩人シュメルケ・カチェルギンスキとともに脱出した。スツケベルはゲットーですでに母親と生まれたばかりの赤子を失っていた。赤子はゲットーの病院でナチの手で毒殺されていた[53]。

スツケベル脱出のニュースはすぐにモスクワに届いた。一九四四年の初めに、ソ連で最も知られた作家・ジャーナリストのイリヤ・エレンブルグが、スツケベル夫妻のモスクワへの逃亡を助けた。ソ連の軽飛行機は戦線を越えて、ヴィリニュスの森林のなかの凍った湖に着陸した。ドイツ軍の対空射撃をかいくぐって、飛行機は無事ソ連側に戻った。共産党機関紙『プラウダ』に掲載されたスツケベルについてのエレンブルグの記事は、初めてソ連にいたユダヤ人の大量殺戮を世に伝えた[54]。

だがゲットーと紙部隊のほとんどの人びとは逃れることができなかった。パネリアイでは親衛隊が大量処刑を続行していた。この時期の終わりごろに処刑されたひとりは、あの日記の一五歳の少年イツハク・ルダシェヴスキだった。時を同じくして親衛隊は大量殺戮を隠蔽するための大がかりな作戦を開始した。一九四三年秋、近くの強制収容所シュトゥットホーフの人びとはパネリアイで、腐敗の進んだ何万もの遺体を掘り起こす作業を強要された。

遺体は巨大な炎で焼却され灰は砂と混ぜて埋められた。奴隷労働者たちが一〇万人の犠牲者の遺体を焼くのに数か月を要した。

ＹＩＶＯの精神的父というべきシモン・ドブノウは一九四一年にすでに殺害されていた。戦争勃発時に八〇歳だった彼は、一九三〇年代にリガに居を構えて回想録を執筆していた。迫りくる危険を予見した友人たちの助力でドブノウは一九四〇年にスウェーデンのビザを取得した。だが彼はそれを使わなかった。一九四一年、ナチがリガを占領すると、ドブノウは彼のアパートメントから追い出され、彼の大量の蔵書は没収された。リガのユダヤ人とともに彼はゲットーに閉じこめられた。一九四一年の早い時期に親衛隊は二万四〇〇〇人のユダヤ人に強制的にゲットーを退去させ、リガ近郊のランブラという森へと向かわせた。そこにはソ連の捕虜が掘った六つの大きな穴があり、ユダヤ人はそこで処刑された。病気のためその地点までの数マイルを歩くことができなかったシモン・ドブノウはゲシュタポの将校に路上で射殺された。「ユダヤ人よ、書くのだ。記録に残すのだ」目撃者によればドブノウは最後までゲットーの住人たちにそう説いていたという。

司書のハイケル・ルンスキの死については明らかではない。娘とともにトレブリンカ絶滅収容所に送られたという目撃者もいれば、一九四三年九月に撲殺されたという証言もある。紙部隊の長であったゼリグ・カルマノヴィッツは、エストニア、ヴァイヴァラの強制収容所に送られ、そこで一九四四年に死亡した。ヘルマン・クルックはエストニア、ラゲディの強制労働収容所に送られた。彼は最後まで日記を書きつづけた。九月一七日が最後の記入だった。「ラゲディで、警衛所の反対側のシュルマ氏の兵舎に、原稿を埋める。六人がその埋葬に立ちあう」[55]。来たるべきものを彼は察知していた。翌日彼を含む二〇〇〇人の囚人は近くの空き地に薪を運ばされた。薪は長い列になるよう配置され、囚人たちはその上に横たわるよう命じられた。それは彼らの火葬のための薪の山だった。親衛隊員が捕虜の頭部を打ちぬくと、その上に薪が重ねられ、その上に囚人の層が加えられた。そのあとで遺体は燃やされた。だが二、三日後に赤軍がその場に到着したとき、焼かれていない遺体がまだ薪山に残っていた。クルックの原稿の「埋葬」に立ちあったひとりは辛うじて逃亡し、戻ってクルックの日記を掘り起こした。

そのときにはヴィリニュスは赤軍によって解放されていた。一九四四年七月の第一週に大規模攻撃が開始され、七月一三日までにはドイツ軍は残らず撤退した。解放軍のなかにはユダヤ人パルチザン・グループ「復讐者」に加わったアブラハム・スツケベルとシュメルケ・カチェルギンスキがいた。戦闘が止むと、彼らは隠された原稿や本を捜しにかかった。しかしヴィヴルスキオ通り一八番地のＹＩＶＯは、建物が放火され焼失し完全な廃墟となっており、彼らは深い悲しみに沈んだ。ゲットー図書館のなかのクルックの秘匿場所は発見され、本は中庭で焼却されていた。ただ秘密の地下室は破壊されていなかった。床の下からスツケベルとカチェルギンスキは、原稿、手紙、日記とトルストイの胸像を掘りだした。掘りつづけていると、一本の手が突然彼らの目の前に現れた。地下室に隠れていたユダヤ人のひとりがそこで死に、誰かが本のあいだに埋葬したのだった。(56)

第12章 タルムード軍団

テレージェンシュタット

チェコ、テレージェンシュタット。橋から見おろすと、川の砂底の上に、魚たちの薄茶色の背が見える。陽光のなか時おり鱗をきらめかせて一匹が旋回し、小さな銀色の光を投げる。橋の反対側からは、子ども連れの家族がオフルジェ川へと延びる砂地に寝そべっているのが見える。夏の盛りで、水位は低い。子どもたちは流れに飛びこみ、身をまかせて流れが緩やかになる地点まで運ばれてゆく。収容所にいた二万二〇〇〇人の遺骨が投棄されたのは、さらに下流の、川岸の木々が途切れるあたりである。

ドイツとチェコ共和国との境界に位置するツィッタウ山脈から南に一二マイルのあたりに、昔ハプスブルク家の要塞であった町、テレージェンシュタット、現在のテレジーンがある。バス停のある駐車場では、ソフトドリンク、キーホルダー、テントにいる強制収容所囚人たちの写真の葉書などが売られている。だが気温が華氏一〇四度に達しようとする今日、客はほとんどなく、通りには不気味なほど人が少ない。僅かに二、三人の若い女性が、丸めたタオルを自転車の荷台に乗せて川に向かってゆく。近年、星型をした要塞の壁の内部には二〇〇〇人ほどの住民しかいない。アパートの並ぶ二、三の区画がソ連的荒涼の雰囲気を漂わせている他は、町に戦後大きな変化はない。

この壁の内部に、親衛隊は戦時中、最も奇妙な強制収容所を作った。ドイツの強制収容所はそのほとんどが、親衛隊上級大佐だった当時のテオドール・アイケの考案したモデルに基づく似かよったものだった。アイケはダッハウ強制収容所の監督官を務めたが、これは最初の強制収容所で一九三三年に開設されていた。テレージェンシュタットで、彼はそれまでの収容所の構造と生活を修正し、以後のモデルとなるような収容所を作りあげた。

テレージェンシュタットは強制収容所であると同時にゲットーで、幾つかの異なる機能を付与されていた。それはユダヤ人を集めて移送するための場所だった。ここに運ばれてきた人びとのほとんどは、やがて占領下のポーランドにある絶滅収容所に送られた。にもかかわらずテレージェンシュタットは、ドイツのプロパガンダに謳われたモデル収容所でもあった。

テレージェンシュタットは守備隊駐屯地として、一八世紀末にオーストリア皇帝ヨーゼフ二世によって築かれていた。町に隣接した小さいほうの要塞には、第一次世界大戦の最も有名な囚人、一九一四年にサラエボでオーストリア＝ハンガリー帝国の皇位継承者を射殺し、戦争の勃発をまねいたガヴリロ・プリンツィプがかつて投獄されていた。

一九四二年に親衛隊は、収容所の用地を確保するために、テレージェンシュタットに住む七〇〇〇人のチェコ人の強制立ち退きを開始した。かつて町を守った壁と堀は、巨大な監獄の境界となった。このモデル収容所で、ユダヤ人たちは普通の家に住み、市民の日常的衣服を着て、ゲットーと変わらない生活の様相を呈していた。他のゲット一同様、親衛隊の管理のもとで自治をおこなうユダヤ人評議会もあった。

テレージェンシュタットに送られた人びとの多くは、ドイツとヨーロッパ西部と北部からの「選ばれたユダヤ人」で、そのなかには以前高位の公務員だった者や第一次世界大戦の退役軍人などがいた。だが、プロパガンダという観点から最も重要なのは、多数の芸術家、俳優、演出家、音楽家、著作者、学者などのインテリであった。そのひとりはアムステルダム出身の聖書学者、本の蒐集家イサク・レオ・セリグマンで、家族とともにここに送られていた。

ドイツのプロパガンダによれば、テレージェンシュタットは「総統がユダヤ人に与えた町」であった。これもプロパガンダのために、ナチは銀行や店を開かせ、子どものための遊び場を作った。テレージェンシュタット・クラウンと呼ばれる、収容所限定の通貨さえあり、自主的な内部経済というイメージが演出されていた。

収容所生活のかなりの部分を占める各種の文化活動は、収容所の監督官と職員らによって奨励されていた。収容所内のL三〇四番地にある、二階建ての黄色い石造りの建物に、テレージェンシュタット・ゲットー文庫という名の図書館が一九四二年一一月に作られた。二階にはさまざまな収容所の活動を支援する余暇担当部署があり、コンサートや講演、演劇を催した。俳優、音楽家、作家にはこと欠かず、オーストリアの俳優ヤアロ・フュルト、劇作家エルザ・ベルンシュタイン、ピアニストのアリス・ヘルツ＝ゾマーなど、その時代の際立った才能のもち主に加えて、ウィーン交響楽団員のうち五人もがここに送られていた。元コンサート・マスターのユリウス・ステュワートカもそのなかにいた。(1) ユダヤ人のジャズバンド、ゲットー・スウィンガーズさえ収容所で結成された。

一九四二年にゲットー文庫が始まったとき、蔵書は四〇〇〇冊、ベルリンのラビ神学校などから略奪された本だった。シナゴーグ、ユダヤ人家庭、教会、フリーメイソン結社から略奪された本もあった。だがほとんどの本は囚人たちがもって来たもので、彼らが着くたびに本が増えていった。移送のさいユダヤ人は僅かなものの携行を許されたが、多くの者が愛読書を一、二冊荷物に入れた。到着と同時にその本は没収され、ゲットー文庫に渡った。一年以内に図書館の蔵書は五万冊となり、一九四四年にはその数は一二万冊に達した[2]。

収容所の文化的側面はナチのプロパガンダのなかで大きく取り扱われた。このポチョムキン村（実態を訪問者の目から隠すために作られた施設）にとってのクライマックスは、一九四四年の赤十字による訪問で、それに備えて入念な準備がおこなわれた。その前年、親衛隊はすでに準備に着手し「美化作業」としてバラックの修理、住居のペンキの塗り替え、樹木や花の植えつけをおこなった。食事が十分与えられているように見せるために、囚人たちはたっぷり配給を受けた。収容所が過密に見えないように、五月には七五〇三人がテレージエンシュタットからアウシュヴィッツに送られた。

赤十字による視察は、デンマークやスウェーデンが圧力をかけた結果だった。一九四四年六月に視察者たちが到着したとき、テレージエンシュタットはサッカーの試合、コンサート、訪問者を前に歌うユダヤ人の子どもたちのクワイヤを演出して、牧歌的風景を作った。広場からはゲットー・スウィンガーズが演奏するジャズ音楽が流れていた。ちなみに第三帝国ではジャズは「堕落した音楽」として禁止されていた。変貌は名称にもおよんだ。収容所の名称はテレージエンシュタット・ゲットーからユダヤ人居住地区に変えられた。

この視察との関連で、この収容所が「ユダヤ人のための保養地」として描かれるプロパガンダ映画も作られた。皮肉にも起用された囚人たちが、親衛隊の指揮のもとその製作に当たった。脚本、監督、音楽を囚人が担当し、音楽は再びゲットー・スウィンガーズの出番だった。[3] タイトルは『総統がユダヤ人に与えた町』で、監督はドイツ系ユダヤ人の俳優クルト・ゲロンだったが、彼は一九三〇年に『嘆きの天使』でマレーネ・デートリッヒの相手役としてデビューしていた。

その映画の現存する部分に図書館が登場する。司書たちが本のカタログ作りにいそしむ姿や、主任のエミル・ウーテッツが話をする場面がある。映画では図書館はテレージエンシュタット・ゲットー文庫ではなく、中央図書館という当たりさわりのない、新しい名称で呼ばれている。

だが演出された背景は、赤十字視察団が収容所を離れるや否や崩れ去り、すぐさま移送が再開された。模範的ゲットーというイメージがはがれると、テレージエンシュタットは他の強制収容所と同様に、飢え、病気、奴隷労働、拷問、過密状態が支配する実態へと戻った。映画製作にかかわったユダヤ人チームは撮影終了後間もない九月に移送された。クルト・ゲロンやゲットー・スウィンガーズのメンバーは、一九四四年末、アウシュヴィッツ行きの最後の列車に乗せられた。[4]

テレージエンシュタットに送られた一四万四〇〇〇人のユダヤ人のうち、戦争を生き延びたのは一万七〇〇〇人余りだった。三万三〇〇〇人が収容所で死亡し、九万人近くがアウシュヴィッツに送られた。戦争の終わりごろ収容所で発生したチフスで死亡した者も多かった。図書館の本が読者の手から手へと渡る過程で感染を広め、ついにはゲットー文庫の何万冊もの本を焼却せざるを得なかった。さらに戦争末期にかけて頻度を増したアウシュヴィッツへの移送も蔵書の数を減らした。「誰もが二、三冊はもってゆくので、汽車が出るたびに一〇〇〇冊がなくなった。(中略)わたしはそれを黙認した」とエミル・ウーテッツは書いている。[5] 多くの者は自分たちを待ち受ける運命を知っており、或いは察していたが、彼らはアウシュヴィッツへ向かうとき本をもってゆくことを望んだ。
しかしテレージェンシュタット収容所には秘密の蔵書もあって、それはプロパガンダ映画には登場しなかった。選ばれた人びとだけが知るその蔵書は、種類も価値も全くかけ離れたものだった。

＊　＊　＊　＊　＊

戦争当時の地図をたよりに、わたしはテレジーンの街路を確かめながら歩く。収容所の跡は今なお至る所に認められる。或る道路の隅には、「ブロック C.V/Q2-09-15」というように略語で示した収容所時代の「道路名」の、黒い文字を読み取ることができる。この町で一番きれいな家のひとつを通り過ぎる。デンマーク系ユダヤ人がかつてこの住まいをあてがわれていた。

南の要塞壁の外側の、火葬場からほど遠からぬ地点に、切妻壁の目地が剝がれおちた小さい石造りの家がある。錆びついた柵に囲まれた狭い庭にはトマトやフサスグリの灌木が見え、ブドウの蔓が要塞壁を這いのぼっている。親衛隊が書籍隊と呼んでいたグループがここで作業に従事していた。

一九四三年四月、親衛隊の指令によって、ラビ、神学者、言語学者、歴史家からなるユダヤ人学者たちの特別なグループが作られた。収容所の他の囚人たちは近くの炭鉱で石炭の採掘や、軍服の縫製に従事したが、このグループは親衛隊のために、略奪された本の分類に携わった。[6]特捜隊と同じく、親衛隊の場合にも没収された大量のユダヤ人の資料を読み、理解し、分類できる研究者が不足していた。テレージェンシュタットの多くのユダヤ人学者に彼らは頼らざるを得なかった。もうひとつの隠れた理由もあった。首都ベルリンへの度重なる空襲のために、一九四三年の春、親衛隊はベルリンの本を他に移し始めていた。テレージェンシュタットは、選ばれた安全な場所のひとつだった。

書籍隊は、ヴィリニュスで特捜隊下に置かれた紙部隊の、親衛隊版ともいうべき存在だった。ヴィリニュスで紙部隊と呼ばれたように、全部で四〇名ほどのユダヤ人学者がいたことから、このグループもゲットーでは「タルムード軍団」と、本来とは違う名前で呼ばれていた。

ヨーロッパの主要なヘブライ文化研究者たちが「リクルート」されてタルムード軍団に加わった。チェコ人でユダヤ教徒の蒐書家オットー・ムネレスがグループの長に選ばれた。彼はフランツ・カフカと同じ学校に通い、以前はプラハのユダヤ博物館で働いていた。グループには他に、ライプチヒ大学のセム語学教授モーゼス・ヴォスキン・ナハルタビ、アムステルダム出身の歴史家・蒐書家のイサク・レオ・セリグマンがいた。彼自身の、また彼の父親ジグムンド・セリグマンの厖大な蔵書は一九四一年に没収され、ベルリンの国家保安本部図書館に吸収された。一九四三年に保安本部はユダヤ関係資料の一部をテレージェンシュタットに移し、タルムード軍団のもとに置いた。(7)

こうして送られてきた約六万冊のなかに、セリグマンは自分の蔵書のなかの本を見つけた。グループの者たちはヴィリニュスの紙部隊と同じジレンマに直面した。自分たちの作業によってユダヤ文化の遺産が保存されることを慰めとする一方で、ユダヤ民族絶滅をおし進めようとする組織のためにそれをおこなっているからである。自分らの「主人」の意に従うのは不本意でも、仕事自体には意味があり、彼らはそのはざまに立たされていた。同時に彼らは仕事が完了するときは、自分たちが死を迎えるときだという意識に苦しんだ。その結果彼らは意図的に作業のペースを落とした。

収容所の行政からある程度の特権が与えられていたとはいえ、移送という脅威は常に存在していた。タルムード軍団は概して移送を免れていたが、親衛隊は移送の可能性をちらつかせることで不安を煽った。

一九四四年、グループの代表的専門家のひとりナハルタビが家族とともにアウシュヴィッツに送られた。移送を免れることは幸運とは限らなかった。タルムード軍団の、いわば軍団長というべきムネレスは家族全員が移送されることになった。彼らの運命を知るやムネレスは自分も一緒に行くことを申し出て、拒否された。彼は移送が発表されるたびに自分の名前をリストに載せつづけたが、毎回拒否された(8)。

タルムード軍団の仕事は、ナチ・ドイツの降伏直前の一九四五年四月初旬に、親衛隊の監視兵が収容所を放棄するまで続いた。その時までには、グループは三万冊近い本の目録を作成し、分類を終えた本の背には手書きで番号が記入された黄色のラベルが貼ってあった。収容所からの引きあげは慌ただしく、親衛隊は分類を終えてすでに二五〇〇個以上のクレートに詰めてある本をもってゆくことさえしなかった。

＊　＊　＊　＊　＊

一九四二年五月三一日深夜、かつてない規模の敵の爆撃機隊がドイツ領空に入った。新たな戦略によって爆撃はドイツの軍需産業のみならず、そこで働く人びと、言い換えれば非戦闘員労働者をも対象としていた。ドイツ国民を生活の場で爆撃することで、戦争を継続する彼らの意欲を削ぐことが狙いだった。九〇分のあいだに約一五〇〇トンの爆弾が、中世に栄えた都市ケルンに落とされた。都市の一五〇〇箇所から火の手があがり、五万人が家を失った。このやり方がそれ以降の空襲のモデルとなり、次第に破壊力を増す爆弾がドイツの都市に襲いかかった。成功に勢いづいた西側連合国軍は、第三帝国の政治と行政の中心であるベルリンに的を絞るようになった。

ベルリンじゅうの倉庫に集められていた、略奪された何百万冊もの本は地獄の火を待つだけだった。保安本部の蔵書のユダヤ関連書籍部門には、一九四三年、二〇万から三〇万冊の本があったと推定される。そのなかにはヨーロッパじゅうの学校、シナゴーグ、神学校に所属していたユダヤ関係書籍や、イサク・レオ・セリグマン、ピアニストのアルトゥール・ルービンシュタイン、フランス系ユダヤ人作家アンドレ・モロワら個人の瞠目すべき蔵書が含まれていた(9)。

本の流入量は膨大で、親衛隊が没収したユダヤ関係資料はごく一部しか分類できなかった。本を入れる書棚も足りず、ほとんどは彼らが占拠したベルリン、アイゼナハ通りにあるフリーメイソンのロッジの部屋に高く積みあげられていた。

一九四三年、保安本部と特捜隊はともに集めた本をベルリンから疎開させ始めた。本が送り出されたのみならず、分類、カタログ作成、調査を含む、本の略奪にかかわる作業全部が本とともに移動した。一九四三年八月、保安本部でイデオロギー調査にかかわる部署、第Ⅶ局は、親衛隊の管理下にある幾つかの城に本の大部分を移動させ、最初はドイツ、ポーランド、チェコスロバキア間の国境に近いシレジアに移した。第Ⅶ局のユダヤ部門にあった未整理の蔵書は一部テレージェンシュタットに、残りはバイエルン州ライヒェンベルク近郊にある或る城に送り出された。オカルト関連のものも含めてフリーメイソンの資料を扱う保安本部の部門は、ハインリヒ・ヒムラーが好んだ城スラバへ、古文書館の資料はヴォルフェルスドルフ（現在のビルカヌフ）に移され、城もビール醸造所も本で一杯になった[10]。シレジアに移されたコレクションのひとつは、イルミナティの古文書、いわゆるシュエーデンキスタだった。新たな司令部はチェスカー・リーパの東約九マイルのニーム城に置かれた。略奪されたコレクションは中央ヨーロッパの約一〇の城と要塞に収納された。

保安本部が知識人に奴隷労働をさせたのは、タルムード軍団が最初ではなかった。一九四三年、本がベルリンの外に運び出されたときには、すでに第Ⅶ局で作業に従事していたユダヤ人グループがあり、数年をかけてコレクションのカタログを作成していた。一九四一年という早い時期に、親衛隊は八人のユダヤ人の知識人を拉致してアイゼナハ通りの第Ⅶ局の集積所で強制的に作業をさせていた。そのなかのひとりは以前ケーニヒスベルク大学の文献学教授であったエルンスト・グルマッハだった。

一九四三年春に一九人のユダヤ人学者からなるもうひとつの作業グループが作られた。彼らはベルリンの中心部で働いたが、その状況は強制収容所とさして変わりがなく、日に一六時間、特別な部屋に閉じこめられ、親衛隊情報部に厳しく監視された。ドイツ人と話すことは禁じられ、用を足すのさえ「ユダヤ人用トイレット」を指定されていた。死の脅威や虐待は日常的に存在した。「ユダヤ人の強制労働者は誰しも、高い塀で囲まれた建物に入るとき、そこを生きて出られるか知らなかった」とグルマッハは証言している[11]。

当初グルマッハのグループの仕事は、ヨーロッパじゅうのナチ占領地域からアイゼナハ通りに運ばれてくる本の仕分けとカタログ作りだった。だが疎開が始まると、輸送のための本の荷造りと積みこみが仕事となった。多くが高齢の学者の集団には不向きな重労働だった。

一九四三年一一月、イギリス空軍がベルリンの空爆を開始した。最も激しい爆撃は一一月二三日夜におこなわれ、ティーアガルテン、シャルロッテンブルク、シェーネベルク、シュパンダウが爆撃された。炎によって一七万五〇〇〇人が家を失った。クワフュルステンダム大通りに面したカイザーヴィルヘルム記念教会が爆破されたのもその夜で、今日でもその破壊された尖塔は、ベルリンで最も知られた記念碑である。

そこから半マイルほど離れたアイゼナハ通りの保安本部の集積所も空爆を受け、まだ運び出されていなかった多くの本が焼失した。グルマッハによればその建物にあったユダヤ関係コレクションの大半は失われ、そのなかにはウィーンやワルシャワのユダヤ人のものだった蔵書が含まれていた。他にも保安本部が本を保管していたエムザー通りのフリーメイソンのロッジが爆弾の直撃を受けた。

残った資料は何であれ救出するのがユダヤ人奴隷労働者たちの任務だった。グルマッハによれば、建物がまだ燃えているときユダヤ人たちは「燃えている部屋に送りこまれ、その瞬間にも天井が崩れ落ちそうな部屋を通って重い家具の運び出しをやらされた[12]」

火災にもかかわらず、ベルリンのさまざまな集積所、掩蔽壕、地下貯蔵室にはまだ大量の本があった。荷造りと本の移動は「ロシア軍がベルリンに迫る直前まで」続けられた[13]。この時点で最も重要なコレクションはすでに運び出されていたとはいえ、戦争が終わったとき、保安本部の集積所には五〇万冊を上回る本があった。その多くは学術書救済センターによって集められ、ベルリンの図書館に分配された。一部は中央州立図書館にゆき着き、七〇年後にセバスチャン・フィンスターヴァルダーとデトレフ・ボッケンカムが闇の底からそれらを救い出すことになる。

一九四三年夏、ローゼンベルクもまたベルリンとフランクフルトの彼の集積所のものを移しはじめた。ローゼンベルク事務所の本部はベルリンのポツダム広場の西にあった。ローゼンベルクの組織は木の幹のように分岐して広がり、それぞれの枝が、新たな企画、作業、組織という蕾をつけていた。一九四三年までに、略奪した何百万冊もの本は、ローゼンベルクが構想した諸種の図書館のために集められていた。最も野心的な構想は、フランクフルトのユダヤ人問題研究所（フランクフルト研究所）のユダヤ図書館、高等学院中央図書館、東ヨーロッパの諸問題に特化した東方文庫であった。

フランクフルト研究所は、アメリカ人歴史家パトリシア・ケネディ・グリムステッドのことばを借りるなら「ヨーロッパで最も見事なユダヤ関連蔵書」を構築していた。[14] 研究所が業務を開始した一九四一年に、略奪した本を詰めた二一三六個の木製クレートが到着した。他の図書館構想と同様に、流入する本の量に比してスタッフがその仕分けに費やしうる時間ははるかに少なかった。広範囲に及ぶ略奪資料すべてのカタログを作成するために、ナチの図書館員やアーキビストは何十年も費やさねばならなかっただろう。二一三六個のうち、研究所は七〇〇個を開け、約二万五〇〇〇冊のカタログを作成する時間しかなかった。コレクションの僅か一〇分の一である。

一九四三年春までには研究所が集めた本は五〇万冊を超えた。それはヨハネス・ポールの働きに負うところが大きかった。[15] 彼は若いころカトリックの司祭として、個人的にヨーロッパで重要なユダヤ人図書館の多くを訪れて、その保全に留意していた。アムステルダムではユダヤ人図書館エッ・ハイムとローゼンタール文庫がナチの手に落ちていた。パリではポールが国際イスラエル同盟の図書館の引き渡しを監督し、ローマでは特捜隊がイタリア・ラビ神学校図書館の蔵書を没収した。一万冊以上の本が、テサロニキのユダヤ人社会から略奪されていた。一九四三年初めにテサロニキを訪れたとき、ポールはユダヤ教徒古文書館の資料の幾らかを個人的にフランクフルトにもち帰った。

加えてソ連と東ヨーロッパから、次々と略奪されたユダヤ古文書館、図書館の蔵書が列車で運ばれてきた。多くの場合、その送り元の共同体は一九四三年には消滅していた。キエフ、ミンスク、リガ、それらのあいだに挟まった何百もの小さい共同体から本が到着したが、なかでもヴィリニュスから大量の本が来た。

一九四三年後半に、フランクフルトからの疎開が始まった。西方に位置し、重要な兵器製造工場があるために、フランクフルトはことに連合軍による空爆の標的にされた。約二〇回におよぶ空襲によって、フランクフルト中心部の有名な中世の街並み――ドイツ最大のものとして広く知られていた――は砂利とがらくたの集積と化した。研究所は、フランクフルトの北僅か三一マイルの都市フンゲンに移され、数々の蔵書が八つの保管場所に収納された。研究所が存続した最後の二年間、ドイツの退却にともなって東方と西方両側からの図書館蔵書が移動したため、フンゲンの保管場所はさらに膨れあがった。一九四五年には、フンゲンには大量の古文書資料とユダヤ教にかかわる工芸品に加えて、約一〇〇万冊の本があったと推定される[16]。

特捜隊が略奪した図書館や古文書館の蔵書などはフランクフルト研究所とベルリンのさまざまな部署に分配され、最も重要なユダヤ関係のコレクションの多くは前者に帰属した。それに先んじて、特捜隊はベルリンにいわゆる書籍管理本部を設置しており、ここで図書目録をチェックし、本の帰属を決める作業がおこなわれた。こうしたやり方が招いたマイナスの結果は、多くのコレクションの細分化だった。特捜隊にとって、略奪した蔵書をひとまとめにしておくこと自体には価値がなかった。作業の主眼は、まったく新しいコレクションの構築だった。ことに被害をこうむったのは、比較的小規模の、専門に特化したコレクションで、そのなかから「ユダヤ的」テーマをもつ本はフランクフルトの研究所のために取っておかれ、その他の本は東方文庫や高等学院中央図書館に送られた[17]。特捜隊は、所有する本や古文書館の資料を、他の組織、機関、大学、図書館などと進んで共有し、あるいは共有せざるを得なかった。だが資料はローゼンベルク事務所内部の異なる企画間で分割された。この細分化の結果、たとえばテサロニキやヴィリニュスから運ばれた多くのコレクションが幾つもの場所に散らばった。これはそれ自体破壊行為で、多くの図書館の蔵書が集められてもとの姿を取り戻すことは二度となかった。

フランクフルトの研究所を別とすれば、高等学院中央図書館は最も重要な本の受け入れ先だった。この図書館の蔵書はローゼンベルクのコレクションのなかで、一九四二年十月に開始されたベルリンからの疎開の、最初の対象となった。当初蔵書は南オーストリアのオシアッハ湖に近いアンネンハイム・グランド・ホテルに入れられたが、すぐにザンクト・ファイト・アン・デア・グランという町の近郊にあるタンツェンベルクというルネサンス期の城に移された。

ローゼンベルクの図書館構想の至宝ともいうべき高等学院中央図書館には、最も貴重なコレクションの幾つかが与えられた。だがこの図書館はドイツ人学者たちから得た幾つかのコレクションから始まっていた。その学者のなかには東洋学者で人種差別主義者フーゴー・グローテがいたが、彼は二〇世紀の初めに、ドイツが植民地のなかで領土を確保する手段として、ジェノサイドを擁護していた。他に教会史の専門家ウーリッヒ・シュトゥッツとナポレオン研究家フリードリヒ・マックス・キルヒアイゼンが所有していた蔵書、またローゼンベルク自身の蔵書もあった。だがこうしたコレクションは高等学院中央図書館が戦時中に集めたもののごく一部にすぎなかった。全部で五〇万から七〇万冊の本がタンツェンベルクのその図書館にもたらされた[18]。

高等学院中央図書館の蔵書は特捜隊による略奪の縮図だった。特捜隊が活動したほとんどすべての国——フランス、オランダ、ソ連のみならずベルギー、ギリシア、イタリア、ポーランド、ユーゴスラビア——から本が集められていた。一九四〇年にドイツが占領したチャネル諸島からもってこられた本さえあった[19]。

フランクフルト研究所がユダヤ関係図書資料をすべて得たわけではなく、多くが高等学院中央図書館に渡り、そのなかには貴重な個人の蔵書、たとえばフランスのロスチャイルド家の人びとのものがあった。高等学院中央図書館はアムステルダムの社会史国際研究所からクレート九〇〇個におよぶ資料を受け取ったが、そのなかには社会史国際研究所の新聞および定期刊行物のコレクションが含まれていた[20]。さらに高等学院中央図書館はソ連の貴重な図書館蔵書や古文書館資料——たとえばレニングラード郊外の王宮の蔵書から盗んだ三万五〇〇〇冊の本——を吸収した。ノヴゴロドやキエフで押収された非常に初期の稀少な印刷物さえタンツェンベルクに送られた。一一世紀に建てられたキエフ・ペチュールシク大修道院（洞窟大修道院の名で知られている）所蔵の本もそのなかにあった。

特捜隊の主要な集積所はオーストリアでもフンゲンでもなく、ポーランドの南西部に位置するラーティボーア（現在はラチブシュ）という小さな町だった。ラーティボーアはアパー・シレジア（シレジア南東部）の主要なマーケット・タウンで、中世初期に遡る伝統をもっていた。国境に位置するこのあたりの多くの土地がそうであるように、住民はチェコ人、ポーランド人、ドイツ人の混成集団だった。ここが集積所として選ばれた主たる理由は、この町がベルリン、クラクフ、ウィーンに挟まれて戦略的に重要な地点だということにあったと思われる。水上運送の可能性も見逃せなかった。オーデル川がこの町を通ってバルト海へと流れていたからである。一九四三年五月、特捜隊の者たちがラーティボーアに来て準備を始め、二、三か月後には本や古文書を積んだ最初の一〇車両がベルリンから到着した。(21) さらに水路で多くが運ばれた。オーデル川の荷船を使って六〇〇〇個あまりのクレートが到着した。

特捜隊の新たな本部が川沿いのフランシスコ会修道院に置かれ、東方文庫は以前浴場だった場所に収納された。銀行、町立図書館、シナゴーグ、幾つかの倉庫も占拠された。特捜隊のなかで、出版物、音楽、大衆文化、学術にかかわる部署もそれにならってラーティボーアに移った。使用できるスペースが不足していたため、彼らは間もなく町を出て、田舎に土地を探さねばならなかった。結局煙草工場とその近くの城が幾つか徴用された。M行動によってユダヤ人住宅から略奪された家具を列車が運び、さまざまな部署の必要に応じた。軍の作戦をできるだけ隠密裏に進めるために活動は分散されていた。たとえば、城の所有者は通常の生活が保たれていると見せかけるために、そこに居住し続けることを許された。

仕分け作業をする書籍管理本部もラーティボーアに移ったが、それは略奪されたすべての古文書館や図書館の資料がラーティボーアに移されたことを意味していた。連合軍のノルマンディー上陸と東部戦線におけるソ連軍の前進にともない、戦争末期には大量の本がここに到着した。一九四四年夏に書籍管理本部がチェックしたコレクションのリストには、名だたるフランス系ユダヤ人が所有していたものが多く含まれていた。たとえばフランス国立図書館の前の館長だったジュリアン・カーンや、フランス・ペンクラブ会長パンジャマン・クレミューなど。両者ともすでにブーヘンヴァルト強制収容所に送られていた[22]。またフランス系ユダヤ人政治家レオン・ブルムと作家アンドレ・ジッドの書庫の蔵書も最後はラーティボーアに来た。

ラーティボーアでの活動のかなりの部分は、ソ連における略奪の結果厖大なものとなった東方文庫に集中した。そのコレクションはシナゴーグと数戸の建物に収納された。レーニン図書館の蔵書は、ミンスクから一七両の車両に積まれて到着し、ラーティボーア近郊にある煙草工場に移された。何十万冊もの本や雑誌が、ラーティボーア近くの中世のプレス城に収納された。ツルゲーネフ図書館とペトリューラ図書館の蔵書、その他西ヨーロッパで特捜隊が見つけた二、三の亡命者の蔵書がシナゴーグの数室を満たした。東方の図書館に相当するもの――それは西方文庫と名づけられるはずだった――を西方で作る計画は実現しなかった[23]。戦争が終わるその瞬間まで、ラーティボーアへの本の到着は続いた。ドイツ軍すらどれほどの本がラーティボーアに蓄えられたか、知らなかったようである。一部の試算によれば、少なくとも二〇〇万冊、それ以上の可能性もあるということである。

第13章 ユダヤ人不在のユダヤ研究

ラーティボーア──フランクフルト

一九四一年、フランクフルトにユダヤ人問題研究所が開設されたとき、研究所がフランクフルトという象徴的な意味をもつ都市の、しかも特別な建物のなかに設置されたことが人びとに意識された。それはボッケンハイマー・ラント通り六八番地にあるロスチャイルド家の大邸宅のひとつだった。(1)ヨーロッパで反ユダヤ人の有力な組織であるその研究所が他ならぬフランクフルトで開設されたという事実は、アルフレート・ローゼンベルクによれば、ロスチャイルド家によるフランクフルトの支配の終焉の象徴であった。(2)

一八世紀末、一家の祖先マイアー・アムシェル・ロートシルト（ロスチャイルド）は、フランクフルトに金融王国の基礎を築いた。そこから彼は息子たちをヨーロッパ各地に送り出し、家族のネットワークを用いて、新しい強力な金融王国を築いた。(3)ナチの見方によれば、フランクフルトは地球を覆う悪の根源地だった。ナチが見る限り、ロスチャイルド家ほどユダヤ人の金融業という破壊的強欲を具現する存在は他になかった。ユダヤ人問題研究所を

「悪」の中心に置くことは、象徴的にも実際的にも、ユダヤ人の世界規模の陰謀を、ひとつの重要な根から切り離したいという願いを具現していた。

ナチ党員である市長フリードリヒ・クレープスは、ローゼンベルクをフランクフルトに呼びよせる手段として、ロスチャイルド家の図書館に目をつけていた。「蔵書はフランクフルトの政治と文化がユダヤ人の影響下にあった時期に築かれました。しかし現在この図書館はユダヤ教とユダヤ人問題を研究するうえでまたとない貴重な場です」とクレープスは手紙に書いている。[4] この図書館だけは略奪によって運ばれた本で作られたものではなく、一九四三年に疎開が始まるまで、蔵書はフランクフルトの研究所に収納されていた。国家保安本部の第Ⅶ局やローゼンベルク指揮下の他の部署と同様、フランクフルト研究所も戦時中、調査研究よりも本の輸送、保管、仕分け、カタログ作成にかなり多くの時間と労力を費やした。持続的調査・研究は戦後におこなわれると考えられており、そのときにはナチのイデオロギー的敵対者から奪った豊富な資料が適切に精査・評価されるという見通しがあった。[5]

キーム湖近くの高校のように、高等学院の傘下のもとに計画中の多くの研究機関が、ドイツが勝利したのちに開設されるはずだった。だがそのような機関の幾つかは、正式な開設を待たず、略奪した文献、古文書、その他の資料を受け入れて、戦争中に準備段階に入っていた。

戦時の最も重要な仕事は略奪で、将来の研究で使われる広範な資料があちこちの研究所に供給された。資料はシュトゥットガルトの生物学・人種学研究所、ミュンヘンのインド・ヨーロッパ語族思想史研究所、ハンブルクの植民地イデオロギー研究所などに分配された。ソ連の共産党が所有した本や文書を大量に略奪した結果として、一九四四年にもうひとつの新しい研究所の開設が計画されていた。ボルシェビズム研究所である。[6]

だが結局、高等学院傘下の研究所のなかで、戦争中にフル稼働していたのはユダヤ人問題研究所のみであった。ゲルマン民族、ケルト民族、及び宗教の研究は戦後まで待つことができたが、ユダヤ人問題は先延ばしできない重要課題だった。広い視野に立てば、研究所が開設されたのが、ホロコースト計画が始動しようとしていたのと同じ時期であったことは偶然ではない。

資料蒐集が最優先であったとはいえ、ある程度の研究は進行していた。一九四三年の疎開後、研究所の研究部門はフンゲンの中世の城に移った。赤煉瓦の細部装飾と小塔のある、狩猟小屋とおとぎ話の城とを融合させたような城だった。城の所有者ゾルムス＝ブラウンフェルス一家は、城に留まることを認められたが、それは進行中の事態を隠蔽するためだった。戦争中ずっと、研究所はドイツ占領下の地域における、ユダヤ人と反ユダヤ的立法にかんする政治的動向と緊密にかかわり、外務省と領事館から極秘情報を定期的に受け取っていた。[7]一方研究所の「ユダヤ専門家」は、ドイツ軍が接触しつつあるユダヤ文化の諸側面について彼らの知識を伝えていた。

当初からフランクフルト研究所はヨーロッパじゅうから略奪された豊富な資料に基づいて、論文、記事、本などを精力的に刊行していた。ヨーロッパの、おそらく世界随一のユダヤ関係蔵書を築くことで、研究所の人びとはユダヤ研究の未来を形成する力を得た。こうした研究のヴィジョンは、一九四二年に党の機関紙『フェルキッシャー・ベオバハター』の或る記事が研究所について述べたことば――「歴史上初めての、ユダヤ人不在のユダヤ研究」の場――に余すところなく表現されている。

この研究にとって最も重要な発表の場は、研究所の月刊機関誌『世界戦争』（*Der Weltkampf*）で、「世界の政治、民族文化、およびすべての国におけるユダヤ人問題を扱う月刊誌」と自称していた。第一号は六〇〇〇部刷られた。

主たる購読者は教師と研究者だった。[8] 特集号もあり、一九四三年の第二号は、フランスにおけるユダヤ人問題の特集で、フランスの反ユダヤ主義の特派員が寄稿していた。この特集号はフランス語版も刊行されたが、特集を可能にしたのは、研究所に分配されたフランスからの豊富な資料だった。

特集号の記事には、一九世紀のドイツ系ユダヤ人の詩人ハインリヒ・ハイネがパリのジェームズ・ロチルド男爵に宛てた、金を無心する手紙の「分析」があった。別の記事はアルベルト・アインシュタインが一九二五年創立のエルサレム・ヘブライ大学を批判した手紙を分析していた。アインシュタインは自身この大学の理事を務めていた。いずれの記事も全国指導者ローゼンベルク特捜隊がパリで見つけた資料を参照している。[9] 言及に値するいかなる陰謀も認められないそれらの資料が、さも意味ありげに、ユダヤ人の隠れた経済的、政治的、社会的ネットワークを明らかにするために用いられている。陰謀の証拠はひとつも提示されていないし、その必要もなかった。これは陰謀の信者が、他の信者を満足させるためにおこなった研究であり、どんな些細な関係も世界規模の陰謀を形成する一本の糸とみなされた。この研究の特色は、『シオン賢者の議定書』にたいしてゲッベルスが取った態度に通じるもの、つまり事実の真偽よりも内在的真実こそが鍵であるという信念だった。

研究所機関誌には、新たに発見された資料や研究者たちがおこなった「調査旅行」に基づく記事もあった。ヘブライ語資料コレクションの長であるヨハネス・ポールは、ヴィリニュスで入手した資料にかんして「ソ連におけるイディッシュ資料」という論文を書いている。ギリシアとウクライナのユダヤ文化についての彼の短い記事もある。研究所の他の研究者たちはユダヤ人とボルシェビキの陰謀、ユダヤ人の儀式的殺人といった主題を追究していた。

機関誌の他に、研究所は、本、文集、アンソロジーなどを刊行した。特に力を入れたのが『ユダヤ音楽事典』に代表されるハンドブックだった。『ユダヤ演劇事典』の刊行も計画されており、著者には一九四三年に『ユダヤ人と演劇』を出版した文学者、エリーザベト・フレンツェルが予定されていた。フレンツェルは、人種研究のスター的存在で「人種学の教皇」と呼ばれたハンス・F・K・ギュンターに大きな影響を受けていた。ユダヤ人の演劇にかんする彼女の上記の本を、ドイツ文学の専門家ヨッヘン・ヘーリッシュは第三帝国の「反ユダヤ主義刊行物のなかで最低」の部類に属すると評している。ハンドブックの狙いは演劇や音楽に「ユダヤ的」影響を与えたものを明らかにし、それをゲルマン文化から排除することだった。ハンドブックは、「ユダヤ的」楽曲や芝居が上演されることのないように、劇場監督や音楽教師など関連分野で仕事をする人びとに読まれることを想定していた。

ゲットーの歴史と反ユダヤ主義にかんしても野心的な著作物が構想されていた。ゲットーにかんしては、研究所は東ヨーロッパの地方の行政官に依頼して各地のゲットーの地図を取り寄せた。また一九四二年末にウッチに開設された研究所の、あまり知られていない支部、東欧系ユダヤ人問題研究所もその企画に加わっていたようである。アドルフ・フランクという神学教授を長とするこの支部は、まだ存在しているウッチのゲットーの「調査をおこなう」という特別な任務をもつ支部だった。支部には三人の職員がおり、反ユダヤ主義の展覧会のための資料集めもした。その一環として「ユダヤ人関連の資料」を有料で引き取るという広告を地方の新聞に掲載した。[10]

フランクフルトでは展覧会は開催されなかったが、ラーティボーアでの展覧会は大成功をおさめた。一九四三年までには、ベルリンのローゼンベルク事務所の調査・宣伝部はコレクションとともに疎開していた。特捜隊のソ連支部さえ、ドイツ軍とともに撤退を余儀なくされていた。本や文書のみならず、その地の研究者や専門家も疎開した。そのなかには家族とともにキエフからラーティボーアへ移った一〇人のウクライナ人教授もいた。[11]

ラーティボーアにおける調査活動の対象は東方の国ぐにに絞られ、東方文庫のために蒐集された大量の資料と直接関係していた。ソビエトの体制が研究される一方で、「ボルシェビズムとの闘争」、「ボルシェビズムの真相」といった激しい論調の反ボルシェビズムのプロパガンダ記事が書かれた。調査の目的はわけても、ボルシェビズムの真の狙いを示し、そのイデオロギーの陰にはユダヤ人の陰謀が隠されていることを喧伝することにあった。調査を主導したのは、司書で歴史家のゲルト・ヴンダーで、彼は以前パリとリガに駐在したことがあり、そこで蔵書の押収に携わっていた。第Ⅳ局として知られたヴンダーの調査部は、ラーティボーア近郊のプレス城を拠点とし、そこに東方文庫のコレクションの大部分も移された。[12] ヴンダーはまた、没収した文書に基づいて、ロスチャイルド家の人びとや、ヴァルター・ラーテナウ、アインシュタインなど指導的ユダヤ人にかんする「個人的ファイル」を作成した。ロスチャイルド一族とその「ゆかりの人びと」を示した家系図もそのなかにあった。

ヴンダーの調査グループから生まれた最も瞠目すべきプロジェクトは、一九四四年五月にナチの高官たちを対象とした秘密の展覧会で、戦時中特捜隊が入手した資料を網羅的に含むものだった。特捜隊と第Ⅳ局の活動が結合した成果でもあった。フランス、オランダ、ソ連から集めた資料が、入手先別に幾つかのセクションに分けて展示されたが、ソ連からのものが圧倒的に多かった。テサロニキのユダヤ人、ロスチャイルド家、フリーメイソン関連の特別な展示もあった。展覧会の資料、ポスター、写真、イラストレーションが幾らか残っている。それらは担当した組織のなかで涵養され、彼らの指導者の世界観を直接反映した認識と思想を表わしていた。ポスターが貼られ、古文書館や図書館からの厳選された資料が並ぶ会場風景を写真は伝えている。[13]

フリーメイソンの資料のなかには、ともに二〇世紀初頭からフリーメイソン会員であったフランクリン・D・

ローズベルトとウィンストン・チャーチルにかんするものがあった。他の展示物としてはローズベルトがフリーメイソンの大会でおこなった印刷原稿スピーチと、チャーチルがフランス系ユダヤ人の政治家レオン・ブルム——当時ブーヘンヴァルトで投獄されていた——に宛てて、フリーメイソンについて書いた手紙があった。

現存する展示物のなかで最も印象的なものは、ユダヤ人による世界的規模の陰謀を表現するクモの巣の図である。フリーメイソンの象徴であるダビデの星とソ連国旗の鎌と槌とともにヴァルター・ラーテナウ、セシル・ローズ、クルト・アイスナー、レオン・トロツキー、ウラジミール・レーニン、ロスチャイルド一族の人びとが描かれている。ローゼンベルクにとって、これらの人びとは悪魔で、ネットワークを形成して邪悪な陰謀のもとに世界全体を取り囲んでいた。[14]これはローゼンベルクがほぼ三〇年にわたって構築した陰謀論のイラストともいうべき図で、すべてが繋がった陰謀の全体像だった。社会主義者、ボルシェビキ、フリーメイソン、カトリック、資本家などの敵は、イギリス、アメリカ、フランスの政治家たちもろとも、ユダヤ人が張りめぐらした、単一にしてすべてを呑みこむ網のなかに絡めとられていた。

反ユダヤ主義者にとって、クモの巣は最も迫力を帯びた比喩であった。ユダヤ人はしばしばクモに譬えられ、人びと、文化、国家から血を吸いとる寄生的存在とみなされた。クモの比喩は幾つかの異なるレベルで機能し、ユダヤ人による経済的強奪、人種の混淆、アーリア人の血の汚れ、古代の「血の中傷」（ユダヤ人が子どもを古代の儀式で生贄としたという言い伝え）を表わしていた。

展覧会のもう一枚のポスターは、ロスチャイルド家の祖先ジェイムズ・マイアー・ロートシルトまで辿る系図を示していた。[15]一八世紀に遡る、ロスチャイルド家による経済的「世界支配」は、西方においてはユダヤ人の企みの中核であり、東方ではボルシェビズムが攻勢を担っている。このふたつの強力な敵に挟まれた第三帝国は、ドイツ人とゲルマン民族の自由のためにどこまでも戦う、というのがナチの位置づけであった。

ナチの世界観に従えば、攻撃を仕掛けたのは決して自分たちの側ではなかった。すべては防御的戦闘で、敵はかたや西方の「ユダヤ人の金融」、かたや東方の「ユダヤ的ボルシェビズム」である。戦争前の一九三九年一月、ヒトラーはすでに議会での或る演説のなかで言っていた。「ヨーロッパとその先の地域でのユダヤ人の国際金融は、世界の諸国民を今一度戦争へと突入させるだろう。その結果は世界のボルシェビキ化と、ユダヤ民族の勝利ではなく、ヨーロッパにおけるユダヤ民族の絶滅となるであろう(16)」

この時点では彼の言う「絶滅」はアウシュヴィッツ的絶滅ではなかった。ユダヤ人問題のアウシュヴィッツ的「解決」は、もっとあとになって登場する。当初ユダヤ人問題の解決は大虐殺ではなく、ユダヤ人をドイツの――やがては全ヨーロッパの――社会と文化のあらゆる領域から排除することであった。一九三〇年代には、解決手段は法的、社会的、文化的、経済的差別で、ユダヤ人の強制的移住を目標としていた。ヨーロッパのユダヤ人たちを「指定居住地」に移す計画も作成された。中央アジア、パレスティナ、マダガスカルなどがその候補地に挙がっていた。ホロコーストは一九四一年半ばに出現した解決策であった。

ローゼンベルク指揮下の調査・研究は以下のような認識のもとに進んだ。ユダヤ民族にたいする闘争において、研究者は「知的」戦士であり、略奪した蔵書や文書から武器を得て戦い、内側からユダヤ人の陰謀を破壊する。ヨーロッパに散在するユダヤ人の歴史的、文学的、文化的遺産を略奪し蒐集して、ローゼンベルクおよびユダヤ人問題研究所は、未来においてユダヤ民族の絶滅を擁護し正当化し得る基盤を築いている。研究全体が、ナチのイデオロギーが依拠する神話、誤認、歴史的ねつ造を結び合わせ、学問の一分野に仕立てようとした似非科学だった。

それはあからさまな目標のある「研究」であった。一九四一年開所式のスピーチのなかで、所長ヴィルヘルム・グローはユダヤ人を一掃したヨーロッパを描いてみせた[17]。翌年にはグローが一九三七年に出版した著書『ドイツ史におけるユダヤ人問題』の新版が現れた。ヒトラー同様に、彼も戦争の責任をユダヤ人に帰していた。戦争は「ユダヤ人問題」が解決したときにのみ終結する、と彼は述べていた。

ホロコーストの「知的」正当化は、一九四四年にナチの宣伝省がグローの後継者クラウス・シッケルト博士に、グローの本及び一九三七年の彼の博士論文の続編を書くよう依頼した時点で、かつてないほど鮮明となった。二冊はともにハンガリーにおけるユダヤ人問題を扱い、『ハンガリーのユダヤ人問題』および『一九世紀と二〇世紀におけるユダヤ人の同化と反ユダヤ主義運動』というタイトルであった。二冊目の執筆は、ハンガリーのユダヤ人がアウシュヴィッツに送られた時期と重なっていた[18]。シッケルトは以前にブダペストで反ユダヤ主義の組織の設立に協力したことがあったが、その組織は一九四四年三月、ドイツのハンガリー占領後は国家機関になった。組織のメンバーは新体制のなかで重要な地位に就き、反ユダヤ人政策を早急に実行に移す権限を賦与された。

ローゼンベルクにはドイツとヨーロッパにおけるユダヤ人の「真の歴史」を提示するという野心があった。しかし、いかなる理由で「ユダヤ人」が突出した敵であったのかを理解するためには、ナチ・ドイツのイデオロギー信奉者たちにとって、ユダヤ人の歴史はドイツ人の歴史でもあったことを考慮に入れなければならない。「強調してもし足りないことだが、近・現代のドイツとヨーロッパの歴史はユダヤ人問題を視野に入れて書かれねばならない」とグローは書いている。彼によればユダヤ人問題は中世にまで遡り[19]、ドイツの歴史は千年におよぶユダヤ人とドイツ人との戦いを踏まえて初めて理解可能となる。「困難な、だが最終的にはドイツが勝利する、ドイツ国民と人種的に異質のユダヤ人との闘争を研究することによって、われわれはドイツ人の特質についてより深い理解に達する。それを通してわれわれの認識が磨かれ、ドイツ人であることの使命感が強まる」ナチの歴史家ヴァルター・フランクが指揮する国立新生ドイツ史研究所で司書を務めるフォルクマー・アイヒスタットは述べている。

ゲッベルスの宣伝省は一九四四年、さらに進んで「ユダヤ人問題は世界史の鍵」であると断言した。[20] 歴史を根底で動かしている力は、ゴビノー、ヒューストン・チェンバレン、ローゼンベルクらによれば、人種間の闘争である。これはマルクス主義の階級闘争に匹敵する人種的イデオロギーだった。闘争の中心に最高位の敵対者として、アーリア人とユダヤ人が位置した。ナチの世界観のなかで、ユダヤ人は歴史的悪の権化であり、人種間の交配、退廃、分裂といったあらゆる堕落の源であり、ドイツ国民の苦しみの原因だった。

新生ドイツの繁栄のためには、この千年の敵を目に見えるかたちだけでなく、象徴的次元でも滅ぼさねばならない。「ナチがユダヤ人を迫害したのは、ユダヤ人がドイツ文明とヨーロッパのキリスト教文明の内部から生まれたひとつの重大な要素だったからである」と歴史家のアーロン・コンフィーノは書いている。「ユダヤ人はナチによる善と悪との戦いに総合的な意味を与えた。つまり、ユダヤ人の根絶によってのみナチ文明は可能であり、自分たちがその文明の創造のために救世主的闘いに従事しているという認識である。創造と根絶は、相互に意味を賦与し合い、切り離しがたく結びついていた[21]」

しかし闘いの目的は物体的な根絶だけではなかった。それは記憶と歴史の支配をめぐる闘いでもあった。この点でローゼンベルクの計画は指導的役割を果たした。図書館や古文書館の資料の略奪は、記憶の管理のための闘いの中核へと及んだ。本の略奪が、たとえば美術品のようなものの略奪と異なるのはこの点である。美術もイデオロギーの表現たり得るが、その表現は象徴的である。美術品は国家と指導者の名誉となる勝利の証だった。美術もナチの理想や新しい人間像を反映し、それに承認を与える。だが具体的なイデオロギーは本や資料によって表現される。未来は、書かれたことばという基盤に立ち、記憶や歴史を管理することによって築かれるのである。

ナチはユダヤ人の絶滅をはかったが、彼らにかんする記憶を消すことはしなかった。「ユダヤ人」を歴史的、象徴的敵として記憶に残す。これがフランクフルトの研究所の目的のひとつであることは、一九四一年にローゼンベルクが就任演説で明らかにしていた[22]。その演説のなかで彼は、ナチのなかでさえも、自分独自の判断をくだそうとする世代がやがて現れるだろうと予見した。そのときに備えて、ユダヤ人の歴史、彼らの重要性や彼らの犯罪の記録は保存されねばならず、そうすればドイツ国民がやむなく突入した非情な戦争を、それに基づいて正当化することが可能となる。このような理由で、ユダヤ文化の重要な記録、図書館の蔵書や文書は略奪されたが、破棄されることはなかった。それは千年戦争の歴史とドイツの究極の勝利を書くために必要な資料だった。今度の戦争が闘争に終止符を打つものであることにかんがみて、ユダヤ人の記憶は彼らが消滅した後も悪の象徴として長く保持されねばならない。その著『ユダヤ人のいない世界』のなかで、アーロン・コンフィーノは書いている。

戦いに勝利したあとユダヤ人の記憶を留めておくことが重要なのは、彼らの存在の消滅のみではユダヤ人の絶滅はなし遂げられないからである。絶滅のためには、ユダヤ人の歴史と記憶もまた征服されねばならない。戦争の勝利は、ホワイトハウスやクレムリンに存在すると言われているユダヤ人の勢力を一掃し、ドイツ社会からユダヤ人という人種的脅威を除去するだろう。だがユダヤ人にたいするナチの闘争は、基本的に決して政治的、経済的性格のものではなかった。それはアイデンティティをめぐる闘争で、ナチがユダヤ人の歴史、記憶、書物を私物化するというかたちで遂行された。[23]

それゆえ、記憶に留める力が重要な意味を帯び、それ自体でレジスタンスの行為となった。ヴィリニュスのゲットー図書館の司書だったヘルマン・クルックが、一九四四年の死の直前に自分の日記をエストニアの強制労働収容所に埋めたとき、それは自分の記憶を保存することによって、自分に暴力を振るう者たちを打ち負かそうとする挑戦であった。ヴィリニュスの紙部隊とテレージエンシュタットのタルムード軍団がおこなった仕事は、その性格からして両義性を帯びてはいたが、両者とも究極的には自分たちが自身の歴史を保存しているのだという思いのなかにひと筋の希望を見出していた。

記憶、ことば、書物をめぐるこの闘争にはもうひとつの側面があった。それが世界でおそらく最高の文学性と知性を備えた二国民――ふたつの「書物の民」――のあいだの闘いだったということである。ワルシャワのユダヤ人教師だったハイム・カプランは、その類似点について一九三九年の日記にこう記している。

われわれの相手は高度な文化をもつ国民、「書物の民」だ。ドイツは気違い病院になった。本狂いの人間たちの国だ。何と言われようとも、私はそのような人間たちが恐ろしい！　略奪がイデオロギーに基づいているところでは、本質において精神主義的世界観が略奪の根底に存在するところでは、強さと持続性において、それに太刀打ちできるものはない。（中略）ナチはわれわれから物質的所有物のみならず、「書物の民」という名誉も奪った。ナチには書物と剣がある。それがナチの力と強さなのだ。[24]

ハイム・カプランが遺した日記が、ナチ侵攻の前と後のワルシャワにおけるユダヤ人の生活にかんする最も重要な証言となったことは象徴的である。一九四二年、自分が間もなく逮捕されると知った時点で、日記はひそかにゲットーの外にもち出された。彼は最後にこう書いた。「一万三〇〇〇人が逮捕され送り出された。そのうちの五〇〇〇人は自分の意志で移送された。彼らは飢えと死の恐怖に満ちたゲットーの生活をもう沢山だと思い、そこから脱出したのだ。私も彼らのように甘んじて出てゆけたらいいが！　私の命が終わるとき、私の日記はどうなるのだろう？[25]」

＊　＊　＊　＊　＊

保安本部の第Ⅶ局では、他の幾つかの研究計画が戦争終結まで続けられようとしていた。しかしながら保安本部内部で具体化していた研究は異なる種類のものであり、多くの点で夢想的だった。アルフレート・ローゼンベルクの歪んだ現実認識が彼の活動を支配したように、保安本部の研究の諸側面はヒムラーがフリーメイソンとオカルトに寄せた特別の関心を明らかに反映していた。

保安本部の蒐集資料と調査プロジェクトは中央ヨーロッパの幾つかの城に移されていた。ニーム城で第Ⅶ局はオカルト学の記録、『秘密教義』の編纂を開始していた。成果として四〇〇頁以上に及ぶ目録ができ、占星術、降霊術、神秘論、予言、催眠術、錬金術、快楽主義、夢解釈などについての七〇〇〇冊の本と一万八〇〇〇冊の定期刊行物が記載されていた。保安本部の最も奇妙な研究プロジェクトのひとつは、レオと呼ばれ、保安本部長官エルンスト・カルテンブルンナーから厚く信頼されていた親衛隊中佐のヴェルナー・ゴッチの指揮下にあった。カルテンブルンナーは一九四二年にチェコスロバキアで暗殺されたラインハルト・ハイドリヒの後任だった。

ゴッチは以前に親衛隊情報部の国外諜報局で働いたことがあったが、結核にかかったため、軍人としての出世は遅れた。彼は代わりにオカルトを特に重視して、第Ⅶ局のフリーメイソン関係資料を研究するという仕事を与えられた。彼に助力したのは親衛隊少佐ハンス・リヒターで、彼は保安本部ではフリーメイソンの専門家であり、魔術と魔法にかんするカタログ作成をおこなっていた。リヒターは魔法、テレパシー、降霊術などにかんしてゴッチのために文献リストを作り、ポルノのコレクションから選んだ本のリストもそこに含まれていた。ベルリンから疎開後には、一五世紀に建てられたチェコスロバキアのノウィファルケンブルク城の幾つかの部屋がゴッチの極秘プロジェクトに当てられ、オカルト関係の小規模の蔵書が構築された。その責任者であったリヒターは、没収された他のコレクションに含まれ、その城にもちこまれていた重要な本を手元に集めた。一九三〇年代にドイツのさまざまな人智学者のグループを追跡調査した情報部の極秘レポートさえ、そのコレクションの一部だった。[26]

第Ⅶ局の最後の長であったパウル・ディッテルは、戦後尋問を受けたさいに、レオの目的は親衛隊と結びついた「或る種のフリーメイソン的秘密結社」を創ることだったと述べた。

ディッテルの陳述によれば、カルテンブルンナーはナチの友愛的結社を作ることをめざしており、それはナチの体制に忠実な「観察者、情報提供者」でありつつも、各自が望む活動を自由におこなう場として構想されていた[27]。ゴッチの調査・研究はそのような組織のために必要な基盤を作ることと関連しており、おそらくその目的のためにフリーメイソンが儀式や秘密主義によって、忠誠を旨とした友愛団体を築きあげたやり方を詳しく調べていた。ドイツの敗色が次第に濃くなっていた時期に、親衛隊の最高指導者たちはそのプロジェクトに最優先順位を与えていた。「結社」は、ナチ以後のドイツにおける地下活動の下準備的な機能を果し得ると考えられていたのだろう。

かなり長期にわたって進行していたもうひとつのプロジェクトは、ヒムラーの魔女にかんする目録の作成で、それは一九三〇年代半ばにすでに始められていた。魔女特別審査と名づけられた魔術の研究は、魔女と魔女の迫害の調査だった。ヒムラーはこの問題の「科学的調査」を命じていた。親衛隊長のこの関心はおそらく、彼の祖先のひとりマルガレーテ・ヒムラーが、一六三二年にバート・メルゲントハイムで魔術をおこなったかどで有罪とされ火刑に処せられたためであった[28]。

親衛隊の一〇名ほどの専従研究者が一〇年近く魔女特別審査プロジェクトにかかわり、魔女、裁判の慣例、目撃者の証言、魔女の告白などについての資料を求めて、二六〇の図書館と古文書館を調査した。集められた資料はカード式索引目録に整理され、すべての「魔女」が独立したセクションを与えられ、経歴、家族、末路が記録された。それは犠牲者の記録というかたちを取っていたが、まさにそれが意図であった。

ヒムラーの見解によれば、魔女裁判は南北ヨーロッパの文化間の千年におよぶ闘いの表われであった。魔女の迫害はカトリック教会が北方民族固有の信条と戦うひとつの方法であり、古代ゲルマン民族の習慣を攻撃し破壊するものであった。つまり魔女は北方の「大衆文化」を具現しており、そのようなものとして南方の、地中海を基盤とし、ユダヤ世界にルーツをもつキリスト教と対峙してきた。

この見方には一理あった。魔女の多くが火刑に処せられたのは、彼女らが魔術や異教的、キリスト教以前の儀式をおこなったからである。だが予想されるようにヒムラーは、迫害がゲルマン民族固有の文化の破壊をもくろむユダヤ人の陰謀の一部だったと考えた。親衛隊の世界観のなかで、魔女はアーリア人の殉教者であり、「ユダヤの司教たち」に立ち向かった北方のアマゾンであった。[29]

或る程度まで魔女特別審査の研究は第三帝国において利用された。ゲッベルスはカトリック教会への攻撃を正当化するために、魔女狩りが宣伝効果をもつことを認めていた。ナチのパレードや宣伝活動においてさえ、魔女たちはドイツの英雄にまで高められていた。

フリードリヒ・ソウクプという作家が雇われて、魔女狩りについての軽いフィクションを――ヤングアダルト向けの本か歴史小説を――書き、カトリック教会に非難の矛先を向けるように、と依頼された。ソウクプは研究に基づいた野心的な三部作を構想したと言われているが、実現には至らなかった。魔女の訴追にかんする魔女特別審査の証拠資料は、それまでヨーロッパでおこなわれたもののうち、もっとも詳細なものだった。九年間の調査で索引カードは三六〇〇人の魔女の生涯を網羅するまでの量となった。さらに約一五万点の証拠書類と本からなるコレクションが構築された。戦後、ヒムラーによる魔女の索引カードは姿を消し、忘れられていたが、一九八〇年代にドイツの歴史家ゲルハルト・ショールマンによってポーランドで発見された。

ショールマンによれば、この研究はふたつの点で役立った。それはプロパガンダの手段であると同時に、ゲルマン民族の失われた信仰の諸側面を取り戻し保存する試みだった。[30] 奇妙なことだが、ヒムラーの魔術研究は、多くの学術的不備にもかかわらず、広範囲にわたる歴史的資料が集められたために、現代の魔女狩り研究において或る程度重要視されている。「魔女に好意的な、ヨーロッパで最初の、唯一の政府として、ナチは魔術や魔術の慣習についての人びとの認識に永続的影響を及ぼした」とアメリカ人歴史家のマイケル・ディヴィッド・ベイリーは書いている。[31] ショールマン自身、最終的にヒムラーの索引カードをドイツにおける自身の魔女裁判研究の基礎として使っている。

ユダヤ人関係資料もニーム城に送られたが、オカルト資料が非常に優先された一方で、それは倉庫に保管されていたようである。グリムステッドは、ナチが「全面戦争」という考えにとりつかれていた時期におけるオカルトへのこの関心は「取るに足らないセンセーショナリズム」として片づけるべきではない、むしろ戦争末期に親衛隊のエリートたちはオカルトに重大な意味を付与していた、と述べている。「現在知られているように、おそらくヒムラーやカルテンブルンナーのような保安本部の指導者たちは、当時秘かに和平の打診を始めていた。にもかかわらず、彼らの回りの世界がナチとそのイデオロギーを破壊しつつあったその時期に、彼らは自分たちの使命の継続あるいは回復のための、精神的、ときには異教的な権限を執拗に追求していた[32]」

全面戦争はついに親衛隊の幾つかの城にもおよんだ。一九四五年四月、第Ⅶ局の人員は第三帝国のための最後の戦闘に参加するために前線に駆り出された。

＊　＊　＊　＊　＊

ドイツ軍がすべての前線で退却しつつあるという現実にもかかわらず、ローゼンベルク事務所内には、ユダヤ人世界にたいする闘いを放棄する計画は存在しなかった。その活動はむしろ強化されていた。戦争の最終段階で、ローゼンベルクは徒労であるのみならず非現実的な、最後の壮大な企画のための準備に着手した。「現代の国際政治におけるユダヤ民族」というテーマのもと、一九四四年に国際的反ユダヤ会議を開催しようというのである。企画に正統性をもたせるべく、彼は保安本部内部で自分と対立する宣伝省と外務省との提携を始めさえした。フランクフルト研究所長クラウス・シッケルトは『ユダヤ国際政治年鑑』と題した本の編集者に任命された。おそらく会議で配布がもくろまれていたのだろう。その本はアンソロジーで、ユダヤ人が政治を支配したこと、それゆえに戦争を引き起こした責任を問われるべきであることを示そうとしていた[33]。

会議のプランは一九四四年六月一五日の機密文書に示されたが、それは連合軍によるノルマンディ上陸の一週間後であった[34]。文書を書いたのは、ローゼンベルクの信任厚いハンス・ハーゲマイヤーで、彼は会議を組織する仕事を課せられていた。文書によれば、ヒトラーはじきじきに計画を承認し、開催地はクラクフとすることを決定していた。ハーゲマイヤーは文書のなかで、会議の詳細を述べている。何人かの「ユダヤ関係専門家」の他に、三人のドイツ人閣僚からのスピーチが予定されていた。常任指揮者ヴィルヘルム・フルトヴェンクラーの指揮でベルリンフィルハーモニー管弦楽団が演奏することになっていた。

ヨーロッパ内外の国ぐにからの国家の代表とともに「ヨーロッパの著名人たち」を招くことが計画され、ヨーロッパの主導的な反ユダヤ主義者、ファシスト、ナチ党員など、幾人かの名前が挙げられていた。イタリアからは、その国でゲッベルスに匹敵する存在であったフェルナンド・メッツァソーマ大臣、オランダからはオランダの国家社会党（ナチ）の創立者で指導者のアントン・ミュッセルト、フランスからは詩人でヴィッシー政権下文部大臣を務めたアベル・ボナールが参加を要請されていた。ハーゲマイヤーの記録は、ローゼンベルクが「クヴィスリング首相を個人的に招待するために」自らノルウェーに赴いたことを記している。アラブ世界の代表としてはエルサレムの大ムフティ（法学者）ハーッジ・アミーン・アル＝フサイニ。彼は一九四一年にナチ・ドイツに逃れ、ホロコーストの範囲を中東にも広げるようヒトラーに説得を試みていた。ハーゲマイヤーによれば、会議に代表を送る約束はスウェーデン、ルーマニア、スイス、スペイン、ポルトガルから届いたというが、具体的な名前は示されていない。会議の準備は極秘裏に進行中であるとも書いている[35]。

開所式の来賓リストにデンマーク、ハンガリー、ルーマニア、オランダ、ベルギー、ノルウェーの代表者が含まれていたことが証明するように、開所以来、フランクフルトのユダヤ人問題研究所は、積極的に国際交流をおこなっていた。そしてヨーロッパ大陸の反ユダヤ主義の組織や権威筋のネットワークを創り出し、一般大衆のあいだに反ユダヤ的情報が普及するよう努めてきた[36]。ナチ・ドイツは地域の反ユダヤ主義者、人種差別主義者や組織を常に利用して、しばしば資金協力もおこなっていた。時には表向きは地域の活動のように見せることもあり、たとえばフランスのユダヤ人問題研究所は、フランス人ポール・セジーユを所長としていたが、親衛隊の監督とドイツ大使館から資金援助を受けていた[37]。ドイツのモデルにのっとって反ユダヤ主義の政治を推進していたその協会は、一九四一年にパリで「ユダヤ人とフランス」という反ユダヤ主義の展覧会を開き、ユダヤ人が社会に入りこみ、フランスの慣習や伝統、フランスの文化を堕落させていることを示そうとした。

フランスの研究所はフランクフルトの研究所と緊密に連携していた。その監督役であった親衛隊大尉テオドール・ダンネッカーはフランスの研究所をローゼンベルクの高等学院の一部局とすることを提案したが、実現に至らなかった。しかしフランクフルトの研究所は、フランスの所員たちが『世界戦争』をモデルに機関誌『フランスおよび世界におけるユダヤ人問題』を創刊したさいには援助を惜しまなかった。

ハーゲマイヤーの文書は、一九四四年にクラクフで開催が計画されていたこの会議が、実際には単なる反ユダヤ主義の研究カンファレンスとは全く異なる目的をもつものであったことを明らかにしていた。会議全体が表向きは「歴史的学術的会議」であったにせよ、実際の目的は「ユダヤ民族の何たるかを検証し、それと戦う国際的組織を創出すること」であった。言い換えれば反ユダヤ主義の国際連合である。[38] ヒムラー、ヨアヒム・フォン・リッベントロップ、ゲッベルス、ハンス・フランクらは、多くの著名な参加者メッツァソーマ、ミュッシェルト、ボナール、エルサレムの大ムフティらとともに、この国際組織の名誉会員となる予定だった。この組織は「ユダヤ人を支持するプロパガンダ」を妨害し、連合国が実は「ユダヤ人による世界統治」の実現のために戦っていることを暴露する使命をもっていた。[39]

問題はローゼンベルクが反ユダヤ主義のもとで統一を目指すヨーロッパが、一九四四年には急速に崩壊しつつあることだった。この年の終わりには、ナチ・ドイツは予定された参加者のなかで孤立していた。ローゼンベルクの計画が政治的に不可能であることを悟ったヒトラーは会議を取りやめた。

一九四四年の初め、赤軍は八七二日間続いた包囲の末にレニングラードを解放した。夏にはソ連が解放され、八月にはスターリンが攻撃を停止した地点であるワルシャワの門に迫った。半年近く東部戦線は静止し、その間赤軍は最後の攻撃に備えて大量の物資を蓄積した。六〇〇万の兵士が前線に移されたが、これはヒトラーが一九四一年にソ連を攻撃したときに動員した人員の二倍であった。

ラーティボーアでは攻撃がさし迫っていると感じられたに違いない。一九四四年の終わりには、集めた本をバイエルンに疎開させる計画が再び作成された。しかしこの時点でラーティボーアにある何百万冊もの本をただちに他所に移すことはもはや実行不能だった。一年半を費やしてもなお、ベルリンからの本の疎開を完了させるための時間が不足していた。特捜隊が最後の二、三か月にどれだけの本を疎開させたかは今も不明である。運び出す作業は、赤軍がベルリンに到達した一九四五年二月の第一週まで続けられた。驚くべきことに、最も狂信的なナチ党員の目にさえ第三帝国の敗北が疑いようのない事実となった時期に、親衛隊も特捜隊も本にかんする作業をやめなかった。なぜか。イデオロギー的信念の強さをそこに見ることもできようし、非常に人間的な動機のなせるわざだったとも言えよう。

これらの組織は反ユダヤ主義運動の知的守護者であり、長きにわたって真の信奉者たちが結集する場として機能していた。そこには国家社会主義という基盤の上に築かれ積み上げられ、沼地のように広がる神話、歴史のねつ造、陰謀理論などがあり、「知的守護者たち」はそれを熱心に証明し、彼らの「研究」を通して強固な土台に乗せようとした。こうしたところでは「諦め」は文字通りの意味でさえ、大罪であった。同時におそらく彼らはまことに人間的な理由から仕事を続けたのだろう。正当な仕事とみなされる限り、それは彼らの前線での任務を免除した。東部戦線に送られることは、当然死を意味した。

一九四五年一月、プレス城からの本の疎開が開始された。だがその月の半ばにソ連の攻撃が開始され、二〇〇万の赤軍兵士がポーランドになだれこんだ。特捜隊のスタッフが迫りくる赤軍からの逃亡を余儀なくされたとき、何千冊もの本がプレスの駅に残された[40]。二月初めにラーティボーアが砲弾射撃にさらされると、その町の職員も脱出を余儀なくされた。赤軍がラーティボーアを占領したとき、オーデル川には本を積みこんだ船が停泊していた。本の一部を焼却する計画もあり、大量のガソリンがそのために備蓄されたが、何らかの理由で本は放置することが決定された[41]。

もうひとつの前線フンゲンでのローゼンベルクの活動も戦争の最後の瞬間まで続き、フランクフルトの研究所は、研究者、大学、研究機関に本の貸し出しをしていた。記録によれば貸し出しは一九四五年二月までおこなわれているが、その時点では赤軍はベルリンの外郭に迫り、西部戦線はフランクフルトから僅か一二四マイルだった[42]。しかし研究所はあとひと月のあいだも本を購入していた。

一九四五年四月初旬、アメリカの第五歩兵師団がフンゲンに到着し、城を占拠した。すぐに厖大な量の本の集積所が発見された。それを発見した部隊の指揮官は、ロベルト・シュンフェルトという三二歳のポーランド生まれのユダヤ人弁護士で、中尉だった。一九三九年にナチのドイツから逃れ、アメリカ合衆国に渡っていた[43]。シュンフェルト部隊の一兵士が、イギリス製の自動小銃を携えて本の集積所の暗闇へと進み、威嚇射撃をおこなった。おそらくその瞬間、弾丸がクレートを射抜き、ローゼンタール文庫のなかの一冊、サムエル・ウスケ『イスラエルの苦難への慰撫』に届いたのだった。

第14章　荷馬車一杯の靴

プラハ

チェコ共和国の首都プラハ。ドゥシュニー通りとヴィエゼニスカー通りが出会う中心街の小さな広場に、顔のない人間の肩に乗るフランツ・カフカの黒いブロンズ像がある。それは彼の短編「ある戦いの記録」から着想されたもので、その短編の語り手が一見無敵と見える相手の肩に飛び乗り、馬のように相手を駆り立て打ち負かしている姿である。

この像は名物となっている。ロシア人旅行者の一団が、チェコ共和国を代表する作家の像の前で互いに写真を撮り合っている。この場所は幾重にも象徴的である。カフカの家族はドゥシュニー通りに住んでいた。またここはプラハの古いユダヤ人居住地で、二、三ヤード先にスペイン・シナゴーグがある。中東の建築様式で建てられたこのシナゴーグの前にプラハのユダヤ博物館があり、こちらはグレイを帯びた黄色の、ずっと近代的で機能的な建物である。二階の一室に司書で研究者のミハル・ブセクがいる。三〇代、剃りあげた頭、手入れのよい髭。グレイのチェックの半ズボンをはいている。彼の机の横には、古くみすぼらしい本を山積みにした図書館用台車がある。どの本も背表紙の低いところに、白いラベルが貼られ、ＪｃやＪｂの手書きの文字と数字がある。テレージェンシュタットのタルムード軍団がつけた記号で、ＪはJudaica（ユダヤ教関連資料）の略語である。

「ユダヤ人にとって本がいかに大切か、ナチは知っていました。読書によってわれわれは人間になる。本が奪われるのは、思考を奪われるのと同じことです。最も大事なものを奪うことで、ナチはユダヤ人を滅ぼそうとした」ブセクは言い、台車に目をやる。テレージェンシュタットから来た本もその一部だが、戦後ユダヤ博物館に行きついた大量の本を点検するという大仕事が今進行中なのだ。「所有者を示すもの、蔵書票、スタンプ、メモ、何かないかと探して、見つかると作成中のデータベースに入力するのです」

ドイツの多くの図書館でも同じ作業がおこなわれている。一冊ごとに前の所有者の手がかりを探すという、厖大な時間のかかる仕事である。目立つ蔵書票にフルネームを記載してある場合などは簡単である。ときには署名や献辞、その本を読んだ人間による二、三行の覚え書きが見つかる。だがそれは例外で、大部分の本には以前の所有者を示すものがない。名前が消され、蔵書票がはぎ取られていることもある。

「本のタイトルと番号を記入するのが第一段階。次にその本の詳細をすべてデータベースに入れます。タイトル、出版年、本の写真。こうしてここにあるどの一冊も詳細に記述されるわけです」ブセクは言う。彼の推測によれば、第一段階に約一年、次の段階はもっと長い時間を要する。ヘブライ語の本もデータベース化されるが、そのためには従来のソフトウエアでは対応できない。しかしタルムード軍団がかかわった本は勿論、多くの本がヘブライ語で書かれている以上、特別なソフトウエアはどうしても必要です、と彼は力説する。ちなみに、今彼が扱っている本は、重要なコレクションに所属していたものが含まれているので、所有者の印が残っている場合が多い。

略奪された本が「解放されて」七〇年が経過した今初めてこのような作業が進行しているという事実は、本の返還の状況を示すと同時に、戦争終結時にソビエト戦線の後方地域に取り残された多くの本の悲劇的運命を語っている。プラハのユダヤ博物館は、かつての「鉄のカーテン」の奥にあった機関のなかで、例外的にこのプロジェクトに積極的に参加している。

戦後一九四五年にテレージエンシュタットから来た蔵書のほとんどはプラハのユダヤ博物館に移された。一九〇六年に設立されたこの博物館は、一九三九年にナチに接収されたが、或る程度までは活動の続行を許されていた。戦時中、博物館は追放されたユダヤ人の共同体から奪った本や宗教的工芸品を集め分類する場となった。ブセクによれば「シナゴーグから略奪されたものが箱に詰められてここに届きました。ユダヤ人研究者たちのグループがカタログを作り仕分けをしました。そのグループとナチとでは、行動計画が異なっていた。ユダヤ人グループは戦争が間もなく終わるという見通しに立って、それらの工芸品を手元に保存したいと願い、一方ナチはユダヤ博物館を作り、ユダヤ人がいかに異質の奇妙な存在であるかを展示しようとしていました」
二、三年のあいだ、博物館は広範囲におよぶユダヤ文化救済活動の中心となった。ナチのもとで強いられた屈辱的な作業は、何千もの本や歴史的・宗教的記念物が救われて後世に残されるという結果につながった。それらの多くはもはや存在しないユダヤ人の共同体から奪われたものだった。戦前には三〇万人以上いたと推定されるユダヤ人は、その六分の一になっていた。そのほとんどがホロコーストの犠牲者だった。(1)
チェコスロバキアは、ソビエト戦線の後方に位置し、短命であったとはいえ、戦後独立共和国となることができた唯一の国だった。結果としてここに集められていた本の処理は、西側諸国が共有した略奪品返還の基本方針に従うと同時に、それとは正反対の東ヨーロッパにおけるやり方にも沿うかたちを取った。結局中途半端な返還となってしまった。

一九四五年に、テレージェンシュタットにあった蔵書は、プラハの博物館に移された。タルムード軍団の生存者のひとりオットー・ムネレスも同様にプラハに移り、博物館の主任司書に任じられた。略奪された本は他の場所からも届いた。ノウィファルケンブルク城やニーム城を始め、国境のチェコ側にある親衛隊の城では、国家保安本部によって移された何十万冊もの本が発見されていた(2)。

戦後運ばれた本のなかで、現在もここに残っているのはごく一部である。ブセクはそれらの本の来歴を明らかにしようとしている。「非常に困難です。証拠となるものはあまり残っていません。一九四五年から四九年の期間にかんして薄い元帳が一冊あるだけです」彼は言う。テレージェンシュタットと他のナチの倉庫から、約一九万冊がこの博物館に来た。「幾らかの本は戦後に返還されましたが、今日から見ると正当な返還ではなかった。本が誰のもので、またはどこから来たものなのか、調べた者はいませんでした。それをするスタッフも、スタッフを配置する場所もありませんでした。博物館全体でたったふたりか三人の職員しかいなかったのです」

ブセクによれば本は四散した。チェコスロバキア内のユダヤ教信徒たちに配布されたものもあれば、イスラエルに送られたものもあった。「本が点検された形跡はありません。本のほとんどはナチが詰めこんだときのクレートにそのまま入っていました。思うに、中身を入念に調べることなく、クレートをひとつ選んで与えるようなやり方だったのでしょう。人びとは博物館に来て『五〇冊もらえませんか?』と頼み、欲しいものをもってゆきました」

ユダヤ文化再興機関のようなユダヤ人の組織も多くの本を引き取った。これはユダヤ人共同体内部で、略奪された財産を共有するために設立された組織である。テレージェンシュタットのゲットー文庫の残りの本の大部分はそのようにして配布された。[3]

より大規模な企画のひとつはのちにイスラエル国立図書館の一部となるのだが、エルサレムのヘブライ大学による構想に端を発していた。それはシオニズムの「救済プロジェクト」で、ホロコーストの記憶も生々しいなか、ヨーロッパのユダヤ文化遺産をできるだけ多くイスラエルに集めようとするものだった。イスラエルには戦争を生き延びた何十万人ものユダヤ人が移住していた。[4]一九四六年末、ヘブライ大学の主任司書フーゴ・ベルクマンはムネレスとともにニーム城にある保安本部の倉庫を訪れた。彼らの推定によれば、城には六五万冊の本があった。「ユダヤ人の本もあれば、全く違うさまざまな種類の本もあった。もとは修道院にあったカトリックの本、神智学の本、社会主義の本等々。（中略）城の屋根裏の床には、私には理解不能なオランダ語の古文書が投げ捨てられていた。イディッシュの新聞は綴じてあるものも、ボール箱に入っているものもあった。それらはヴィリニュスのイディッシュ学術研究所から来たものだった」とベルクマンは報告書に書いている。[5]彼は四万冊から七万冊のユダヤ人の本をチェコスロバキアからイスラエルに持ち帰った。この数字は不確かである。というのもベルクマンも貴重な写本をなかに隠した多くの箱を密かにもち出したからである。[6]

戦争直後の二、三年間、これほど多数の本がチェコスロバキアから運び出されたのは、博物館とユダヤ人教徒たちの支援に負うところが多い。他方チェコ共和国の政府は、略奪品の返却にかんしてかなり消極的な態度をとっていた。「チェコ政府は返却問題については総じて否定的で、財産の返還を求める個人や組織を『ファシスト』『ブル

プラハのユダヤ博物館所蔵の本。テレージエンシュタットのタルムード軍団がつけたラベルが今も残っている。

ジョワ的』など、そのときどきに都合のよいことばで片づけていた」とは或るアメリカ人のコメントである。[7]私人としての個人は、自分の本の返還を求めるさいに、さらに大きな困難に遭遇した。戦後のチェコスロバキアで、蔵書が或る家族に返還されたという例は、ひとつしか記録されていない。[8]

その大部分がプラハに残ることになる或るコレクションは保安本部第Ⅶ局のヘブライ諸部門にあった六万冊で、タルムード軍団が手がけていたものだった。ユダヤ博物館付属図書館に、このコレクションの本がどのくらいあるのか、ブセクもまだわかっていない。「三万冊くらいかもしれませんが、確かではありません。目下カタログ作成の最中です。ムネレスが戦後それらの本をプラハに残すために、他の本に混じらないようにした可能性が高いです」だがブセクと彼の同僚たちは、コレクションのなかにヨーロッパ各地から略奪された本も発見している。「その大部分は、ベルリン、ブダペスト、ワルシャワ、アムステルダムその他の都市のユダヤ人集団から来たものです。三八〇〇冊余りはウィーンのユダヤ人集団と個人のものであることを突きとめました」そう言いながら、彼は台車から二、三冊本を取りあげてユダヤ共同体のスタンプを示す。その本が二〇世紀初頭までウィーンのユダヤ教徒たちの指導者であったサロ・コーンによって寄贈されたものであることが蔵書票からわかる。

ブセクは次にわたしを図書館の閲覧室に連れてゆく。歴史的に貴重なコレクションが、ガラス張りで施錠された隣の小部屋に保管されている。革とグレイのベラムで装丁された厚い本は、白い木綿の手袋で扱われる。わたしの求めに応じてブセクは一冊の薄い本を取り出す。アムステルダムから来た本である。白い閲覧用テーブルに置かれたその本の表紙は大理石模様がびっしり施されていて、アウグスト・ストリンドベリが描いた表現主義的な海のモチーフを思い出させる。本のタイトルは *Der Mediciner Maimonides im Kampfe mit dem Theologen* となっている。

中世の哲学者モーシェ・ベン・マイモーンについての研究書である。

表紙の内側に蔵書票がある。一〇〇年近くが経過しているはずだが、蔵書票は昨日貼られたように見える。白地に描かれたダビデの星を、牡鹿とライオンが立ちあがって両側から支えている。その下にジグムンド・セリグマンという名前がある。図柄はおそらくミシュナー（ユダヤ教ラビの口伝を集めたタルムードの第一部）の或る箇所を表わしたものであろう。「ガゼルのようにすばやく、ライオンのように強く、天にいます神の御心をおこないなさい[9]」

背表紙には「Ｊｂ８１２」と書かれたラベルが糊づけされている。タルムード軍団が貼ったものだ。イサク・レオ・セリグマン自身が、父親から受け継いだこの一冊にラベルを貼った可能性すらある。ブセクはポルトガル系ユダヤ人宗教哲学者ウリエル・ダ・コスタの伝記を見せてくれる。彼は一六一七年ポルトガルでの迫害を逃れてオランダに住んだ。その本にはポルトガル人の歴史家である著者アルトゥール・ド・マガハネス・バストからジグムンド・セリグマンへの献辞が記されている。ジグムンド自身の署名は見せられたもう一冊の本、ドイツ語訳コーランの表紙の内側にあった。

セリグマン家の蔵書は、アムステルダムでローゼンベルク特捜隊に略奪されたのち、保安本部の数か所の本の集積所に分けて置かれた。蔵書のなかでテレージェンシュタット以外の場所に運ばれた本はニーム城をはじめ、あちこちの城で見つかった。フーゴ・ベルクマンはセリグマンの蔵書の約二〇〇〇冊をイスラエルにもってゆき、プラハのユダヤ博物館にはそれより少ない本しか残らなかった。ブセクはここでおよそ六〇冊のセリグマンの本を確認している。しかし戦前には二万冊から二万五〇〇〇冊あったといわれる蔵書の大部分の所在は不明のままである。おそらくナチ・ドイツの至るところにあった集積所に四散したか、戦争中に廃棄されたか、空襲下のベルリンで失われたのだろう。

イサク・レオ・セリグマンはテレージェンシュタットを生き延びて、一九四五年にアムステルダムに戻った。仮に彼がチェコスロバキアから自分の蔵書を取り戻そうと試みたとしても、それはただちに鉄のカーテンの体制によって却下されただろう。ことにチェコスロバキアが以下に述べる状況のなかで中心的役割を演じたことを思えば当然だった。

チェコスロバキア大統領エドヴァルド・ベネシュは、チェコスロバキアが自由な共和国であることから、その国を東と西を結ぶ橋と位置づけようとしていた。そのもくろみはすぐに挫折した。若い共和国は政治が不安定で、その裏にはソ連を後ろ盾とした共産党の活発な動きがあり、共産党は議会の過半数を占めていた。一九四七年チェコスロバキアはアメリカ合衆国から、再建のための財政支援として、マーシャルプランによる援助を受け入れた。だがクレムリンの圧力でその決定は覆され、六か月後の一九四八年の初めに共産党がモスクワに後押しされて権力を掌握した。程なくしてユダヤ博物館とその所蔵品は国有化された。

「その後基本的にすべての返還は停止されました」ブセクは説明する。共産党は世に広く知られたユダヤ博物館を完全に閉鎖することはできなかったが、研究も展示も最低限に縮小された。博物館はテレージェンシュタットをクローズアップしていた。だが共産党の見解では、テレージェンシュタットは戦争捕虜収容所であって、ユダヤ人収容所ではなかった。共産党はまた、ユダヤのコレクションの一部を処分することを決め、貴重なトーラーの巻物を西側に売却した。「コレクションは彼らにとっては意味のないものでした。政府は金が、ドルが必要で、だから売却を決めたのです」。ユダヤ博物館は改変されて、遂にはまったく孤立した機関となり、その活動は政府に細かく

ジグムンド・セリグマンの本に貼られた蔵書票。戦争中その本はアムステルダムからテレージェンシュタットに運ばれた。その後プラハのユダヤ博物館に移され、今もそこに所蔵されている。

監視された。訪問者も本の貸し出しも記録された。「ほとんど誰も来なくなりました。研究者は図書館に出入りするのを恐れました」ブセクは言う。

そのような惨めな状況にもかかわらず、オットー・ムネレスは図書館長としての仕事を一九六〇年代に死ぬまで続けた。彼はホロコーストで家族全員を失っていた。二〇年近い歳月を費やして、彼はユダヤ関係の本を何とか整理しようと努めた。彼を知る人びとは、彼がその仕事に没頭する様子は、あたかも略奪され四散した本たちが何か彼を慰撫する力をもっているかのようだった、と語っている。「読む者も研究する者もいない、本で埋まった部屋から部屋へとさまよう亡霊を見るようでした。それでもムネレス博士は、かつてここに存在し、今はもういないユダヤ人たちのための記念碑となるような大きな図書館を作る夢を抱かれていました[10]」

＊　＊　＊　＊　＊

戦後チェコの当局が、親衛隊が用いたチェコスロバキアの城で、略奪された本を調べたとき、大量の資料がすでに姿を消していた。そのなかにはフランスの秘密情報機関から奪い、ゲシュタポがチェスカー・リーパに近いオバリビック城に秘匿した多量の文書があった。実はその場所は一九四五年五月という早い時期に、赤軍の諜報機関スメルシによって発見されていた。ソ連の国家保安機関、内務人民委員部の長官ラヴレンチー・ベリアは文書を没収する目的で密かにアーキビストたちをモスクワから送っていた。夏には公文書資料を積んだ列車二八車両がモスクワに向けて出発した。公文書はモスクワの新たな秘密文書館 Tsentral'nyi Gosudarstvennyi Osobyi Arkhiv（TsGOA）

の基盤となった。戦勝記念というべきスターリンのこの特別文書館はドイツと東ヨーロッパにあったナチのさまざまな集積所から没収した厖大な量の文書で一杯になった(11)。

一九四五年二月、赤軍がドイツに入ったとき、スターリンは戦争賠償特別委員会の設立に至る最高機密指令書に署名していた。スターリンが一九四三年に文化財の略奪を禁じる連合国側との合意書に署名していたのも周知の事実である。だがこの合意は守られなかった。

この新しい委員会は、表向き無害な名前にもかかわらず、規模においてナチの略奪にも匹敵する略奪行動を開始した。ソ連においてドイツがおこなった莫大な破壊にたいしてドイツと同じかたちで、つまり相応の略奪をソ連がするというかたちで、弁償させるべきだというのがスターリンの考えだった。西側同盟諸国との関係の断絶を招かぬように、この活動は秘密にされていた。

戦利品旅団の名で知られる略奪実行部隊は、本質的にナチの略奪部隊と変わりがなかった。それらの部隊はソ連のアーキビスト、司書、科学者、その他の専門家から構成されていた。美術品、古文書、本などの文化財は盗まれたもののごく一部に過ぎなかった。特命を受けて略奪を組織した政府の部局の計算によれば、一九四五年だけでも鉄道車両四〇万両分に及ぶ略奪品がソ連に送られたという。このなかにはもとはソ連の所有物だったものもあった。同年ドイツからウクライナに送られた略奪品のリストは貨物の多様性を示している。一一車両分の実験器具、一二三台の乗物、二・五トン分の科学書、ドレスデンの美術館からの七五点の絵画、磁器メーカー、アウグスト・ヴェルナー&サンズの皿一二トン、分解された印刷機二台分を積んだ四六車両、写真用紙を製造する工場の部品二七車両(12)。

赤軍の兵士、将校、将官による略奪も広くおこなわれており、ある程度は公的に認められていた。兵士たちは盗んだ品を小包にして何度も家族に送っていた。最も大量の盗みをしたのは、しばしば高位の将校や将官だった。スターリン麾下《きか》の元帥ゲオルギー・ジューコフは自分の戦利品で数台の列車を満たした。それによって戦争の英雄であった彼はたいそう裕福になったが、のちにスターリンはその事実を利用して彼を左遷した。

しかしながら、さらに組織的な略奪をおこなったのは戦利品旅団で、戦利品を求めて中央ヨーロッパの城へと部隊が送り出された。城からは家具、美術品、彫像、ピアノ、磁器の他、運搬可能な備品がもち出された。本ももち出された。本の没収にかんしては、戦利品旅団のなかに蔵書を扱う特別な部隊があり、その部隊が何百というドイツやポーランドの図書館、および特捜隊や保安本部が集めた本を東に疎開させるさいに設置した本の集積所に赴いた。ソ連の大規模図書館の代表者たちが組織化した本の略奪は、モスクワの外国文学図書館の館長マルガリータ・ルドミノが指揮した。

一九四六年春、ルドミノは、四〇〇〇から五〇〇〇個の本のクレートがポーランドのムィスウォヴィツェに保管されていると報告書で述べている。これはおそらく特捜隊が押さえていた本の大部分で、ムィスウォヴィツェから僅か三七マイル東のラーティボーアにあったものと思われる。一九四五年春、戦争終結の段階で、これらの本をムィスウォヴィツェに移したのが特捜隊なのか、赤軍なのかは明らかでない(13)。

特捜隊の人員が前線の戦火から逃れたあと、プレスで、第四ウクライナ戦線の或る部隊は本、定期刊行物、公文書が積まれた約一〇両の鉄道車両を差し押さえた。中にはおよそ一五万冊の本、一〇万点の文書があった。部隊はそこにいるあいだに、プレス城の有名な図書館の蔵書一〇万冊も荷造りして送り出した。

戦利品旅団が発見した特捜隊のコレクションの大部分は、もとはミンスク、スモレンスク、キエフおよびソ連の他の土地から来たものであった。だがたとえば東方文庫に組みこまれていたパリのエミグレの蔵書のように、西側から来たコレクションもあった。一九四五年七月にすでに赤軍は或るレポートのなかで、パリのツルゲーネフ図書館の蔵書がムィスウォヴィツェで発見されたことを報じていた。その蔵書には「ロシア語と他の言語の書籍が一二〇万点あると推定される[14]」ツルゲーネフ図書館は戦利品の部類には含まれなかった。それは「ロシアの」図書館で、したがってソ連の財産とみなされた。

ムィスウォヴィツェの集積所においても、特定の秩序は存在しなかったようである。何千ものクレートが無計画に置かれていた。戦利品旅団の或るメンバーによれば、コレクションの一部は兵士たちにもち去られたという。ときには「人びとが勝手に行った」とルドミノは報告書に書いている。そのようにして多くの古い、貴重な本や写本が失われた[15]。

幾つかの地点では、集積所があばかれ、戦利品旅団が到着するまえに兵士たちがそこにあった本を台無しにした。「領主の館はポーランド軍の前線部隊に占拠され、クレートは開けられていた。多数の本が中庭に落ち、雨で濡れていた。見張りはいなかった。多くの本が破損し焼却された[16]」

ひとたび東方に送られると、本の分散はより秩序だった道を辿った。一九四五年秋、鉄道車両四五両分、約一〇〇万冊の本がムィスウォヴィツェからミンスクへ移された。ムィスウォヴィツェの他にも、戦利品旅団はポーランドで幾つかの集積所を突きとめ、そこから約三〇〇万冊の本がソ連に送られた。加えて書棚何千ヤードにもおよぶ公文書がモスクワのスターリン特別文書館に送られたが、そのなかにはアムステルダムの社会史国際研究所やロスチャイルド家の幾つかの古文書館の文書もあった[17]。

戦利品旅団はソビエト戦線の奥に取り残された、ドイツの図書館の素晴らしい蔵書の多くを没収した。たとえばプロイセン国立図書館、ベルリン市立図書館、ブロッワフ大学図書館、皇帝ウィルヘルム二世宮廷図書館。ベルリン、ドレスデン、ブロッワフから車両一〇〇両分余りの本が運び出され、ドイツの数百の図書館は空になった[18]。

モスクワのレーニン図書館は、戦利品としての本の最大の受け入れ先となり、全部で二〇〇万冊近くを得た。ドイツで没収された本で最も価値のある中世の写本、初期刊本、グーテンベルク聖書などは、特別機を何回か使ってモスクワに運ばれた。

戦後、戦利品旅団のなかの書籍部隊は一〇〇〇万から一一〇〇万冊の本をソ連に送ったと見られている。だがこれが全部とは言えない。なぜなら、たとえば科学の装置を差し押さえることに目的を特化した他の戦利品部隊も本の略奪をおこない、それには学校、試験所、大学、研究所、その他の研究機関の蔵書や公文書が含まれていたからである。美術品を専門とした戦利品旅団も美術館付属の図書館から蔵書をもち出した。また大量の本が赤軍の兵士によって盗まれた。

歴史家のパトリシア・ケネディ・グリムステッドによれば、ソ連の戦利品旅団は通常、自分たちがドイツの図書館から奪った本と、もともとはナチが占領地域から略奪し、今自分たちが奪おうとしている本とを区別しなかったという。

不運なことに、ソ連の他の戦利品が遭遇したと同じ事情が本にも生じた。ソ連にもちこまれた多くの工場施設、計器、工具、道具、機械装置は遂に使われることがなかった。高度の技術力をもつ人材の不足、取り扱い説明書にたいする理解力の不足、均一な基準の不在、その他の後方業務にかかわる技術的、実際的諸問題のためにしばしば機械や装備は使用不可能であった。本の場合には、加えて適切な置き場がないために、戦利品の本はソ連で倉庫に放置された。キエフ、ミンスク、レニングラードのような都市は爆撃で大々的に破壊されていた。ミンスクの中心部には建物がほとんど残っていなかったが、五〇万冊近い本がこの廃墟となった都市に移された。モスクワでは数百万冊のドイツ語の本が、モスクワの南西に位置するウズコエのさびれた教会に手つかずの状態で収納された。[19]使いものにならないほど本が傷んでいる場合もあった。たとえばトビリシの科学アカデミーは、雨で台無しになったドイツ語の本約一〇万冊を受け取った。

戦利品であった何百もの蔵書が解体され、一冊単位となった本がソ連じゅうの図書館に配布された。この配布さえ問題をともなっていた。というのは図書館が受け取る本は、行き当たりばったりのテーマと関連した本や、往々にして読者の知らない言語で書かれた本だったからである。戦後のソ連の或る報告書は、化学工場の労働者の図書館に古代ギリシア文学関連の本が配布され、他の図書館にはナチが没収したフランスのファッション雑誌が来たと伝えている。一、二度、ヒトラーの肖像画が職場に届いたことさえあった。[20]本の分配状況がひどく混沌としていたので、当時のソ連では司書たちでさえ、全体のプロセスに疑問をもち始めていた。戦後数年の間に、破損した本のどれくらいが廃棄されたか、その数は明らかでない。本は政治的査定も受けねばならず、「政治的に危険」「退廃的」「ブルジョワ的」なものは取り除かれた。

パリから来たツルゲーネフ図書館所蔵の本が辿った運命は決して例外的ではない。多くの蔵書と同様に、この蔵書も四散した。或る部分はモスクワに行き着いたが、蔵書の大部分はミンスクに送られた。蔵書の半数の約六万冊はムィスウォヴィツェの南方レグニツァにある陸軍将校のクラブに届いたが、そこはシレジアの陸軍司令部だった[21]。これは手違いだったに相違なく、本の配分、発送の業務全体の混乱がその原因だった。

手違いが判明すると、ツルゲーネフ図書館所蔵品の重要なもの——写本、初版本、有名作家の署名や献辞のある本など——はモスクワのレーニン図書館へと移された。特にレーニンやブーニンへの言及がある本は特別扱いされた。だがコレクションの大部分はレグニツァに留まった。一九九一年のソ連崩壊後、一九五〇年代半ばにレグニツァに駐在していたロシア人将校ウラジーミル・サションコが、それらの本について明らかにした。

サションコによれば蔵書の多くの本に「ロシア、ツルゲーネフ図書館——ヴァル・ド・グラース通り九番地」というスタンプが捺してあった。或る日、蔵書の管理担当の中尉が「本を暖炉で焼却せよ、との命令がモスクワから届きました」と告げた。サションコは一冊だけを記念に家にもち帰り、残りは処分した。「ツルゲーネフ図書館の本はゆっくりと灰になってゆきました。ファシストの強制収容所で命を落とし、焼却炉で焼かれた何百万もの人びとの悲劇的な運命を、本もともにするかのように、煙はレグニツァの上にしばらく垂れこめていました[22]」

＊　＊　＊　＊　＊

一九四五年五月の初め、アルフレート・ローゼンベルクはデンマークとの国境にあるフレンスブルクのフィヨルドの縁を歩いていた。バルト海の最西端にあるこのフィヨルドは五月には美しい眺めで、舟遊びの人気スポットだった。戦争は遠いところにあるようだった。ローゼンベルクは爆撃で木っ端みじんに破壊されたベルリンから土壇場で脱出し、戦争の被害をほとんど受けていない数少ない都市フレンスブルクの或るホテルにチェックインしたところだった。フレンスブルクはヒトラーの後継者カール・デーニッツ元帥のもと、ナチ・ドイツが最後の政府を置いた場所だった。一九四五年五月七日、デーニッツは最終的に第三帝国の降伏文書に署名していた。水際を歩きつつ、ローゼンベルクは自分がどのように最後を迎えるべきかに思いをめぐらせていた。他の多くのナチの指導者と同じように、彼も自殺を考えていたに違いない。ポケットには青酸カリのアンプルが入っていた。

ナチ最後の年を通じて、ローゼンベルクは彼の帝国が崩壊するのを目の当たりにしてきた。赤軍がソビエトの領土を取り返したあとは、彼の東部占領地域省は名前のみの存在となった。かつては巨大だった彼の東方の王国と、それに託した夢は、初めはヒトラーによって、次にスターリンによって、徐々に無に帰した。彼が何よりも恐れた敵、それと戦うことを自らの使命としていた体制は、すでに彼からエストニアを奪っていたが、今は祖国ドイツをも飲みこもうとしていた。

ローゼンベルクが彼の個人列車「ゴーテンラント」で、東方を最後に訪れたのは、一九四四年二月だった。だがレバルに到着する前にヒトラーに呼び戻された。不在中にベルリンの彼の司令部は空襲で破壊され、以後彼はベルリン郊外に停車させた彼の列車のなかで会議を開かねばならなかった。春には引き続きクラクフでの会議の計画を進めていたが、これさえヒトラーが計画の中止を決定した夏に、彼の手から奪い取られた。(23) 一九四三年一一月以降、総統と一対一で会う機会のなかったローゼンベルクは、繰り返し総統との面会の機会を得ようと努めた。しかし面会は、彼のもうひとりの敵、マルチン・ボルマンによって完全に管理されていた。ローゼンベルクがナチの東方政策に絶えず不満を漏らしたことが、ヒトラーや他の指導者とのあいだに軋轢を生んでいた。ヒトラーはこれより以前に、エーリヒ・コッホをウクライナ総督に任命し、バルト海地域と同様の野蛮な搾取と略奪をおこなわせた。ローゼンベルクはコッホの仕事に干渉しないよう厳しく命じられていた。

ボルマンを無視して直接ヒトラーの女性秘書に会い、総統と会う機会を得ようとしたが、その努力も徒労に終わった。一〇月ローゼンベルクはすべてを放棄する決心をして、東部占領地域大臣を辞するという手紙を苦い思いをこめて書いた。ヒトラーからの返事はなかった。戦争の最後の数か月、ローゼンベルクは彼の家の地下室に住んでいた。家の屋根は爆撃で吹き飛ばされていた。彼は菜園を耕し、いろいろな野菜の苗を植えたが、それを収穫することはあるまいと知っていたに違いない。

一九四五年二月、ヒトラーは指導者たちとの会合で最後にローゼンベルクと顔を合わせた。その席で総統は勝利をもたらす「秘密兵器」の話をした。それは破滅が近づくにつれて、狂信的なナチ党員たちが縋《すが》りついた最後の藁だった。ヒトラーとローゼンベルクがことばを交わすことはなく、ローゼンベルクはヒトラーの奇跡の兵器を信じていなかった。

三月、ローゼンベルクはヒトラー・ユーゲントの指導者アルトゥール・アクスマンの訪問を受けた。アクスマンは身を隠してアルプス山中でゲリラ戦をおこなう計画をしていた。彼はローゼンベルクを計画に引き入れようとしたが、名だたるナチズムの信奉者もすでに望みを捨てていた。アクスマンはローゼンベルクに本当のところ何がいけなかったのか、と尋ねた。国家社会主義労働者党の理念に誤りがあったのか、その解釈が間違っていたのか？ローゼンベルクはそれを党の同志たちの責任に帰した。「偉大な思想が小人たちによって悪用されたのだ、とわたしは彼に言った。ヒムラーはそうした悪のシンボルだった」と死後に出版された、ヒトラーへの決算書ともいうべき『大ドイツ、夢と悲劇』のなかで彼は述べている。[24] 個人的にはローゼンベルクは度重なるヒトラーからの拒絶に耐え切れずに辞職したのだが、内面的には彼の信念はいささかも揺らぐことはなかった。

四月二〇日にローゼンベルクは総統からベルリン退去を命じられていた。あくまでも留まると宣言していたものの、飼い主から最後の命令を与えられた捨て犬のように、彼はベルリンを後にした。二、三週間後、フレンスブルク近くの美しい水際を歩きながら、ローゼンブルクはポケットから青酸カリのアンプルを取り出して海に投げこんだ。勝利者たちと対決しようと、彼は決心していた。[25]

ハインリヒ・ヒムラーにはそのような考えはなかった。彼は口ひげを剃り落とし、眼帯をかけ、制服を着替えて、ハインリヒ・ヒッツィンガーと名乗った。だがすぐに身元を疑われてイギリス軍に逮捕され、間もなくヒムラーであることを白状した。口内に隠してあった青酸カリのアンプルで、彼はハンブルクの南、リューネブルクの収容所で五月二三日に自殺した。

ローゼンベルクはホテルに戻ると、イギリス軍司令官、陸軍元帥バーナード・モントゴメリーに宛てて降伏の手紙を書いた。

ローゼンベルクは逮捕され、尋問のためにキールに移された。スターリンとチャーチルはともにナチの指導者たちを即時処刑することをかねて主張していた。さらに一九四三年テヘランでの連合国の会議で、スターリンは五万人から一〇万人のドイツの将校を銃殺するべきだと提案したが、ローズベルトは取り合わなかった。一九四五年春、連合国側の勝利が間近になるにつれて、ドイツの戦争犯罪人を国際法廷で裁くという気運が高まった。連合国間での交渉の末、一九四五年一一月一九日、かつてナチが年に一度の大会を開催した都市、ニュルンベルクで法廷が開かれた。

ローゼンベルクは、被告である高位のナチ党員二三名のひとりだった。イデオロギーを主導した人間としての彼にたいする四つの最も重大な罪状は、「侵略戦争の共同謀議」「平和にたいする罪」「人道にたいする罪」「戦争犯罪」であった。そのすべてにかんしてローゼンベルクは無罪を主張した。

ニュルンベルク裁判が進行する一方で、西側同盟国は特捜隊の略奪がもたらした混乱に秩序を取り戻す仕事に着手していた。仕事を託されたのは、MFAA（モニュメント《記念碑、記念像》・美術品、古文書プログラム）という西側同盟国の特殊部隊で、「モニュメント・メン」の名で知られ、ヨーロッパの文化遺産を保護することを任務としていた。彼らの戦いはふたつの方面で展開された。連合軍が一九四三年にイタリアに、一九四四年にフランスに進攻したのち、モニュメント・メンは多大の時間を費やして、モニュメントや文化財を自分たちの軍隊から守らねばならなかった。しばしば兵士たちは価値ある文化財に銃口を向けたからである。進攻後のドイツでは、倉庫、炭鉱、納屋、城、洞窟などで発見された膨大な量の略奪品――美術品、古代の遺物、本――の整理が主たる任務だった。

モニュメント・メンは取り戻した文化財を分類し確定するための集積所を幾つか設置した。略奪された美術品、古代の遺物、工芸品はミュンヘンのナチの建物に集められた。最初は集積のためにフランクフルトのロスチャイルド図書館が使われたが、やがて本の量だけでも、もっと広い場所が必要となった。オッフェンバッハ・アム・マインに適当な場所が見つかった。この都市はフランクフルトの郊外にあり、ドイツの大企業IGファルベンがそこに本社を置いていた。複合企業体の本部である、ヨーロッパ最大のオフィスビルは改装されて、略奪された本や古文書の新たな中心的集積所、オッフェンバッハ文書集積所となった。作業の管理にはワシントンの国立公文書記録管理局の有能なアーキビスト、シーモア・J・ポムレンツが当たることになり、一九四六年二月、大吹雪のフランクフルトに到着した[26]。ポムレンツはユダヤ系で、彼の家族は一九二〇年代初めにウクライナから逃れていた。彼はオッフェンバッハで厖大な仕事に直面した。

オッフェンバッハ集積所で、わたしは圧倒され同時に驚異に打たれた。無限に広がるかに見えるクレートと本の海を前に、わたしは思った。何という混沌だろう！　これらの資料全部にどう対処できるだろう？　どうすれば与えられた仕事を首尾よくなし遂げられるだろう？　しかし大きな混沌の先に、それよりも大きな使命があった。実際に唯一可能な行動はできる限りすみやかにそこにある物をもち主に返すことだった[27]。

ポムレンツをリクルートしたのは、モニュメント・メンに参加したひとりで、オッフェンバッハ文書集積所のブレーン、司書のレスリー・I・ポストだった。一九四三年にヨーロッパに到着して以来、モニュメント・メンは美術、モニュメント、歴史的に重要な建物を救うことに努力を集中していた。一九四五年にポストが雇用されるまで、蔵書はたいして注目されていなかった。ポムレンツの到着前に、ポストはほぼ半年間何万マイルも車を駆って、第三帝国の廃墟を縫ってヨーロッパを縦横に走り、略奪に遭った図書館や古文書館を探した。

ポムレンツはオッフェンバッハ集積所に、二〇〇人のアーキビスト、司書、労働者からなる作業集団を組織し、本の「無限の海」を掻きわけて進み始めた。警備は厳しく、一日の終わりに退去するときは全員がボディ・チェックを受けた。それでも本が盗まれることはあり、ことに隠しやすい小型の本が被害にあったことをポムレンツは認めている。モニュメント・メンは、蔵書票など所有者を示す印を写真に撮り、本を判別する一種のベルト・コンベア方式を開発した。作業集団のなかで熟練度の低い者は、本をより分けながら、比較的ありふれた蔵書票の写真を保管し、あまり見かけないような蔵書票や印のついた本は専門家の鑑定へと回された。このようにして山積みされた本は、確認された本とされない本にすばやく分けられていった。前者は直ちに梱包されて当該諸国の返還担当部局へ送り出された[28]。

作業の結果残された、蔵書票の何千枚という写真は、今もワシントンの国立公文書記録管理局に保存されている。一九四六年三月にはすでに、オッフェンバッハ文書集積所でのポムレンツの作業集団は一八〇万冊の本などの仕分けを終えていた。同じ月に、蔵書の一部の送り出しが始まった。しかし返還のプロセスが完了したわけではなかった。西側連合国の軍隊は、なるべく早くこの問題から手を引くことを望み、それぞれの蔵書をもとの国の政府に戻すという簡単な返還方法を支持した。この方法は既存の組織に所属していた大規模な組織化された蔵書の場合にはかなりうまくいった。

一九四六年春までに返還された二種類の蔵書は、アムステルダムのローゼンタール文庫とエッツ・ハイム図書館のものだった。両者とも特捜隊が詰めたクレートのままで、フンゲンで発見されていた。これらの蔵書は一九四三年と四四年までドイツに移されることがなかったので、フランクフルト研究所は蔵書を点検する機会がなく、おそらく直接フンゲンに送られたのだろう。三月には最初の荷物がアムステルダムに向かったが、それは悲しみの帰還だった。ローゼンタール文庫の前館長ルイス・ヒルシェルは家族全員とともにポーランドで死亡していた。かつて図書館になくてはならぬ存在であった学識ある司書や聖書研究者など、ユダヤ人インテリのうち生き残った者は僅かだった。ヒルシェルの後継者には、テレージェンシュタットのタルムード軍団の生存者イサク・レオ・セリグマンが選ばれた。

自分の蔵書を失っていたセリグマンにとって、また多くのユダヤ人を失っていたアムステルダムにとって、この人事は慰めだった。小さな慰めにしか過ぎなかったとしても、蔵書の帰還とともに、アムステルダムのユダヤ人たちは自分たちの文化的アイデンティティを幾分なりとも回復した。[29] 図書館を失ったままでは、「西のエルサレム」と呼ばれたアムステルダムは、四〇〇年におよぶユダヤ人の宗教的、知的、経済的歴史に大きな欠落を残していたことだろう。

さらに注目すべきは、アムステルダムの社会史国際研究所所蔵のコレクションの返還だった。内部の主導権争いのために、研究所の蔵書や文書がオランダを出たのは比較的遅い一九四三年と四四年で、そのため大部分がまだクレートに詰められたままだった。資料によっては非常に遅い時期に疎開されたため、北部ドイツでフェリーに積まれたままで発見された。また何百もの本の箱が、高等学院中央図書館がその蔵書を運びこんだフンゲンとオーストリアのタンツェンベルク城で発見され、後者はイギリス軍によって返還された。イギリス軍はオッフェンバッハ文書集積所と似た返還作業のシステムを設置していた。

しかしながら、社会史国際研究所の資料の一部は、モスクワのスターリンの特別文書館が終着点だった。[30] 特別文書館は労働者運動、職能別組合、社会主義指導者に重点を置いていたので、ソ連は社会史国際研究所の資料に格別の関心を寄せていた。アムステルダムの研究所では長いあいだ、行方不明の文書や本は戦争中に廃棄されたのだと信じられていた。それが事実ではないことが判明したのは、五〇年近くが経過してからだった。研究所のフーブ・サンダースが語るには「奇跡的に、文書の大半は戦後に戻ってきました。結局失われたものは少なく、五パーセント程度でした。それはソ連にもっていかれたのです。トロツキー関連の文書も一九三〇年代に、ソ連の国家秘密情報機関にもってゆかれました」

ほとんど無傷の状態で蔵書が返還されたオランダのもうひとつの図書館はクロス文庫で、ここにはハーグのオランダ・グローツオーステンのフリーメイソン結社の蔵書があった。蔵書は一九四六年にオッフェンバッハ文書集積所に戻されたが、結社の文書の幾つかはなくなっていた。ずっとあとになって、それらがスターリン特別文書館に吸収されていたことが明るみに出た。

オランダの図書館は幸運だったが、フランスにかんしては違っていた。ツルゲーネフ図書館に加えて、シモン・ペトリューラ図書館の蔵書も同じように消滅した。蔵書は四散したようである。文書類はキエフおよびスターリンの戦勝記念文書館に移され、「ウクライナ民族主義者」というセクションに保管された。[31]

パリにあったポーランド・エミグレ図書館は例外だった。戦争終結時この図書館の蔵書がどこにあったのか、東ドイツかポーランドだったのか、はいまだに明らかでない。いずれにせよ、蔵書はポーランドの手に渡り、一九四五年ワルシャワの国立図書館に戻された。おそらくそれが「ポーランドの所有物」と誤解されたために、ソ連の戦利品旅団の目をまぬがれたのだろう。長い交渉の末、外交的圧力によって、パリのポーランド人亡命者は一九四七年に蔵書の一部を取り戻した。だが送り返されたのは蔵書のすべてではなかった。蔵書を構成していた一三万六〇〇〇冊のうち、戻ったのは本四万二五九二冊、原稿八七八点、デッサン八五点、定期刊行物一二二九冊のみだった。

他は消滅した[32]。

国際イスラエル同盟の協力者たちが、パリのラ・ブリュイエール通り四五番地の本部に戻ったとき、建物は空どころではなかった。図書館の棚には本がぎっしり入っていた。だがそれらは国際イスラエル同盟のものではなく、特捜隊が略奪して置き去りにした本だった。一方同盟の蔵書の一部はオッフェンバッハ文書集積所とタンツェンベルクで発見された。

同盟のジャン＝クロード・クーペルミンが言うには「どれだけのものが戻ってこなかったかは不明です。というのも戦前からのリスト、目録、登録簿、カタログなどが消失しているからです。戦後、司書の見積りでは本の約半分は返還されたとのことです。残りはどこかに移されて見つかっていません」

文書の一部も姿を消した。約半世紀後に、同盟のスタンプが捺された資料がミンスク、モスクワ、リトアニアで見つかった。ポムレンツと彼の同僚たちはオッフェンバッハ文書集積所から約二五〇万冊を送り返した。それに加えて五〇万冊がイギリス軍によってタンツェンベルクから返還された[33]。

多大な仕事量にもかかわらず、返還されたものは略奪品の小部分に過ぎなかった。オッフェンバッハから三二万三八三六冊がフランスに送られたが、その数は略奪されたと推定される一七〇万冊には遠く及ばなかった。このなかには特捜隊のM行動によってパリの二万九〇〇〇のアパルトマンから奪われたものは含まれていない。何十万冊もが略奪されたベルギーは、資料を入れた一九八個のクレートを受け取っただけだった[34]。略奪された量が比較的少なかったオランダは、その大半の三二万九〇〇〇冊を取り戻した。連合国はイタリア、ドイツ、チェコスロバキア、ハンガリー、ポーランド、ユーゴスラビア、ギリシアにも本の返還をおこなった。

テサロニキで略奪された蔵書や文書は、僅か一万冊ほどの本がギリシアに戻ったが、それらの本さえ本来の場所に帰りつくことはなかった。テサロニキでエリカ・ペラヒア・ゼモールと会ったとき、彼女は言った。「テサロニキに本は戻ってきませんでした。送還された本はアテネに置かれていましたが、やがて姿を消しました。戦後それらの本がどうなったのか不明です。探索を試みましたが、何も見つからなかった。おそらくアテネのユダヤ人集団がもっていったのでしょう」

他方で、ギリシアから来たそれより多い量のユダヤの古文書館資料が、西側同盟国によって発見された。ゼモールによれば「全部で一七トンの古文書館資料がアテネに送られ、そのうち七トンがテサロニキに来ました。不運にも戦後誰かがそのほとんどをエルサレムに送ってしまいました。アメリカ軍もテサロニキに戻るべき本を、誤ってニューヨークのＹＩＶＯへ送りました。しかしそのうちの多くがモスクワに行ってしまったんです。ここには僅かしか残されていなくて、ほとんどは世界じゅうにちらばってしまいました」

全体的に見て、略奪の被害を最も受けたのは個人蒐書家だった。個人の蔵書は、ほとんどの場合カタログ化されていないので、所有者を突きとめることが困難だった。本に何等かの印がなければ、全く不可能だった。最終的な返還の仕方はその国の政府に委ねるという西側同盟国方式は、個人への本の返還にかんしては無力だった。組織や機関は政府に圧力をかけ補償を得るのに有利な立場にあったが、個人は住所が変わることが多く、国籍さえ変わることがあり、それが返還を一層困難にした。

だが返還を担当する政府の部署にもかなり非難されるべき点があった。たとえばベルギー政府の返還担当部局は、オッフェンバッハ文書集積所やタンツェンベルクで所有者が確認された場合ですら、個人の蔵書の返還のためにほとんど何もしなかった[35]。唯一考えられる理由は、戦後返還を担当したヨーロッパの諸政府同様、ベルギーの当局も本よりも高価なもの――美術品、宝石類、金――の返還や補償に重点を置いたことである。

戦後、蒐書家個人が要求した返還はほとんど実現しなかった。取り戻すことがあっても、それは多量の蔵書のなかの僅か二、三冊だった。たとえばヴァレリー・マリーというベルギー人の場合、二〇〇〇冊におよぶ蔵書のうち戻ったのは六一冊に過ぎなかった。サルヴァトール・ファン・ヴァインの場合には六〇〇冊のうち戻ったのは八冊だった。

ベルギーの経済復旧局は特定の蔵書の所属先が確認された場合ですら、積極的に所有者を探す努力をしなかった。こうした消極的な姿勢は、他の国ぐににも共通していた[36]。一九四〇年代末になると、経済復旧局は引き取り手のいない本の売却を始めた。

結果から見れば、西側同盟国は相対的に多数の蔵書をソ連に返却した。それらは主として共産党や他の国家機関から略奪された本だった。一九四六年八月に、ほぼ二五万冊の本がオッフェンバッハからソ連へと送り出された。数両の鉄道車両に積み込まれた本がタンツェンベルクからも送られたが、不運にも反対方面に向かう交通の便は乏しかった[37]。

しかし西側同盟国に非がなかったわけではない。百万冊近い本がワシントンのアメリカ議会図書館に送られた。アメリカの幾つかの大図書館はヨーロッパに代表団を送り、自分たちの蔵書の充実をはかろうとした。購入された本もあったが、ドイツにある図書館の多くの蔵書が、時には不明瞭な根拠に基づいて没収された。ナチの個人、組織、公的機関から押収された本は「敵の文献」「プロパガンダ」とみなされた。たとえばユダヤ人問題研究所の

「ワーキング・ライブラリー」の蔵書約二万冊はワシントンに送られた。規定によれば、「ナチ略奪本」をドイツの外にもち出すことは禁じられていた。だが多くの場合、本に所有者の印がなければこれを徹底させることは不可能だった。ずっとのちに、略奪本がアメリカ合衆国にももち出されたことが明るみに出た。[38]

また東部戦線で起こったのと同様に、多くの本がアメリカ、フランス、イギリスの兵士によって盗まれたことも疑いのない事実である。モニュメント・メンの一員として一九四五年にヨーロッパに来たアーキビストのサージェント・バーレイジ・チャイルドは或る手紙のなかで、アメリカ軍の兵士たちはドイツの至る所で、「本を解放しています」と書いている。「北部人が南部で略奪をおこなったという古い話がよくわかる気がします。北部人の孫たちが今同じことをしています[39]」

オッフェンバッハとタンツェンベルクで仕分けが一巡したとき、所属先やもち主不明の何十万冊という本が残った。ポムレンツと彼の同僚は、果たしてそれらの本を返すべき人間がいるのだろうか、と自問せずにはいられなかった。ポムレンツの後任のアイザック・ベンコウィッツのことばを借りれば、それらの本の多くはもはや存在しない人びとや共同体の遺物だった。

　　仕分けの部屋では、散らばった羊たちがひとつの囲いに集められたように、ポーランドの遠い町や消滅したイェシーバ（タルムードの高度な研究のための専門学校）にあった蔵書が箱のなかにまとめられていた。そうした本たちには消え去った希望と望郷の想いを囁いているような、悲しく寂しげなものがあった。（中略）本たちを真っすぐに立たせ、箱のなかを整えながら、それらが自分の愛しい人、最近物故した人が残したものであるかのような愛着をわたしは感じた[40]。

オッフェンバッハ文書集積所の幹部たちは困難なディレンマに直面した。第二次大戦後のヨーロッパはかつてのヨーロッパではなかった。共同体が一掃され、全住民が追放され、地図の境界線が引き直された。返還の進行中にヨーロッパ史上最大の難民問題のひとつが生じ、約三〇〇〇万人が中央および東部ヨーロッパから逃げ、あるいは移動を余儀なくされた[41]。ヨーロッパの至る所で、特に東ヨーロッパで何千というユダヤ人共同体が消滅していた。多くの場合生存者たちはもとの場所に戻らず、特に東ヨーロッパには戻らなかった。そこでは深く根づいた反ユダヤ主義が戦後も変わっていなかった。すでに一九四六年にポーランドのキェルツェという町で、ユダヤ人虐殺が発生していた。きっかけはユダヤ人たちがポーランド人少年を誘拐後、儀式的な殺害をおこなったという噂だった。強制収容所の解放後僅か一年で、中世の神話が蘇ったのだった。四二人のユダヤ人が射殺、撲殺された。加害者はポーランドの市民と共産党の保安当局者だった。何十万人ものホロコーストの生存者は脱出して、パレスティナ、南アメリカ、アメリカ合衆国に渡り、そこで新たな生活を始め、あるいはそこにいる親族と暮らした。

オッフェンバッハで「所有者不明」とみなされた何十万冊ものユダヤ人の本には特別な対応が必要だった。一九四七年に設立され、諸種のユダヤ人グループから経済的支援を受けたユダヤ文化再興機関の助力によって、それは実現した。その組織は高名な歴史家サロー・バロンを長とし、哲学者ハンナ・アーレントも執行委員会に名を連ねていた。

一九四九年所有者が確認できる蔵書が返還されたあと、約五〇万冊の本がユダヤ人共同体やユダヤ教信徒会の再建を支援するためにユダヤ文化再興機関に渡された。それらの本は戦後ユダヤ人の難民や移住者の流れにそって移動した。最大部分の二〇万冊はイスラエルに送られ、一六万冊はアメリカ合衆国に移された[42]。イギリス、カナダ、南アフリカ共和国および南アメリカ諸国にも、（アルゼンチンに五〇五三冊、ボリビアに一二一八冊、エクアドルに二二五冊）送られた。本は主としてユダヤ教徒の団体に渡ったが、学校の場合もあった。エルサレムのヘブライ大学は多くの貴重な本や写本を受け取った。受け取った本を売ることは禁じられ、多くの国で特別な蔵書票を付された。カナダの信徒会で分けあった二〇三一冊の本には内側にこう書かれた紙が貼ってあった。「この本はヨーロッパにおける大虐殺の犠牲となったユダヤ人がかつて所有していたものです[43]」

＊　＊　＊　＊　＊

一九四七年二月、ルーシー・S・ダビドビッチというアメリカの若い歴史学者が、オッフェンバッハ文書集積所に来た。彼女の仕事はさほど価値のない「所有者不明の」本を選んで、ホロコーストを生き延びた人びとの収容施設に送ることだった。そこでは本が非常に必要とされていた。だが作業を開始すると、見覚えのある本や資料が現れた。

ダビドビッチはポーランド系ユダヤ人の移民の両親から生まれ、一九三〇年代にコロンビア大学の学生としてヨーロッパにおけるユダヤ人の歴史を専攻した。イディッシュの習得を目標に、彼女は一九三八年、ヴィリニュスに行きＹＩＶＯで働いた。ヴィリニュスに来たとき「そこが独立したイディッシュ文化の世界的中心地になるという口マンティックな信念を抱いていた」と、彼女はのちに書いている。[44]「閲覧室のふたつの長い机に向かって、髭を生やし頭に帽子を乗せた威厳のある高齢の学者がタルムードの研究に没頭しており、その横の席には無帽の青年や、暑い日には肩をむき出しにした若い女性さえいる、そんな光景が有名なストラシュン図書館で毎日のように見られた。時どき年寄りたちは世界情勢についてぶつぶつと不平を呟き、若い人たちはくすくす笑っていた」[45]。ダビドビッチは一九三九年八月、戦争が勃発し、ヴィリニュスのユダヤ文化を絶滅させる破局がやってくる二、三週間前にヴィリニュスを出た。

YIVO創立者のひとりマックス・ヴァインライヒは、一九三九年戦争勃発時にコペンハーゲンにいたが、ニューヨークに渡り、YIVOの新たな本部をそこに設立した。ヴァインライヒやYIVOの他の研究員と親しくなっていたダビドビッチはYIVOの活動に加わった。ニューヨークの本部は、何十年にもわたって構築された貴重な資料が永久に失われたのではないかと危惧していた。イディッシュ文化に光を当てそれを強化するというYIVOの本来の使命は、今では悲劇的に変化していた。もはや生きた文化に目を向けるのではなく、失われた文化のなかから何かを救いだすことが仕事だった。イディッシュ文化という偉大な生命体はホロコーストのなかで瀕死の状態だった。新たな国イスラエルではヘブライ語が主要言語となろうとしており、一方、国家の言語的、文化的アイデンティティが強力に創られるなかで、イディッシュにたいしては抵抗感が強かった。

一九四七年、オッフェンバッハの本の山を調べていたダビドビッチは以前にヴィリニュスで見たことのある文書や本を発見した。[46]「何か霊的なものに触れたかのような、神聖ともいえる感覚にわたしは襲われた。（中略）生き延びてあの世界から届いた本はどれも歴史的記録、文化的遺物、虐殺された文明の証言となった」ダビドビッチは回顧録に書いている。本の山に分け入り畏敬の念に打たれると同時に、彼女は別の感覚にも襲われた。「親を失い、殺害された所有者の無言の遺品であるこれら何十万冊もの本や宗教的遺物は死臭を放っていた」[47]

ダビドビッチは、ＹＩＶＯの研究者たちが集めた定期刊行物、本、文書資料を発見した。それらはもはや存在しないロシア、ウクライナ、ポーランド、リトアニアのユダヤ人集団で集められた歴史的、民族誌的記録だった。詩、手紙、写真、音声記録、イディッシュの歌集もあった。厖大な資料の山のなかに、ストラシュン図書館の蔵書の一部である貴重な宗教書や写本も見つかった。

交渉の結果、蔵書はリトアニアに返還せず、ニューヨークのＹＩＶＯの新しい本部に送ることが決まった。リトアニアでは一九四一年のナチの侵攻以前から、ＹＩＶＯはボルシェビキによって国有化されていた。「所有者なし」とみなされたので、ＹＩＶＯはストラシュン図書館の残存資料にたいする権利を確保した。戦争勃発時にヴィリニュスで暮らしていた約六万のユダヤ人のうち、生存者はほとんどいなかった。一九四九年七月に、その人びとの名残の蔵書などが四二〇個のクレートに収められ、アメリカの船ＳＳパイオニア・コウブに積まれてヨーロッパを出た。

ヴィリニュスのユダヤ文化が完全に消滅したとは言えなかったが、蔵書などをヴィリニュスに送り返さなかった理由は他にもあった。時を同じくして、ヴィリニュスでは別の救出作業がＹＩＶＯの名のもとに進行していた。それは紙部隊に所属し仕分けに当たったユダヤ人たちが密かにもち出して隠した本などの救出だった。また詩人でパルチザンのアブラハム・スツケベルとシュメルケ・カチェルギンスキが、ゲットーの地下室の床下から掘り出した資料の救出も進行していた。一九四四年七月のヴィリニュス解放の二週間後に、ふたりはユダヤ美術・文化館を設立した。美術館が置かれたのは、共産党によって国有化されることのなかった或る建物、かつてゲットーの図書館があったストラシュナ六番地の家だった。

次の数か月、館長となったスツケベルとボランティアの小グループは、さらに多くの隠された宝を何とか救出した。最も重要な発見がなされたのは地方の製紙工場で、YIVOのものであった二〇トンの資料とユダヤ人の蔵書がパルプにされる前の状態で見つかった。加えて三〇トンの資料が爆破された建物の処理に当たっていた政府当局のもとにあることが判明した。資料隠しを密かに手伝ったヴィリニュスの市民は、本や写本を詰めた芋の袋をさし出した。イディッシュとヘブライ語の本二万五〇〇〇冊、他のヨーロッパの言語の本一万冊、文書資料六〇〇袋が、予想を超えて集まった。(48)

貴重な本や資料を救出する作業はすべてボランティアの助力のみでおこなわれた。スツケベルはソ連政府に実務的、経済的支援を求めたが回答は得られなかったばかりか、ヴィリニュスに新たにユダヤ文化を再建しようとする努力は疑惑と、のちには敵意を招いた。ソ連の体制のもとでは、共産主義に代わるアイデンティティは存在し得なかった。

厖大な努力を傾けてナチから救出した文化財が、今一度救出されねばならないことを、スツケベルはいち早く悟った。既に彼は一九四四年九月にモスクワに行き、幾らかの資料をもち出していた。そのなかには虐殺されたヘルマン・クルックの日記があった。外国人特派員の協力を得て、彼はニューヨークのYIVOに向けて小包を何とか送り出した。

ソ連の体制により好意的であったカチェルギンスキがスツケベルの後を継いで、美術館長になった。だが間もなくソ連国家保安委員会（ＫＧＢ）が美術館の常連となったとき、事態を悟らざるを得なかった。ＫＧＢは政府の検閲を経ない限り本の貸し出しをおこなうことを禁止した。不幸にもカチェルギンスキが検閲に出した本は一冊も戻ってこなかった。

自分たちが救出した三〇トンの本と文書資料が列車に積まれ製紙工場に運ばれようとしていることをカチェルギンスキは知った。彼はプラットフォームに急ぎ、開いている車両からＹＩＶＯとストラシュン図書館の幾らかの本を何とか救い出した。しかし彼が当局に連絡をとり、輸送を止めようとしているあいだに、列車は出発し積荷は廃棄された(49)。

「そのとき、われわれ美術館を拠点とする活動家グループは不気味な予感に襲われた。ここにある貴重な資料をもう一度ここから救出しなければならない、と悟った。そうしなければそれは失われる。幸い残るにしても、資料はユダヤ人の世界では二度と日の目を見ることはないだろう」カチェルギンスキは書いている(50)。

スツケベルと何人かのユダヤ人活動家は蔵書の最も貴重な資料を密かに運び出し、カチェルギンスキは表向き忠実なソ連の市民を装って美術館の未来の計画作成に従事していた。活動家はひとりまたひとりと運べるだけのものを携えて西側に逃亡した。一九四六年半ばには、カチェルギンスキもスツケベルもぎっしりと資料を詰めたバッグをもってヴィリニュスをあとにしていた。蔵書の大半を置き去りにせねばならず、それが今一度全体主義体制の支配下に置かれるのは辛いことだった。ふたりの逃亡後まもなくＫＧＢが美術館を襲い蔵書を没収した。蔵書はトラックに積まれ、ヴィリニュスの古い教会へ運ばれ、その地下に投げこまれた。

カチェルギンスキとスツケベルはパリに行き、救出できた資料をニューヨークに向けて送った。そのあと、ともにナチの占領期を生き延び、パルチザンとして森に身を隠し、ソ連の体制のもとで闘った友人であるふたりは互いに別れを告げた。カチェルギンスキはアルゼンチンに移住し、スツケベルはパレスティナに向かった。だがヨーロッパを去る前に、スツケベルは自分の文化を破壊しつくした者たちを告発する有名な証言をおこなった。一九四六年二月二七日、彼はニュルンベルク裁判の証人台に立った。彼は自分の母語であるイディッシュで証言することを望んだが、法廷は最初からそれを認めず、彼はロシア語で話すことを強いられた。それにたいする抗議の印として、彼は同じ立場の他の証人たちに倣い、繰り返し椅子に座るように言われたにもかかわらず座るのを拒み、あたかも聖典を暗誦するときのように立ち続けた。「証言の前の二晩、わたしはまったく眠ることができなかった。目の前に雪野原を裸で走っている母の姿が浮かんだ。彼女の傷ついた体から流れる血が、わたしの部屋の壁をつたって滴りはじめ、わたしはそのなかに呑みこまれた。わたしの苦しみと復讐心と、どちらが強いのか、測ることはできない[51]」

スツケベルはヴィリニュスのユダヤ人の絶滅について証言し、最初から最後までゲットーにいた自分の体験を語った。また母親のことを話した。或る日母親がいなくなったこと、住居を探すと、テーブルの上に開かれたままの祈禱書と手つかずの一杯のお茶があったこと。

一九四一年一二月、ナチがユダヤ人たちに「贈物」として、古い靴を積んだ荷馬車をゲットーに送りこんだとき、彼は母親に起こったことを知った[52]。その後間もなくスツケベルは「荷馬車一杯の靴」という詩を書いた。

荷馬車は何を運ぶのか？
ぼくに届けられたのは
靴、靴、靴、震えている靴たち。

夕映えのなかの婚礼
華やぐ舞踏会。
靴たちは折り重なって
踊る、踊る。

祭りだろうか？　祝宴か？

それとも？

ひと目見てぼくは知る。

そして恐怖で凍りつく。


踵たちが床を鳴らす。

「どこへ？　どこへ？　何に乗って？」

「住み慣れたヴィリニュスの街から

わたしたちはベルリンに送られる」

誰の靴かぼくにはわかる。
ぼくの心ははり裂ける。
靴よ、教えておくれ。
脚はいま、どこに？

露のようにきらめく
編み上げ靴のボタン、
あの子どものスリッパ、
あの人のあの靴。

至るところに子どもの靴も。
子どもがひとりもいないのはなぜ？
履く花嫁がいないのに
婚礼の靴があるのはなぜ？

履き古した子ども靴のなかに
ぼくは母の靴を見つける！
この綺麗な靴は安息日のため
その日にだけ履く靴だった。

踵たちが床を鳴らす。
「どこへ？　どこへ？　何に乗って？」
「住み慣れたヴィリニュスの街から
わたしたちはベルリンに送られる」

＊　＊　＊　＊　＊

ローゼンベルクは被告席にいた。一〇年前ここニュルンベルクで、彼はナチのノーベル賞ともいうべきドイツ芸術科学国家賞を授与された。「国家社会主義ドイツ労働者党の世界像を、学術的かつ直観によって確立し安定させるのに力があった」というのが賞の贈呈理由だった。ニュルンベルク監獄の独房で過ごすあいだ、彼は改心せず、後悔に襲われることもなかったが、何が誤っていたかを熟考したと思われる。ヒトラーの周囲の指導者たちのイデオロギー的堕落は別として、彼の見るところ第三帝国の没落を招いたものはいわゆる総統崇拝であった。ナチの運動はあまりにも全面的にひとりの人間の肩にかかっていた。それは彼が以前にも感じていたことだったが、明言するのは危険だった。[53]ローゼンベルクにとって、国家社会主義はヒトラーよりも偉大な理想だった。だからこそ彼が構想する高等学院は未来に向けてその運動を安定させ得る知的、思想的基盤を築く役割を担っていた。ローゼンベルクの分析はおそらく或る程度当たっていただろうが、ナイーヴで理想主義的だった。「総統崇拝」なくしては、ナチの体制は内部から崩壊しただろう。ドグマよりもヒトラーに追従した人びとのほうがはるかに多かった。

ローゼンベルクは「常に非現実的な哲学の世界に生きてきた。自分が現在置かれている本当の状況を把握することができず、常に方向性のない発言のなかに逃避している」監獄での彼を調べた心理学者たちのひとりD・M・ケリーは述べている。[54]

ローゼンベルクの弁護士ラルフ・トマスは彼に罪を認めさせ、裁判のあいだにそのイデオロギー的信念を捨てさせようとしたが、無駄だった。ローゼンベルクは変節したアルベルト・シュペーアとはまったく違っていたが、リッベントロップやカルテンブルンナーのように自制を失うこともなかった。彼のふるまいは冷静で、他の被告のように自殺をはかるおそれもないと判断された。「鬱症状や自殺の兆候は見られない。気分はまったく正常である」医学的、心理学的にローゼンベルクを鑑定したウィリアム・ハロルド・ダンは記録している。[55]「ローゼンベルクは狂信的な揺るぎのなさで自分の理念に執着し、裁判の過程でナチの残虐行為や犯罪が次々と暴かれても動揺する気配がなかった[56]」

裁判のなかで強制収容所の映像が映し出されると、ローゼンベルクは顔をそむけて見ようとしなかった。独房では回顧録を執筆していたが、そのなかでもユダヤ人の陰謀は今や勝利し、ドイツはその犠牲となったという概念に固執し続けた。この世界規模の陰謀に抗弁することだけが彼の闘いだった。彼はどんな罪も認めなかった。自分のイデオロギーへの忠誠が犯罪となり得るとは考えていなかった。「国家社会主義は、今世紀の問題にたいするヨーロッパの回答である。ドイツ人が精魂を傾け得る最も高貴な思想である」彼は独房でそう書いた。[57]

ローゼンベルクは、ヒムラー、ゲーリング、ハイドリヒを始めとする他のナチ指導者と違って、直接的には戦争やホロコーストの計画に加わっていなかった。だが、イデオロギー主導者としての役割に没頭していた彼が死刑判決をまぬがれることは不可能だった。何十年にもわたって彼が説いたユダヤ人陰謀説と人種差別主義が、戦争やホロコーストを促したのだから。だが主として彼を有罪判決に導いたのは、東部占領地域大臣という地位だった。彼が暴虐的行為に抗議したことは認められた一方で、それを止めるために何もせず、最後までその地位に留まっていたことが、一九四六年一〇月一日の最終弁論で述べられた。

「ローゼンベルクの本当の罪は、彼が弱い人間として行動したことではなく、強い人間のように書き、話したことである」と或る歴史家は書いている。[58] ローゼンベルクは四つすべての罪状で有罪となり、死刑の判決を受けた。

それにくらべて彼の部下たち——至るところで略奪を重ね、ローゼンベルクのイデオロギーを具現する寺院を建てようとしたナチの研究者たち——は寛大な扱いを受け、罰せられることはなかった。彼らのほとんどが研究者あるいは他の仕事に戻った。最初の数年間フランクフルトの研究所を率いたヴィルヘルム・グラウは出版業界に入り、一九五〇年代に印刷会社の取締役になった。研究所で彼の後を継いだクラウス・シッケルトは、ケルンのある会社の専務取締役になった。ラーティボーアでの研究・調査を指導したゲルト・ヴンダーは戦後「社会史学者」と看板を変えた。『人種問題とユダヤ民族』などという本に代わって、彼は『南アメリカとヨーロッパ・歴史的関係』というような本を出すようになった。

歴史家ヘルマン・ケレンベンツのように名を知られるようになった者もいた。戦後の一時期、彼はアメリカのハーバード大学で活躍し、のちに国際的に尊敬される経済史家となった。彼はスペイン系のユダヤ人の経済にかんする研究を発表し続けたが、かつてのイデオロギーは消去されていた。

フランクフルトの研究所の「ユダヤ人専門家」で略奪を主導したヨハネス・ポールは、戦後ドイツの一流の学術書出版社フランツ・シュタイナー・フェラーグに職を得た。カトリック教会の刊行物に寄稿していることから、以前の信仰に戻ったものと思われる。幾つもの略奪の前線から彼が「確保」したもののリストは、ニュルンベルク裁判でローゼンベルクに不利な証拠として使われた。しかしポール自身が告訴されることはなかった[59]。

判決の二週間後の一九四六年一〇月一六日の早朝、ローゼンベルクは独房から監獄の内庭に引き出された。一〇人の戦争犯罪人はひとりずつ処刑場に連れてゆかれた。唯一処刑を逃れたのはヘルマン・ゲーリングで、彼は処刑の二時間前に隠しもっていた青酸カリのカプセルを噛んで自殺を遂げていた。外務大臣リッベントロップ、国家保安本部長官カルテンブランナー、カイテル元帥のあと、ローゼンベルクの番が来た。

「あたりを見回したローゼンベルクのつやのない頬はこけ、顔色は蒼ざめていた。だが臆した様子はなく、しっかりした足取りで絞首台に近づき階段を登った。名前を言い、言い残すことはないかとの質問にノーと答えた以外、彼はひとことも発しなかった。彼は無神論者であると公言していたが、プロテスタントの牧師が彼に付き添い、彼の横で祈りを唱えた。ローゼンベルクは無表情で一度牧師に目をやった。九〇秒後彼は死刑執行人のロープに吊るされていた。一〇人のなかで彼の処刑が最も速やかに済んだ」処刑の模様を伝えたアメリカ人ジャーナリスト、ホワード・K・スミスは書いている[60]。

ローゼンベルクの遺体は他の遺体とともに、ミュンヘンに運ばれ、オストフリートホーフ共同墓地で火葬に付された。同じ日の夜、闇のなかで、処刑された者たちの遺灰はイーザル川に撒かれた。

第15章 本は家路を辿る
ベルリン―カノック

三月のベルリンはどんよりと暗い。この前ブライテ通りに来たときは、ムゼウムスインゼル（博物館島）のこのあたりの景観の悪さを、街路樹の緑が覆い隠していた。中州の南側は名前さえ違っていて、ただシュプリーインゼルと呼ばれている。セバスチャン・フィンスターヴァルダーは、ベルリン中央州立図書館の扉の外で煙草をもみ消す。

この地点からわたしが旅を始めて、六か月以上が経過した。二、三週間前、わたしはフィンスターヴァルダーからEメールを受け取った。何か進展があったのだ。

オフィスへと向かいながら、彼は大変化のさなかにあるこの図書館の最近の事情を話す。すべての本がデジタル化されるばかりか、司書の仕事の一部はロボットがやるようになる。カタログ作成はそのための機械を備えた外部の会社が請け負うことになるだろう。その方が安い。でも職員の多くが解雇されます、とフィンスターヴァルダーは言う。彼は熱心な組合員である。

中央州立図書館では返還プロジェクトが続くだろう。いつまでかかるか、誰にもわからない。フィンスターヴァルダーと同僚たちには、蔵書のなかの略奪本の帰属先を突きとめるための、何年もの作業が待ち受けている。

「われわれの作業がどこまで来ているのか、わかりません。上司はいつか終わるプロジェクトだと言いますがね。通常ドイツでの返還にかかわる調査は僅か二、三年という限られた期間内でおこなわれていますが、誰もが承知しているように、そんな短期間でできるものではありません」

オフィスのなかは前と変わっていないが、彼の同僚のデトレフ・ボッケンカムの姿がない。彼は入院中だという。

「事故で大腿骨を折りましてね」フィンスターヴァルダーは言う。彼自身は依然仕事に追われ、新たな論文を執筆するかたわら、同僚らとともに発掘した資料を公表するためのサイトを立ち上げたところである。そのなかには、一九四三年にユダヤ人たちの家から奪い、ベルリンから送られた約四万冊の本を入手するためにこの図書館がおこなった入札の記録もある。

「ここにはっきりと書いてあります。本の購入に支払う金は『ユダヤ人問題の解決』に用いられると。図書館は金の用途を十分承知していたのです」彼はそう言ってわたしに手紙を見せる。

壁際の棚には、さまざま出所を示す蔵書票のついた本が並べられている。二、三の新たな名前と本の山が増えている。わたしの目はすぐさま「R・ワレンバーグ」という署名のある本に引き寄せられる。この本がどのようにしてこの図書館に辿りついたのか、「R・ワレンバーグ」が何者か知らないが、この本が盗品であるのは確かだとフィンスターヴァルダーは言う。この署名を行方不明のスウェーデン人の外交官ラウル・ワレンバーグの署名と比べて、別人であることが判明する。

机の上の白い紙箱から、フィンスターヴァルダーは目下調査中の蔵書のなかにあった掘り出し物を取り出す。彼が慎重に開くと、厚い茶色の紙にインクで書かれた、大きく美しい複雑な書体の文字が現れる。三つのアヤメの図案がスタンプで捺されていて、資料の出所を示している。「これはヴェルペルの小さなユダヤ教の教会にあった教区の記録です。一七五一年から一七七一年までの、結婚や洗礼が記録されています。これは一九四五年にこの図書館に贈呈されていますが、どのような経路を辿ってここに来たのか不明です。明らかにこの図書館の本ではない。戦争中に誰かが盗んだ本に違いありません」。ヴェルペルはベルギーの国境に近いフランス北東部のシャンパーニュ＝アルデンヌにある。二〇一〇年、ここには八五人の居住者がいた。

ベルリン中央州立図書館は、出所のさまざまな、略奪品である本を、おそらくドイツの、否、全ヨーロッパの、どの図書館よりも多数所有していた。何千というユダヤ人の家庭から略奪した大量の本をこの図書館がナチから買いこんだ他に、戦後ここはベルリンの一三〇箇所から――ナチの高官、研究所、公的機関、ナチの幾つかの図書館から――集められた本の保管場所となった。ユダヤ人の強制労働者たちが本を仕分けし箱詰めにした、アイゼナハ通りの第Ⅶ局の資料集積所もそのひとつである。爆撃で廃墟となったフリーメイソンのロッジにどのくらいの本が残っていたかは不明だが、少なくともそのうちの幾らかはここに集められた。さらに戦後本屋からまとめて買い入れ、または「贈呈」された略奪本も沢山あった。この図書館が資料を疎開させた幾つかの集積所は、何十年も手つかずのまま放置される可能性もある。フィンスターヴァルダーによれば何万冊もの本がベルリン近郊の倉庫に運ばれ、四〇年もそこに置かれたままだったという。

この図書館の前身であるベルリン市立図書館は、略奪され四散した蔵書を用いて、戦後蔵書を再構築した。爆撃で欠落部分が生じたからだったが、同時に戦利品旅団がこの図書館本来の蔵書の大部分をソ連に送ったからでもあった。ソ連にもってゆかれたものを取り戻すことはできない、とフィンスターヴァルダーは言う。この図書館自身の歴史と向き合うことが大事なのだと。この建物のなかにあるほぼ二五万冊の略奪された本のもち主を見つけるのは探偵並みの仕事で、それはどんな仕分けロボットにもできない。

かつての蔵書は何度も分割され、仕分けされ、間引きされ、四散している。それぞれの本の所属先を辿らねばならない。蔵書のなかには文字通り爆破されたものもある。「たくさんの本が大砲の散弾のあとを留めています」フィンスターヴァルダーは言う。

蔵書は極度に細分化されている。ここにある本は何千という蔵書から引き抜かれているが、往々にして或る蔵書のなかの一冊もしくは二、三冊ということがある。かつては完全であった蔵書のそのような破片は、テサロニキの破壊されたユダヤ人墓地を思い起こさせる。砕かれた墓石が壁の石材として使われ、その一部となったことを。同様にベルリン中央州立図書館は破片と廃物を用いて構築されている。土台は大部分見ることができない。しかし汚れたエンジン付き自転車用ガレージの後ろのスレートの塀のように、本の見返しに貼られた忘れられた蔵書票のように、ばらばらになった本はそれがかつては何かの誰かの一部であったことを語りかけてくる。

略奪のあとには破壊が続いた。計画的な破壊と戦闘が招いた破壊が。本は製紙工場の粉砕機の中に消え、また爆風に煽られ焼かれた。集積所や納屋や水浸しの地下室で朽ちて忘れ去られた本もあった。だが計り知れない大規模の損失は、本が四散したことによって生じた。四散した本の幾らかが、今も他の図書館の棚に残っているにしても、

アムステルダムの社会史国際研究所の公文書が入った箱。かつてのモスクワの秘密だったスターリン特別文書館から送還された。ソ連崩壊後、膨大な数の本や公文書がロシアに存在することが明らかになった。

それらは脈絡を失っている。それらの本は、蔵書として価値を有したものの一部、価値ある全体を作りあげていた部分だった。

本の分散は略奪者たちの意図的戦略だった。蔵書を破壊することによって、新たな蔵書を築くことができたからである。多くの蔵書は何十年、ときには何世紀をかけた慎重な蒐集によって生まれていた。学識ある蒐集家と読者たちが何世紀にもわたって存在した。本はそれを所有し大事に保管した人びとを彷彿させる。彼らが読み考え夢見たことを。時にはある箇所にほどこされたアンダーライン、つけられた印、頁の余白のメモや短い感想に彼らの痕跡がある。彼らが作成した美しい蔵書票は、蔵書への彼らの思いと誇りを語っている。それぞれの蔵書は独自の宇宙のなかで自ら形をなし、もち主の世界を具現しており、蔵書が滅びたときその世界は失われた。ばらばらになった本はかつての蔵書、かつての世界の破片なのだ。

同時にそれらは個人の破片でもあった。この前ここに来たとき、司書のボッケンカム——この図書館の実態を暴いた人だが——から聞いたことばが旅行のあいだわたしの頭から離れなかった。置き去りにされた本のなかに見つける名前はいつも同じ答えをもたらしたと彼は言った。「そのつど辿るとアウシュヴィッツに行き着くのです」。ここが図書館であるのみならず、墓をもつことのなかった人びとを記憶する場でもあることにわたしは胸を締めつけられた。往々にしてそれらの人びとが後に残したのは本だけだった。

大部分の本は沈黙して、自分のもち主を語らない。せいぜい断片的なメモか名前しかない。よくある名前には該当者が多すぎる。フィンスターヴァルダーたちにできるのは、データベースに入力して待つことだけ。誰かをどこかで捕えようと待ち受ける網のように、何千冊もが検索可能な状態でそこに並んでいる。ときどきEメールが届き、本が開かれる。

ずっと以前、追跡がアウシュヴィッツに行き着いた一冊の本が目の前のテーブルにある。小判の本のオリーブ色の表紙に、束ねた小麦と大鎌の図案が微かに金色で浮き出ている。この前ここに来たとき、この本はすでにフィンスターヴァルダーの背後の棚にあった。タイトルは『法律、国家、社会』、著者は保守主義の政治家ゲオルグ・フォン・ヘルトリンクで、彼は第一次世界大戦末の動乱期にバイエルンの首相だった。巻頭の白い頁にリヒャルト・コブラークという名前を枠で囲んだだけの簡素な蔵書票があり、タイトル頁の右上に誰かが――おそらくコブラーク自身が――鉛筆で書いた名前がある。この図書館の多くの本と同様、これがどこから来たのか、判定は困難である。

「かなりこみいった話です。この本がここに来たのは一九五〇年頃ですが、わたしたちの目に入ったのは二、三年前です」フィンスターヴァルダーは一〇〇〇冊の本が記載されたカタログを取り出す。本の出所はすべて同じで、ドンブロウスキーという人物である。「奇妙なコレクションなのです。記載されている本の多くは略奪されたものですが、なかには明らかにそうではなく、戦後に出版された本もあります。本の出所について確証はありません。ドンブロウスキーはポーランド人の名前に聞こえますが、ドイツでも特に珍しくはありません。ゲシュタポの関係者に同名の人物がいます。その人かもしれません」

図書館は一九五八年に本のカタログ化を開始した。「その過程でここにある本の大部分が見つかったのです。奇妙なことですが、このコレクションには独自のカタログがついていました。普通そういうことはないのですが」フィンスターヴァルダーは頁をめくって、七六六番のリヒャルト・コブラークの本を示す。「この数字を今でも使っています。このカタログのおかげで、棚から本を探すことができるのです。カタログの本はまだほとんどここにあり、わたしはそのなかに所有者の痕跡を探し始めました。本は多くの異なる蔵書に属しており、それらの蔵書は戦前と戦時中にすでに細分化されていました。それから私は本の写真を撮り、図書館の公的データベースに載せました。コブラークの本はその一冊でした」

中央州立図書館で見つかった本には、有名な個人や図書館に所属していたものもあった。棚には世界的ピアニスト、アルトゥール・ルービンシュタインのものであった本が数冊、そのなかにはブラジルの詩人ロナルド・デ・カルヴァーリョのソネット集があり、ルービンシュタインへの献辞が書かれていた。だがここにあるほとんどの本は普通の人びとの所有物だった。

さまざまな資料のなかにリヒャルト・コブラークの名を探しても、情報はあまり得られなかった。だが家系登録簿のなかに数行の記述があった。「リヒャルト・コブラーク博士は一八九〇年生まれ。一九四三年三月一八日、輸送Ｉ／90によりベルリンからテレージエンシュタットへ移送、一九四四年一〇月一六日、輸送Ｅｒでテレージエンシュタットよりアウシュヴィッツへ移送。同博士はショアで命を落とした[1]」ナチの官僚の途方もないドライな克明さによって、コブラークその人よりも彼を移送した列車の輸送番号が詳しく記述されている。死へと移送された何百万人のなかのひとりを示すのはそうした番号しかない。多くの場合、番号以上の記述はない。

略奪された本はあまりに多く、詳しい調査は不可能である。「ときには積極的に所有者を追跡することもありますが、たいがいはデータベースに載せて、誰か子孫がいれば見つけてくれるだろうと願うだけです」フィンスターヴァルダーは言う。だが二〇一四年六月にわたしが初めてここを訪れたひと月ほどあとに、一通のEメールが図書

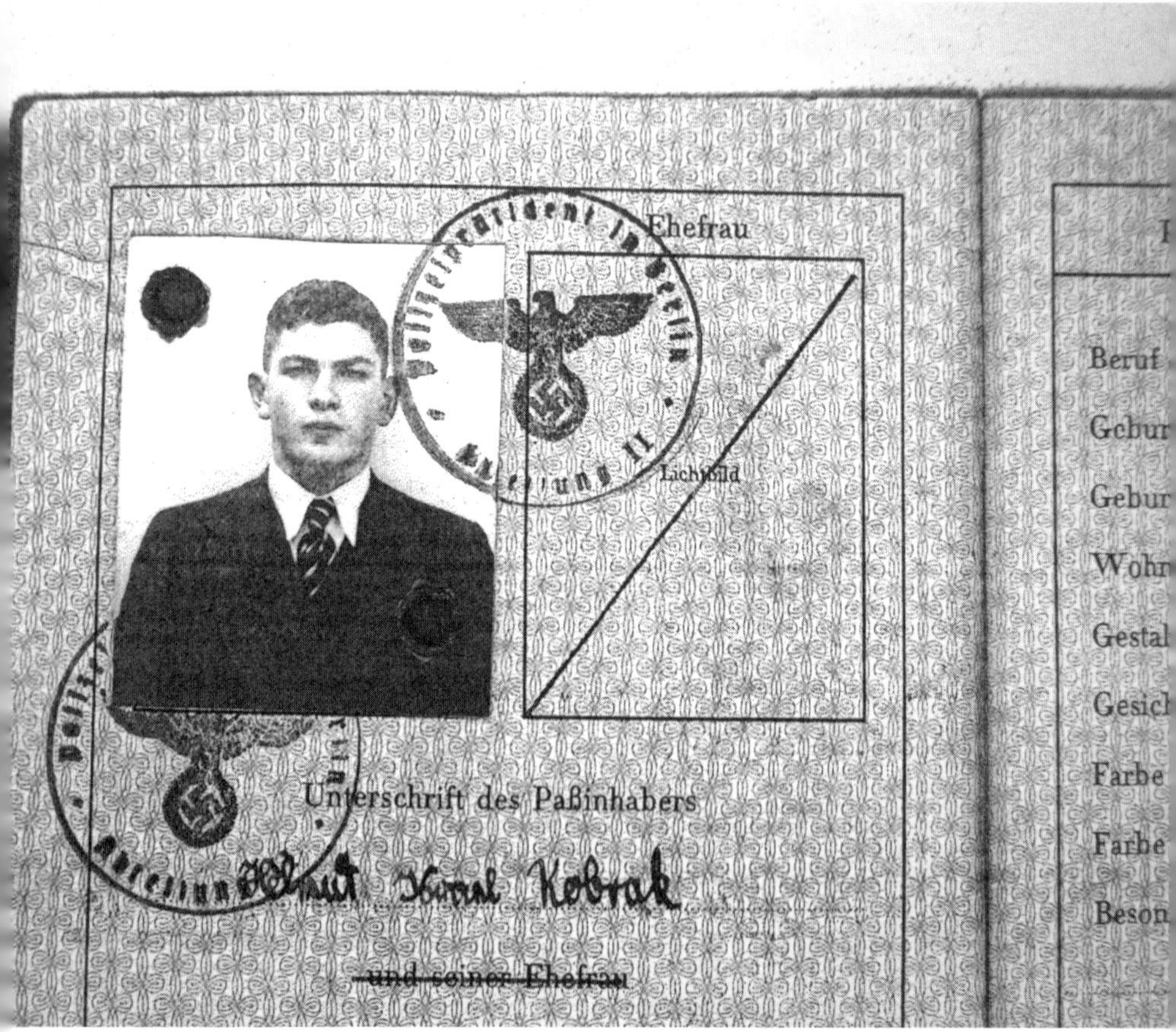

ヘルムート・コブラーク。ホロコーストの犠牲となった彼の父リヒャルト・コブラークは、1939年、ヘルムートと二人の娘を辛うじて国外に脱出させた。だがヘルムートはイギリスに着くと直ちに「敵国人」としてオーストラリアに移送された。

館に届いた。誰かがデータベースに入力された七六六番の本を見つけていた。メールは地球の裏側からで、ハワイでデング熱を研究している女性からのものだった。彼女自身は子孫ではないが、本の所有者を知っているとメールにあった。彼女はリヒャルト・コブラークの兄一族と血縁のある者と結婚していた。この兄は一九三〇年代にナチのドイツから逃れていた。フィンスターヴァルダーによれば、年末にもう一通のメールがクリスティーン・エルスと名乗る女性から届いた。リヒャルト・コブラークの孫だと書いてあった。

ドイツのデータベースにコブラークにかんする情報がもう少し見つかった。それによれば一九三三年まで彼は弁護士でベルリンの市役所の公務員だった。三歳年下のシャルロッテと結婚、三人の子どもをもうけた。一九四四年一〇月一六日、最後の輸送によってテレージェンシュタットからアウシュヴィッツに送られたことはわかっているが、リヒャルトもシャルロッテも死亡した日は明らかでない。

一九四四年秋、何十万という人びとと同様に、彼らもただちにガス室に送られたのだろう。だが戦争勃発時にまだ一〇代であった彼らの三人の子どもは生き延びた。どうしてそれが可能だったのか。

フィンスターヴァルダーはオリーブ色の本と契約書のコピーを二通、クッションのついた茶色の封筒に入れる。契約書にはベルリン中央州立図書館が「リヒャルト・コブラーク博士の子孫」にこの本を譲渡するという内容が二頁にわたって記されている。

近年「左翼党」と「緑の党」は連邦議会において、ナチの犠牲者たちが失った財産を回復するより多くの手段を講じるべきだと提議した。だがフィンスターヴァルダーはそれが実現するとは思っていない。「ドイツ国民はすでに負債の支払いは済んだと感じています。不運にも、この問題への取り組みに活路を見出せるような政治的利害が存在しません」。その点でフィンスターヴァルダーとボッケンカムには本の返還活動家という雰囲気がある。限られた資金と官僚組織の抵抗にもかかわらず、ふたりは本の墓場を掘り返している。

一九九〇年代以降、再燃した返還の問題とメディアの注目は、主として略奪された美術品をめぐる劇的な真相、法的闘争、何百万ドルの価値のある美術品の返還に焦点を当てていた。たとえばホロコーストを生き延びたマリア・アルトマンがクリムトの最高傑作何点かを、法廷闘争を経てオーストリア政府から首尾よく取り戻した場合である。二〇〇六年に引き渡された五点の絵画は、同年三億二五〇〇万ドルで売却された。こうした係争はしばしば生き残った人間やその子孫の合法的な要求をよそに、美術館、政府、利益を漁る弁護士のあいだの泥沼の争いをともなっている。とりわけこのような事件をめぐって動く厖大な金額は返還という問題の道徳的側面を覆い隠す。そのために、返還のプロセスが実は貪欲によって進められているのだとまことしやかに言い立てる返還反対の人びとが勢いづく。返還の終了を主張し、あるいは「最終期限」を要求する声が、道徳的けん責を受けるべき側——美術商、美術館、政府——から出ていることは驚くに当たらない。

ベルリン中央州立図書館のフィンスターヴァルダーの簡素なオフィスは、こうした派手な返還の事例からは遠いが、返還という問題のコアにはずっと近いところにある。ここでは所有物の返還が——数年前に開始されてから数百件だが——ほとんど世間から注目されることなく進行している。ヘッドラインやスキャンダルにもならず、多額の報酬を得る法律事務所の興味をひくこともない。ほとんどの場合、返還される本の実際の価値よりも郵送料のほうが高い。返還は利益を追求する美術品市場とは完全に無縁である。これらの本の価値は別のところにあり、金銭に置き換えることはできない。フィンスターヴァルダーと彼の仲間にかんする限り、この仕事の基底には道徳的責任がある。一冊また一冊、失われたものを返してゆくという責任である。

「なぜこのようなささやかな、時間のかかる仕事を続けるのか、とイスラエルの人びとに訊かれます。ユダヤ人の家族のものだった本はイスラエルの国立図書館に寄贈すればよいではないか、と言われます。しかし生存者や犠牲者の子孫が見つかる僅かな可能性がある限り——実際に見つかることがあるのです——本は彼らに返さなければならない。それが正しいと信じています。そのあとで、そうしたければ本を寄贈してもよい。しかしそれを決められるのはわたしではなく、イスラエルの図書館でもありません」

わたしはオリーブ色の本を入れた茶色の封筒をリュックにおさめる。責任感に圧倒されるが、それはすぐに別の気持ちに変わってゆく。数日後わたしはベルリンで、本を入れたリュックを携えイギリスのバーミンガム行きの飛行機に乗る。本に触ってはいないが、何度もリュックを開けて茶色の封筒を覗き、そこにあることを確かめた。本がどこに行くはずがあろうか。誰が盗りたいと思うだろうか。にもかかわらず、それが消えてしまうのではないか、と落ち着かなかった。勿論小さなオリーブ色の本は宝物ではない。そうであれば事態はもっと簡単で、失われれば替わりのもので補うことができる。だがこの本は一冊しかないものだ。

多くの本がベルリン近郊の倉庫のなかで朽ち果てているだけではなかった。一九九〇年一〇月にロシアの週刊文芸紙、『リテラトゥールナヤ・ガゼータ』は、ドイツから戦勝品としてもってきた二五〇万冊の本がモスクワ近郊のウズコエの或る教会に投棄され、忘れられていることを明らかにした。数十年間の湿気、害虫、分厚く積もった鳩の糞が本をぐちゃぐちゃなパルプに変えていた(2)。この記事はソ連のみならずドイツでも多大の反響を呼んだ。このとき初めてナチによる蔵書の大々的な略奪が人びとの知るところとなった。それは主としてグラスノスチ、つまりミハエル・ゴルバチョフがソ連の体制を近代化する試みとして着手した透明化と情報開示の政策の結果だった。

グラスノスチ（公開）とペレストロイカ（革新）を軸とするゴルバチョフの改革は、ソ連の崩壊を加速させる結果となった。なかでもグラスノスチはソ連の体制の欠陥を暴き、それによってその正統性に疑問を呈した。それまで秘密にされていた、戦利品の略奪にかんする情報も初めて明るみに出た。戦後幾らかの返還がおこなわれたが、原則として東欧圏への返還に限られていた。西側諸国への返還、およびスターリンの秘密の特別文書館に収められた資料の返還は全く問題にされなかった。

ソ連の文書館が次々に開かれるにつれて、没収された何百万点ものドイツの資料をとおしてナチによる略奪の諸相が新たに判明したばかりでなく、何年ものあいだ戦争で失われたと信じられていた何百万冊もの本と棚何千ヤード分もの文書が、実はソ連のなかに存在することが明らかになった。

戦利品としてソ連にもってゆかれた本の運命もわかってきた。それらの本は傷み、崩れ、あるいは廃棄されていた。アーキビスト、監視官、司書らがそれらを大々的に整理した。その作業はナチが一九三〇年代におこなった「堕落した文学」の整理と似ていなくもなかった。往々にして同じ本が両方の側で、ブルジョワ的あるいは退廃的という理由で整理されたからだ(3)。

ソ連崩壊後、秘蔵されていた戦利品の返還問題が浮上した。一九九二年、ロシアとドイツの図書館のために会議が開催され、返還は一歩前進した。ロシアの代表のなかには、戦利品である外国の本を最も多く受領した図書館、たとえば全ロシア国立外国文学図書館（マルガリータ・ルドミノ全ロシア外国文学国立図書館）から加わった者もいた。戦時中館長であったルドミノはドイツにおける本の略奪を担当していた。グラスノスチの精神のもと、図書館は没収された一六世紀以降の貴重な本のカタログを公開した。[4]

会議の結果、古い貴重な書物の返還の調査にあたる委員会が創設された。オランダ、ベルギー、ハンガリー、ノルウェー、ポーランド、オーストリア、フランスも失われた本や文書を取り戻すために、新生ロシア連邦との交渉を開始した。同様の交渉は新たに独立したウクライナとベラルーシとの間でも進行した。両国とも何百万冊もの戦利品の本を受け取っていた。

モスクワの全ロシア国立外国文学図書館のような幾つかの図書館は、自発的に率先して返還を進め、一九九二年の会議の前に、ナチに略奪された六〇四冊の本がすでにアムステルダム大学に返還されていた。[5] オランダ、ベルギー、フランスは、ロシアのどこかに存在すると思われる文書資料を突きとめ、取り戻すための作業を提携して進めた。ソ連による略奪の規模は、フランスとの折衝の結果、モスクワのスターリンの秘密の文書館から返還されることになった資料が、棚七〇〇〇ヤードにおよぶことによっても知られた。その資料にはフランスの秘密警察とフランスのフリーメイソン結社の文書の他に、レオン・ブルム、マルク・ブロック、フランス系ロスチャイルド家などの個人的資料が含まれていた。取引はかなり高いものについた。現金三五〇〇万フランに加えて、フランスはロシア関連の文書も引き渡した。[6]

測り知れない価値をもつ歴史的文書もロシアの秘密の文書館から出現し始めた。ボリス・エリツィン大統領からの使者がポーランドに、戦時中カチンの森で起きた大虐殺の秘密文書を手渡した。この事件では数千人の将校を含む二万二〇〇〇人のポーランド人がソ連のセキュリティ国家機関内務人民委員部によって処刑された。

しかし一九九〇年代初め、西と東の関係に生じた楽観主義と大きな期待はやがて後退することになる。ロシアのエリツィン大統領は、関連諸国とのあいだで返還の合意に達していたが、大統領の寛大な政策を批判する声が議会で高まった。

抵抗は主として右翼の国家主義者と共産党員から生じたもので、両者とも返還のすべての案件を積極的に拒絶した。やがて返還反対者が議会の過半数を占めるようになり、進行中だったフランスの文書資料の返還は一九九四年に凍結された。この時までには四分の三の資料はすでにフランスに渡されていたものの、モスクワに向けて出発した受け取りのトラック数台は空のまま戻って来た。フランスが支払った多額の金は、資料のマイクロフィルム化のために使われるはずであったが、資料館には届かず、途中で消えたものと思われる。(7) そのようなことが一度ならず起こった。

返還反対者は戦利品旅団がロシアにもち帰った宝物は略奪したものではなく、「ソビエト軍によって解放された」ものであり、従ってソ連の受け入れは全く合法的なものだと主張した。どんな物も返還する義務はない、という態度が支配的であった。しかし抵抗は一枚岩ではなく、多くの学者、図書館関係者、とりわけエリツィン行政府は、西側との関係修復のためには何らかの返還が必要だと考えていた。だがロシア国家主義者と共産党は断固としてそのような考えを斥け、激しい返還反対運動を繰り広げた。共産党機関紙『プラウダ』には「ロシア国民はもう一度略奪にあうのか?」というような見出しが躍った。(8)

かつてのソ連邦に属していた国ぐにの、分散した戦利品返還をめぐる態度は敵意、無関心、協調の精神のあいだで揺れた。ベラルーシやウクライナは、ロシアと同じ態度を取り、ジョージアは一九九六年に戦利品として得た九万六〇〇〇冊の本をドイツに返還した。それに続いてアルメニアもドイツに本の返還をおこなった。(9)

一九九六年、ロシアが欧州評議会に加盟したとき、雪融けも間近と思われた。加盟のさいの条件のひとつは、ロシアがヨーロッパ諸国と返還の交渉を始めるということであった。だが大きな期待はすぐに砕かれた。同年七月、すでにロシア議会は、すべての戦利品を「国有化」し、そうすることでその返還を不可能にするという法案を通過させようとした。エリツィンはロシアの国際的評価がかかっていると宣言し、法案を拒否した。だが法案は議会に再提出された。或る議員は、戦利品の返還は「戦争で命を落とした二七〇〇万人のソビエト市民の墓に唾する」ようなものだと言った。[10]超国家主義者である別の議員は、ドイツ人は「過去も現在も極悪のファシスト」であり、彼らにたいするエリツィンの寛大さを嘆いた。[11]ソ連は崩壊したが、「大祖国戦争」に寄せる感情は消えていなかった。一九九七年、エリツィンの拒否権は覆されたが、大統領は法案の成立に必要な署名を一年間拒否した。一九九八年についにロシア憲法裁判所がエリツィンに賛意を表明させた。新たな法律は美術品の西ヨーロッパへの返還のみでなく、かつてのソ連邦内の国ぐにから盗んだ大量の工芸品の返還も止めた。

さらに嘆かわしいことに、ソ連の文書館が再び西側からの研究者に閉ざされ、盗まれた文化財の追跡がほとんど不可能な状況になった。短い情報開示の時期グラスノスチは、「昔のソビエトのやり方」そっくりの秘密文化へと退行した。

返還を差し止めるロシアの法律によって、戦利品の大規模な返還は事実上終わったが、小規模の蔵書の返還を求めることは、往々にして煩雑な手続きをともない費用がかかるにせよ、まだ可能だった。そのためには外交的手腕や法の抜け道や、時には正真正銘の賄賂が必要だった。また政治的ニュアンスをともなう「返還」ということばを避けなければならなかった。そのようなかで、ロシア議会が進んで承諾をした初期の「返却」の一例は、リヒテンシュタイン文書館にかかわるものだった。モスクワに文書館のあるリヒテンシュタイン家と交渉の結果、一九九六年、合意が成立した。だが議会の見方によればこれは返還ではなく、交換であった。リヒテンシュタイン家はロシアに促されて、一九一八年のボルシェビキによるロシア皇帝とその家族の殺害にかんする貴重な文書を買い取っていた。その文書は七〇年間パリの銀行の地下室に隠されていたが、最近サザビーの競売に出て、五〇万ドルで落札された。

これは「返還」に代わる「交換」の始まりだった。やがて文書や蔵書の交換が増加した。しかしこうした交換は全く新しいやり方ではなく、むしろ以前のソビエト方式への逆行だった。つまりほしいものを手に入れるためにソ連が手紙や本のような資料を手放していた時期があり、ことにレーニンやマルクスに関連するものには金に糸目をつけなかった。レーニンのサインひとつとワシリー・カンディンスキーの絵を交換したことさえあった。

新生ロシアでは、国家主義がレーニン主義に変わり、ロシア帝国の遺産が最重要なものとなった。価値ある戦利品は略奪したのではなく赤軍が解放した、従って返却するものにたいしては補償がなされるべきである、というのがロシアの見解であった。サンクトペテルブルクのエルミタージュ美術館の館長がイギリスの新聞に語ったところによれば「一九四五年以後、これらの絵画がドイツに留まっていたならば、今までに二倍三倍の相続税の対象となっていたはず。これらの絵画の保管者としてロシアがドイツよりふさわしいのは明らかです[12]」

一九九九年、イギリスは皇帝ニコライ二世の殺害にかんする秘密文書と引き換えに、ドイツの強制収容所にいたイギリスの捕虜についての文書を入手した。フランスは「返還」という問題含みのことばをもち出すことなく、以前に停止されていた残りの文書資料を取り戻す交渉に成功した。二〇〇〇年にトラック数台分の資料が引き渡されたが、そのなかにはパリの国際イスラエル同盟に所属する三万四〇〇〇点の文書があった。

オランダとベルギーも長引いた交渉の末に幾らかの文書資料を取り戻した。ベルギーは「それらの文書の保管・保存」の五〇年間の遡及レンタル料としてロシアに一三万ドルを支払わされた。

オランダは一九九二年という早い時期に、エリツィンとのあいだで合意に達していたが、議会によって足止めされていた。実りなく延々と続いた交渉の末、解決として二〇〇一年にベアトリクス女王がウラジミール・プーチンとの合意書に署名をするべく送り出された。オランダ国立公文書館主任アーキビストは、イスラエル大使から、ロシア政府は王室が放つオーラに弱いのだと聞いていた。女王の訪問後、文書資料の箱がオランダに届き始めた。それは三〇〇〇冊以上のファイルに何十万点もの記録文書を含む豊富な資料で、ほとんどがアムステルダムの社会史国際研究所やハーグのオランダ・グローツオーステンなどの組織や研究所を含む一連のユダヤ団体に所属するものだった。だが資料は無料で渡されたのではなかった。オランダは一〇万ドルを文書館賃貸料、管理費、ロシアの文書館のためのマイクロフィルム化の費用として支払わされた[13]。

私人が返還を求めるのは不可能に近かったが、ひとつだけロスチャイルド家の文書は例外だった。一九九三年、スターリンの特別文書館内でアウシュヴィッツ関連の記録を探していた或る研究者が、この有名な一族のオーストリアとフランスの分家に触れている文書を見つけた。パリに拠点を置くロスチャイルド家の銀行、ロチルド銀行の文書を含むフランスの文書が一九九四年にフランスに送り返されるだけの時間が辛うじてあった。文書がパリに到着したその日に、返還を阻止する論議が議会で始まったからである。文書はロンドンのロスチャイルド文書館に移された。一九七八年以降この有名な一族の文書が大部分ここに集められ保存されている。

しかしながらオーストリアのロスチャイルド家文書は依然モスクワにあった。それは一九世紀に産業と銀行業を主導した、世界で最も有力な一族にかんして歴史的に非常な価値をもつ資料だと思われていた。文書のなかには最も初期のロスチャイルド一族にかんする記録もあり、一七六〇年代に銀行家となった一家の祖先マイヤー・アムシェルがフランクフルトで最初の一歩を踏み出したころの記録も含まれていた。[14] ロスチャイルド家の記録は一族の記録として重要であるのみならず、一八世紀末から第一次世界大戦に至るまでの歴史の記述という広い立場から多大の価値を有していた。

外部の世界から次第に切り離された存在となりつつあるロシアの文書館から、法的手段によってその文書を取り戻すことは、全く見込みがないように思われた。しかしそれとは別の可能性があり、それはロシア政府に彼らが欲しがっているものを提供することだった。そのようなものとして効力があったのはロシア人のラブレターで、ロシア皇帝アレクサンドル二世が、彼の二番目の妻エカチェリーナ・ミハイロヴァ・ドルゴルーコヴァに書いた大量の手紙が一九九九年夏、クリスティの競売場に出た。ロスチャイルド家は五〇〇〇通の手紙を一八万ポンドで買った。ロシアの国立公文書館がその手紙に関心を示しているが、取得する資金がないという情報をロスチャイルド家は得ていた。[15] 目論見は成功し、すぐさま交渉の端緒が開けた。

他の場合と同様、ロシア政府は返還する文書にかんしてもっともな口実を用意していた。それがドイツではなく、ポーランドで押収した文書だということである。ロシアにおいて政治的に絶対に通用しないのは、かつての「ファシスト」（ドイツとオーストリア）への返還という概念だった。だが反返還法案のなかにはナチの犠牲者にたいしては「例外」を認めることがあるという条項があった。ロスチャイルド家の文書が戦利品ではないことを確認したあと、それは二〇〇一年に返還された。皇帝のラブレターはその文書の保管についてロシアが負担した「コスト」にたいする見返りであった。

しかし幾らかの文書が返還されたとはいえ、多くがロシア、ベラルーシ、ウクライナの文書館に残っており、そのなかにはテサロニキのユダヤ人から奪ったものもある。多くの資料がいまだに返還されていないが、ロシアの政治状況から見てさらなる調査はほとんど不可能である。ソ連崩壊後に文書資料の一部が元の場所に戻されたにしても、それは略奪された何百万冊もの本から見れば僅かに過ぎない。一九九二年オランダへ戻された六〇四冊だけが、規定にそったロシアからの唯一の返還である。

一九九一年以前にすでに、以前ソ連邦であった地域に残る貴重な蔵書またはその一部について、情報が流れていた。そのような蔵書のひとつはパリのツルゲーネフ図書館のものだったが、その蔵書が手のほどこしようのないまでに、ロシア、ベラルーシ、ウクライナに散らばっていることがやがてわかってきた。一九八〇年代に、ツルゲーネフ図書館のスタンプの捺された本がモスクワの古本屋に現れた[16]。その後一五冊が中部ロシアのヴォロネジの大学図書館で、別の一冊がウクライナのルハーンシクの大学で発見された。半端な本が日本の北にあるロシアの領土サハリン島で見つかった[17]。何冊かはおそらく交換かロシア人の移住によって、広く世界に出て行った。例えばツルゲーネフ図書館の本二冊はカリフォルニアのスタンフォード大学で発見されている。

二〇〇一年に同図書館が一二五周年を祝ったとき、略奪された一〇万冊のうちパリに戻っていたのはたった一冊だった。一九九〇年代初めにオランダに返還された六〇〇冊のなかに、その図書館のスタンプのある一冊の聖書があった。それがオランダ語の聖書だったので、手違いでアムステルダムに送られたのだろう。二一世紀初めにツルゲーネフ図書館蔵書のうち八〇〇〇から一万冊がいまだにロシアの国立機関、主として以前のモスクワのレーニン図書館の蔵書のなかにあることが確認された[18]。その二、三年後に一一八冊が返却され、今日パリで見ることができる。その返還を可能にしたのは法の抜け穴だった。それらはそもそもポーランドで発見され、一九八〇年代にポーランドからソ連の共産党に贈られものである以上、議会を通過した反返還法の対象ではなかった。つまりそれらは法律で保護された「戦利品」ではない、というわけで二〇〇二年末にモスクワのフランス大使館に引き渡された。

それ以上の悲運を辿ったのは、行方不明となったローマのユダヤ人共同体図書館だった。その集団からの正当な要求を受けて、二〇〇二年にイタリア政府によって設立された委員会は、蔵書がソ連にもってゆかれた可能性が「なくはない」という結論を出した[19]。その姉妹図書館であるラビ神学校図書館もローマのルンゴテヴェレ通りのシナゴーグのなかにあったが、この蔵書はフンゲンで発見され、オッフェンバッハ文書集積所に引き渡された。だがユダヤ人共同体図書館の蔵書は所在がわからず、謎のままである。このような著名な蔵書がオッフェンバッハあるいはタンツェンベルクの仕分け作業のなかで見逃されたとは――しかも蔵書にはスタンプがあるのだから――考えにくい。

委員会は以下の結論に達した。ふたつの図書館の蔵書は一九四三年にそれぞれ発送された。ラビ神学校図書館の蔵書はフランクフルトに着いたが、ユダヤ人共同体図書館のものは別のルートを辿った。最も信ぴょう性の高い仮説によれば、その蔵書はベルリンの特捜隊（ＥＲＲ）か国家保安本部（ＲＳＨＡ）に運ばれ、そこから疎開のため東方のポーランドかズデーテン地方かシレジアに送られた。しかしイタリアにおける特捜隊や親衛隊の活動にかんする記録文書はほとんど廃棄されているために、これを裏づける証拠はない[20]。委員会は関連のある文書資料を調査したが、何の手がかりも得られなかった。だが、蔵書はソ連、とりわけモスクワにもって行かれたと推測される幾つかの事柄は存在していた。

そのために二〇〇五年に委員会は、ロシアにある蔵書のなかに該当する本がないかを調査する可能性を探り始めた。それは最高度の政治レベルでの交渉を必要とした。委員会側の調査員たちがロシアの文書館に独自でアプローチすることは認められず、調査はロシアの「党」が主導権を握った。二〇〇七年、銀行の支援を後ろ盾に委員会は、モスクワの外国文学図書館に三万ユーロを支払って、本の探索をするという合意が成立した。外国文学図書館は三通の報告書を提出したが、委員会はそれらがすでに周知の出所、文書資料、蔵書等に基づいたもので、不十分だとした。委員会が二〇〇九年に最終報告を提出した時点では、本は一冊も取り戻せていなかった。本が以前のソ連邦のいずれかの場所にあることを証明できなかった委員会は、さらなる探索は「ロシアの文書資料を調べるさいにわれわれが遭遇した制約が取り払われたのちに」可能になるであろうと、声明に諦観を滲ませた。[21]現在の状況では、ロシアの文書館の解放、あるいは返還交渉の再開を実現する政治的意向は存在しない。予測し得る未来に、政治的状況は変わりそうもない。変わるときが来るまでは何百万冊もの戦利品の本――何冊なのか誰も知らないのだが――は歴史家グリムステッドが言うように「捕虜」として留まるほかない。「今日ロシアには、略奪された本をもとの国ないし家族に戻そうという意思はない。だがヨーロッパの文化遺産のなかのどんな本がそこに残っているのかわれわれは知りたいと思う。残った本は人類史上最も凄惨な戦争の結果、廃棄され四散した蔵書を偲ぶ手立てなのだから[22]」

クリスティーン・エルスが長い年月を経てようやく手にした祖父リヒャルト・コブラークの本。遺族に返還された唯一の形見である。

＊　＊　＊　＊　＊

クリスティーン・エルスはグリーンのサインペンでわたしの名前を大文字で書いたA４判の紙を掲げている。そうする必要はない。カノックのこの小さな駅には他に人がいないからだ。駅と呼ぶのも大げさで、ここはわたしがバーミンガムから乗って来たディーゼル機関車の休憩地のような場所である。カノックはイングランド中部、スタッフォードシャにある昔からの炭坑の町で、石炭採掘が町に活気を与えていた時期に建てられた煉瓦のテラスハウスが並ぶ。だがサッチャー時代を経た現在、町に以前の活気はない。

「何でもここはイングランドで一〇代の子どもたちの妊娠率が一番高いのだそうですよ。本当かどうか」家までの短い距離を運転しながらクリスティーンが言う。これはカノックで「唯一まともな通り」と笑う。彼女は五〇がらみの痩せた女性で、イングランドで「回転の速い」と言われる話し方をする。近くの学校の音楽の教師をしている。

家に着くと、クリスティーンはベージュの革のソファに座って大きく息を吸い込む。外の広い庭は手入れせず田舎風に自然のままである。彼女は両手でオリーブ色の本を包みこみ、じっとそれを眺めて、それからわたしに目を向ける。

「この本を待っている、と今日フェイスブックに書きました。他のことをやろうとしても、今日はほとんど手につかなくて。この本が戻ってくるのをずっと待っていたのです。どうしてなのか、自分でも不思議です。だってこの本はドイツ語だからわたしは読むことさえできない。ただ欲しかったんです。わたしはクリスチャンだけれど、いつも自分がユダヤ人だと感じています。ホロコーストの話をすると泣いてしまう。これはわたしから切り離せないことです」彼女は本を開き、しばらく無言で頁をめくる。

「これが戻ってきて嬉しい。なぜかというと、わたし、母方のイギリス人の祖父母は知っていました。生きて死ぬのは自然のこと。父方の祖父母がいなくても珍しいことではありません。でもわたしの父方の祖父母のことは普通じゃなかった。写真が一枚もなかったんです。そこには空白があり、感情は真空地帯のようでした。なにかが宙吊りになっていた、語られないものがあったのです」彼女は本をぎゅっと摑む。

「わたしの父は何も言いませんでした。過去のこと、戦争のことを何も話さなかった。でも伯母は始終その話をしました。とめどなく際限なくしゃべりました。伯母はきょうだいのなかで一番年長で、だから一番『ドイツ人的』でもあったのです。伯母は語ることで、父は沈黙することで、対処しました。子どものころすでにわたしは何か恐ろしいことが起こったことを、祖父母が戦争で死んだことを知っていました。その後祖父母はガス室で死んだと聞きましたが、それがどういうことなのか子どものわたしにはわからなかった。ただそう聞くだけで、本当のことはわからなかった。その後ふたりがアウシュヴィッツで死んだと知りました。その本当の意味がわかってきたのは大きくなってからです。ガス室が閉鎖される僅か一〇日前に祖父母は殺されたなんて受け入れられなかった。耐えられなかった。寒さと飢えのなか汽車で運ばれてゆく自分を想像しました。着くとすぐにガス室に……。それが頭にこびりついて……」

　クリスティーンは立ち上がりテーブルに近づく。家族の歴史資料のフォルダーやファイルがそこに拡げてある。そのほとんどはコブラーク家の歴史を調査したドイツ人歴史家トマス・ウングラウベからのものである。ひとつのフォルダーから彼女は第二次世界大戦直前に撮った家族の写真を取り出す。リヒャルト・コブラークは右側に座っている。年配で、丸顔に小さな口髭、手を組み合わせている。妻のシャルロッテは家族の中心に座り、カメラに向かって微笑んでいる。鬢に白髪の混じる美しい女性だ。ふたりを囲んで三人の子どもが立っている。二人の娘ケーテとエヴァマリア。息子のヘルムートは片手を父親の肩に置いている。このヘルムートがクリスティーンの父親である。この写真を撮ったとき、ヘルムートは一〇代後半だった。

一家は、リヒャルト・コブラークがベルリンの市役所に職を得た一九二七年にヴロツワフからベルリンに移った。彼らはキリスト教徒で、自分たちをユダヤ人とは思っていなかった。第二次大戦の五〇年後に三人のなかで最年長だったケーテは一冊のノートに回顧録を書いている。クリスティーンがそれを見せてくれた。

ヒトラーが首相に任命された次の日曜日に、両親はわたしたちがユダヤ人であることを話した。ふたりともユダヤ教徒ではなかった。ふたりは教会で結婚式を挙げ、ユダヤ教の伝統行事をおこなうことはなく、子どものわたしたちにもキリスト教のお祈りを教えた。しかし両親の祖父母たちはユダヤ教徒だった。だからヒトラーの定義に従えば、ふたりもユダヤ人で、同じ理由からわたしたちもユダヤ人だった。(23)

一九三三年までには、リヒャルト・コブラークはすでに降格させられていた。だが第一次世界大戦ではドイツ軍兵士として前線で戦い、鉄十字勲章を授与されていたので、職を保持することは許されていた。しかし一九三六年にニュルンベルク法が導入されると、コブラークは四五歳で「引退」に追いこまれた。ケーテは一九三〇年代の家族の生活について、また自分が次第に孤立していったさまを書いている。

「学校でわたしは好かれていたが、もし友だちが知ったら、わたしとはかかわりたくないだろうと思った。そのためわたしは誰とも親しくならないようにし、これまでのように友だちの家に行ったり、うちに来てもらったりするのはやめた。ユダヤ人とつき合うと、友だちにもその親にも迷惑がかかるからだ[24]」

クリスティーンは言う。「何という悲劇でしょう。子どもたちは親から聞かされるまで自分たちがユダヤ人だとは知らなかった。でも子どもたちの両親はどうしてベルリンに住み続けたのか。どうして脱出しなかったのか。おじいさんはもののわかる人だったのに、どうして留まるという誤りを犯したのか。彼は高級公務員でした。どうして自分に迫る運命が見えなかったのでしょう?」

回顧録のなかでケーテはその問いに自ら答えを出している。その答えはある程度ナチ・ドイツに留まった多くのユダヤ人に当てはまるものだった。

「理由は父の思いこみだった。われわれはドイツ人で、ドイツ人の居場所はここだ。ヒトラー(あのオーストリア人のデマゴーグめ!)はわれわれを追い出したりはしない。ヒトラーの狂った思想がいつまでも幅をきかせることはないだろう。いつもは賢明で政治的情報にも明るい父が犯した致命的な判断の誤りだった[25]」

ケーテの日記を辿ると、彼らが徐々に追い詰められてゆくさまがありありとわかる。父親は職を奪われ、友人たちはゲシュタポに連行され、子どもたちはひとりまたひとりと教育から遠ざけられてゆく。退役軍人の子どもとして、彼らは授業を受けることを許されたが、他のユダヤ人の子どもたちは教室を追われた。一九三八年一一月の水晶の夜事件のあと、リヒャルト・コブラークさえ未来のないことを認めざるを得なかった。そのときはもうぎりぎりだった。戦争勃発の二、三か月前に両親は何とか子どもたちを国外に送り出した。末娘のエヴァマリアは子ども輸送計画によって送り出され、ヘルムートとケーテは就労ビザと学生ビザを取得して国外に出た。最後になったケーテは宣戦布告のひと月前の八月初めに出発した。

「眼前に迫った事態を悟ったときはもう遅かったのです。祖父母は子どもたちを逃がすために持てるものすべてを費やしましたが、自分たちが逃れることはできなかった。そのためにはお金が足りませんでした」

戦争が始まると、ドイツの両親との通信は間遠となった。両親は時おり何とか手紙を送り、それには「断片的なこと」が書いてあった。それまでのアパートを立ち退かされ、シャルロッテンブルクのアパートの狭い一室を割り当てられたこと、父方の祖母が姿を消し、おそらくは「東部」に移送されたこと、食べものが乏しいこと。ケーテが手にした最後の葉書は、一九四三年に両親が移送されたテレージェンシュタットからだった。そこで便りは途絶えた。小さなオリーブ色の表紙の『法律、国家、社会』は、おそらく移送されたユダヤ人の住居が片づけられたときに、一家が住んでいたベルリンのアパートの部屋から盗まれたのだろう。そこからベルリン市立図書館に至るまでの道のりは不明である。だがこの本は確実に、没収され仕分けされ売却された何十万冊のなかの一冊である。

イギリスでふたりの娘はいろいろな里親のもとに預けられ、勉強を続けた。しかし当時一九歳だったクリスティーンの父親ヘルムートは当局に拘留された。

「戦争が勃発すると、父はイギリス当局によって逮捕されました。イギリスから見れば、彼は『ドイツの青年』で、敵でした。初め彼はマン島に移送され、次にオーストラリアに抑留される他のドイツ人たちと一緒に船に乗せられたのです」

一九四〇年の夏、ヘルムートは二五四二人の「敵国人」とともに悪名高いデュネラ号で密かにオーストラリアに運ばれた。このうち約二〇〇〇人はユダヤ人難民で、ヨーロッパのナチから逃れた二六歳から六〇歳までの男性だった。彼らが五七日間を過ごした船内は最悪の状態だった。

船は人が過剰に詰め込まれて地獄の有様だった。ハンモックは互いにぶつかり合い、多くの者がテーブルの上や床に寝なければならなかった。一個の石鹼を二〇人が使わねばならず、一〇人に一枚しかタオルがなかった。(中略)便器は溢れ、赤痢が船内に蔓延した。虐待やライフル銃での殴打は日常的だった。難民のひとりが禁を破って夜中に便所に行こうとし、胸に銃剣を突き刺された。[26]

のちに解放されたヘルムートはヨーロッパに戻ろうとした。だが彼の乗った船はイギリス軍に徴用されていた。「父はボンベイで放り出されました。二〇歳で職もお金も家族もありませんでした。三晩通りを歩き回ったと話していました。ようやく綿工場に職を見つけたけれど、一九四九年まではイギリスに戻れませんでした。父はデュネラ号についてひとことも話しませんでした。多分トラウマになっていたのでしょう。自分で調べるようになって、わたしは初めて知りました」クリスティーンは言う。

父親にとって一番辛いのは教育が受けられなかったことだった。

「父にとってそれは一生の傷でした。学校の成績はとてもよかったのに、勉強が続けられなかった。医者になることが父の夢でした。社交的な人でしたが、同時にプロシア的正義感、責任感の強い人でした。医者になるのがぴったりの人でしたが、結局ロンドンで宝石関係の仕事をしました。彼は根っからの本の虫で、読書から刺激を受けていました。家族で旅行に出かけるときは、本の一杯入ったスーツケースをもって行きました。」

ヘルムートは一九九四年に他界した。そのあと初めてクリスティーンは一家の歴史を調べ始めた。この一〇年間、トマス・ウングラウベの助力を得て、彼女は自分の父親と祖父母の生涯について知ろうとしてきた。ファイル、フォルダー、資料館からの断片的な文書など、彼女の机の上に拡げられているものは、彼女がなんとかつなぎ合わせた資料の一部に過ぎない。

「今年トマスは、コピー、調査報告書、記録の資料を次々に送ってきました。それは全体図を組み立てるためのジグソーパズルのピースのようなものでした。父は多くのことを語ろうとしなかったので、わたしは彼の生涯を切れ切れにしかわかっていませんでした。一度だけ父が心を開いたことがありました。或るクリスマスにわたしは悩みを抱えていました。気持ちがひどく動揺して、自分のなかに閉じこもっていた。そのとき父は私のところにきて水晶の夜のことを話してくれました。そのとき彼はまだ一四歳でしたが、捕まらないように逃げ回り、ひと晩じゅう隠れ場を転々と移動したそうです」

夕闇があたりを浸し始めた。二、三時間話したあと、続きは翌日にまわすことになった。クリスティーンの夫マークも加わってわたしたちは冬枯れの庭に出、そのあとボルドーの瓶を開けた。彼は引退した話し好きの校長で、ローブをまといスリッパの足を引きずって歩く。

「最上のワインにしよう。お祝いをしなければ」

クリスティーンはポテトと芽キャベツをつけあわせた鹿肉の煮込みを供してくれる。客用寝室に引き取る前に、彼女はわたしに叔母エヴァマリアの描いた絵を見てほしいと言う。絵は家のあちこちにかけてあって、多くは南フランスの風景をモチーフにした鮮やかな色彩の、表現主義的な油絵である。

「彼女は一番年下だったので、一番イギリス人ふうになりました。極端なドイツ嫌いでした。ドイツの土の上では一晩たりとも眠ろうとしなかった。ドイツには一切かかわりをもとうとしませんでした」

クリスティーンはキチンに立ったまま、赤ワイン色の背表紙のノートに没頭している。どの頁も小さなきれいな青い文字で埋め尽くされている。それは伯母ケーテの日記である。

「伯母は戦争のあいだずっと書いていました。日記は彼女がイギリスに来た一九三九年八月三日に始まり、一九四五年三月に終わっています」彼女はナプキンで目を拭う。読むと泣いてしまうのです、と言う。時間がたって少しは和らぎましたけれどね。彼女は祖父のオリーブ色の本を手元に引き寄せる。どうしてそれが欲しかったのですか、とわたしが訊くとクリスティーンは言う。

「祖父のものが何ひとつないからです。伯母の写真はあるし、穴がひとつあいた形見のペルシア絨毯もあります。父とかかわるものはあるのです。でも祖父母のものは何もない。でもわたしは祖父母にとても愛着を感じています。この本で何をするかということではなく、わたしはただこれを見ていたい。触っていたい。この本に会いたかったのです」

彼女は伯母の日記の一節を朗読したいと言い出す。そして一九四五年三月三一日の最後の頁を開く。日記はここで終わっている。それは、このあと伯母が「本当のこと」を知ったからです、とクリスティーンは言う。それから読み始める。

ロシア軍がプロイセン東部全域とシレジアのほぼ全域を占領しつつある。オーストリアに迫り、チェコスロバキアの奥まで食いこんでいる。これで戦争は終わるように見える。でも本当に終わるのだろうか？　望みをもってもいいのだろうか？　本当に終わるのだろうか？　そのあとどうなるのだろう？　二、三日前にわたしはテレージェンシュタットの様子を聞いたが、おおむね安心できる内容だった。収容所の何千人もの人びとは解放されてスイスに向かったという。もっと多くの人びとが続けて解放されたのだろうか？　そのなかに両親はいるだろうか？　知りたいことが山のよう、不安で押しつぶされそうだ。でもできることはただひとつ「じっと待つ」ことだけ。ルイス・パルマーが学校で言うように「信じ続ける」ことだけ。明日はイースター。わたしたちにできるのは望みを捨てないことだけ[27]。

謝辞

これほど多くの方々から恩恵を受けた本はない。実に多くの方々から惜しみなく知識と時間が与えられた。この本を可能にしてくれたすべての人びと、とりわけわたしを受け入れ、コレクションや文書を開示し、自分の調査、意見、連絡先を共有させてくれた司書、アーキビスト、研究員の方々に心からお礼を申し上げたい。

ドイツでわたしを受け入れてくれた司書と研究員、とりわけ中央州立図書館のヤバスチャン・フィンスターヴァルダーとデトレフ・ボッケンカムに感謝する。その図書館にある何十万冊もの略奪された本を返還しようという、ふたりの倦むことを知らぬ献身的活動にわたしは賛嘆を禁じ得ない。また、ベルリンの出所調査局のウーヴェ・ハルトマン、ワイマルのアンナ・アマーリア公妃図書館のミヒャエル・クノッヘ、リュディガー・ハウフェ、ハイケ・クロコフスキ、ミュンヘンのバイエルン州立図書館のシュテファン・ケルナーに感謝したい。

オランダにかんしては、まずローゼンタール文庫の元図書館員、フリッツ・ホーヘヴァウドに感謝する。アムステルダムのユダヤ図書館蔵書の略奪にかんする彼の調査は非常に貴重であり、わたしの仕事に多くの重要な視点を与えてくれた。さらにローゼンタール文庫のワウト・フィッサー、エッ・ハイムのハイデ・ヴァルンケ、社会史国際研究所のフーブ・サンダースに、フリーメイソンの秘密や、クロス文庫のきわめて興味深い歴史を示してくれた、フリーメイソン文化センターのヤック・ピーペンブロックとテオ・ワルテルに感謝したい。

パリでは、国際イスラエル同盟のキュレーター兼アーキビストのジャン＝クロード・クーペルミンから、数回の訪問の機会が与えられた。ロシア・ツルゲーネフ図書館の司書・管理者エレーヌ・カプランから聞いた図書館の悲劇的運命は忘れがたい。パリ・ポーランド図書館のヴィトルド・ザホースキ、イリノイ大学の歴史家で司書のマレク・スローカにポーランドの図書館についての資料を見せてもらった。各氏に心から感謝を伝えたい。

ローマでの仕事にかんしては、ユダヤ共同体図書館を復旧させるためにイタリア専門委員会を率いたダリオ・テデスキと、イタリアのユダヤ人の豊かでスリルに満ちた歴史について私の理解を深めてくれた書誌情報センターのジゼル・レヴィにお礼を伝えたい。

テサロニキでユダヤ博物館のエリカ・ペラヒア・ゼモール、テサロニキのユダヤ人の歴史について無類の調査資料を提供してくれた研究者、ポール・アイザック・ハーゴール、ヴィリニュスで暖かく迎え入れてくれたリトアニア・ユダヤ教集団のファイナ・ククリンスキに深謝する。

チェコ共和国では、テレージエンシュタットのタルムード軍団について貴重な調査をおこなった研究者で、プラハ・ユダヤ博物館にわたしを温かく受け入れてくれたミハル・ブセクに多くを負っている。またテレジーンの歴史資料室のトマーシュ・フェドロビッチと、文書センターのレナータ・コスチャーロヴァーから、第二次世界大戦中チェコスロバキアでおこなわれた略奪について多くの知識を与えてもらった。

また、さまざまな理由からこの本に登場しなかった方々――ニュルンベルク生涯学習キャンパス内市立図書館のクリスティーン・ザウアー、ウィーン大学現代史図書館のクリスティナ・ケストナー＝ベンゼル、オーストリア国立図書館のマルゴット・ヴェルナー――の各氏に感謝を記したい。

バーミンガム郊外カノックの自宅にわたしを招いて家族の歴史を語ってくれたリヒャルト・コブラークの孫、クリスティーン・エルスに心からのお礼を伝えたい。

ハーバード大学ウクライナ研究所研究員で、アムステルダムの社会史国際研究所の名誉研究員、パトリシア・ケネディ・グリムステッドから受けた恩恵はことばに尽くせない。第二次世界大戦中に四散した蔵書や公文書の詳細な調査にかんして、彼女の右に出る者はいない。彼女のエッセイや論文から、この上ない手がかりを与えられた。このテーマを扱った彼女の著書も同様に重要である。この問題にかんしてさらに詳しい知識を得たい読者には次の著書を推薦する。*Trophies of War and Empire : The Archival Heritage of Ukuraine, World War II, and the International Politics of Restitution*（2001）, *and Returned from Rossia:Nazi Archival Plunder in Western Europe and Recent Restitution Issues*（2013）.

刊行までの過程でお世話になった方々にもお礼を言いたい。ノーシュテッツ社の方々、とりわけ初対面のときからこの本の意義に理解を示してくれたステファン・スコグ社長、優れた編集者のインゲルマン・カールソンとマーリン・ティンデルフェルトゥに深謝する。

最後にして最小ならざる感謝を、事実を検証し意見を述べるなど、さまざまな形で手伝ってくれた以下の諸氏に捧げたい。全般的な助言をしてくれたライターのアルトゥル・スヴァウキ、フリーメイソンの歴史について貴重な知識を与えてくれたイェーテボリ大学の文学・思想史学部助教授アンドレアス・エナーフォーシュ、またワイマル古典主義とドイツと観念論及びゲーテについて、それぞれに重要な知見を与えてくれたセーデルトーン大学思想史講師アンデシュ・ブールマン、同大学現代史学部のエリーク・テンゲシュタッドゥ、アクセルブックスの発行人でSITEの編集者であるスタファン・ルンドグレーン。

この本の刊行はさまざまな支援や基金によって可能となった。スウェーデン作家基金、ナトゥール&クルトゥール出版基金、サン・ミケーレ財団にお礼を申し上げる。

アンデシュ・リデル

訳者あとがき

ナチをめぐって夥しい本が刊行されてきた。ナチの諸機関のドキュメント、ナチ体制下の人びとの記録、ナチにかんする歴史的、社会学的、心理学的考察、ナチの主要人物を扱った伝記、小説、戯曲。映像作品に範囲を広げれば、数はさらに増える。それらを逐一読むわけではないが、広告、新聞・雑誌記事の見出し、書評、映画の予告編など、ナチやナチ関連だとわかる活字や映像が、今なお毎週のように目に入る。ナナはどのように取り組んでも克服できない人類の課題であるかのように、それに関する調査や考察は出尽くすということがないかのように。

ナチによる本の略奪をテーマとした本書も、ナチズム調査・研究への新たな寄与と言えよう。著者アンデシュ・リデルはスウェーデン人。ジャーナリスト、編集者、ノン・フィクション作家である。スウェーデン語で書かれた原著は二〇一五年に、ヘニング・コッホによる英訳が二〇一七年に出版された。本書は英訳 *The Book Thieves* からの翻訳である。

ナチによる美術品の略奪は、その返還をめぐる係争をテーマとした映画とともに、広く知られている。著者リデル自身にも、美術品の略奪を扱った著書がある。高額な金が絡む美術品の場合とくらべて、本の略奪にはドラマ性が乏しい。だが思想を伝える手段として本はより効果的な媒体であると言う意味で、本の略奪に焦点を当てた本書の内容は重い。

本の略奪や戦後の返還にかんする調査・研究は、今までにもおこなわれており、本書の随所で言及されている。そのような先行研究を踏まえて、著者リデルは略奪の舞台となったヨーロッパの都市の図書館、博物館、研究所を訪れる。ドイツが勝利したあかつきに、略奪で築いた厖大な蔵書が収められるはずであったナチ高等学院建築の予定地にも足を運ぶ。図書館では司書や研究者から話を聞き、略奪を裏づける資料を見、証言を得る。ジャーナリストでノン・フィクション作家の本領が発揮されて、鮮度のある映像や情報が繰り広げられる。弾丸が貫通した本、辛くもナチと、次にはスターリンの追求を逃れて本来の場所にもどったマルクス自筆の「共産党宣言」、思いがけない場所に姿を現す略奪本、絶滅収容所への移送を前に、ゲットー内に作られた図書館、ナチによって名誉回復がはかられた中世の魔女たち、荷馬車でゲットーに運びこまれた、大量の死者たちの靴……

ドキュメンタリー番組のような臨場感がある一方、枝葉を広げるディテールの葉むらに目を奪われてその奥の幹が時に見えにくいかもしれない。各都市、各図書館に分散させたかたちで語られる略奪——それもナチだけがおこなったのではない略奪——の概略を、訳者がそのひとりである一般読者の目線で時代を追ってまとめれば次のようである。

本の略奪はまずドイツ国内で始まった。ナチが政権の座についた一九三三年以降、ナチによる思想統制は厳しさを加え、ユダヤ人を始め、ナチが敵対者とみなす作家、著述家の作品は図書館や本屋から放逐された。ナチを支持する学生たちは祝祭のように焚書を盛り上げた。やがてナチに同調しない団体の拠点や個人の家が襲われた。略奪された本のうち、何らかの点で価値ありと判断されたものはナチが引き取り、無害とみなされた本は地元の図書館に分配されたりした。

一九三九年のポーランドへの侵攻、そして第二次世界大戦の開始とともに略奪は本格化した。フランス、ローマ、オランダ、ギリシア、リトアニア、チェコ、ソ連などの主要都市で本、文書、写本、初期刊本、などが組織的に略奪された。

略奪を主導したのはアルフレート・ローゼンベルクが率いるローゼンベルク特捜隊と、ヒムラーを長とする国家保安本部で、それぞれに所属する遊撃隊が実際の作業を担った。ふたつの組織は略奪に際しても、そのあとの分配をめぐっても競い合い、分配には必ずしも一貫した方針が見られなかったが、原則として敵にかんする諜報活動に役に立つ資料は保安本部へ、ナチのイデオロギーの構築と強化にとって価値があるとみなされた資料は特捜隊に振り分けられた。

ナチのアプローチは西ヨーロッパと東ヨーロッパでは異なっていた。西の諸国民はドイツ人と根を同じくするアーリア人であるのにたいして、ロシア、ポーランド、リトアニアなど東方の諸国民はスラブ人で、ナチの見方によれば地上から放逐されるべき人びとだった。その結果西での略奪がユダヤ人をはじめ、ナチが敵対視する特定の集団に限られていたのにたいして、東方では全住民が略奪や迫害の対象であった。人びとを奴隷状態に置くために、種類を問わず本が奪われ廃棄され、住民は無差別に殺害された。

ベルリンやフランクフルト（ユダヤ人問題研究所がここにあった）に送られてくる略奪本や文書は厖大な量となり、それを分類、整理する人員は常に不足していた。イデオロギー研究にとって不可欠なユダヤ関連の資料にかんしては、ヘブライ語ができる学者が必要だった。ナチはユダヤ人学者をリクルートして、彼らを絶滅収容所に送る前に、ヘブライ語の本の分類やカタログ作成等の作業に従事させた。ユダヤ人学者たちは、敵のために働くことによってのみ、自分たちの文化遺産を遺すことができるという悲痛なジレンマのなかで作業をし、ときには監視の目をかいくぐっていくばくかの資料をもち出し秘匿した。

一九四二年、連合国軍がドイツの主要都への空爆を開始すると、特捜隊と保安本部はベルリンやフランクフルトにある何百万冊もの略奪本の疎開に着手した。箱詰めにされた本は辺境の地に送り出され、中世の城などに保管され、本の分類などにかかわる作業グループも移動した。すべての本を疎開させる時間はなく、大戦終結時のベルリンの廃墟やベルリン近郊の倉庫には、ナチ関連の組織が残した大量の略奪本が残っていた。

このような過程のなかで、略奪された本は四散した。図書館や個人の叢書やコレクションは内容や（ナチにとっての）価値によって選別され分割され、売却され、あるいは廃棄された。疎開先に行き着いた本、行方不明になった本、空爆のなかで失われた本、保管場所に放置されたまま朽ち果てた本――本の運命はさまざまだった。

大戦終結後、ナチの略奪品全般の整理に着手した西側同盟国は、活動の一環として略奪本の整理と返還をおこなった。確認された蔵書はもと所属した図書館へ、各国政府を通して返還された。蔵書がほとんど無傷で返還された図書館もあったが、多くの場合は蔵書は一部しか、時には全く戻らず、個人の蔵書やコレクションの返還は不可能に近かった。

その理由の一部はソ連の略奪だった。戦争終結直前にベルリンに入ったソ連軍は、秘密裡にナチに劣らぬ規模の略奪を開始した。戦利品旅団と呼ばれた略奪集団は、本、家具、什器、美術品、機材、装飾品など鉄道車両四〇万台の「戦利品」をソ連に送った。多くの本や文書がはじめはナチに、次にはソ連によって、二重の略奪に遭った。ペストロイカの時期にソ連内にある本や文書等について情報が開示されたが、進むかに見えた返還はロシア議会の反対によって凍結されたままである。

未解決の問題はそれに留まらない。戦前から戦後にかけてドイツ各地の図書館は、諸種のルートを通して受け入れた略奪本を蔵書のなかに抱えることになった。殊に戦争終結直後の混乱のなか、出所を確かめることなく受け入れた本のなかに、ナチの略奪本が多数混じっていた。今世紀になってその問題が浮上し、蔵書のなかの略奪本を洗い出し、もとの所有者ないしその子孫に返却する運動が進行中である。だが蔵書票などの手がかりがある本は限られ、さらに元の所有者の多くはホロコーストの犠牲になっていて、返還はいつ終わるとも知れない作業である。ベルリン中央州立図書館は略奪本のデータベースを作成・公表して、もとの所有者やその親族からの連絡を待っている。或る本にかんして連絡があったことを知らされた著者が、遺族のもとに形見の一冊を届けにゆく旅の機内からこの本は始まり、アウシュヴィッツで命を落とした本の所有者の話をその孫から聞くところで終わっている。

以上のように、この本は本の略奪と四散の話であり、略奪にはソ連による略奪も含まれている。戦後の返還にまつわるさまざまな困難も語られている

実際、返還をめぐる状況には徒労感と空しさを感じずにはいられない。それでもなお、図書館の負の歴史に向き合い、多大の労力を注いで過去のあやまちを償おうとする図書館人たちの誠意も、形見の一冊を遺族に届けに行く

著者の使命感も感動を誘う。しかしそこで安堵して一区切りついたかのように感じるとしたら、それは安っぽい感動でしかないだろう。本のみならず生命までも略奪したナチと、略奪されたユダヤ人（ナチの最大の敵はユダヤ人だった）の記録は、そのような「感動」でけりをつけるには暗すぎる。悪魔のようなナチとその犠牲になった人びと、大罪を犯したナチと今もその償いを続ける人びと、というわかりやすい二分法は単純すぎる。そのような図式では割り切れない重く不透明な澱が、読み終わったあと、心の底に沈殿している。

著者のことばを借りれば、ドイツ人もユダヤ人も「書物の民」であった。書物の力を知り、生きる上で本が不可欠な国民だった。だが書物の知はどちらの民も救うことがなかった。沈殿した澱の正体は強いて言うならそのような懐疑である。

著者はナチの略奪の意図を繰り返し強調している。焚書が与える印象とは裏腹に、「敵」が所有する文化遺産を破壊し廃棄することではなく、それを読みつくして敵の歴史、思想、記録を徹底的に研究し、それに基づいて自分たちの視点から世界史を書き換え、思想的にも世界の征服者になること。それこそがナチの目的だった。その目的遂行に向かって恐るべき知的渇望が生まれ、厖大なエネルギーが本の略奪に注がれた。

ナチ・イデオロギーの構築を主導し、イデオロギーからの逸脱を監視したのは、アルフレート・ローゼンベルクだった。この本ではナチの幹部のなかの誰よりも彼がクローズアップされている。全国指導者としての彼の地歩を固めたのは、その著『二〇世紀の神話』（一九三〇）だが、アーリア人の優越、ユダヤ人の劣等、世界征服を企てるユダヤ人の陰謀説などを説くその本が、どのような思考経路を経て、良識ある知的な青年のなかに結晶したのか、不気味なものを感じずにはいられない。著者リデルが言うように、名高い偽書『シオン賢者の議定書』が彼に決定的影響を及ぼしたにしても、それによって涵養されたナチ・イデオロギーがドイツを席捲したのはなぜか。第一次大戦に遡る歴史の濁流の前では、ドイツ人の知性は木の葉のようなものでしかなかったのか。第三帝国が過度にヒトラー総統に依存していると感じたローゼンベルクは、ヒトラーなきあとも帝国を支え続けるイデオロギーの強化をめざした。東方政策をめぐってヒトラーと対立し、ヒトラーとは距離を置いていたものの、ユダヤ人陰謀説との関連においてナチのイデオロギーを捉えようとする態度は最後まで揺るがなかった。

ナチの場合とは全く異なる意味において、書物はユダヤ人も救わなかった。知は直ちに実利とは結びつかず、それゆえに知なのだと承知の上でなお、犠牲者たちに必要であったのは、高邁な哲学的な知ではなく、生き延びる知恵だったのではないか、と思わずにはいられない。勿論すばやく状況に対応して危険から逃れ、生き延びた人びともいた。また救い得た人は相対的に僅かだったかもしれない。だがたとえ少数でも、情報を分析し行動を起こしていたら、命を落とさずにすんだ人びとがいたのではないか。例えば最終章に登場するリヒャルト・コブラークという ユダヤ人のように。

コブラークは弁護士の資格をもつ公務員だった。激しさを増すナチの迫害の中で、彼は職場で降格となり、ついで職を剥奪された。インテリで政治状況にも明るい彼が身に迫っている危険をどうして悟れなかったのか。子ども三人を何とか脱出させるのが精いっぱいで彼と彼の妻はホロコーストの犠牲となった。彼の娘が回顧して言うように、理由は彼の楽観的な思いこみ——ヒトラーもそこまでひどいことはしないだろう——で、認めねばならない現実を認めることをしなかった。知性は最も重要な場面で機能しなかったと言わねばならない。

第二次大戦の記憶を留めている最後の世代に属するわたしは、この本の随所で既視感に捉われた。また日本の場合はどうだったのかと、幾度となく考えた。勿論、国家による思想統制は厳しく、本棚に並ぶ洋書を特高に没収されたというたぐいの話は聞いたことも読んだこともある。日本の旧植民地で支配が思想や教育に及んだのも当然の成り行きだっただろう。だが思想的世界の征服をめざしたナチの遠大な計画、それに基づく大規模な本の略奪に匹敵するような行動が日本にあったとは思えない。そもそも敵であったアメリカ本土に攻め込み、占領する具体的な計画さえどの程度存在していたのだろうか。専門的知識をもたない素人の感想にすぎないが、全体主義的イデオロギーを共有しながらも、ドイツと日本それぞれにとっての第二次世界大戦の意味はかなり違っていたのではないか。

個人的レベルの経験は全体に照らせば砂粒に過ぎないが、東京の空襲のなかで焼失した父の蔵書のことも思い出された。疎開のために荷造りした家財道具は、蒐書家であった父が若いころから集めた本の量に比べれば僅かだった。箱詰めされた本の一部は疎開先に届いたが、一部は貨車に積まれたまま焼け、運び出される手前だった箱詰めの本は家とともに焼失した。近所の人の話では、分厚い洋書は数日間くすぶり続け、棒で突くたびに小さな炎が上がって、焼け野原での煮炊きに火種を提供したという。しかし一部でも残ったのは幸運だった。というのも敗戦の二年後に父が他界して、それまでいた官舎を出ることになったとき、焼け残った本を某大学図書館がまとめて引き取り、その時支払われたお金で、親子三人が住む小さな家を焼け跡に建てることができたからである。今では想像できないことだが、当時はそれだけの経済的価値を本がもっていた。

ペーパーレスという時代の趨勢のなか、本というメディアは消滅しつつあるかに見える。ナチやソ連が貨車何台にも積みこんだ知識や情報は、今ではクラウドやUSBメモリーに蓄えることができる。現代における知の略奪はナチの時代とまるで違ったかたちを取るのだろう。そして知の中身は？　歴史の濁流に翻弄されないだけの叡智を人は獲得しただろうか？　或いは危機のなかで生き延びる能力を体得しただろうか？

刊行までの過程でお世話になった方々への感謝を記したい。まずこの翻訳を提案してくださった国書刊行会の中川原徹氏に。後に書く事情によって、この仕事が与えられたのは、翻訳者ふたりにとって有難いことだった。

さまざまな国籍の人びとの名前、未知の地名、また諸国の図書館やナチの諸機関など、日本語での表記は訳者たちの手に余った。それらに関する調査を、東京女子大学の卒業生のグループに依頼した。図書館はもとより、各国の大使館や知己、ときにはその国籍の人が経営するレストランに出向き、労を惜しまず情報を集めてくれた加藤恵理子、水谷冨久子、堀渕眞佐子のトリオに心から感謝する。三人には初校も手伝ってもらった。

共訳は章ごとの担当を定めず、わたしが翻訳したものを小林祐子さんが点検するというやり方で進めた。原文の正確で緻密な読みに徹し、含意やニュアンスをくまなく捉えようとする祐子さんと、読者にとっての訳文の読みやすさを優先させるわたしとの綱引きには、バトルに発展しかねない緊張があった。わたしの草稿に祐子さんが赤で修正や訂正を入れコメントを書く、それに基づいて訂正、修正、加筆などをおこない、残る題目や翻訳的問題点をわたしが青字で書いて返信、ときには祐子さんから再度コメント。そんなやりとりが始まった。同じ職場で過ごした期間も、それ以後も祐子さんとは常に真剣勝負だった。

だが今回はそれを続ける時間が限られていた。祐子さんのなかに生じた癌細胞が急速に増殖し、一昨年九月にはあと半年と告げられた。わたしは翻訳を進めることに集中し、祐子さんは死の数日前までコメントを記入し続け、数頁を残して旅立った。ふたつではなく、四つの目で原著を読んだことで、訳文の精度は上がったはずである。集中すべき仕事があったために、最後の数か月、わたしは胸の潰れるような思いを抱えつつも、それだけに囚われることがなかった。取り組む仕事があるので気持ちが落ち着く、と祐子さんも一度ならずメールに書いてきた。共に読み、語り、働いた日々を刻むには小さなスペースだが、せめて背表紙に二人の名前が並ぶことに満足しなければならない。

二〇一九年三月三一日、　祐子さんの帰天から一年を経て

北條文緒

in the United States," pp. 117–119.

16 Patricia Kennedy Grimsted, "The Odyssey of the Turgenev Library from Paris, 1940–2002. Books as Victims and Trophies of War," Amsterdam: IISH, 2003, p. 14.

17 上記同書 p. 90.

18 上記同書 p. 96.

19 Commission for recovery of the bibliographic patrimony of the Jewish Community of Rome stolen in 1943, *Report on the Activities of the Commission for Recovery of the Bibliographic Patrimony of the Jewish Community of Rome Stolen in 1943.* Translated by Lenore Rosenberg, Governo Italiano, 2009, p. 6.

20 上記同書 p. 26.

21 上記同書 p. 43.

22 Grimsted, "The Road to Minsk for Western 'Trophy' Books."

23 Käthe Kobrak: Diary, August 10–15, 1995, private collection.

24 上記同書

25 上記同書

26 Alan Parkinson, *From Marple to Hay and Back*. Marple Local History Society, 2002. http://www.marple-uk.com/misc/dunera.pdf.

27 Käthe Kobrak: Diary, August 3, 1939–March 31, 1945, private collection.

Rose), Amherst: University of Massachusetts Press, 2001.
49 上記同書
50 上記同書
51 Abraham Sutzkever, "Mon témoignage au procès de Nuremberg," *Les Ecrivains et la Guerre*, Paris: Messidor, 1995.
52 Christian Delage, "The Place of the Filmed Witness: From Nuremberg to the Khmer Rouge Trial," *Cardozo Law Review,* vol. 31, 2010.
53 Robert Cecil, *The Myth of the Master Race*, p. 221.
54 Burton C. Andrus, *The Infamous of Nuremberg*, London: Leslie Frewin, 1969, p. 172.
55 Cecil, *The Myth of the Master Race*, p. 219.
56 上記同書
57 上記同書 p. 228.
58 上記同書 p. 229.
59 Alan E. Steinweis, *Studying the Jew: Scholarly Antisemitism in Nazi Germany*, Cambridge, MA: Harvard University Press, 2009, pp. 115–116.
60 Howard K. Smith, "The Execution of Nazi War Criminals," International News Service, October 16, 1946.

第15章：本は家路を辿る

1 Richard Kobrak, ID: 123546. Ancestry.com.
2 Patricia Kennedy Grimsted, *Trophies of War and Empire: The Archival Heritage of Ukraine, World War II, and the International Politics of Restitution*, Cambridge, MA: Harvard University Press, 2001, p. 257.
3 上記同書
4 上記同書 p. 258.
5 上記同書
6 上記同書 p. 394.
7 上記同書 p. 396.
8 上記同書 p. 400.
9 Patricia Kennedy Grimsted, "The Road to Minsk for Western 'Trophy' Books: Twice Plundered but Not Yet Home from the War," *Libraries & Culture*, vol. 39, no. 4, 2004.
10 Patricia Kennedy Grimsted, *Returned from Russia: Nazi Archival Plunder in Western Europe and Recent Restitution Issues*, Builth Wells, Wales: Institute of Art and Law, 2013, p. 291.
11 Grimsted, *Trophies of War and Empire*, p. 403.
12 Tanya Chebotarev and Jared S. Ingersoll (eds.), "Russian and East European Books and Manuscripts in the United States," pp. 114–119, *Proceedings of a Conference in Honor of the Fiftieth Anniversary of the Bakhmeteff Archive of Russia*. New York: Routledge, 2014.
13 Grimsted, *Returned from Russia*, p. 245.
14 上記同書 p. 289.
15 Chebotarev and Ingersoll, "Russian and East European Books and Manuscripts

Depot, 1946-1949: Fulfilling International and Moral Obligations," *Washington Conference on Holocaust Era Assets,* ed. J. D. Bindenagel, Washington, DC: Dept. of State, 1999, pp. 523-528.

27 上記同書

28 上記同書

29 Herman de la Fontaine Verwey, "Bibliotheca Rosenthaliana During the German Occupation," in *Omnia in Eo: Studies on Jewish Books and Libraries in Honor of Adri Offenberg, Celebrating the 125th Anniversary of the Bibliotheca Rosenthaliana in Amsterdam*, Leuven: Peeters, 2006, pp. 70-71.

30 Jaap Kloosterman and Jan Lucassen, "Working for Labour: Three Quarters of a Century of Collecting at the IISH," p. 14, in *Rebels with a Cause*, Amsterdam: Askant, 2010.

31 Patricia Kennedy Grimsted, "The Odyssey of the Petliura Library and the Records of the Ukrainian National Republic During World War II," pp. 181-208, *Cultures and Nations of Central and Eastern Europe in Honor of Roman Szporluk* (ed. Zvi Gitelman), Cambridge, MA: Harvard Ukrainian Research Institute, 2000.

32 Hanna Laskarzewska, *La Bibliotheque Polonaise de Paris: Les Peregrinations de Collections Dans les Annees 1940-1992*, Paris: Bibliothèque Polonaise, 2004.

33 Patricia Kennedy Grimsted, *Returned from Russia: Nazi Archival Plunder in Western Europe and Recent Restitution Issues*, Builth Wells, Wales: Institute of Art and Law, 2013, p. 207.

34 上記同書 p. 206.

35 上記同書

36 上記同書 p. 209.

37 Grimsted, "The Road to Minsk for Western 'Trophy' Books."

38 Michael Dobbs, "Epilogue to a Story of Nazi-Looted Books," *Washington Post*, January 5, 2000.

39 上記同書

40 Sem C. Sutter, "The Lost Jewish Libraries of Vilna and the Frankfurt Institut zur Erforschung der Judenfrage," p. 231, *Lost Libraries* (ed. James Raven), New York: Palgrave Macmillan, 2004.

41 Paul Robert Magocsi, *Historical Atlas of East Central Europe*, Seattle; London: University of Washington Press, 1993, pp. 164-168.

42 上記同書

43 上記同書

44 W. Gelles, "Interview with Historian, and the Author of 'The War Against the Jews' and 'From That Place and Time.' " *Publishers Weekly*, December 5, 1989.

45 Lucy S. Dawidowicz, *From That Place and Time: A Memoir, 1938-1947*, New York: W. W. Norton, 1989, p. 119.

46 Walter Ings Farmer, *The Safekeepers: A Memoir of the Arts at the End of World War II*, Berlin; New York: Walter de Gruyter, 2000, p. 101.

47 Dawidowicz, *From That Place and Time*, p. 316.

48 David E. Fishman, "Embers Plucked from the Fire: The Rescue of Jewish Cultural Treasures from Vilna," pp. 73-74, *The Holocaust and the Book* (ed. Jonathan

2　Andrea Jelinkova, "Books in the Terezín Ghetto and their Post- War Fate," *Judaica Bohemiae*, 2012, pp. 85-107.

3　上記同書

4　Patricia Kennedy Grimsted, "Sudeten Crossroads for Europe's Displaced Books: The Mysterious Twilight of the RSHA Amt VII Library and the Fate of a Million Victims of War," p. 165, *Restitution of Confiscated Art Works: Wish or Reality?*, ed. Mecislav Borak, Prague: Tilia, 2008.

5　上記同書 p. 165.

6　上記同書 pp. 172-174.

7　Lucy Schildkret to Joseph A. Horne, "Subject: Restitutable books in Czechoslovakia," April 19, 1947. Records Concerning the Central Collecting Points（"Ardelia Hall Collection"）: Offenbach Archival Depot, 1946-1951. M1942, Roll 006, p. 101. https://www.fold3.com/image/232161141/.

8　Grimsted, "Sudeten Crossroads for Europe's Displaced Books," p. 175.

9　Frits J. Hoogewoud, "Dutch Jewish Ex Libris Found Among Looted Books in the Offenbach Archival Depot," *Dutch Jews as Perceived by Themselves and by Others: Proceedings of the Eighth International Symposium on the History of the Jews in the Netherlands*, Leiden; Boston: Brill, 2001, p. 254.

10　Michal Bušek et al., *Hope Is on the Next Page: 100 Years of the Jewish Library in Prague*, Jewish Museum, Prague, 2007, p. 63.

11　Grimsted, "Sudeten Crossroads for Europe's Displaced Books," p. 180.

12　Patricia Kennedy Grimsted, *Trophies of War and Empire: The Archival Heritage of Ukraine, World War II, and the International Politics of Restitution*, Cambridge, MA: Harvard University Press, 2001, p. 251.

13　Patricia Kennedy Grimsted, "The Odyssey of the Turgenev Library from Paris, 1 940-2002: Books as Victims and Trophies of War," Amsterdam: IISH, 2003, p. 48.

14　上記同書 pp. 50-51.

15　上記同書 pp. 52-53.

16　上記同書 p. 59.

17　Patricia Kennedy Grimsted, "The Road to Minsk for Western 'Trophy' Books: Twice Plundered but Not Yet Home from the War," *Libraries & Culture,* vol. 39, no. 4, 2004.

18　Patricia Kennedy Grimsted, "Tracing Trophy Books in Russia," *Solanus* 19, 2005, pp. 131-145.

19　上記同書

20　Grimsted, *Trophies of War and Empire*, pp. 259-260.

21　Grimsted, "The Odyssey of the Turgenev Library from Paris, 1940-2002," p. 56

22　上記同書 p.65.

23　Robert Cecil, *The Myth of the Master Race*, London: B. T. Batsford, 1972, p. 214.

24　Alfred Rosenberg, *Grossdeutschland, Traum und Tragödie*, Selbstverlag H. Härtle, 1970, p. 180.

25　Cecil, *The Myth of the Master Race*, pp. 216-217.

26　Seymour J. Pomrenze, "Personal Reminiscences of the Offenbach Archival

18 上記同書

19 Wilhelm Grau, "Die Geschichte des Judenfrage und ihr Erforschung," *Blatter fur deutsche Landesgeschichte* 83, no. 3, 1937, p. 167, quoted in A. Confino, *A World Without Jews*, p. 110.

20 上記同書 p. 194.

21 上記同書 p. 196.

22 上記同書 p. 177.

23 上記同書 p. 241.

24 Chaim Kaplan, *Scroll of Agony: The Warsaw Ghetto Diary of Chaim A. Kaplan*, Trans. Abraham Katsh, New York: Macmillan, 1965, pp. 90-91.

25 上記同書 pp. 399-400.

26 Patricia Kennedy Grimsted, "Sudeten Crossroads for Europe's Displaced Books: The Mysterious Twilight of the RSHA Amt VII Library and the Fate of a Million Victims of War," *Restitution of Confiscated Art Works: Wish or Reality?*, ed. Mecislav Borak, Prague: Tilia, 2008, pp. 160-161.

27 上記同書 p. 142.

28 Katarzyna Leszczyńska, *Hexen und Germanen: Das Interesse des Nationalsozialismus an der Geschichte der Hexenverfolgung*, Bielefeld: Transcript Verlag, 2009, p. 52.

29 Michael David Bailey, *Magic and Superstition in Europe: A Concise History from Antiquity to the Present*, Lanham, MD: Rowman & Littlefield, 2007, pp. 235-237.

30 Leszczyńska, *Hexen und Germanen*, pp. 18-20.

31 Bailey, *Magic and Superstition in Europe*, pp. 235-240.

32 Grimsted, "Sudeten Crossroads for Europe's Displaced Books," pp. 162-163.

33 von Papen- Bodek, " Anti- Jewish Research of the Institut zur Erforschung der Judenfrage in Frankfurt am Main between 1939 and 1945," p. 170.

34 Hans Hagemeyer, "Preparations already made for the International Congress." Nazi Conspiracy and Aggression Vol. IV, Document No. 1752-PS. Avalon Project. Letter dated June 15, 1944. http://avalon.law.yale.edu/imt/1752-ps.asp.

35 上記同書

36 von Papen-Bodek, " Anti-Jewish Research of the Institut zur Erforschung der Judenfrage in Frankfurt am Main between 1939 and 1945," p. 163.

37 上記同書

38 Hagemeyer, "Preparations already made for the International Congress."

39 上記同書

40 Grimsted, "Roads to Ratibor."

41 "The Odyssey of the Turgenev Library from Paris, 1 940-2002," p. 45.

42 Patricia Kennedy Grimsted, "Reconstructing the Record of Nazi Cultural Plunder," IISH Research Paper 47, 2011, p. 427.

43 Violet Brown and Walter Crosby, "Jew Finds Hebrew Collection Nazis Stole in Lie Drive," *Brooklyn Daily Eagle*, April 9, 1945.

第14章：荷馬車一杯の靴

1 Tomas Sniegon, *Vanished History: The Holocaust in Czech and Slovak Historical Culture*, New York: Berghahn Books, 2014, p. 214.

tution," www.lootedart.com/MFVALY48822.
19 上記同書
20 Grimsted, "Roads to Ratibor."
21 Adunka, "The Nazi Looting of Books in Austria and Their Partial Restitution."
22 Alan Riding, *And the Show Went On: Cultural Life in Nazi-O ccupied Paris*, New York: Alfred A. Knopf, 2010.
23 Grimsted, "Roads to Ratibor."

第13章：ユダヤ人不在のユダヤ研究

1 Patricia Kennedy Grimsted, "Roads to Ratibor: Library and Archival Plunder by the Einsatzstab Reichsleiter Rosenberg," *Holocaust Genocide Studies*, no.19, 2005, pp. 390-458.
2 Ernst Piper, "Die Theorie des mörderischen Wahns," *Frankfurter Rundschau*, October 12, 2005.
3 Steven Topik and Kenneth Pomeranz, *The World That Trade Created: Society, Culture and the World Economy, 1400 to the Present*, London; New York: Routledge, 2014, p. 208.
4 Sem C. Sutter, "The Lost Jewish Libraries of Vilna and the Frankfurt Institut zur Erforschung der Judenfrage," p. 222, *Lost Libraries* (ed. James Raven), New York: Palgrave Macmillan, 2004.
5 Patricia Kennedy Grimsted, "The Odyssey of the Turgenev Library from Paris, 1940-2002. Books as Victims and Trophies of War," Amsterdam: IISH, 2003, p. 38.
6 Grimsted, "Roads to Ratibor."
7 Patricia von Papen-Bodek, "Anti-Jewish Research of the Institut zur Erforschung der Judenfrage in Frankfurt am Main between 1939 and 1945," pp. 155-173, *Lessons and Legacies VI: New Currents in Holocaust Research*, Evanston, IL: Northwestern University Press, 2004.
8 上記同書
9 Sutter, "The Lost Jewish Libraries of Vilna and the Frankfurt Institut zur Erforschung der Judenfrage," p. 220.
10 Jan Björn Potthast, *Das judische Zentralmuseum der SS in Prag: Gegnerforschung und Volkermord im Nationalsozialismus*, Frankfurt: Campus Verlag 2002, p. 180.
11 Grimsted, "Roads to Ratibor."
12 上記同書
13 Ardelia Hall Collections, Records Concerning the Central Collecting Points, Offenbach Archival Depot, 1946-1957, National Archives and Records Administration, M1942, Section 1, photos 15-17.
14 上記同書 photo 12.
15 上記同書 photo 13.
16 Alon Confino, *A World Without Jews. The Nazi Imagination from Persecution to Genocide*, New Haven, CT: Yale University Press, 2014, p. 151.
17 von Papen-Bodek, " Anti-Jewish Research of the Institut zur Erforschung der Judenfrage in Frankfurt am Main between 1939 and 1945," pp. 155-173.

50 "Ona Simaite," Shoah Resource Center, the International School for Holocaust Studies, www.yadvashem.org/odot_pdf/Microsoft%20Word%20-%20 6025.pdf.

51 Web, "Operating on Faith: YIVO's Eighty Years."

52 Yitzhak Arad, *In the Shadow of the Red Banner: Soviet Jews in the War Against Nazi Germany*, Jerusalem; New York: Gefen, 2010, p. 205.

53 Joseph Berger, "Abraham Sutzkever, 96, Jewish Poet and Partisan, Dies," *New York Times*, January 23, 2010.

54 Ruth Wisse, "Abraham Sutzkever," *Holocaust Literature: Lerner to Zychlinsky*, London; New York: Routledge, 2003, pp. 1234-1237.

55 Saul Friedländer, *The Years of Extermination: Nazi Germany and the Jews, 1939-1945*, New York: Harper Perennial, 2008, p 633.

56 Fishman, "Embers Plucked from the Fire," p. 73.

第12章：タルムード軍団

1 Luke Harding and Louise Osborne, "Vienna Philharmonic and the Jewish Musicians Who Perished Under Hitler," *Guardian*, March 11, 2013.

2 Michal Bušek et al., *Hope Is on the Next Page: 100 Years of the Jewish Library in Prague*, Prague: Jewish Museum, 2007, p. 37.

3 "Nazi propaganda film about Theresienstadt/Terezín," Steven Spielberg Film and Video Archive, US Holocaust Memorial Museum, Film ID: 140.

4 Robert Skloot, "Staying Ungooselike: The Holocaust and the Theatre of Choice," p. 248, *Jewish Theatre: A Global View*（ed. Edna Nahshon）, Leiden; Boston: Brill, 2009.

5 Bušek et al., *Hope Is on the Next Page*, p. 44.

6 上記同書 pp. 38-39.

7 上記同書 p. 41.

8 上記同書 p. 63.

9 Dov Schidorsky, "Confiscation of Libraries and Assignments to Forced Labor: Two Documents of the Holocaust," *Libraries and Culture*, vol. 33, 1998, pp. 347-388.

10 Patricia Kennedy Grimsted, "Restitution of Confiscated Art Works: Wish or Reality?" Proceedings of the International Academic Conference held in Liberec on October 24-26, 2007, Prague: Tilia, 2008, pp. 144-145.

11 Schidorsky, "Confiscation of Libraries and Assignments to Forced Labor."

12 上記同書

13 上記同書

14 Patricia Kennedy Grimsted, "Roads to Ratibor: Library and Archival Plunder by the Einsatzstab Reichsleiter Rosenberg," *Holocaust Genocide Studies*, vol. 19, no. 3, Winter 2005, pp. 390-458.

15 上記同書

16 Anne Rothfeld, "Returning Looted European Library Collections: An Historical Analysis of the Offenbach Archival Depot, 1945-1948," *RBM: A Journal of Rare Books, Manuscripts, and Cultural Heritage*, vol. 6, no. 1, 2005.

17 Grimsted, "Roads to Ratibor."

18 Evelyn Adunka, "The Nazi Looting of Books in Austria and Their Partial Resti-

22 Kazimierz Moczarski, *Conversations with an Executioner*, Englewood Cliffs, NJ: P rentice-H all, 1984, p. 164.

23 Hugh Trevor-Roper and Gerhard L. Weinberg (eds.), *Hitler's Table Talk 1941–1944: Secret Conversations*, New York: Enigma Books, 2013, p. 27.

24 Norman Davies, *Europe at War 1939-1945: No Simple Victory*, London: Pan Macmillan, 2008, p. 306.

25 Patricia Kennedy Grimsted, "Reconstructing the Record of Nazi Cultural Plunder," Amsterdam: IISH, 2011, p. 33.

26 Patricia Kennedy Grimsted, "Roads to Ratibor: Library and Archival Plunder by the Einsatzstab Reichsleiter Rosenberg," *Holocaust Genocide Studies*, no. 19, 2005.

27 Grimsted, "Reconstructing the Record of Nazi Cultural Plunder," p. 23.

28 Yitzhak Arad, *The Holocaust in the Soviet Union*, Lincoln: University of Nebraska Press, 2009, pp. 413-414.

29 Leonidas E. Hill, "The Nazi Attack on 'Un-German' Literature, 1933-1945," p. 31, *The Holocaust and the Book* (ed. Jonathan Rose), Amherst: University of Massachusetts Press, 2001.

30 Patricia Kennedy Grimsted, "Roads to Ratibor."

31 上記同書

32 Grimsted, "Reconstructing the Record of Nazi Cultural Plunder," p. 23.

33 Hill, "The Nazi Attack on 'Un-German' Literature, 1933-1945," p. 32.

34 Jörg Ganzenmüller, "Blockade Leningrads: Hunger als Waffe," Zeit Online, July 18, 2011. http:www.zeit.de/zeit-geschichte/2011/02/Kriegsziele-General plan-Ost.

35 Hill, "The Nazi Attack on 'Un-German' Literature, 1933-1945," p. 31.

36 Hirsz Abramowicz, "Khaykl Lunski," pp. 260-264, *Profiles of a Lost World: Memoirs of East European Jewish Life Before World War II*, Detroit: Wayne State University Press, 1999.

37 上記同書

38 Joseph H. Prouser, *Noble Soul: The Life and Legend of the Vilna Ger Tzedek Count Walenty Potocki*, Piscataway, NJ: Gorgias Press LLC, 2005, pp. 1-3.

39 Fishman, "Embers Plucked from the Fire," p. 68.

40 上記同書

41 Yitskhok Rudashevski, *Diary of the Vilna Ghetto*, Washington, DC: United States Holocaust Memorial Council, 1991, pp. 77-78.

42 Herman Kruk, "The Ghetto and the Readers," pp. 192-197, *The Holocaust and the Book* (ed. Jonathan Rose), Amherst: University of Massachusetts Press, 2001.

43 Fishman, "Embers Plucked from the Fire," p. 69.

44 上記同書

45 上記同書

46 Web, "Operating on Faith: YIVO's Eighty Years."

47 Joseph Berger, "Yiddish Poet Celebrates Life with his Language," *New York Times*, March 17, 1985.

48 Fishman, "Embers Plucked from the Fire," p. 71.

49 上記同書

第11章：製紙工場は本の墓地

1 David E. Fishman, "Embers Plucked from the Fire: The Rescue of Jewish Cultural Treasures from Vilna," p. 69, *The Holocaust and the Book* (ed. Jonathan Rose), Amherst: University of Massachusetts Press, 2001.

2 上記同書 pp. 66-67.

3 Shivaun Woolfson, *Holocaust Legacy in Post-Soviet Lithuania: People, Places and Objects*, London: Bloomsbury, 2014, p. 34.

4 Susanne Marten-Finnis, *Vilna as a Centre of the Modern Jewish Press, 1840–1928: Aspirations, Challenges, and Progress*, Oxford; New York: Peter Lang, 2014, pp. 59-60.

5 Cecile Esther Kuznitz, "YIVO," *The YIVO Encyclopedia of Jews in Eastern Europe*, YIVO Institute for Jewish Research. http://www.yivoencyclopedia.org/article.aspx/YIVO.

6 Cecile Esther Kuznitz, *The Origins of Yiddish Scholarship and the YIVO Institute for Jewish Research*, Ph.D. diss., Stanford University, 2000, quoted in Marek Web, "Operating on Faith: YIVO's Eighty Years." *Yedies*, no. 199, 2005.

7 "Special Masters for Holocaust Victims Assets Litigation," YIVO, 2005.

8 Carl J. Rheins, "Recovering YIVO's Stolen Art Collection," *YIVO News,* no. 191, 2000-2001.

9 Albert Einstein, "Letter of support for the YIVO Institute by Albert Einstein," April 8, 1929, YIVO digital archive, Document no: RG 82/yarg82f2243d002.

10 Avraham Novershtern, "Reyzen, Zalmen," *The YIVO Encyclopedia of Jews in Eastern Europe*, YIVO Institute for Jewish Research. http://www.yivoencyclope dia.org/article.aspx/Reyzen-Zalmen.

11 Sem C. Sutter, "Polish Books in Exile: Cultural Booty Across Two Continents, Through Two Wars," p. 149, *The Holocaust and the Book* (ed. Jonathan Rose), Amherst: University of Massachusetts Press, 2001.

12 Maria Wardzyńska, *Był rok 1939. Operacja niemieckiej policji bezpieczeństwa w Polsce.Intelligenzaktion*, Institute of National Remembrance, 2009.

13 Sutter, "Polish Books in Exile," p. 149.

14 Hans van der Hoeven and Joan van Albada, "Memory of the World: Lost Memory: Libraries and Archives Destroyed in the Twentieth Century," UNESCO, 1996.

15 Sutter, "Polish Books in Exile," p. 149.

16 Joanna Pasztaleniec-Jarzyńska and Halina Tchórzewska-Kabata, *The National Library in Warsaw: Tradition and the Present Day*, Warsaw: Biblioteka Narodowa, 2000, p. 9.

17 Marek Sroka, "The Destruction of Jewish Libraries and Archives in Cracow During World War II," *Libraries and Cultures,* vol. 38, no. 2, 2003.

18 Rebecca Knuth, *Libricide: The Regime-Sponsored Destruction of Books and Libraries in the Twentieth Century*, Leiden; Boston: Praeger, 2003, p. 84.

19 Sroka, "The Destruction of Jewish Libraries and Archives in Cracow During World War II."

20 上記同書

21 Knuth, *Libricide*, p. 84.

第10章：民族の破片

1 Mark Mazower, *Salonica, City of Ghosts: Christians, Muslims and Jews 1430–1950*, New York: Vintage Books, 2006, p. 398.

2 Leon Saltiel, "Dehumanizing the Dead: The Destruction of Thessaloniki's Jewish Cemetery in the Light of New Sources," *Yad Vashem Studies*, vol. 42, no. 1, 2014, pp. 11–46.

3 上記同書

4 Mazower, *Salonica, City of Ghosts*, p. 398.

5 Saltiel, "Dehumanizing the Dead," pp. 11–46.

6 Mazower, *Salonica, City of Ghosts*, p. 398.

7 上記同書 p. 50.

8 Gilles Veinstein, *Salonique 1850–1918: La "ville des Juifs" et le reveil des Balkans*, Paris: Editions Autrement, 1992, pp. 42–45.

9 Mazower, *Salonica, City of Ghosts*, p. 48.

10 上記同書 pp. 36–54.

11 Yitzchak Kerem, "The Confiscation of Jewish Books in Salonika in the Holocaust," p. 60, *The Holocaust and the Book*（ed. Jonathan Rose）, Amherst: University of Massachusetts Press, 2001.

12 Leah Aini, "No Other Jews Like Them," *Haaretz*, August 12, 2010.

13 Mazower, *Salonica, City of Ghosts*, p. 298.

14 上記同書 pp. 298–301.

15 Kerem, "The Confiscation of Jewish Books in Salonika in the Holocaust," p. 300.

16 Mazower, *Salonica, City of Ghosts*, p. 60.

17 Vilma Hastaoglou-Martinidis and Rena Molho, *Jewish Sites in Thessaloniki: Brief History and Guide*, Athens: Lacabettus Press, 2009, p. 18.

18 Kerem, "The Confiscation of Jewish Books in Salonika in the Holocaust," p. 59.

19 Aini, "No Other Jews Like Them," *Haaretz*, August 12, 2010.

20 Kerem, "The Confiscation of Jewish Books in Salonika in the Holocaust," p. 60.

21 Mazower, *Salonica, City of Ghosts*, p. 394.

22 Kerem, "The Confiscation of Jewish Books in Salonika in the Holocaust," p. 62.

23 上記同書

24 Mazower, *Salonica, City of Ghosts*, p. 400.

25 Steven Bowman（ed.）, *The Holocaust in Salonika: Eyewitness Accounts*, New York: Bloch, 2002 p. 160.

26 Paul Isaac Hagouel, *History of the Jews of Thessaloniki and the Holocaust*, West Chester: University of Pennsylvania Press, 2006, p. 17.

27 Bowman, *The Holocaust in Salonika*, p. 166.

28 Steven Bowman, *The Agony of Greek Jews, 1940–1945*, Stanford University Press, 2009, pp. 104–108.

29 Primo Levi, *If This Is a Man*, New York: The Orion Press, 1959, p. 80.

30 Braha Rivlin, "Retorno del Inferno," *Aki Yerushalayim*, no. 49–50, 1995.

31 Kerem, "The Confiscation of Jewish Books in Salonika in the Holocaust," p. 63.

2 Male circumcision.

3 Stanislao G. Pugliese, "The Book of the Roman Ghetto under the Nazi Occupation," p. 52, *The Holocaust and the Book* (ed. Jonathan Rose), Amherst: University of Massachusetts Press, 2001.

4 Zvi Ben-Dor Benite, *The Ten Lost Tribes: A World History*, Oxford University Press, 2009, pp. 17-18.

5 Salah Asher, "A Matter of Quotation," pp. 170-78, *The Italia Judaica Jubilee Conference* (eds. Shlomo Simonsohn, et al.), Leiden; Boston: Brill, 2012.

6 Jacob D'Ancona, *The City of Light*, New York: Citadel, 2003, pp. 23-24.

7 Matthew Fishburn, *Burning Books*, New York: Palgrave Macmillan, 2008, p. 4.

8 Kenneth R. Stow, "The Burning of the Talmud in 1553, in the Light of Sixteenth Century Catholic Attitudes Toward the Talmud," *Bibliothèque d'Humanisme et Renaissance* 34, 1972, pp. 435-439.

9 David Berger, "Cum Nimis Absurdum and the Conversion of the Jews," *Jewish Quarterly Review*, pp. 41-49. New Series 70, 1979.

10 Kenneth R. Stow, *Popes, Church, and Jews in the Middle Ages: Confrontation and Response*, Aldershot, England: Ashgate, 2007, p. 51.

11 Pugliese, "The Book of the Roman Ghetto Under the Nazi Occupation," p. 51.

12 Seth Jerchower, "Judeo-Italian." The Jewish Language Research Website, Bar-Ilan University. http://www.jewish-languages.org/judes-italian.html.

13 Pugliese, "The Book of the Roman Ghetto Under the Nazi Occupation," p. 52.

14 Robert Katz, *Black Sabbath: A Journey Through a Crime Against Humanity*, London: Arthur Barker, 1969, p. 120.

15 Commission for recovery of the bibliographic patrimony of the Jewish Community of Rome stolen in 1943, *Report on the Activities of the Commission for Recovery of the Bibliographic Patrimony of the Jewish Community of Rome Stolen in 1943.* Translated by Lenore Rosenberg. Governo Italiano, 2009. p. 15. http://presidenza.governo.it/USRI/confessioni/doc/rapporto_finale_eng.pdf.

16 Pugliese, "The Book of the Roman Ghetto Under the Nazi Occupation," p. 48.

17 Susan Zuccotti, *The Italians and the Holocaust: Persecution, Rescue, and Survival*, Lincoln: University of Nebraska Press, 1987, p. 33.

18 Michele Sarfatti and Anne C. Tedeschi, *The Jews in Mussolini's Italy: From Equality to Persecution*, Madison: University of Wisconsin Press, 2006, p. 179.

19 上記同書 pp. 186-187.

20 Pugliese, "The Book of the Roman Ghetto Under the Nazi Occupation," p. 52.

21 *Report on the Activities of the Commission for Recovery of the Bibliographic Patrimony of the Jewish Community of Rome Stolen in 1943*, p. 30.

22 Pugliese, "The Book of the Roman Ghetto Under the Nazi Occupation," p. 52.

23 上記同書 p. 52.

24 Robert G. Weisbord and Wallace P. Sillanpoa, *The Chief Rabbi, the Pope, and the Holocaust: An Era in Vatican-Jewish Relations*, New Brunswick, NJ: Transaction, 2011, pp. 61-66.

25 Joshua D. Zimmerman, *Jews in Italy Under Fascist and Nazi Rule, 1922-1945*, Cambridge University Press, 2005, p. 231.

Regime, New York: Arcade, 2003, pp. 148-149.
8 James Cowan, "Sebald's Austerlitz and the Great Library," in W. G. Sebald: *Schreiben ex patria* (ed. Gerhard Fischer), Amsterdam: Rodopi, 2009.
9 Rebecca Knuth, *Libricide: The Regime-Sponsored Destruction of Books and Libraries in the Twentieth Century*, Westport, CT: Praeger, 2003, pp. 92-93.
10 Sutter, "The Lost Jewish Libraries of Vilna and the Frankfurt Institut zur Erforschung der Judenfrage," p. 222.
11 Patricia Kennedy Grimsted,"Reconstructing the Record of Nazi Cultural Plunder," Amsterdam: IISH, 2011, p. 30.
12 John Glad, *Conversations in Exile: Russian Writers Abroad*, Durham, NC: Duke University Press Books, 1992, pp. 271-273.
13 Robert Service, *Lenin: A Biography*, London: Pan, 2010, p. 189.
14 Patricia Kennedy Grimsted, "The Odyssey of the Turgenev Library from Paris, 1940-2002. Books as Victims and Trophies of War," Amsterdam: IISH, 2003, p. 24.
15 Avraham Greenbaum, "Bibliographical Essay," p. 381, in *Pogroms: Anti-Jewish Violence in Modern Russian History*. Cambridge University Press, 2004.
16 Patricia Kennedy Grimsted,"The Odyssey of the Petliura Library and the Records of the Ukrainian National Republic During World War II." Text from *Cultures and Nations of Central and Eastern Europe in Honor of Roman Szporluk* (ed. Zvi Gitelman), Cambridge, MA: Harvard Ukrainian Research Institute, 2000, pp. 181-208.
17 Nina Berberova, "The Disappearance of the Turgenev Library," trans. Patsy Southgate, *Grand Street,* no. 41, 1992, pp. 94-101.
18 上記同書
19 Grimsted, "The Odyssey of the Turgenev Library from Paris, 1940-2002," pp. 36-37.
20 Hanna Laskarzewska, *La Bibliothèque Polonaise de Paris: Les Peregrinations de Collections dans les Annees 1940-1992*, Paris: Bibliothèque Polonaise, 2004.
21 Sem C. Sutter, "Polish Books in Exile: Cultural Booty Across Two Continents, Through Two Wars," pp. 144-145, *The Holocaust and the Book* (ed. Jonathan Rose), Amherst: University of Massachusetts Press, 2001.
22 上記同書 pp. 144-147.
23 上記同書 p. 148
24 Laskarzewska, *La Bibliotheque Polonaise de Paris*.
25 上記同書
26 Astrid Eckert, *The Struggle for the Files: The Western Allies and the Return of German Archives After the Second World War,* Cambridge University Press, pp. 99-100.
27 Grimsted, "The Odyssey of the Petliura Library and the Records of the Ukrainian National Republic During World War II," pp. 181-208.
28 Grimsted, "The Odyssey of the Turgenev Library from Paris, 1940-2002," pp. 38-34.

第９章：蔵書の消失

1 Wayne A.Wiegand and Donald G. Davis Jr., *Encyclopedia of Library History*, New York: Routledge, 2015, p. 323.

8　上記同書

9　上記同書

10　Leo XIII, "The Letter 'Humanum Genus' of the Pope, Leo XIII, against Free-Masonry and the Spirit of the Age, April 20, 1884." Trans. Albert Pike. Charleston: Grand Orient of Charleston, 1884.

11　*Holocaust Encyclopedia*, "Freemasonry," United States Holocaust Memorial Museum, 2014, www.ushmm.org/wlc/en/article.php?ModuleId-10007186.

12　Koppen, *The Conspiracy of Freemasons, Jews and Communists.*

13　Alfred Rosenberg, *The Myth of the Twentieth Century*, CreateSpace Independent Publishing Platform, 2011, p. 116.

14　Thomas, *Compass, Square and Swastika*, p. 134.

15　Bessel, "Bigotry and the Murder of Freemasonry."

16　Thomas, *Compass, Square and Swastika*, p. 134.

17　István Fodor, et al.（eds.）, *Spoils of War*, No. 3. Bremeb: Koordinierungsstelle der Länder für die Rückführung von Kulturgütern beim Senator für Bildung, Wissenschaft, Kunst und Sport, No. 3, 1996.

18　Patricia Kennedy Grimsted,"Reconstructing the Record of Nazi Cultural Plunder," p. 27.

19　Fodor et al., *Spoils of War*, p. 18.

20　Cultural Masonic Centre Prins Fredrik: Archives, Library and Museum of the Grand East of the Netherlands, p. 6.

21　Irvine Wiest, "Freemasonry and the Nuremberg Trials. A Study in Nazi Persecution." Paper presented at at the Fifteenth Annual Consistory of the Society of Blue Friars, Washington, DC, February 1959.

22　上記同書

23　上記同書

第８章：レーニンがここにいた

1　Jean-Marc Dreyfus and Sarah Gensburger, *Nazi Labour Camps in Paris: Austerlitz, Levitan, Bassano, July 1943-August 1944,* New York: Berghahn Books, 2011, pp. 9-11.

2　上記同書

3　Sem C. Sutter, "The Lost Jewish Libraries of Vilna and the Frankfurt Institut zur Erforschung der Judenfrage," p. 221, in *Lost Libraries*（ed. James Raven）. New York: Palgrave Macmillan, 2004.

4　Patricia Kennedy Grimsted, "The Road to Minsk for Western 'Trophy' Books: Twice Plundered but Not Yet Home from the War," *Libraries & Culture,* vol. 39, no. 4, 2004.

5　Gilles Rozier, "The Bibliothèque Medem: Eighty Years Serving Yiddish Culture," *Judaica Librarianship*, 2004, pp. 4-15.

6　E. Leonidas Hill, "The Nazi Attack on 'Un-German' Literature, 1933-1945," p. 31, *The Holocaust and the Book*（ed. Jonathan Rose）, Amherst: University of Massachusetts Press, 2001.

7　Michael Curtis, *Verdict on Vichy: Power and Prejudice in the Vichy France*

der," Amsterdam: IISH, 2011, p. 30.
11 Kloosterman and Lucassen, *Working for Labour: Three Quarters of a Century of Collecting at the IISH*, p. 14.
12 Matthew Battles, *Library: An Unquiet History*, New York; London: Norton, 2003, p. 64.
13 Meyuhas Alisa Ginio, *Jews, Christians, and Muslims in the Mediterranean World After 1492*, London; New York: Routledge, 1992, p. 8.
14 Frits J. Hoogewoud, "The Looting of a Private and a Public Library of Judaica and Hebraica in Amsterdam During World War II. The Cases of Ets Haim/Livraria Montezinos and Bibliotheca Rosenthaliana,"in *Jewish Studies in a New Europe*, Copenhagen: C.A. Reitel A/S International Publishers, 1998, pp. 379-390.
15 上記同書
16 上記同書
17 Alan E. Steinweis, *Studying the Jew: Scholarly Antisemitism in Nazi Germany*, Cambridge, MA: Harvard University Press, 2009, pp. 115-116.
18 Frits J. Hoogewoud, *Dutch Jewish Ex Libris Found Among Looted Books in the Offenbach Archival Depot*（1946）. Leiden; Boston: Brill, 1998.
19 Grimsted,"Reconstructing the Record of Nazi Cultural Plunder," p. 253.
20 E. Leonidas Hill: "The Nazi Attack on 'Un-German' Literature, 1 933-1 945," p. 30, in *The Holocaust and the Book*, Amherst: University of Massachusetts Press, 2001.
21 Frits J. Hoogewoud, "Omnia in Eo: Studies on Jewish Books and Libraries in Honour of Adri Offenberg Celebrating the 125th Anniversary of the Bibliotheca Rosenthaliana in Amsterdam," pp. 50-51.
22 *Holocaust Encyclopedia*, "Westerbork," United States Holocaust Memorial Museum, 2014, www.ushmm.org/wlc/en/article.php?ModuleId-10005217.
23 Hoogewoud, "Omnia in Eo," p. 56.
24 Levie Jehuda（Louis）Hirschel: www.dutchjewry.org.

第７章：フリーメイソンの秘密の追跡

1 Christopher Campbell Thomas, "Compass, Square and Swastika: Freemasonry in the Third Reich," thesis, Texas A&M, 2011, p. 55.
2 Paul M. Bessel, "Bigotry and the Murder of Freemasonry," www.bessel.org/naziartI.htm.
3 *Holocaust Encyclopedia*, "Freemasonry Under the Nazi Regime," United States Holocaust Memorial Museum, 2014, www.ushmm.org/wlc/en/article/php?ModuleId-10007187.
4 Wendy Lower, *Hitler's Furies: German Women in the Nazi Killing Fields*, Boston: Houghton Mifflin Harcourt, 2013, p. 34.
5 Jimmy Koppen, "The Conspiracy of Freemasons, Jews and Communists: An Analysis of the French and German Nationalist Discourse（1918-1940）," thesis, Free University, Brussels, 2009.
6 Jimmy Koppen, "The Anti-Masonic Writings of General Erich Ludendorff," thesis, Free University, Brussels, 2010.
7 上記同書

19 Rosenberg, *The Myth of the Twentieth Century*, p. 66.
20 上記同書 p. 201.
21 上記同書 p. 15.
22 上記同書 p. 381.
23 Alfred Rosenberg, *Gestaltung der Idee*, Munich: Zentralverlag der NSDAP, 1943, p. 53.
24 Rosenberg, *The Myth of the Twentieth Century*, p. 4.
25 Kristie Macrakis, *Surviving the Swastika: Scientific Research in Nazi Germany*, Oxford University Press, 1993, p. 79.
26 Philipp Lenard, "Great Men of Science," p. 105, *Physics and National Socialism: An Anthology of Primary Sources*, Basel: Birkhäuser, 1996.
27 Macrakis, *Surviving the Swastika*, p. 75.
28 Cecil, *The Myth of the Master Race*, p. 128.
29 上記同書 p. 154.
30 Franz Albert Heinen, *The Ordensburg Vogelsang*, Berlin: Christoph Links Verlag, 2014, p. 17.
31 Frank H. W. Edler, "Alfred Baeumler on Hölderlin and the Greeks: Reflections on the H eidegger-B aeumler Relationship," *Janushead*, vol. 1, no. 3, 1999, part 1.
32 上記同書 vol. 2, no. 2, 1999, part 12.
33 Simon Gerd, *Chronologie Hohe Schule der NSDAP*, Universität Tübingen, 2008.

第 6 章：イスラエルの苦難への慰撫

1 Jonathan Israel, *Conflicts of Empires: Spain, the Low Countries and the Struggle for World Supremacy*, New York: Bloomsbury Academic, 2003, p. 324.
2 Brian Pearce and A. D. Lublinskaya, *French Absolutism: The Crucial Phase, 1620–1629*, Cambridge University Press, 2008, p. 118.
3 Harm Den Boer, "Amsterdam as Locus of Iberian Printing in the Seventeenth and Eighteenth Centuries," p. 87, in *The Dutch Intersection: The Jews and the Netherlands in Modern History*（ed. Yosef Kaplan）, Leiden; Boston: Brill, 2008.
4 K. Adri Offenberg（ed.）, *Bibliotheca Rosenthaliana: Treasures of Jewish Booklore*, Amsterdam University Press, 2009, pp. 4–20.
5 J. Frits Hoogewoud, "An Introduction to H. de la Fontaine Verwey's Bibliotheca Rosenthaliana During the German Occupation," *Omnia in Eo: Studies on Jewish Books and Libraries in Honor of Adri Offenberg Celebrating the 125th Anniversary of the Bibliotheca Rosenthaliana in Amsterdam*, Leuven, Belgium: Peeters, 2006, p. 55.
6 Jaap Kloosterman and Jan Lucassen, "Working for Labour: Three Quarters of a Century of Collecting at the IISH," in *Rebels with a Cause: Five Centuries of Social History Collected by International Institute of Social History*, Amsterdam: Aksant, 2010, p. 17.
7 Simon Gerd, *Chronologie Hohe Schule der NSDAP*, Universität Tübingen, 2008.
8 上記同書
9 Michael Curtis, *Verdict on Vichy: Power and Prejudice in the Vichy France Regime*, New York: Arcade, 2003, p. 149.
10 Patricia Kennedy Grimsted, "Reconstructing the Record of Nazi Cultural Plun-

7　Schroeder, “Bücherraub,” pp. 316–324.

8　Michael Berenbaum, *The World Must Know,* Baltimore: Johns Hopkins University Press, 2009, p. 49.

9　Alan Confino, *A World Without Jews: The Nazi Imagination from Persecution to Genocide,* New Haven, CT: Yale University Press, 2014, pp. 115–117.

10　Patricia Kennedy Grimsted, “Restitution of Confiscated Art Works: Wish or Reality?” Proceedings of the International Academic Conference held in Liberec on October 24–26, 2007, Tilia, 2008, p. 131.

11　Schroeder, “Bücherraub,” pp. 316–324.

12　Grimsted, “Restitution of Confiscated Art Works: Wish or Reality?” p. 128.

13　上記同書 p. 132.

14　上記同書 p. 144.

第５章　エルサレムと闘う戦士

1　“Models for a Nazi party school on the Chiemsee and for buildings on the Adolf Hitler-Platz in Weimar,” c. 1939, Prints and Photographs Division, LOT 8613（G）[P&P], Library of Congress, Washington, DC. https://www.loc.gov/item/2005683331/.

2　Nuremberg Trial Proceedings, vol. 7, February 6, 1946. The Avalon Project.

3　Ingemar Karlsson and Arne Ruth, *Samhallet som teater,* Stockholm: Liber, 1983, p. 82.

4　Jan-Pieter Barbian, *The Politics of Literature in Nazi Germany: Books in the Media Dictatorship*, Bloomsbury Academic, 2013, p. 117.

5　Joachim Fest, *The Face of the Third Reich*, New York: Pantheon Books, 1970, p. 163.

6　Alfred Rosenberg, *Pest in Russland*, Munich: Franz Eher, 1938, p. 16.

7　Robert Cecil, *The Myth of the Master Race*, London: B. T. Batsford, 1972, p. 17.

8　Alfred Rosenberg, *The Myth of the Twentieth Century*, CreateSpace Independent Publishing Platform, 2011, p. 65.

9　Karlsson and Ruth, *Samhallet som teater*, p. 90.

10　上記同書 p. 93.

11　Cecil, *The Myth of the Master Race*, p. 17.

12　上記同書 pp. 20–24.

13　Alfred Rosenberg, *Dietrich Eckart: Ein Vermaechtnis*, Munich: Franz Eher, 1928, p. 45.

14　Albert Speer, *Inside the Third Reich*, London: Orion Books, 1970, p. 96.

15　Ernst Piper, *Alfred Rosenberg: Hitlers Chefideologe*, Munich: Karl Blessing Verlag, 2005.

16　Volker Ullrich, *Adolf Hitler: Die Jahre des Aufstiegs*, Frankfurt: Fischer Verlag, 2013.

17　Adolf Hitler, *Mein Kampf D. 1, En uppgorelse,* trans. Anders Qviding, Stockholm: Hägglunds förlag, 2010, p. 322.

18　*Holocaust Encyclopedia*, “Protocols of the Elders of Zion,” United States Holocaust Memorial Museum, 2014, www.ushmm.org/wlc/en/article.php? ModuleId -10007058.

6　Johann Gottlieb Fichte, *Fichte: Addresses to the German Nation*, Cambridge University Press, 2009, p. 10.

7　Paul Zanker, *The Mask of Socrates: The Image of the Intellectual in Antiquity*, Berkeley: University of California Press, 1996, p. 4.

8　Wolf Lepenies, *The Seduction of Culture in German History*, Princeton University Press, 2006, p. 157.

9　Peter Gay, *Weimarkulturen 1918-1933*, trans. Per Lennart Mansson, Nova, Sweden: Nya Doxa, 2003, pp. 22-23.

10　上記同書 p. 24.

11　Ingemar Karlsson and Arne Ruth, *Samhallet som teater*, Stockholm: Liber, 1983, p. 56.

12　Karl-Heinz Schoeps, *Literature and Film in the Third Reich*, Rochester, NY: Camden House, 2003, pp. 3-6.

13　Manfred Görtemaker, *Thomas Mann und die Politik*, Frankfurt: Fischer Verlag, 2005, p. 51.

14　E. Alan Steinweis, "Weimar Culture and the Rise of National Socialism," *Central European History*, vol. 24, no. 4, Cambridge University Press, 1991, pp. 402-14.

15　W. Daniel Wilson, "Goethe and the Nazis," *Times Literary Supplement*, March 14, 2014.

16　上記同書

17　Inez Hedges, *Framing Faust: Twentieth-Century Cultural Struggles*, Carbondale: Southern Illinois University Press, 2009, p. 73.

18　Wilson, "Goethe and the Nazis."

19　Jürgen Weber, "... because Herr Goldschmidt is a Jew of course." *Arsprototo*, issue 1 (2013). http://www.kulturstiftung.de/category/arsprototo/jahrgang-2013/ausgabe-12013/

20　上記同書

21　上記同書

22　The Anna Amalia Library's predecessor before the war was the Central Library of German Classical Literature.

第 4 章：ヒムラーの蒐書

1　Hermann Kurzke, *Thomas Mann: Life as a Work of Art: A Biography*, Princeton University Press, 2001, p. 364.

2　Chris McNab, *The SS, 1923-1945: The Essential Facts and Figures for Himmler's Stormtroopers*, London: Amber Books, 2009, p. 18.

3　Roderick Stackelberg, *Hitler's Germany: Origins, Interpretations, Legacies*, London; New York: Routledge, 1999, p. 116.

4　Werner Schroeder, "Bücherraub. Strukturen des Bücherraubs: Die Bibliotheken des Reichssicherheitshauptamtes (RSHA), ihr Aufbau und ihr Verbleib," *Zeitschrift für Bibliothekswesen und Bibliographie* vol. 51, 2004, pp. 316-324.

5　上記同書 p. 316.

6　Jan-Pieter Barbian, *The Politics of Literature in Nazi Germany: Books in the Media Dictatorship*, New York: Bloomsbury Academic, 2013, p. 112.

East' or The United Europe?, Proceedings of an international academic conference held in Poděbrady on October 8-9, 2013, ed. Mečislav Borák. https://socialhistory.org/sites/default/files/docs/grimsted-podebradyessay13.pdf. Documentation Centre for Property Transfers of Cultural Assets of WWII Victims, Prague, 2014. pp. 92-102.

4 Melonie Magruder, "A Holocaust Survivor's Childhood Book Comes Home," *Malibu Times*, July 22, 2009.

5 Michael Sontheimer, "Retracing the Nazi Book Theft: German Libraries Hold Thousands of Looted Volumes," *Der Spiegel*, October 24, 2008. http://www.spiegel.de/international/germany/retracing-the-nazi-book-theft-german-libraries-hold-thousands-of- looted-volumes-a-586379-2.html.

6 Heike Pudler and Michaela Scheibe, "Provenienzforschung/-erschließung an der Staatsbibliothek zu Berlin," *Bibliothek Forschung und Praxis*, vol. 34, April 2010, pp. 51-56.

7 Cornelia Briel, *Beschlagnahmt, erpresst, erbeutet. NS–Raubgut, Reichstauschstelle und Preusische Staatsbibliothek zwischen 1933 und 1945*, Berlin: Akademie Verlag, 2013.

8 Rebecca Knuth, *Libricide: The Regime–Sponsored Destruction of Books and Libraries in the Twentieth Century*, Westport, CT: Praeger, 2003, p. 99.

9 Briel, *Beschlagnahmt, erpresst, erbeutet.*

10 Sontheimer, "Retracing the Nazi Book Theft."

11 Regine Dehnel, "Perpetrators, Victims, and Art: The National Socialists' Campaign of Pillage," *Eurozine*, September 26, 2007. http://www.eurozine.com/articles/2007-09-26-dehnel-en.html.

12 Knuth, *Libricide*, p. 99.

13 上記同書

14 Michael Dobbs, "Epilogue to a Story of Nazi-L ooted Books; Library of Congress Trove of War Propaganda Included Many Stolen Jewish Works," *Washington Post*, January 5, 2000.

15 Sontheimer, "Retracing the Nazi Book Theft."

第３章：ゲーテの槲《かしわ》

1 White House, Office of the Press Secretary, "Remarks by President Obama, German Chancellor Merkel, and Elie Wiesel at Buchenwald Concentration Camp," June 5, 2009. https://www.whitehouse.gov/the-press-office/remarks-president-obama-german-chancellor-merkel-and-elie-wiesel-buchenwald-concent.

2 David A. Hackett（ed.）, *Der Buchenwald– Report: Bericht uber das Konzentrationslager Buchenwald bei Weimar,* Munich: C. H. Beck, 2010, p. 188.

3 Klaus Neumann, *Shifting Memories: The Nazi Past in the New Germany*, Ann Arbor: University of Michigan Press, 2000, p. 179.

4 Ernst Wiechert, *I dodens skog,* trans. Irma Nordvang, pp. 119-120. Stockholm: Wahlström & Widstrand, 1946.

5 Prisoner no. 4935, "Über die Goethe-Eiche im Lager Buchenwald." *Neue Zürcher Zeitung*, November 4, 2006. http://www.nzz.ch/articleEMAWX-1.73138.

参考文献

第１章：世界を焼き尽くす炎

1 Todd Kontje, *The Cambridge Introduction to Thomas Mann*, Cambridge University Press, 2011, pp. 73-74.

2 E. Leonidas Hill, "The Nazi Attack on 'Un-German' Literature, 1933-1945," p. 12, in *The Holocaust and the Book* (ed. Jonathan Rose), Amherst: University of Massachusetts Press, 2001.

3 *Völkischer Beobachter*, April 14, 1933.

4 Hill, "The Nazi Attack on 'Un-German' Literature, 1933-1945," p. 14.

5 Rebecca Knuth, *Libricide: The Regime-Sponsored Destruction of Books and Libraries in the Twentieth Century*, Westport, CT: Praeger, 2003, p. 97.

6 Hill, "The Nazi Attack on 'Un-German' Literature, 1933-1945," p. 14.

7 Jan-Pieter Barbian, *The Politics of Literature in Nazi Germany: Books in the Media Dictatorship*, New York: Bloomsbury Academic, 2013, p. 169.

8 Jay Worthington, "Mein Royalties," *Cabinet* issue 10, 2003. http://www.cabinetmagazine.org/issues/10/mein_royalties.php.

9 Hill, "The Nazi Attack on 'Un-German' Literature, 1933-1945," p. 16.

10 Joseph Goebbels, *Völkischer Beobachter*, May 12, 1933.

11 Stefan Zweig, *Varlden av i gar,* trans. Hugo Hultenberg, Stockholm: Ersatz, 2011, p. 395.

12 Guy Stern, "The Burning of the Books in Nazi Germany, 1933: The American Response," *Simon Wiesenthal Annual,* vol. 2, ch. 5.

13 *Holocaust Encyclopedia*, "Immediate American Responses to the Nazi Book Burnings," https://www.ushmm.org/wlc/en/article.php?ModuleId=10007169, United States Holocaust Memorial Museum, 2014.

14 Christoph Daxelmüller, "Nazi Concept of Culture and the Erasure of Jewish Folklore," p. 79, *The Nazification of an Academic Discipline: Folklore in the Third Reich*, Bloomington: University of Indiana Press, 1994.

第２章：ベルリン市立図書館の亡霊たち

1 Rudi Joelsohn, memorial book. https://www.bundesarchiv.de/gedenkbuch/intro.html.en.

2 Akt nummer 512-515 och 515/1. Inventarienummer C Rep. 120. Landesarchiv, Berlin.

3 Sebastian Finsterwalder and Peter Prölls, "Tracing the Rightful Owners: Nazi-Looted Books in the Central and Regional Library of Berlin," in *'The West' Versus 'The*

ワ行

ヤ行

マ行

ナ行

ハ行

タ行

カ行

索　引

ア行

訳者略歴

北條文緒（ほうじょう・ふみお）

1935年東京に生まれる。東京女子大学文学部英米文学科卒業。一橋大学大学院社会学研究科修士課程修了。東京女子大学名誉教授。イギリス小説、翻訳研究専攻。

英文学にかんする著書・編著の他に、『ブルームズベリーふたたび』『猫の王国』（ともにエッセイ集、みすず書房）『翻訳と異文化』（みすず書房）。

訳書に、E. M. フォースター『眺めのいい部屋』『永遠の命』 S. ソンタグ『他者の苦痛へのまなざし』 A. ホワイト『五月の霜』 A. ホフマン『ローカル・ガールズ』ケイト・フォックス『イングリッシュネス』（いずれもみすず書房）など。

小林祐子（こばやし・ゆうこ）

1929年東京に生まれる。東京女子大学外国語科卒業。米国ミシガン大学留学、米国大使館勤務、国際基督教大学教育学修士課程修了。東京女子大学名誉教授。英語学、英語教育専攻。

著書に、『身振り言語の日英比較』（英語教育協議会［ELEC］）『日英語比較講座5巻——文化と社会』（共著、大修館書店）『英語指導ハンドブック3』（共著、大修館書店）『英語教授法辞典』（共著、三省堂）『英語図詳大辞典』（共著、小学館）『しぐさの英語表現辞典』（研究社。大学英語教育学会［JACET］1992年度学会賞受賞）

訳書に、J. L. クック他『生きた英語の上達法』（共訳、研究社出版）モリー・ハリスン『台所の文化史』（法政大学出版局）

ナチ　本《ほん》の略奪《りゃくだつ》

2019年7月16日　初版第1刷発行

著　者　アンデシュ・リデル
訳　者　北條文緒・小林祐子
発行者　佐藤今朝夫
発行所　株式会社 国書刊行会
〒174-0056 東京都板橋区志村1-13-15
TEL 03（5970）7421　FAX 03（5970）7427
http://www.kokusho.co.jp

装　幀　真志田桐子
印刷・製本　三松堂株式会社

ISBN 978-4-336-06321-2